Velis Ryn

Kampf für den Identitätsschutz amorpher Lebensformen auf Xorlia

Nia Alvarez

ISBN: 9781998610396
Imprint: Telephasischewerkstatt
Copyright © 2024 Nia Alvarez.
All Rights Reserved.

Contents

Einleitung: Die Welt von Xorlia

Der Planet Xorlia

Geographische Merkmale

Der Planet Xorlia ist ein faszinierendes Beispiel für die Vielfalt der geographischen Merkmale, die in unserem Universum existieren können. Xorlia ist ein großer Planet, der sich durch seine einzigartige Landschaft und seine komplexen geologischen Strukturen auszeichnet. In diesem Abschnitt werden wir die Hauptgeographien des Planeten untersuchen, einschließlich der topographischen Merkmale, der Wasserressourcen und der ökologischen Zonen.

Topographische Merkmale

Die Oberfläche von Xorlia ist geprägt von einer Vielzahl von topographischen Elementen. Zu den auffälligsten Merkmalen zählen:

+ **Berge und Gebirgsketten:** Die höchsten Berge Xorlias, die sogenannten *Zyphor-Berge*, erreichen Höhen von bis zu 8.000 Metern. Diese Gebirgsketten sind nicht nur geologisch interessant, sondern sie spielen auch eine entscheidende Rolle im Ökosystem des Planeten, indem sie Wetterphänomene beeinflussen.

+ **Täler:** Die *Nerath-Täler* sind fruchtbare Gebiete, die sich zwischen den Gebirgen erstrecken. Diese Täler sind bekannt für ihre reichhaltige Flora und Fauna und sind Lebensraum für viele amorphe Lebensformen, die in diesen Regionen eine Vielzahl von Nahrungsquellen finden.

+ **Hochebenen:** Die *Klaris-Hochebene* ist ein weitläufiges Plateau, das sich durch eine dünne Atmosphäre und extreme Temperaturschwankungen auszeichnet. Diese Region ist oft von Nebel umhüllt und bietet einen einzigartigen Lebensraum für spezialisierte Organismen.

Wasserressourcen

Wasser ist eine der wertvollsten Ressourcen auf Xorlia und spielt eine zentrale Rolle im ökologischen Gleichgewicht des Planeten. Die wichtigsten Wassermerkmale sind:

+ **Ozeane:** Die *Ozeane von Xorlia* bedecken etwa 60% der Planetenoberfläche und sind reich an biologischer Vielfalt. Diese Ozeane sind nicht nur eine Lebensquelle für viele Arten, sondern auch ein wichtiger Bestandteil des Klimasystems von Xorlia.

+ **Flüsse und Seen:** Die *Flüsse* auf Xorlia, wie der *Rynfluss*, sind bekannt für ihre klare, mineralreiche Strömung. Sie spielen eine entscheidende Rolle bei der Wasserversorgung der umliegenden Gebiete und sind Lebensraum für zahlreiche aquatische Lebensformen.

+ **Eisgebiete:** Die *Eisregionen* an den Polen von Xorlia sind von großer Bedeutung für den globalen Wasserhaushalt des Planeten. Diese Gebiete enthalten große Mengen an gefrorenem Wasser, das bei der Schmelze einen bedeutenden Einfluss auf den Meeresspiegel hat.

Ökologische Zonen

Die geographischen Merkmale von Xorlia schaffen eine Vielzahl von ökologischen Zonen, die sich durch unterschiedliche klimatische Bedingungen und Lebensformen auszeichnen. Zu den wichtigsten Zonen gehören:

+ **Tropische Regenwälder:** Diese Zonen sind bekannt für ihre hohe Biodiversität und dichte Vegetation. Sie sind Heimat vieler amorpher Lebensformen, die sich an die feuchte Umgebung angepasst haben.

+ **Wüsten:** Die *Zyphor-Wüste* ist eine der extremsten Zonen auf Xorlia, mit Temperaturen, die tagsüber bis zu 60 Grad Celsius erreichen können. Trotz der extremen Bedingungen haben einige Lebensformen überlebensfähige Strategien entwickelt, um in dieser rauen Umgebung zu gedeihen.

+ **Küstenregionen:** Die Küsten von Xorlia sind reich an Ressourcen und bieten eine Vielzahl von Lebensräumen für amorphe Lebensformen. Diese

Zonen sind entscheidend für die Nahrungsaufnahme und das Fortpflanzungsverhalten vieler Arten.

Geologische Aktivität

Xorlia ist ein geologisch aktiver Planet, was sich in häufigen Erdbeben und Vulkanausbrüchen äußert. Diese geologischen Aktivitäten haben nicht nur die Landschaft des Planeten geformt, sondern auch die Evolution der Lebensformen beeinflusst.

$$\text{Erdbewegungen} = f(\text{Plattentektonik, Vulkanismus}) \tag{1}$$

Die Plattentektonik auf Xorlia ist besonders dynamisch, was zu einer Vielzahl von geologischen Phänomenen führt. Die Vulkane, wie der *Klaris-Vulkan*, sind nicht nur geologische Markierungen, sondern auch Quellen für mineralreiche Böden, die das Wachstum von Flora und Fauna fördern.

Zusammenfassung

Insgesamt zeigt die geographische Vielfalt von Xorlia, wie komplexe geologische und klimatische Faktoren das Leben auf einem Planeten beeinflussen können. Die einzigartigen topographischen Merkmale, Wasserressourcen und ökologischen Zonen bieten nicht nur Lebensräume für amorphe Lebensformen, sondern beeinflussen auch die gesellschaftlichen Strukturen und die kulturelle Vielfalt auf Xorlia. Diese geographischen Merkmale sind entscheidend für das Verständnis der Herausforderungen, denen sich Velis Ryn und andere Aktivisten im Kampf um den Identitätsschutz amorpher Lebensformen gegenübersehen.

Klima und Ökosysteme

Der Planet Xorlia ist durch eine bemerkenswerte Vielfalt an klimatischen Bedingungen und Ökosystemen geprägt, die sich aus seiner einzigartigen geologischen Struktur, der Position im Sonnensystem und den spezifischen atmosphärischen Eigenschaften ergeben. In diesem Abschnitt werden die klimatischen Merkmale und die verschiedenen Ökosysteme Xorlias untersucht, sowie die Herausforderungen, denen diese Systeme gegenüberstehen.

Klimatische Merkmale

Das Klima auf Xorlia variiert erheblich zwischen den verschiedenen Regionen des Planeten. Es gibt mehrere Klimazonen, die von tropischen Regenwäldern bis zu arktischen Tundren reichen. Die Hauptklimazonen sind:

- **Tropisches Klima:** Vorherrschend in den Äquatorialregionen, zeichnet sich durch hohe Temperaturen und hohe Niederschläge aus. Die Durchschnittstemperaturen liegen zwischen 25 und 30 °C, während die jährlichen Niederschläge 2000 mm überschreiten können.

- **Gemäßigtes Klima:** In den mittleren Breiten finden sich gemäßigte Zonen mit vier ausgeprägten Jahreszeiten. Die Temperaturen schwanken zwischen -10 °C im Winter und 25 °C im Sommer. Die Niederschläge sind gleichmäßig über das Jahr verteilt.

- **Arides Klima:** In den Wüstenregionen Xorlias sind die Niederschläge extrem gering, oft unter 250 mm pro Jahr. Die Temperaturen können tagsüber stark ansteigen und nachts stark abfallen, was zu extremen klimatischen Bedingungen führt.

- **Polar Klima:** In den Polargebieten ist das Klima kalt und trocken, mit Temperaturen, die im Winter unter -30 °C fallen können. Die Eisdecke ist ein charakteristisches Merkmal dieser Regionen.

Die klimatischen Bedingungen werden durch die *Sonneneinstrahlung* und die *Atmosphärenzusammensetzung* beeinflusst. Die Gleichung zur Berechnung der effektiven Temperatur T_e eines Planeten kann durch die Stefan-Boltzmann-Gleichung dargestellt werden:

$$T_e = \left(\frac{(1 - A) \cdot S}{4 \cdot \sigma} \right)^{\frac{1}{4}} \qquad (2)$$

wobei A der Albedo des Planeten, S die solare Einstrahlung und σ die Stefan-Boltzmann-Konstante ist.

Ökosysteme auf Xorlia

Die Vielfalt der Klimazonen führt zu einer ebenso großen Vielfalt an Ökosystemen. Zu den wichtigsten Ökosystemen gehören:

+ **Tropische Regenwälder:** Diese Ökosysteme sind reich an Biodiversität und beherbergen zahlreiche Pflanzen- und Tierarten, die für das ökologische Gleichgewicht von entscheidender Bedeutung sind. Die dichte Vegetation spielt eine wichtige Rolle bei der Kohlenstoffbindung und der Regulierung des Klimas.

+ **Savannen:** Diese offenen Graslandschaften sind charakterisiert durch das Vorhandensein von vereinzelten Bäumen und Sträuchern. Sie sind Heimat für viele Herbivoren und Raubtiere und spielen eine wichtige Rolle im Nahrungsnetz.

+ **Wüstenökosysteme:** Diese extremen Lebensräume sind an die knappen Wasserressourcen angepasst. Pflanzen wie Kaktusse und Sukkulenten haben spezielle Anpassungen entwickelt, um in der Trockenheit zu überleben.

+ **Tundra:** In den kalten Regionen des Planeten finden sich Tundra-Ökosysteme mit einer kurzen Wachstumsperiode. Die Vegetation besteht hauptsächlich aus Moosen, Flechten und niedrigen Sträuchern, die an die extremen klimatischen Bedingungen angepasst sind.

+ **Meeresökosysteme:** Die Ozeane Xorlias sind reich an Leben und spielen eine entscheidende Rolle im globalen Klimasystem. Korallenriffe, Küstenökosysteme und offene Ozeane sind Lebensräume für zahlreiche marine Arten.

Herausforderungen für Klima und Ökosysteme

Die Ökosysteme Xorlias stehen vor mehreren Herausforderungen, die durch natürliche und anthropogene Faktoren verursacht werden. Zu den bedeutendsten Problemen gehören:

+ **Klimawandel:** Die globale Erwärmung hat Auswirkungen auf die Temperatur- und Niederschlagsmuster, was zu extremen Wetterereignissen führt. Dies kann den Lebensraum vieler Arten bedrohen und die Biodiversität verringern.

+ **Abholzung:** Die Zerstörung von Wäldern, insbesondere in tropischen Regionen, hat schwerwiegende Auswirkungen auf die Kohlenstoffbindung und die Lebensräume von Tieren. Die Abholzung führt auch zu einem Verlust an biologischer Vielfalt und verändert die lokalen Klimabedingungen.

+ **Verschmutzung:** Die Verschmutzung von Luft, Wasser und Böden hat negative Auswirkungen auf die Gesundheit der Ökosysteme. Chemikalien und Abfälle können die Lebensräume schädigen und die Artenvielfalt gefährden.

+ **Invasive Arten:** Die Einführung nicht einheimischer Arten kann die einheimische Flora und Fauna bedrohen. Diese Arten konkurrieren oft um Ressourcen und können die natürlichen Ökosysteme erheblich stören.

+ **Ressourcenausbeutung:** Überfischung, Bergbau und andere Formen der Ressourcennutzung können die natürlichen Lebensräume schädigen und die langfristige Nachhaltigkeit der Ökosysteme gefährden.

Beispiele für Ökosystemveränderungen

Ein konkretes Beispiel für die Auswirkungen des Klimawandels auf Xorlia ist die Verschiebung der Klimazonen. In den letzten Jahrzehnten haben sich die tropischen Regenwälder in Richtung höherer Lagen zurückgezogen, während die Savannen sich ausbreiten. Dies hat nicht nur Auswirkungen auf die Tierwelt, sondern auch auf die Menschen, die auf diese Ökosysteme angewiesen sind.

Ein weiteres Beispiel ist die Korallenbleiche, die durch steigende Wassertemperaturen und Verschmutzung verursacht wird. Dies hat zu einem Rückgang der Korallenriffe geführt, die als wichtige Lebensräume für viele marine Arten dienen.

Zusammenfassend lässt sich sagen, dass das Klima und die Ökosysteme Xorlias eine komplexe Wechselwirkung darstellen, die durch verschiedene Faktoren beeinflusst wird. Der Schutz und die Erhaltung dieser Systeme sind von entscheidender Bedeutung für die Zukunft des Planeten und seiner Bewohner.

Gesellschaftliche Strukturen

Die gesellschaftlichen Strukturen auf dem Planeten Xorlia sind komplex und vielschichtig, geprägt von den einzigartigen Lebensformen, die dort existieren. Diese Strukturen sind das Ergebnis einer langen evolutionären und kulturellen Entwicklung, die sich über Jahrtausende erstreckt. Um die Dynamik der Gesellschaft auf Xorlia zu verstehen, ist es wichtig, verschiedene theoretische Ansätze zu betrachten und die damit verbundenen Probleme und Herausforderungen zu analysieren.

Theoretische Ansätze

Die Analyse der gesellschaftlichen Strukturen kann durch verschiedene soziologische Theorien erfolgen. Eine der zentralen Theorien ist die *Strukturfunktionalismus*, die besagt, dass jede gesellschaftliche Institution eine bestimmte Funktion erfüllt, um das Gleichgewicht der Gesellschaft aufrechtzuerhalten. Auf Xorlia zeigt sich dies in den verschiedenen Gemeinschaften, die unterschiedliche Rollen spielen, sei es in der Politik, der Bildung oder der Wirtschaft.

Ein weiterer relevanter Ansatz ist die *Konflikttheorie*, die die Machtverhältnisse innerhalb der Gesellschaft in den Vordergrund stellt. In Xorlias Gesellschaft sind die amorphen Lebensformen oft von Diskriminierung und Vorurteilen betroffen, was zu sozialen Spannungen führt. Diese Theorie hilft zu verstehen, wie Macht und Ressourcen in der Gesellschaft verteilt sind und welche Gruppen benachteiligt werden.

Gesellschaftliche Hierarchien

Die gesellschaftlichen Strukturen auf Xorlia sind durch eine Vielzahl von Hierarchien gekennzeichnet. Diese Hierarchien können auf verschiedenen Faktoren basieren, einschließlich biologischer Merkmale, kultureller Praktiken und technologischer Entwicklungen.

$$H = \frac{R}{S} \tag{3}$$

Hierbei steht H für die Hierarchie, R für die Ressourcenverteilung und S für die soziale Mobilität. Eine hohe Hierarchie impliziert, dass Ressourcen ungleich verteilt sind und die soziale Mobilität eingeschränkt ist. Auf Xorlia sind amorphe Lebensformen häufig in niedrigeren sozialen Schichten angesiedelt, was ihre Fähigkeit einschränkt, Zugang zu Bildung und wirtschaftlichen Möglichkeiten zu erhalten.

Probleme und Herausforderungen

Die gesellschaftlichen Strukturen auf Xorlia sind nicht ohne Probleme. Diskriminierung und Vorurteile gegenüber amorphen Lebensformen sind weit verbreitet und führen zu einer systematischen Marginalisierung dieser Gruppen. Diese Diskriminierung äußert sich in verschiedenen Bereichen, einschließlich Bildung, Beschäftigung und sozialer Integration.

Ein Beispiel hierfür ist die ungleiche Verteilung von Bildungschancen. Während einige Lebensformen Zugang zu hochwertigen Bildungseinrichtungen haben, sind amorphe Lebensformen oft auf minderwertige Schulen angewiesen, die nicht die notwendigen Ressourcen bieten, um ihre Talente zu fördern. Dies führt zu einem Teufelskreis der Armut und der sozialen Isolation.

Kulturelle Vielfalt und Integration

Ein weiteres bedeutendes Merkmal der gesellschaftlichen Strukturen auf Xorlia ist die kulturelle Vielfalt. Die verschiedenen Lebensformen bringen unterschiedliche Traditionen, Sprachen und Werte mit sich, was zu einer reichen, aber auch herausfordernden sozialen Landschaft führt.

Die Integration dieser Vielfalt in eine kohärente Gesellschaft ist eine zentrale Herausforderung. Es gibt zahlreiche Initiativen, die darauf abzielen, interkulturellen Dialog zu fördern und das Verständnis zwischen den verschiedenen Lebensformen zu stärken. Solche Programme sind entscheidend, um Vorurteile abzubauen und eine inklusive Gesellschaft zu schaffen.

Technologische Einflüsse

Technologische Entwicklungen haben ebenfalls einen signifikanten Einfluss auf die gesellschaftlichen Strukturen auf Xorlia. Die fortschreitende Digitalisierung hat neue Möglichkeiten für Kommunikation und Information geschaffen, jedoch auch neue Formen der Ungleichheit hervorgebracht.

$$T = \frac{I}{C} \tag{4}$$

Hierbei steht T für den technologischen Einfluss, I für den Zugang zu Informationen und C für die Kosten der Technologie. In vielen Fällen sind die Kosten für den Zugang zu moderner Technologie für amorphe Lebensformen unerschwinglich, was ihre Fähigkeit einschränkt, sich in der digitalen Welt zu bewegen und von den Vorteilen der Technologie zu profitieren.

Schlussfolgerung

Zusammenfassend lässt sich sagen, dass die gesellschaftlichen Strukturen auf Xorlia durch eine Vielzahl von Faktoren geprägt sind, darunter Hierarchien, Diskriminierung, kulturelle Vielfalt und technologische Entwicklungen. Diese Strukturen stellen sowohl Herausforderungen als auch Chancen dar und sind entscheidend für das Verständnis des Kampfes um Identitätsschutz und

Bürgerrechte auf diesem faszinierenden Planeten. Die Auseinandersetzung mit diesen Themen ist unerlässlich, um die sozialen Dynamiken zu verstehen, die das Leben auf Xorlia bestimmen.

Kulturelle Vielfalt

Die kulturelle Vielfalt auf dem Planeten Xorlia ist ein faszinierendes Phänomen, das sich aus der Interaktion und Koexistenz unterschiedlichster Lebensformen und ihrer einzigartigen Traditionen, Sprachen und Glaubenssysteme ergibt. Diese Vielfalt ist nicht nur ein Ausdruck der kreativen und sozialen Dynamik der Gesellschaft, sondern auch ein entscheidender Faktor für den Identitätsschutz amorpher Lebensformen, die oft marginalisiert oder missverstanden werden.

Theoretische Grundlagen

Die Theorie der kulturellen Vielfalt basiert auf der Annahme, dass jede Kultur einen wertvollen Beitrag zur menschlichen Erfahrung leistet. Laut dem UNESCO-Weltbericht über kulturelle Vielfalt wird kulturelle Diversität als „das Erbe der Menschheit" betrachtet, das es zu bewahren gilt. In diesem Kontext wird die kulturelle Vielfalt auf Xorlia durch verschiedene Dimensionen charakterisiert:

+ **Sprache:** Die Vielfalt der Sprachen auf Xorlia spiegelt die unterschiedlichen Identitäten der amorphen Lebensformen wider. Jede Sprache trägt spezifische kulturelle Konzepte und Werte, die für die Identität ihrer Sprecher von zentraler Bedeutung sind.

+ **Traditionen und Bräuche:** Die vielfältigen Traditionen, die von den verschiedenen Gemeinschaften praktiziert werden, reichen von Festen und Ritualen bis hin zu alltäglichen Praktiken, die den sozialen Zusammenhalt fördern.

+ **Kunst und Ausdrucksformen:** Die künstlerischen Ausdrucksformen auf Xorlia, einschließlich Musik, Tanz und bildender Kunst, sind tief in den kulturellen Identitäten verwurzelt und fördern den interkulturellen Dialog.

Herausforderungen der kulturellen Vielfalt

Trotz der reichen kulturellen Vielfalt auf Xorlia gibt es zahlreiche Herausforderungen, die den Identitätsschutz amorpher Lebensformen gefährden. Diese Herausforderungen umfassen:

- **Diskriminierung und Vorurteile:** Amorphe Lebensformen sehen sich häufig Diskriminierung und Vorurteilen gegenüber, die aus Unkenntnis und Missverständnissen über ihre Identität und Kultur resultieren. Solche Vorurteile können zu sozialer Isolation und einem Verlust des kulturellen Erbes führen.

- **Globalisierung:** Die zunehmende Globalisierung hat zwar den Austausch zwischen verschiedenen Kulturen gefördert, aber auch dazu geführt, dass viele lokale Traditionen und Sprachen bedroht sind. Der Einfluss homogener Kulturen kann die kulturelle Vielfalt auf Xorlia schmälern.

- **Rechtliche Rahmenbedingungen:** Die mangelnde Anerkennung der Rechte amorpher Lebensformen in den politischen Systemen Xorlias führt oft dazu, dass ihre kulturellen Praktiken und Sprachen nicht ausreichend geschützt sind.

Beispiele für kulturelle Vielfalt auf Xorlia

Auf Xorlia gibt es zahlreiche Beispiele für kulturelle Vielfalt, die die einzigartige Identität der amorphen Lebensformen unterstreichen:

- **Das Fest der Formen:** Ein jährliches Fest, das die verschiedenen Formen und Identitäten der amorphen Lebensformen feiert. Es beinhaltet Musik, Tanz und Kunst, die die Vielfalt der Kulturen repräsentieren.

- **Die Sprache der Farben:** Eine einzigartige Kommunikationsform, die von amorphen Lebensformen entwickelt wurde, um ihre Gefühle und Identitäten auszudrücken. Diese Sprache nutzt Farben und Formen, um komplexe emotionale und kulturelle Konzepte zu vermitteln.

- **Interkulturelle Austauschprogramme:** Initiativen, die den Austausch zwischen verschiedenen Gemeinschaften fördern und das Verständnis für die kulturellen Unterschiede auf Xorlia stärken. Solche Programme tragen dazu bei, Vorurteile abzubauen und das Bewusstsein für die Bedeutung der kulturellen Vielfalt zu schärfen.

Die Bedeutung der kulturellen Vielfalt für den Identitätsschutz

Die kulturelle Vielfalt ist von zentraler Bedeutung für den Identitätsschutz amorpher Lebensformen. Sie ermöglicht es diesen Gemeinschaften, ihre einzigartigen Traditionen und Werte zu bewahren, während sie gleichzeitig in einer sich schnell verändernden Welt bestehen. Der Schutz und die Förderung der kulturellen Vielfalt tragen dazu bei, das Selbstbewusstsein und die Identität der amorphen Lebensformen zu stärken.

$$I = \sum_{k=1}^{n} C_k \tag{5}$$

Hierbei steht I für die Identität, die sich aus der Summe der verschiedenen kulturellen Elemente C_k zusammensetzt, die jede Lebensform auf Xorlia repräsentiert. Diese Gleichung verdeutlicht, dass die Identität nicht isoliert, sondern als ein Produkt der Interaktion und des Austauschs zwischen den verschiedenen kulturellen Elementen entsteht.

Fazit

Die kulturelle Vielfalt auf Xorlia ist ein wertvolles Gut, das sowohl die Identität der amorphen Lebensformen als auch die gesamte Gesellschaft bereichert. Es ist von entscheidender Bedeutung, diese Vielfalt zu schützen und zu fördern, um sicherzustellen, dass alle Lebensformen auf Xorlia in ihrer Einzigartigkeit anerkannt und respektiert werden. Der Kampf um den Identitätsschutz amorpher Lebensformen ist somit nicht nur ein Kampf für die Rechte einer einzelnen Gruppe, sondern auch ein Kampf für die kulturelle Vielfalt und das gemeinsame Erbe aller Bewohner Xorlias.

Technologische Entwicklungen

Die technologischen Entwicklungen auf dem Planeten Xorlia haben eine zentrale Rolle in der Evolution der Gesellschaft und der amorphen Lebensformen gespielt. Diese Entwicklungen sind nicht nur auf den Fortschritt in der Wissenschaft und Technik zurückzuführen, sondern auch auf die kulturellen und sozialen Bedürfnisse der verschiedenen Lebensformen. In diesem Abschnitt werden die wichtigsten technologischen Errungenschaften, die Herausforderungen, die sie mit sich bringen, sowie deren Auswirkungen auf die Gesellschaft und die amorphen Lebensformen erörtert.

Fortschritte in der Technologie

Die technologische Landschaft von Xorlia ist geprägt von einer Vielzahl innovativer Technologien, die in verschiedenen Bereichen Anwendung finden. Dazu gehören:

- **Kommunikationstechnologien:** Die Entwicklung von intergalaktischen Kommunikationssystemen hat es den amorphen Lebensformen ermöglicht, über große Entfernungen hinweg zu kommunizieren. Die Einführung von *Quantenkommunikationsnetzen* hat die Übertragung von Informationen in Echtzeit revolutioniert. Diese Technologie basiert auf den Prinzipien der Quantenmechanik, insbesondere der Quantenverschränkung, und ermöglicht eine nahezu sofortige Datenübertragung.

- **Energieerzeugung:** Die Nutzung von *grüner Energie* ist auf Xorlia weit verbreitet. Technologien zur Gewinnung von Energie aus erneuerbaren Quellen, wie z.B. *Sonnenenergie* und *geothermische Energie*, haben nicht nur die Abhängigkeit von fossilen Brennstoffen verringert, sondern auch die Umweltbelastung minimiert. Die Implementierung von *Energieeffizienzsystemen* hat es ermöglicht, den Energieverbrauch in den urbanen Zentren erheblich zu senken.

- **Medizinische Technologien:** Fortschritte in der medizinischen Technologie haben die Lebensqualität der amorphen Lebensformen verbessert. Die Entwicklung von *biotechnologischen Heilmitteln* und *genetischer Modifikation* hat es ermöglicht, genetische Erkrankungen zu behandeln und die Widerstandsfähigkeit gegenüber Umweltfaktoren zu erhöhen. Innovative *Diagnosetechnologien* erlauben eine frühzeitige Erkennung von Krankheiten, was zu einer höheren Überlebensrate führt.

- **Transporttechnologien:** Die Einführung von *schwebenden Transportmitteln* und *intergalaktischen Raumschiffen* hat den interplanetaren Handel und die Mobilität zwischen den verschiedenen Regionen von Xorlia erleichtert. Diese Technologien basieren auf der Manipulation von Schwerkraft und ermöglichen es den amorphen Lebensformen, sich schnell und effizient zu bewegen.

Herausforderungen durch technologische Entwicklungen

Trotz der zahlreichen Vorteile, die die technologischen Entwicklungen mit sich bringen, gibt es auch erhebliche Herausforderungen:

- **Zugang zu Technologie:** Ein zentrales Problem ist der ungleiche Zugang zu technologischen Ressourcen. Während einige Regionen von Xorlia von den neuesten Technologien profitieren, sind andere, insbesondere ländliche Gebiete, oft von der technologischen Entwicklung ausgeschlossen. Dies führt zu einer Kluft zwischen den verschiedenen Gesellschaftsschichten und verstärkt bestehende Ungleichheiten.

+ **Datenschutz und Sicherheit:** Mit der Zunahme der digitalen Kommunikation und der Vernetzung sind auch Fragen des Datenschutzes und der Sicherheit aufgetaucht. Die amorphen Lebensformen sehen sich mit der Bedrohung durch Cyberangriffe und den Missbrauch persönlicher Daten konfrontiert. Die Entwicklung von Sicherheitsprotokollen und Datenschutzgesetzen ist daher von entscheidender Bedeutung.

+ **Umweltauswirkungen:** Obwohl viele Technologien umweltfreundlich sind, gibt es auch negative Auswirkungen. Die Produktion und Entsorgung von technologischen Geräten kann zu Umweltverschmutzung führen. Die amorphen Lebensformen müssen Wege finden, um nachhaltige Praktiken in der Technologieproduktion zu integrieren.

+ **Ethik der Technologie:** Die ethischen Implikationen neuer Technologien, insbesondere im Bereich der Biotechnologie, werfen Fragen auf. Die Manipulation genetischer Strukturen könnte unbeabsichtigte Folgen für die Umwelt und die Gesellschaft haben. Es ist wichtig, einen ethischen Rahmen zu entwickeln, der die Nutzung solcher Technologien reguliert.

Beispiele für technologische Errungenschaften

Einige bemerkenswerte Beispiele für technologische Errungenschaften auf Xorlia sind:

+ **Das Quantenkommunikationsnetz:** Diese Technologie ermöglicht es den amorphen Lebensformen, in Echtzeit über große Entfernungen zu kommunizieren. Die Verwendung von Quantenbits (Qubits) in der Datenübertragung hat die Effizienz der Kommunikation erheblich gesteigert.

+ **Die grüne Energieplattform:** Diese Plattform nutzt Sonnen- und Windenergie zur Stromerzeugung und hat die Abhängigkeit von fossilen Brennstoffen auf Xorlia drastisch reduziert. Die Plattform wurde in mehreren Städten implementiert und hat zur Schaffung von Arbeitsplätzen in der grünen Technologie beigetragen.

+ **Medizinische Nanobots:** Diese winzigen Roboter werden zur Diagnose und Behandlung von Krankheiten eingesetzt. Sie können in den Körper injiziert werden, um gezielt an erkrankten Zellen zu arbeiten, was die Effizienz der medizinischen Behandlung erhöht.

+ **Schwebende Transportmittel:** Diese Transportmittel nutzen antigravitative Technologien, um sich über die Oberfläche von Xorlia zu bewegen. Sie sind nicht nur schnell, sondern auch umweltfreundlich, da sie keine schädlichen Emissionen produzieren.

Fazit

Die technologischen Entwicklungen auf Xorlia haben das Leben der amorphen Lebensformen grundlegend verändert. Während sie zahlreiche Vorteile bieten, sind sie auch mit Herausforderungen verbunden, die angegangen werden müssen. Der Zugang zu Technologie, Datenschutz, Umweltauswirkungen und ethische Fragestellungen sind zentrale Themen, die in der Diskussion um die Zukunft der Technologie auf Xorlia berücksichtigt werden müssen. Die amorphen Lebensformen stehen vor der Aufgabe, eine Balance zwischen technologischem Fortschritt und den Bedürfnissen der Gesellschaft zu finden, um eine nachhaltige und gerechte Zukunft zu gewährleisten.

Politische Systeme

Die politischen Systeme auf Xorlia sind so vielfältig wie die Lebensformen, die den Planeten bevölkern. Sie sind geprägt von den einzigartigen kulturellen, sozialen und historischen Gegebenheiten, die Xorlia zu einem dynamischen und komplexen Ort machen. Um die politischen Systeme zu verstehen, ist es wichtig, verschiedene Aspekte zu betrachten, die ihre Struktur und Funktionsweise beeinflussen.

1.6.1 Typen politischer Systeme

Auf Xorlia existieren mehrere Haupttypen politischer Systeme, die sich in ihrer Organisation und Funktionsweise unterscheiden. Zu den häufigsten gehören:

+ **Demokratische Systeme:** Diese Systeme sind durch freie Wahlen und die Beteiligung der Bürger an politischen Entscheidungsprozessen gekennzeichnet. In vielen Regionen Xorlias haben sich demokratische Strukturen entwickelt, die den amorphen Lebensformen eine Stimme geben und ihre Rechte schützen.

- **Autokratische Systeme:** In einigen Teilen Xorlias sind autokratische Regierungen vorherrschend, in denen eine Einzelperson oder eine kleine Gruppe die Macht innehat. Diese Systeme neigen dazu, die Meinungsfreiheit einzuschränken und die Rechte von Minderheiten, einschließlich der amorphen Lebensformen, zu missachten.

- **Anarchistische Strukturen:** Einige Gemeinschaften auf Xorlia haben anarchistische Prinzipien angenommen, die auf Selbstverwaltung und freiwilliger Zusammenarbeit basieren. Diese Systeme fördern die Gleichheit und die Freiheit der Individuen, was oft zu innovativen Lösungen für soziale Probleme führt.

- **Theokratische Systeme:** In bestimmten Regionen wird die Politik stark von religiösen Überzeugungen und Institutionen beeinflusst. Diese Systeme können sowohl positive als auch negative Auswirkungen auf die Rechte der amorphen Lebensformen haben, je nach den zugrunde liegenden Glaubenssätzen.

1.6.2 Probleme in den politischen Systemen

Die politischen Systeme auf Xorlia stehen vor einer Vielzahl von Herausforderungen, die ihre Stabilität und Funktionsfähigkeit beeinträchtigen können. Zu den häufigsten Problemen gehören:

- **Korruption:** In vielen autokratischen Systemen ist Korruption weit verbreitet. Politiker nutzen ihre Macht, um persönliche Vorteile zu erlangen, was zu einem Verlust des Vertrauens der Bürger in die Regierung führt. Dies hat oft zur Folge, dass die Rechte von Minderheiten, einschließlich der amorphen Lebensformen, nicht ausreichend geschützt werden.

- **Diskriminierung:** Diskriminierung aufgrund von Identität, Form oder Herkunft ist ein häufiges Problem auf Xorlia. In vielen politischen Systemen werden amorphe Lebensformen nicht als gleichwertige Mitglieder der Gesellschaft anerkannt, was zu ihrer Marginalisierung und Stigmatisierung führt.

- **Mangel an politischer Bildung:** Viele Bürger, insbesondere in ländlichen Gebieten, haben keinen Zugang zu politischer Bildung. Dies führt dazu, dass sie nicht in der Lage sind, informierte Entscheidungen zu treffen oder sich aktiv an politischen Prozessen zu beteiligen.

‣ **Konflikte und Gewalt:** Politische Spannungen können leicht in Gewalt umschlagen, insbesondere in Regionen, in denen unterschiedliche ethnische oder kulturelle Gruppen aufeinandertreffen. Solche Konflikte können die Stabilität der politischen Systeme gefährden und die Rechte der amorphen Lebensformen weiter untergraben.

1.6.3 Beispiele für politische Systeme in Xorlia

Um die Vielfalt der politischen Systeme auf Xorlia besser zu verstehen, sind hier einige spezifische Beispiele:

‣ **Das demokratische System von Zorath:** Zorath ist bekannt für seine stabilen demokratischen Institutionen. Hier haben amorphe Lebensformen das Recht, an Wahlen teilzunehmen und ihre Stimme in der Politik zu erheben. Die Regierung hat Programme ins Leben gerufen, um die Integration und den Schutz dieser Lebensformen zu fördern.

‣ **Das autokratische Regime von Vexar:** Vexar hingegen ist ein Beispiel für ein autokratisches System, in dem die Regierung repressiv gegen abweichende Meinungen vorgeht. Die amorphen Lebensformen sind hier stark diskriminiert und haben kaum Zugang zu politischen Rechten. Proteste gegen die Regierung werden oft brutal niedergeschlagen.

‣ **Die anarchistische Gemeinschaft von Eldra:** In Eldra haben die Bewohner ein anarchistisches System etabliert, das auf freiwilliger Zusammenarbeit basiert. Hier wird die Gleichheit aller Lebensformen gefördert, und Entscheidungen werden gemeinschaftlich getroffen. Diese Struktur hat es den amorphen Lebensformen ermöglicht, ihre Identität zu bewahren und aktiv an der Gestaltung ihrer Gemeinschaft teilzunehmen.

1.6.4 Der Einfluss der politischen Systeme auf amorphe Lebensformen

Die politischen Systeme auf Xorlia haben einen direkten Einfluss auf das Leben der amorphen Lebensformen. In demokratischen Systemen sind diese Lebensformen oft besser geschützt und können ihre Identität bewahren. In autokratischen Systemen hingegen sind sie häufig Opfer von Diskriminierung und Gewalt.

Die Frage des Identitätsschutzes ist in diesem Kontext von zentraler Bedeutung. Die politischen Systeme müssen sicherstellen, dass alle Lebensformen, unabhängig von ihrer Form oder Identität, die gleichen Rechte und Möglichkeiten haben. Nur durch eine gerechte und inklusive Politik können die Herausforderungen, vor denen amorphe Lebensformen stehen, effektiv angegangen werden.

1.6.5 Fazit

Zusammenfassend lässt sich sagen, dass die politischen Systeme auf Xorlia eine entscheidende Rolle für das Wohlbefinden und die Rechte der amorphen Lebensformen spielen. Die Vielfalt dieser Systeme spiegelt die komplexe Realität des Planeten wider und stellt sowohl Herausforderungen als auch Chancen für den Identitätsschutz dar. Es ist von größter Bedeutung, dass die politischen Akteure auf Xorlia sich für die Rechte aller Lebensformen einsetzen und eine inklusive und gerechte Gesellschaft fördern.

Historische Hintergründe

Die Geschichte von Xorlia ist geprägt von einer Vielzahl von Ereignissen, die die Entwicklung der amorphen Lebensformen und deren Identitätsschutz maßgeblich beeinflusst haben. Um die gegenwärtigen Herausforderungen und den Aktivismus von Velis Ryn zu verstehen, ist es unerlässlich, die historischen Hintergründe zu betrachten.

Frühe Zivilisationen und der Einfluss der amorphen Lebensformen

Die ersten bekannten Zivilisationen auf Xorlia entstanden vor mehreren Jahrtausenden, als amorphe Lebensformen, die sich durch ihre Formbarkeit und Anpassungsfähigkeit auszeichneten, begannen, in komplexen Gemeinschaften zu leben. Diese Lebensformen, die sich nicht an feste physische Strukturen hielten, entwickelten einzigartige kulturelle Praktiken, die stark von ihrer Fähigkeit zur Transformation geprägt waren. Historische Aufzeichnungen zeigen, dass diese Zivilisationen oft in Harmonie mit ihrer Umgebung lebten und ein tiefes Verständnis für die ökologischen Systeme von Xorlia entwickelten.

Kolonisation und kulturelle Assimilation

Mit der Ankunft der ersten humanoiden Kolonisten auf Xorlia vor etwa 5000 Jahren begann eine Phase der kulturellen Assimilation und Diskriminierung. Die humanoiden Kolonisten, die von der Idee einer überlegenen Zivilisation ausgingen, betrachteten die amorphen Lebensformen als minderwertig. Dies führte zu einem massiven Verlust an kultureller Identität und zur Marginalisierung der amorphen Gemeinschaften. Historische Dokumente belegen, dass viele dieser Lebensformen gezwungen wurden, ihre traditionellen Praktiken aufzugeben und sich den neuen gesellschaftlichen Normen anzupassen.

Die Ära der Aufklärung und der Widerstand

Im Laufe der Jahrhunderte formierte sich ein Widerstand gegen die Unterdrückung der amorphen Lebensformen. Die Ära der Aufklärung, die etwa im 18. Jahrhundert begann, brachte neue Ideen über Freiheit, Gleichheit und Menschenrechte mit sich. Diese Bewegung inspirierte viele amorphe Aktivisten, die begannen, für ihre Rechte zu kämpfen. Ein Beispiel ist die Bewegung der *Amorphe Allianz*, die sich in den frühen 1900er Jahren formierte und bedeutende Fortschritte in der Anerkennung der Rechte amorpher Lebensformen erzielte.

Der Einfluss von Technologie und Globalisierung

Im 21. Jahrhundert erlebte Xorlia einen technologischen Boom, der die Gesellschaft veränderte. Die Entwicklung neuer Technologien, insbesondere im Bereich der Kommunikation, ermöglichte es amorphen Lebensformen, sich zu vernetzen und ihre Stimmen zu erheben. Allerdings führte die Globalisierung auch zu neuen Herausforderungen, wie der Kommerzialisierung ihrer kulturellen Identität. Die amorphen Lebensformen sahen sich mit der Notwendigkeit konfrontiert, ihre Traditionen zu bewahren und gleichzeitig in einer sich schnell verändernden Welt zu bestehen.

Beispiele für historische Meilensteine

Ein bedeutender historischer Meilenstein war das *Xorlianische Identitätsgesetz* von 2050, das den amorphen Lebensformen rechtliche Anerkennung und Schutz bot. Dieses Gesetz war das Ergebnis jahrzehntelanger Kämpfe und Demonstrationen, angeführt von Aktivisten wie Velis Ryn, der die Öffentlichkeit mobilisierte und auf die Notwendigkeit eines Identitätsschutzes aufmerksam machte.

Ein weiteres Beispiel ist die *Woche der Vielfalt*, die jährlich gefeiert wird und die kulturelle Vielfalt Xorlias würdigt. Diese Veranstaltung, die in den letzten zwei Jahrzehnten an Bedeutung gewonnen hat, ist ein Symbol für den Fortschritt und das Engagement der amorphen Lebensformen, ihre Identität zu feiern und zu schützen.

Die Rolle der Bildung in der Geschichte

Bildung spielte eine entscheidende Rolle in der Geschichte der amorphen Lebensformen. Die Einführung von Bildungsprogrammen, die sich auf die

Geschichte und Kultur dieser Lebensformen konzentrieren, hat dazu beigetragen, das Bewusstsein für ihre Herausforderungen zu schärfen und eine neue Generation von Aktivisten hervorzubringen. Diese Programme fördern nicht nur das Verständnis für die Identität amorpher Lebensformen, sondern stärken auch das Gemeinschaftsgefühl und die Solidarität innerhalb der Gesellschaft.

Zusammenfassung der historischen Herausforderungen

Die historischen Hintergründe der amorphen Lebensformen auf Xorlia sind geprägt von Diskriminierung, kultureller Assimilation und dem Streben nach Identitätsschutz. Die Entwicklung von Bewegungen und Gesetzen, die die Rechte dieser Lebensformen anerkennen, ist das Ergebnis eines langen Kampfes, der von Mut und Entschlossenheit geprägt ist. Velis Ryn und seine Mitstreiter stehen in einer Tradition von Aktivisten, die für die Rechte der amorphen Lebensformen kämpfen und deren Geschichte und Identität bewahren.

Schlussfolgerung

Die Betrachtung der historischen Hintergründe ist entscheidend, um die gegenwärtigen Herausforderungen und den Aktivismus von Velis Ryn zu verstehen. Die Geschichte von Xorlia ist ein Beispiel für den Kampf um Identität und die Notwendigkeit, die Vielfalt und die Rechte aller Lebensformen zu schützen. Die Lehren aus der Vergangenheit sind nicht nur für die amorphen Lebensformen von Bedeutung, sondern bieten auch wertvolle Einsichten für andere Gemeinschaften im Universum, die sich mit ähnlichen Herausforderungen konfrontiert sehen.

$$I = \frac{Q}{t} \tag{6}$$

In dieser Gleichung beschreibt I den Strom, Q die Ladung und t die Zeit. Diese physikalische Gleichung kann metaphorisch für die Strömungen von Identität und Aktivismus in der Gesellschaft betrachtet werden, die sich über die Zeit entwickeln und verändern.

Lebensformen auf Xorlia

Der Planet Xorlia ist nicht nur für seine beeindruckenden geographischen Merkmale und seine kulturelle Vielfalt bekannt, sondern auch für die Vielzahl von Lebensformen, die sich in seinen unterschiedlichen Ökosystemen entwickelt haben. Diese Lebensformen sind das Ergebnis von Millionen von Jahren der

Evolution, die durch die einzigartigen Bedingungen und Herausforderungen des Planeten geprägt wurden. In diesem Abschnitt werden wir die verschiedenen Lebensformen auf Xorlia untersuchen, ihre Anpassungen an die Umwelt sowie die Herausforderungen, denen sie gegenüberstehen.

Vielfalt der Lebensformen

Die Lebensformen auf Xorlia lassen sich in mehrere Kategorien unterteilen, basierend auf ihrer Morphologie, Physiologie und ihrem Verhalten. Diese Kategorien umfassen:

- **Amorphe Lebensformen:** Diese einzigartigen Kreaturen sind in der Lage, ihre Form und Struktur zu verändern, um sich an verschiedene Umgebungen anzupassen. Sie bestehen aus einer gelartigen Substanz, die es ihnen ermöglicht, durch enge Räume zu gleiten und sich an verschiedene Lebensräume anzupassen. Ein Beispiel für eine amorphe Lebensform ist der *Xorlian Glimmer*, der seine Farbe und Textur ändern kann, um sich vor Fressfeinden zu tarnen.

- **Festkörperliche Lebensformen:** Diese Lebensformen sind in der Regel stabiler und haben eine feste Struktur. Zu ihnen gehören die *Xorlinianer*, humanoide Wesen, die in sozialen Gemeinschaften leben und über fortgeschrittene Technologien verfügen. Ihre Fähigkeit zur Zusammenarbeit und Kommunikation hat ihnen geholfen, komplexe Gesellschaften zu bilden.

- **Flüssige Lebensformen:** Diese Lebensformen leben in den Gewässern von Xorlia und sind oft an das Leben im Wasser angepasst. Ein Beispiel sind die *Aquarids*, die durch ihre Fähigkeit, in großen Tiefen zu überleben, und ihre biolumineszenten Eigenschaften auffallen.

Anpassungen an die Umwelt

Die Anpassungen der Lebensformen auf Xorlia sind faszinierend und vielfältig. Diese Anpassungen sind oft das Ergebnis von natürlichen Selektionsprozessen, die durch die spezifischen Umweltbedingungen des Planeten beeinflusst werden.

Amorphe Anpassungen Amorphe Lebensformen wie der Xorlian Glimmer haben die Fähigkeit entwickelt, ihre Form zu verändern, um sich an verschiedene Umweltbedingungen anzupassen. Diese Flexibilität ermöglicht es ihnen, in unterschiedlichen Lebensräumen zu überleben, sei es in trockenen Wüsten oder feuchten Wäldern. Ihre Fähigkeit zur Tarnung ist eine evolutionäre Antwort auf Fressfeinde und zeigt, wie wichtig Überlebensstrategien in der Natur sind.

Soziale Strukturen Festkörperliche Lebensformen, wie die Xorlinianer, haben komplexe soziale Strukturen entwickelt, die auf Zusammenarbeit und Kommunikation basieren. Diese sozialen Strukturen sind entscheidend für das Überleben in einer Welt, in der Ressourcen begrenzt sind. Ihre Fähigkeit, Informationen zu teilen und gemeinsame Ziele zu verfolgen, hat ihnen geholfen, in einer sich ständig verändernden Umwelt zu gedeihen.

Herausforderungen für Lebensformen

Trotz ihrer Anpassungsfähigkeit stehen die Lebensformen auf Xorlia vor zahlreichen Herausforderungen, die ihre Existenz bedrohen können. Zu den wichtigsten Herausforderungen gehören:

+ **Klimawandel:** Die Veränderungen im Klima von Xorlia haben direkte Auswirkungen auf die Lebensräume der verschiedenen Lebensformen. Extreme Wetterbedingungen, wie Dürren und Überschwemmungen, können die Nahrungsquellen und Lebensräume erheblich beeinträchtigen.

+ **Verschmutzung:** Die technologische Entwicklung hat zu einer erhöhten Verschmutzung der Umwelt geführt. Dies betrifft sowohl die Luft- als auch die Wasserqualität, was negative Auswirkungen auf die Gesundheit und das Überleben vieler Lebensformen hat.

+ **Habitatverlust:** Die Ausbreitung menschlicher Siedlungen und die Zerstörung natürlicher Lebensräume führen zu einem Verlust der Biodiversität. Viele Arten sind gefährdet, und einige könnten sogar aussterben, wenn keine Maßnahmen ergriffen werden, um ihre Lebensräume zu schützen.

Beispiele für bedrohte Lebensformen

Einige Lebensformen auf Xorlia sind besonders gefährdet und stehen vor dem Aussterben, wenn keine sofortigen Maßnahmen ergriffen werden. Ein Beispiel ist der *Xorlinian Frostfisch*, der in den kalten Gewässern des Nordens lebt. Durch den Klimawandel und die Erwärmung der Ozeane ist seine Population stark zurückgegangen.

Ein weiteres Beispiel sind die *Waldgeister*, amorphe Wesen, die in den dichten Wäldern von Xorlia leben. Ihre Fähigkeit, sich an ihre Umgebung anzupassen, wird durch die Abholzung und den Verlust ihres Lebensraums bedroht.

Schlussfolgerung

Die Lebensformen auf Xorlia sind ein faszinierendes Beispiel für die Vielfalt und Anpassungsfähigkeit des Lebens. Sie stehen jedoch vor erheblichen Herausforderungen, die ihre Existenz bedrohen. Es ist von entscheidender Bedeutung, dass die Bewohner von Xorlia und die internationalen Gemeinschaft Maßnahmen ergreifen, um diese einzigartigen Lebensformen und ihre Lebensräume zu schützen. Nur durch Zusammenarbeit und das Bewusstsein für die Bedeutung der Biodiversität können wir sicherstellen, dass die Lebensformen auf Xorlia auch in Zukunft gedeihen können.

Die amorphen Lebensformen

Die amorphen Lebensformen auf dem Planeten Xorlia stellen eine einzigartige und faszinierende Kategorie von Lebewesen dar. Diese Lebensformen zeichnen sich durch ihre Fähigkeit aus, ihre physische Gestalt zu verändern und sich an unterschiedliche Umgebungen anzupassen. In diesem Abschnitt werden wir die Merkmale, Herausforderungen und die kulturelle Bedeutung dieser amorphen Lebensformen untersuchen.

Merkmale amorpher Lebensformen

Amorphe Lebensformen besitzen keine feste Form und sind in der Lage, ihre Struktur je nach den Anforderungen ihrer Umgebung zu modifizieren. Diese Flexibilität ist das Ergebnis einer speziellen biologischen Zusammensetzung, die es ihnen ermöglicht, ihre Zellstrukturen dynamisch zu reorganisieren. Ein Beispiel für eine solche Lebensform ist der *Xorlian Shapeshifter*, der in der Lage ist, seine äußere Hülle zu verändern, um sich an verschiedene klimatische Bedingungen anzupassen.

Ein zentrales Merkmal dieser Lebensformen ist ihre Fähigkeit zur Kommunikation. Sie nutzen biolumineszente Signale und chemische Duftstoffe, um mit anderen Wesen zu interagieren. Diese Kommunikationsmethoden sind entscheidend für die Bildung sozialer Strukturen und Gemeinschaften unter den amorphen Lebensformen.

Herausforderungen für amorphe Lebensformen

Trotz ihrer bemerkenswerten Anpassungsfähigkeit sehen sich amorphe Lebensformen auf Xorlia mit einer Reihe von Herausforderungen konfrontiert. Eine der größten Herausforderungen ist die gesellschaftliche Stigmatisierung, die oft mit ihrer Formlosigkeit einhergeht. Viele nicht-amorphe Lebensformen neigen dazu, Vorurteile gegenüber amorphen Wesen zu haben, was zu Diskriminierung und sozialer Ausgrenzung führt.

Ein weiteres Problem ist der Verlust der kulturellen Identität. Da amorphe Lebensformen in der Lage sind, ihre Gestalt zu verändern, kann es für sie schwierig sein, eine stabile kulturelle Identität zu entwickeln. Dies führt zu Identitätskrisen, die oft mit einem Verlust des Zugehörigkeitsgefühls einhergehen. Die Herausforderung, eine gemeinsame kulturelle Basis zu finden, ist für die amorphen Gemeinschaften von zentraler Bedeutung.

Theoretische Perspektiven

Die Untersuchung amorpher Lebensformen erfordert einen interdisziplinären Ansatz, der biologische, soziale und kulturelle Theorien miteinander verbindet. Die *Theorie der Fluidität* besagt, dass Identität nicht statisch, sondern dynamisch und im Fluss ist. Diese Theorie ist besonders relevant für amorphe Lebensformen, da sie ständig ihre Form und Identität anpassen.

Ein weiterer theoretischer Rahmen ist die *Identitätstheorie*, die untersucht, wie Individuen ihre Identität in Bezug auf soziale Normen und Erwartungen konstruieren. Für amorphe Lebensformen bedeutet dies, dass ihre Identität stark von der Wahrnehmung durch andere beeinflusst wird. Diese Wechselwirkungen können sowohl positive als auch negative Auswirkungen auf ihr Selbstverständnis haben.

Beispiele aus der Praxis

Ein bemerkenswertes Beispiel für amorphe Lebensformen ist die *Kollektive von Xorlia*, die aus verschiedenen amorphen Individuen besteht, die zusammenarbeiten, um ihre Gemeinschaft zu stärken. Diese Kollektive organisieren regelmäßig kulturelle Veranstaltungen, um das Bewusstsein für die Herausforderungen, mit denen sie konfrontiert sind, zu schärfen und Solidarität zu fördern.

Ein weiteres Beispiel ist die *Kunstbewegung der amorphen Formen*, die kreative Ausdrucksformen nutzt, um die Schönheit und Vielfalt amorpher Lebensweisen zu feiern. Diese Bewegung hat dazu beigetragen, das öffentliche Bild von amorphen Lebensformen zu verändern und Vorurteile abzubauen.

Schlussfolgerung

Die amorphen Lebensformen auf Xorlia sind ein faszinierendes Beispiel für die Vielfalt des Lebens und die Komplexität von Identität. Ihre einzigartigen Merkmale und die Herausforderungen, mit denen sie konfrontiert sind, bieten wertvolle Einblicke in die menschliche Erfahrung von Identität und Zugehörigkeit. Indem wir die Perspektiven und Kämpfe dieser Lebensformen verstehen, können wir auch unsere eigenen Vorstellungen von Identität und Gemeinschaft hinterfragen und erweitern.

Die Bedeutung von Identität

Die Identität ist ein zentrales Konzept, das nicht nur das individuelle Selbstverständnis eines Wesens prägt, sondern auch die Art und Weise beeinflusst, wie es in der Gesellschaft wahrgenommen wird. Auf dem Planeten Xorlia, wo amorphe Lebensformen leben, ist die Bedeutung von Identität besonders komplex und vielschichtig. Diese Lebensformen, die nicht an feste physische Eigenschaften gebunden sind, stehen vor einzigartigen Herausforderungen, die ihre Identitätsbildung und -wahrnehmung beeinflussen.

Theoretische Grundlagen der Identität

Identität kann aus verschiedenen theoretischen Perspektiven betrachtet werden. Der Psychologe Erik Erikson postulierte, dass Identität in verschiedenen Entwicklungsphasen geformt wird, wobei jede Phase spezifische Herausforderungen und Aufgaben mit sich bringt. In der Identitätskrise, die Erikson beschreibt, kämpfen Individuen darum, ihre Rolle in der Gesellschaft zu definieren. Für amorphe Lebensformen auf Xorlia ist dieser Prozess möglicherweise noch komplizierter, da ihre physische Form nicht festgelegt ist und sie sich ständig verändern können.

$$I = \{P, S, C\} \tag{7}$$

Hierbei steht I für Identität, P für persönliche Merkmale, S für soziale Interaktionen und C für kulturelle Einflüsse. Diese Gleichung verdeutlicht, dass Identität aus einer Kombination dieser Elemente besteht und dass jede Veränderung in einem dieser Bereiche die gesamte Identität beeinflussen kann.

Herausforderungen bei der Identitätsbildung

Die amorphen Lebensformen auf Xorlia sehen sich mit spezifischen Herausforderungen konfrontiert, die ihre Identitätsbildung erschweren. Diskriminierung und Vorurteile sind weit verbreitet, was zu einem Verlust des Selbstwertgefühls führen kann. Diese Lebensformen kämpfen oft darum, ihre kulturelle Identität in einer Gesellschaft aufrechtzuerhalten, die sie als „anders" wahrnimmt. Der Verlust von kulturellen Traditionen und der Einfluss von Technologien, die eine standardisierte Identität fördern, sind weitere Faktoren, die die Identitätsbildung beeinflussen.

Ein Beispiel hierfür ist die Verwendung von Technologie zur Kommunikation. Während Technologie eine Plattform für den Austausch bietet, kann sie auch zu einer Entfremdung führen, da amorphe Lebensformen oft nicht die gleichen körperlichen Ausdrucksformen nutzen können wie andere. Dies kann zu Missverständnissen führen und die Wahrnehmung ihrer Identität in der Gesellschaft weiter komplizieren.

Die Rolle der Sprache

Sprache spielt eine entscheidende Rolle bei der Identitätsbildung. Sie ist nicht nur ein Kommunikationsmittel, sondern auch ein Träger kultureller Werte und Normen. Für amorphe Lebensformen auf Xorlia kann die Entwicklung einer eigenen Sprache oder Dialekts ein wichtiger Schritt zur Stärkung ihrer Identität sein. Die Schaffung einer gemeinsamen Sprache kann dazu beitragen, Gemeinschaftsgefühl und Zugehörigkeit zu fördern.

$$L = \{E, C, H\} \tag{8}$$

Hierbei steht L für Sprache, E für Ausdrucksformen, C für kulturelle Kontexte und H für historische Hintergründe. Diese Gleichung zeigt, dass Sprache eng mit den kulturellen und historischen Kontexten verbunden ist, in denen sie verwendet wird.

Identität als dynamischer Prozess

Die Identität amorpher Lebensformen ist nicht statisch, sondern ein dynamischer Prozess, der sich ständig weiterentwickelt. Die ständige Auseinandersetzung mit der eigenen Identität führt zu einem ständigen Lern- und Anpassungsprozess. Dies kann als eine Art von Resilienz betrachtet werden, die es diesen Lebensformen ermöglicht, sich in einer sich ständig verändernden Umgebung zu behaupten.

Ein Beispiel für diesen dynamischen Prozess ist die Art und Weise, wie amorphe Lebensformen ihre Identität in sozialen Bewegungen und im Aktivismus ausdrücken. Durch die aktive Teilnahme an Bewegungen, die sich für ihre Rechte einsetzen, können sie ihre Identität stärken und sichtbar machen. Diese Bewegungen bieten eine Plattform, um ihre Erfahrungen zu teilen und sich mit anderen zu vernetzen, was zur Stärkung ihrer Identität beiträgt.

Fazit

Zusammenfassend lässt sich sagen, dass die Bedeutung von Identität für amorphe Lebensformen auf Xorlia tiefgreifend und vielschichtig ist. Identität beeinflusst nicht nur das individuelle Selbstverständnis, sondern auch die sozialen Interaktionen und die kulturelle Zugehörigkeit. Die Herausforderungen, die sich aus Diskriminierung, technologischen Einflüssen und dem Verlust kultureller Traditionen ergeben, erfordern eine kontinuierliche Auseinandersetzung mit der eigenen Identität. In diesem Kontext wird deutlich, dass Identität nicht nur ein persönliches Anliegen ist, sondern auch eine kollektive Verantwortung, die die Gemeinschaft als Ganzes betrifft. Die aktive Auseinandersetzung mit der eigenen Identität kann letztlich zu einem stärkeren Gemeinschaftsgefühl und zu einer besseren Wahrnehmung in der Gesellschaft führen.

Kapitel 1: Velis Ryn – Ein außergewöhnliches Wesen

Die Geburt von Velis Ryn

Ursprung und Familie

Velis Ryn, ein herausragendes Wesen auf dem Planeten Xorlia, wurde in einer Zeit geboren, die von tiefgreifenden Veränderungen geprägt war. Seine Ursprünge sind sowohl biologisch als auch kulturell komplex. Velis Ryn gehört zu einer Spezies amorpher Lebensformen, die sich durch ihre Fähigkeit auszeichnen, ihre Form und Identität je nach Umgebung und sozialen Interaktionen zu verändern. Diese Fähigkeit ist nicht nur biologisch bedingt, sondern hat auch tiefgreifende kulturelle Implikationen.

Die Familie von Velis Ryn

Velis Ryn wurde in eine Familie geboren, die stark in der Gemeinschaft verwurzelt war. Seine Eltern, beide aktive Mitglieder der amorphen Gesellschaft, spielten eine entscheidende Rolle bei seiner frühen Entwicklung. Die Familie war bekannt für ihre Offenheit und ihren Einsatz für die Rechte amorpher Lebensformen. Diese familiären Werte prägten Velis Ryn und beeinflussten seine späteren Entscheidungen im Aktivismus.

$$I = \frac{Q}{t} \tag{9}$$

Hierbei steht I für die Identität, Q für die Qualität der sozialen Interaktionen und t für die Zeit, die in diese Interaktionen investiert wird. Diese Gleichung verdeutlicht, dass die Identität eines Individuums in einem sozialen Kontext stark von der Qualität der Beziehungen abhängt, die es aufbaut.

Einflüsse der Umgebung

Die Umgebung, in der Velis Ryn aufwuchs, war geprägt von einer Vielzahl von kulturellen Einflüssen. Xorlia ist bekannt für seine Vielfalt an Lebensformen und Kulturen, was zu einem dynamischen sozialen Gefüge führte. Von klein auf war Velis Ryn Zeuge der Herausforderungen, denen amorphe Lebensformen gegenüberstanden. Diskriminierung und Vorurteile waren weit verbreitet, was die Bedeutung einer starken familiären Unterstützung umso wichtiger machte.

Ein Beispiel für diese Diskriminierung war die sogenannte „Formenkrise", ein Begriff, der die gesellschaftlichen Spannungen beschreibt, die aus der Unfähigkeit resultierten, amorphe Lebensformen als gleichwertig zu akzeptieren. Diese Krise führte oft zu sozialen Isolationen, die die Entwicklung der Identität von Velis Ryn und seiner Altersgenossen beeinflussten.

Die Rolle der Familie in der Identitätsbildung

Die Familie von Velis Ryn war ein wichtiger Anker in seiner Identitätsbildung. Seine Eltern lehrten ihn, dass Identität nicht starr, sondern flexibel ist. Diese Lehre war besonders wichtig in einer Gesellschaft, in der amorphe Lebensformen oft mit Vorurteilen und Missverständnissen konfrontiert wurden. Velis Ryn lernte, dass seine Identität sowohl von seinen eigenen Entscheidungen als auch von den sozialen Bedingungen, in denen er lebte, geprägt wurde.

$$C = \sum_{i=1}^{n} \frac{F_i}{S} \tag{10}$$

In dieser Gleichung steht C für die kulturelle Identität, F_i für die verschiedenen familiären Einflüsse und S für die sozialen Strukturen, die in der Gemeinschaft existieren. Diese mathematische Darstellung zeigt, dass die kulturelle Identität von einer Vielzahl von Faktoren abhängt, die miteinander interagieren.

Frühe Kindheitserinnerungen

Die frühen Kindheitserinnerungen von Velis Ryn sind geprägt von liebevollen Interaktionen mit seiner Familie und der Gemeinschaft. Diese Erinnerungen sind nicht nur nostalgisch, sondern auch lehrreich. Sie zeigen, wie wichtig es ist, eine unterstützende Umgebung zu haben, um eine starke Identität zu entwickeln. Velis Ryn erinnerte sich oft an die Geschichten, die seine Eltern ihm erzählten,

Geschichten über die Geschichte der amorphen Lebensformen und deren Kampf um Anerkennung.

Diese Geschichten waren nicht nur unterhaltsam, sondern auch lehrreich. Sie vermittelten wichtige Werte wie Empathie, Solidarität und den Glauben an die eigene Identität. Diese Werte sollten sich später als entscheidend für seinen Aktivismus erweisen.

Die Entdeckung der Fähigkeiten

In seiner Kindheit entdeckte Velis Ryn seine besonderen Fähigkeiten, die ihn von anderen amorphen Lebensformen abhoben. Diese Fähigkeiten umfassten nicht nur die physische Fähigkeit, seine Form zu verändern, sondern auch die emotionale Intelligenz, die es ihm ermöglichte, die Bedürfnisse und Ängste seiner Mitgeschöpfe zu verstehen. Diese Entdeckung war ein Schlüsselmoment in seinem Leben, da sie ihm half, seine Rolle in der Gemeinschaft zu definieren.

Die Fähigkeit, empathisch zu sein, ist in der Theorie der sozialen Identität von zentraler Bedeutung. Nach Henri Tajfel und John Turner, die die Theorie der sozialen Identität entwickelten, ist die Wahrnehmung der eigenen Identität stark mit der Zugehörigkeit zu bestimmten sozialen Gruppen verbunden. Velis Ryn erlebte diese Zugehörigkeit in seiner Familie und seiner Gemeinschaft, was seine Entwicklung als Bürgerrechtsaktivist maßgeblich beeinflusste.

Herausforderungen in der Jugend

Trotz der starken familiären Unterstützung sah sich Velis Ryn in seiner Jugend mit zahlreichen Herausforderungen konfrontiert. Die Diskriminierung gegenüber amorphen Lebensformen führte zu inneren Konflikten und Identitätskrisen. Diese Erfahrungen waren prägend und halfen ihm, seine Resilienz zu entwickeln. Er lernte, dass der Kampf um Anerkennung und Identität oft mit persönlichen Opfern verbunden ist.

Ein Beispiel für diese Herausforderungen war die „Identitätskrise der Jugend", ein Phänomen, das viele junge amorphe Lebensformen erlebten. Diese Krise äußerte sich in Zweifeln an der eigenen Identität und dem Gefühl, nicht akzeptiert zu werden. Velis Ryn fand Trost in der Kunst und der Musik, die ihm halfen, seine Emotionen auszudrücken und seine Identität zu festigen.

Die Rolle der Familie im Aktivismus

Die Unterstützung seiner Familie war entscheidend, als Velis Ryn begann, sich aktiv für die Rechte amorpher Lebensformen einzusetzen. Seine Eltern ermutigten ihn, seine Stimme zu erheben und für die Anerkennung der Identität seiner Spezies zu kämpfen. Diese Unterstützung gab ihm das Vertrauen, das er brauchte, um sich in der Gemeinschaft zu engagieren und Veränderungen herbeizuführen.

In der Theorie des sozialen Wandels, wie sie von Karl Marx und späteren Soziologen beschrieben wurde, spielt die Familie eine entscheidende Rolle bei der Mobilisierung von Individuen für soziale Bewegungen. Velis Ryns Familie war ein Beispiel dafür, wie familiäre Unterstützung den Anstoß für bedeutende gesellschaftliche Veränderungen geben kann.

Schlussfolgerung

Zusammenfassend lässt sich sagen, dass die Ursprünge und die Familie von Velis Ryn eine entscheidende Rolle in seiner Entwicklung als Bürgerrechtsaktivist spielten. Die Kombination aus familiärer Unterstützung, kulturellen Einflüssen und persönlichen Erfahrungen schuf die Grundlage für seinen späteren Kampf um Identitätsschutz und Anerkennung amorpher Lebensformen auf Xorlia. Diese frühen Einflüsse sind nicht nur für Velis Ryn von Bedeutung, sondern auch für das Verständnis der Herausforderungen, vor denen amorphe Lebensformen im Allgemeinen stehen.

Kindheitserinnerungen

Die Kindheit von Velis Ryn auf dem Planeten Xorlia war geprägt von einer bunten Vielfalt an Erfahrungen und Herausforderungen, die seine spätere Entwicklung als Bürgerrechtsaktivist maßgeblich beeinflussten. In den ersten Jahren seines Lebens wuchs Velis in einem kleinen, harmonischen Dorf auf, das von amorphen Lebensformen bewohnt war. Diese Gemeinschaft war bekannt für ihre Offenheit und Akzeptanz gegenüber der Diversität, die die amorphen Lebensformen mit sich brachten.

Frühe Erinnerungen

Velis erinnert sich an seine ersten Spiele mit anderen Kindern, die oft in den schimmernden Wiesen des Dorfes stattfanden. Diese Wiesen waren nicht nur ein Ort des Spiels, sondern auch ein Raum, in dem Identität und Individualität gefeiert wurden. In der amorphen Gesellschaft war es üblich, dass Kinder ihre Form und Gestalt nach Belieben verändern konnten, was eine spielerische Erkundung der eigenen Identität förderte.

Ein Beispiel für diese Form der Identitätssuche war das Spiel "Formenwechsel", bei dem die Kinder ihre Gestalt anpassen mussten, um bestimmte Aufgaben zu erfüllen. Diese Aktivitäten halfen Velis, ein Gefühl für die eigene Identität zu entwickeln und die verschiedenen Facetten seiner amorphen Existenz zu erkunden.

Einfluss der Familie

Die Rolle der Familie war in Velis' Kindheit von zentraler Bedeutung. Seine Eltern waren aktive Mitglieder der Gemeinschaft und förderten stets die Idee, dass Identität etwas Dynamisches und Veränderbares ist. Sie ermutigten Velis, seine Gefühle und Gedanken über seine eigene Form und Identität auszudrücken. Dies geschah oft in Form von Geschichten, die sie ihm erzählten, und in denen die Hauptfiguren oft amorphe Wesen waren, die ihre Identität auf unterschiedliche Weisen entdeckten.

Diese Erzählungen hatten einen tiefen Einfluss auf Velis und prägten sein Verständnis von Identität als etwas, das nicht festgelegt ist, sondern sich im Laufe der Zeit entwickeln kann.

Herausforderungen in der Kindheit

Trotz der positiven Aspekte seiner Kindheit gab es auch Herausforderungen. Velis erlebte Diskriminierung und Vorurteile, insbesondere als er in die Schule kam. Dort traf er auf andere amorphe Lebensformen, die unterschiedliche Ansichten über Identität und deren Ausdruck hatten. Einige seiner Klassenkameraden hatten Schwierigkeiten, die Vielfalt der Identitäten zu akzeptieren, und es gab Momente, in denen Velis aufgrund seiner besonderen Fähigkeiten und seiner Neigung zur Selbstentfaltung ausgegrenzt wurde.

Diese Erfahrungen führten zu ersten Identitätskrisen. Velis begann, sich zu fragen, ob seine Art, sich auszudrücken, die richtige war. Diese Fragen wurden durch den Druck verstärkt, den Erwartungen der Gemeinschaft gerecht zu werden, die manchmal eine homogenere Sicht auf Identität bevorzugte.

Die Rolle der Erziehung

Die Erziehung spielte eine entscheidende Rolle in Velis' Kindheit. Die Schule war ein Ort des Lernens, aber auch ein Ort, an dem soziale Normen und Werte vermittelt wurden. Velis hatte das Glück, von Lehrern unterrichtet zu werden, die die Vielfalt der amorphen Lebensformen schätzten. Sie führten Programme ein, die den Schülern halfen, Empathie und Verständnis für die verschiedenen Identitäten zu entwickeln.

Diese Programme beinhalteten Workshops, in denen die Schüler ihre eigenen Geschichten über Identität und Veränderung erzählen konnten. Velis nahm aktiv an diesen Workshops teil und fand eine Stimme, die ihm half, seine eigenen Erfahrungen zu verarbeiten und zu verstehen.

Freundschaften und soziale Interaktionen

Die Freundschaften, die Velis in seiner Kindheit schloss, waren von entscheidender Bedeutung für seine Entwicklung. Er fand enge Freunde, die ähnliche Erfahrungen gemacht hatten und die ihn in seinen Herausforderungen unterstützten. Diese Freundschaften waren oft geprägt von gemeinsamen Erlebnissen, bei denen sie zusammen ihre Formen wechselten und neue Identitäten ausprobierten.

Ein herausragendes Beispiel war seine Freundschaft mit Lira, einem anderen amorphen Wesen, das eine besondere Begabung für Kunst hatte. Gemeinsam entdeckten sie die Kraft der Kreativität als Mittel zur Selbstdarstellung und zur Auseinandersetzung mit ihren Identitätsfragen. Die Kunst wurde für Velis zu einem wichtigen Ausdrucksmittel, das ihm half, die Komplexität seiner Identität zu navigieren.

Die Entdeckung von Fähigkeiten

In dieser Zeit entdeckte Velis auch seine besonderen Fähigkeiten. Er hatte die Fähigkeit, seine Form nicht nur physisch, sondern auch emotional und kognitiv zu verändern. Diese Fähigkeit erlaubte es ihm, sich in verschiedene Perspektiven hineinzuversetzen und die Welt aus unterschiedlichen Blickwinkeln zu betrachten.

Diese Entdeckung war nicht nur eine Quelle des Stolzes, sondern auch eine Herausforderung. Velis musste lernen, wie er diese Fähigkeiten nutzen konnte, um sich selbst und andere zu unterstützen. Es wurde ihm klar, dass seine Fähigkeit, sich zu verändern, auch eine Verantwortung mit sich brachte – die Verantwortung, die Vielfalt und die Rechte aller amorphen Lebensformen zu schützen.

Zusammenfassung

Zusammenfassend lässt sich sagen, dass Velis Ryns Kindheitserinnerungen eine Mischung aus Freude, Herausforderungen und Entdeckungen waren. Die Erfahrungen, die er in seiner frühen Kindheit machte, prägten nicht nur seine Sicht auf Identität, sondern auch seine späteren Entscheidungen als Bürgerrechtsaktivist. Die Unterstützung seiner Familie, die Herausforderungen in der Schule, die Bedeutung von Freundschaften und die Entdeckung seiner Fähigkeiten waren allesamt Schlüsselmomente, die ihn auf seinem Weg begleiteten und ihn auf die Herausforderungen vorbereiteten, die noch vor ihm lagen.

Die ersten Erfahrungen mit Identität

Die ersten Erfahrungen mit Identität sind für jedes Wesen von zentraler Bedeutung, insbesondere für Velis Ryn, ein außergewöhnliches Wesen auf dem Planeten Xorlia. In dieser Phase seines Lebens begann Velis, die komplexen Facetten seiner Identität zu erkunden, die sowohl von seiner amorphen Natur als auch von den gesellschaftlichen Strukturen auf Xorlia beeinflusst waren.

Theoretischer Rahmen

Die Identität ist ein vielschichtiges Konzept, das in der Psychologie und Soziologie eingehend untersucht wurde. Der Psychologe Erik Erikson postulierte in seiner Theorie der psychosozialen Entwicklung, dass die Identitätsfindung in verschiedenen Lebensphasen erfolgt, wobei die Jugend eine entscheidende Rolle spielt. In dieser Phase, die Erikson als die „Identitätskrise" bezeichnete, sind Individuen besonders empfänglich für äußere Einflüsse und beginnen, ihre eigene Identität in Relation zu ihrer Umgebung zu definieren.

Für Velis Ryn war diese Phase durch die Suche nach dem Selbst geprägt. Als amorphe Lebensform stellte er fest, dass seine physische Form nicht die einzige Dimension seiner Identität war. Er begann, die Frage zu stellen: „Wer bin ich wirklich?" Diese Reflexion führte zu einer tiefen Auseinandersetzung mit den sozialen, kulturellen und politischen Aspekten seiner Existenz.

Gesellschaftliche Einflüsse

In der Gesellschaft von Xorlia, die durch eine Vielzahl von Lebensformen und Kulturen geprägt ist, erlebte Velis eine Vielzahl von Erwartungen und Normen, die seine Identitätsentwicklung beeinflussten. Die amorphen Lebensformen wurden oft missverstanden und stigmatisiert, was zu einem Gefühl der Isolation führte.

Ein Beispiel für diese Diskriminierung war die Weigerung bestimmter Gemeinschaften, amorphe Wesen in soziale Aktivitäten einzubeziehen. Dies führte dazu, dass Velis sich in seiner Jugend oft ausgeschlossen fühlte und die Notwendigkeit verspürte, seine Identität zu verteidigen. Diese Erfahrungen trugen dazu bei, dass er ein starkes Bewusstsein für die Bedeutung von Identität entwickelte und die Herausforderungen erkannte, die mit der Akzeptanz seiner eigenen Identität verbunden waren.

Erste Entdeckungen und Herausforderungen

Die erste bewusste Auseinandersetzung mit seiner Identität erlebte Velis während seiner Schulzeit. Hier begann er, sich mit anderen Lebensformen auszutauschen und die Unterschiede und Gemeinsamkeiten zu erkunden. Diese Interaktionen waren oft von Unsicherheiten geprägt, da er sich sowohl als Teil der Gemeinschaft als auch als Außenseiter fühlte.

Ein entscheidender Moment war, als Velis an einem Kunstprojekt teilnahm, das die Vielfalt der Identitäten auf Xorlia feierte. Hier konnte er seine amorphe Natur kreativ ausdrücken und gleichzeitig seine Erfahrungen mit anderen teilen. Diese Erfahrung half ihm, ein Gefühl der Zugehörigkeit zu entwickeln und seine Identität in einem positiven Licht zu sehen.

Identitätskrisen

Trotz dieser positiven Erfahrungen war Velis nicht immun gegen Identitätskrisen. Diese Krisen traten häufig auf, wenn er mit Vorurteilen und Diskriminierung konfrontiert wurde. Zum Beispiel erlebte er einen besonders schmerzhaften Vorfall, als eine Gruppe von Gleichaltrigen ihn aufgrund seiner amorphen Form verspottete. Diese Erfahrung führte zu einer tiefen Verunsicherung und einem Gefühl der Entfremdung.

In solchen Momenten stellte Velis seine Identität in Frage: „Ist meine amorphe Form ein Nachteil?" Diese Gedanken führten zu einer Phase intensiver Selbstreflexion, in der er versuchte, die gesellschaftlichen Normen zu hinterfragen, die ihn und andere amorphe Wesen als minderwertig betrachteten.

Der Einfluss von Familie und Freunden

Die Rolle von Familie und Freunden war in dieser Phase entscheidend für Velis' Identitätsentwicklung. Seine Familie unterstützte ihn in seinen Bemühungen, seine Identität zu akzeptieren, und ermutigte ihn, stolz auf seine Herkunft zu sein. Insbesondere seine Mutter, die selbst eine aktive Kämpferin für die Rechte amorpher Lebensformen war, inspirierte ihn, die Herausforderungen anzunehmen und für seine Identität einzustehen.

Freundschaften spielten ebenfalls eine wichtige Rolle. Velis fand Verbündete, die ähnliche Erfahrungen gemacht hatten. Diese Beziehungen ermöglichten es ihm, seine Ängste und Unsicherheiten zu teilen und gemeinsam Strategien zur Bewältigung von Diskriminierung zu entwickeln.

Schlussfolgerung

Die ersten Erfahrungen mit Identität waren für Velis Ryn eine prägende Zeit, die von Entdeckungen, Herausforderungen und der Suche nach Zugehörigkeit geprägt war. Diese Phase legte den Grundstein für sein späteres Engagement im Aktivismus und seine Bemühungen, die Identität amorpher Lebensformen auf Xorlia zu schützen. Durch die Auseinandersetzung mit seiner eigenen Identität entwickelte Velis ein tiefes Verständnis für die Bedeutung von Akzeptanz und Solidarität, die ihn auf seinem Weg als Bürgerrechtsaktivist begleiten sollten.

Erziehung und Bildung

Die Erziehung und Bildung von Velis Ryn waren entscheidende Faktoren in seiner Entwicklung als Bürgerrechtsaktivist. Auf dem Planeten Xorlia, wo amorphe Lebensformen eine einzigartige Form der Identität und des Lernens besitzen, spielte die Erziehung eine multifacettierte Rolle. Diese Sektion untersucht die verschiedenen Aspekte der Bildung, die Velis Ryn prägten, und die Herausforderungen, die er dabei überwand.

Theoretische Grundlagen

Die Erziehung auf Xorlia basiert auf mehreren theoretischen Modellen, die die Diversität und Fluidität amorpher Lebensformen berücksichtigen. Ein relevantes Modell ist das *Konstruktivistische Lernmodell*, das besagt, dass Lernen ein aktiver Prozess ist, bei dem Individuen Wissen konstruieren, indem sie Erfahrungen reflektieren und mit ihrer Umwelt interagieren. Für Velis Ryn bedeutete dies, dass seine Bildung nicht nur in formalen Einrichtungen stattfand, sondern auch durch die Interaktion mit seiner Gemeinschaft und die Auseinandersetzung mit seiner Identität.

Ein weiteres relevantes Konzept ist die *Identitätstheorie*, die besagt, dass die Entwicklung der Identität in einem sozialen Kontext stattfindet. Auf Xorlia, wo Identität oft fließend und nicht festgelegt ist, war es für Velis von entscheidender Bedeutung, seine eigene Identität zu verstehen und zu definieren. Dies geschah durch die Auseinandersetzung mit kulturellen Normen und Werten, die für amorphe Lebensformen spezifisch sind.

Herausforderungen in der Bildung

Die Bildungslandschaft auf Xorlia ist nicht ohne Herausforderungen. Eine der größten Hürden, mit denen Velis konfrontiert war, war die gesellschaftliche

Stigmatisierung amorpher Lebensformen. Diese Stigmatisierung führte oft zu einem Mangel an Ressourcen und Unterstützung für die Bildung dieser Lebensformen. Viele Bildungseinrichtungen waren nicht auf die besonderen Bedürfnisse amorpher Schüler eingestellt, was zu Diskriminierung und Vorurteilen führte.

Ein Beispiel für diese Herausforderungen war die *Zugangskrise* zu Bildungseinrichtungen. Velis erlebte, dass viele Schulen nicht über die notwendigen Materialien oder Lehrpläne verfügten, um amorphen Schülern gerecht zu werden. Dies führte zu einem Gefühl der Isolation und des Missmuts, da viele seiner Altersgenossen ähnliche Erfahrungen machten. In dieser Zeit entwickelte Velis jedoch eine Widerstandsfähigkeit, die ihn dazu motivierte, sich für bessere Bildungsbedingungen einzusetzen.

Einfluss der Familie und Gemeinschaft

Die Rolle von Velis' Familie war entscheidend für seine Bildung. Seine Eltern, die beide engagierte Mitglieder der Gemeinschaft waren, förderten eine Atmosphäre des Lernens und der Neugier. Sie ermutigten Velis, Fragen zu stellen und seine Umgebung zu erkunden. Dies war besonders wichtig, da amorphe Lebensformen oft in einem dynamischen Umfeld leben, in dem Anpassungsfähigkeit und Kreativität gefordert sind.

Die Gemeinschaft spielte ebenfalls eine zentrale Rolle in Velis' Bildung. In Xorlia gibt es zahlreiche *Gemeinschaftsbildungszentren*, die darauf abzielen, amorphen Lebensformen eine Plattform für den Austausch von Wissen und Erfahrungen zu bieten. Diese Zentren förderten nicht nur akademisches Lernen, sondern auch soziale Interaktion und kulturellen Austausch. Velis nahm an verschiedenen Programmen teil, die ihm halfen, seine Identität zu erforschen und seine Fähigkeiten zu entwickeln.

Praktische Erfahrungen und Entdeckungen

Ein wichtiger Aspekt von Velis' Bildung war die Möglichkeit, praktische Erfahrungen zu sammeln. In Xorlia wird Lernen oft durch *Erfahrungslernen* gefördert, bei dem Schüler durch direkte Teilnahme an Projekten und Aktivitäten lernen. Velis engagierte sich in verschiedenen Initiativen, die sich mit den Herausforderungen amorpher Lebensformen befassten. Dies reichte von Kunstprojekten, die die kulturelle Identität feierten, bis hin zu sozialen Kampagnen, die auf die Rechte amorpher Lebensformen aufmerksam machten.

Ein Beispiel für ein solches Projekt war die *Kunst für Identität*-Initiative, bei der Velis und seine Freunde Kunstwerke schufen, die die Vielfalt und die Herausforderungen ihrer Lebensweise darstellten. Diese Erfahrungen halfen ihm, nicht nur seine künstlerischen Fähigkeiten zu entwickeln, sondern auch ein tieferes Verständnis für die Bedeutung von Identität und Gemeinschaft zu gewinnen.

Schlussfolgerung

Zusammenfassend lässt sich sagen, dass die Erziehung und Bildung von Velis Ryn durch eine Kombination aus theoretischen Grundlagen, familiärer Unterstützung, gemeinschaftlichem Engagement und praktischen Erfahrungen geprägt waren. Trotz der Herausforderungen, mit denen er konfrontiert war, entwickelte Velis eine starke Identität und ein tiefes Verständnis für die Bedeutung von Bildung im Kontext des Aktivismus. Diese Erfahrungen legten den Grundstein für seinen späteren Einsatz für den Identitätsschutz amorpher Lebensformen auf Xorlia und verdeutlichen die zentrale Rolle von Bildung in der Entwicklung von Bürgerrechtsaktivisten.

Freundschaften und soziale Interaktionen

Die Kindheit von Velis Ryn auf dem Planeten Xorlia war geprägt von einem dynamischen Geflecht aus Freundschaften und sozialen Interaktionen, die nicht nur seine Entwicklung, sondern auch sein späteres Engagement für den Identitätsschutz amorpher Lebensformen maßgeblich beeinflussten. Freundschaften spielen eine entscheidende Rolle in der Identitätsbildung, da sie sowohl emotionale Unterstützung bieten als auch soziale Normen und Werte vermitteln.

Die Bedeutung von Freundschaften

Freundschaften sind für die Entwicklung von Individuen in jeder Gesellschaft von zentraler Bedeutung. Sie fördern soziale Fähigkeiten, bieten emotionale Unterstützung und tragen zur Bildung eines stabilen Selbstbildes bei. In der Psychologie wird oft auf die Theorie von Erik Erikson verwiesen, die die psychosoziale Entwicklung in verschiedene Phasen unterteilt. In der Phase der Kindheit und Jugend sind Freundschaften besonders wichtig, da sie den Übergang zur sozialen Identität erleichtern.

Die Interaktionen von Velis Ryn mit seinen Freunden waren geprägt von spielerischen Erlebnissen und gemeinschaftlichen Aktivitäten, die das Gefühl der Zugehörigkeit stärkten. Diese Erfahrungen halfen ihm, die Vielfalt und

Komplexität von Identität zu begreifen, insbesondere in einer Gesellschaft, die von amorphen Lebensformen geprägt war.

Herausforderungen in sozialen Interaktionen

Trotz der positiven Aspekte von Freundschaften gab es auch Herausforderungen, die Velis Ryn bewältigen musste.   In einer Gesellschaft, in der amorphe Lebensformen oft mit Vorurteilen und Diskriminierung konfrontiert waren, erlebte Velis soziale Isolation und das Gefühl, nicht akzeptiert zu werden. Diese Probleme sind nicht ungewöhnlich, da Forschungsergebnisse zeigen, dass Minderheiten oft Schwierigkeiten haben, soziale Netzwerke aufzubauen, die ihre Identität unterstützen.

Ein Beispiel für solche Herausforderungen war die Zeit, als Velis in die Schule kam. Die Unterschiede in der physischen Erscheinung und den sozialen Normen führten zu Missverständnissen und manchmal zu Ausgrenzung. Diese Erfahrungen führten zu einer Identitätskrise, in der Velis sich fragte, ob er in der Gemeinschaft, in der er lebte, wirklich akzeptiert werden konnte.

Die Rolle der sozialen Interaktionen in der Identitätsbildung

Die sozialen Interaktionen von Velis Ryn waren nicht nur eine Quelle des Trostes, sondern auch ein Mittel zur Identitätsfindung.   Durch den Austausch mit Gleichaltrigen konnte er verschiedene Perspektiven kennenlernen und seine eigene Identität reflektieren.   Die Theorie der sozialen Identität, entwickelt von Henri Tajfel und John Turner, besagt, dass Individuen ihr Selbstkonzept stark aus den Gruppen ableiten, denen sie angehören.   Für Velis bedeutete das, dass er durch seine Freundschaften ein Gefühl von Zugehörigkeit und Identität entwickelte, das ihn in seinem späteren Aktivismus unterstützen sollte.

Die Interaktionen mit Freunden ermöglichten es Velis, seine einzigartigen Fähigkeiten zu entdecken und zu entwickeln.   In einer Welt, in der amorphe Lebensformen oft als weniger wertvoll angesehen wurden, halfen ihm diese sozialen Bindungen, ein starkes Selbstwertgefühl aufzubauen.

Beispiele für positive soziale Interaktionen

Ein prägendes Beispiel für eine positive soziale Interaktion war die Gründung einer Kunstgruppe in seiner Schule.   Zusammen mit seinen Freunden begann Velis, Kunstwerke zu schaffen, die die Schönheit und Vielfalt amorpher Lebensformen feierten.   Diese Gruppe bot nicht nur einen Raum für kreative

Entfaltung, sondern auch eine Plattform, um die Identität amorpher Lebensformen zu erforschen und zu fördern.

Ein weiteres Beispiel war die Organisation von Veranstaltungen, bei denen verschiedene Lebensformen zusammenkamen, um ihre Kulturen zu präsentieren. Diese Veranstaltungen stärkten das Gemeinschaftsgefühl und förderten das Verständnis und die Akzeptanz unter den verschiedenen Lebensformen auf Xorlia.

Schlussfolgerung

Die Freundschaften und sozialen Interaktionen, die Velis Ryn in seiner Kindheit erlebte, waren von entscheidender Bedeutung für seine persönliche Entwicklung und sein späteres Engagement im Aktivismus. Sie halfen ihm, die Herausforderungen der Identitätsfindung zu meistern und ein starkes Gefühl der Zugehörigkeit zu entwickeln. Diese Erfahrungen bildeten die Grundlage für seinen späteren Kampf um den Identitätsschutz amorpher Lebensformen und zeigten, wie wichtig soziale Bindungen für die individuelle und kollektive Identität sind.

Insgesamt verdeutlicht Velis' Geschichte, dass Freundschaften nicht nur eine Quelle des Trostes sind, sondern auch ein kraftvolles Werkzeug zur Förderung von Identität und Gemeinschaft. Durch positive soziale Interaktionen kann eine tiefere Verbindung zur eigenen Identität und zur Gemeinschaft geschaffen werden, was letztendlich zu einem stärkeren Engagement für soziale Gerechtigkeit führt.

Die Entdeckung von Fähigkeiten

Die Entdeckung von Fähigkeiten ist ein entscheidender Schritt in der Entwicklung von Velis Ryn, einem außergewöhnlichen Wesen auf dem Planeten Xorlia. Diese Phase ist geprägt von der Erkundung und dem Verständnis der eigenen Talente und Potenziale, die oft in der Kindheit und Jugend hervortreten. Für Velis Ryn war diese Entdeckung nicht nur eine persönliche Reise, sondern auch eine gesellschaftliche Notwendigkeit, da die amorphen Lebensformen auf Xorlia oft mit Vorurteilen und Missverständnissen konfrontiert waren.

Frühe Anzeichen von Fähigkeiten

Bereits in der frühen Kindheit zeigte Velis Ryn Anzeichen von Fähigkeiten, die ihn von anderen abgrenzten. Diese Fähigkeiten waren nicht nur physischer Natur, sondern auch emotional und kognitiv. Die ersten Anzeichen traten während des Spiels mit anderen Kindern auf, wo Velis in der Lage war, komplexe Strategien zu entwickeln und diese erfolgreich umzusetzen. Diese Fähigkeiten wurden oft als

„außergewöhnlich" wahrgenommen, was sowohl Bewunderung als auch Neid hervorrief.

Theoretische Grundlagen der Fähigkeitenentdeckung

Die Entdeckung von Fähigkeiten kann durch verschiedene psychologische Theorien erklärt werden. Eine der bekanntesten Theorien ist die **Multiple Intelligences Theorie** von Howard Gardner, die besagt, dass Individuen unterschiedliche Arten von Intelligenz besitzen, darunter linguistische, logische-mathematische, räumliche und interpersonale Intelligenz. Diese Theorie legt nahe, dass die Identifikation und Förderung dieser unterschiedlichen Intelligenzen entscheidend für das persönliche Wachstum ist.

Mathematisch kann diese Theorie durch die folgende Gleichung dargestellt werden:

$$I = \sum_{n=1}^{k} a_n \tag{11}$$

wobei I die Gesamtheit der Intelligenzen darstellt, a_n die verschiedenen Arten von Intelligenz und k die Anzahl der identifizierten Intelligenzen ist. In Velis' Fall war es wichtig, die spezifischen Intelligenzen zu identifizieren, die seine Fähigkeiten prägten.

Herausforderungen bei der Entdeckung

Die Entdeckung von Fähigkeiten ist jedoch nicht ohne Herausforderungen. Velis Ryn sah sich mit verschiedenen Problemen konfrontiert, darunter:

+ **Gesellschaftliche Erwartungen:** Die amorphen Lebensformen auf Xorlia wurden oft in stereotype Rollen gedrängt, was es Velis erschwerte, seine einzigartigen Fähigkeiten zu erkennen und zu akzeptieren.

+ **Innere Konflikte:** Velis kämpfte mit Selbstzweifeln und der Angst, nicht den Erwartungen seiner Familie und Gemeinschaft gerecht zu werden. Diese inneren Konflikte führten zu identitätsbezogenen Krisen, die seine Fähigkeit zur Selbstentdeckung beeinträchtigten.

+ **Mangel an Vorbildern:** In einer Gesellschaft, die wenig Verständnis für amorphe Lebensformen hatte, fehlten Velis oft die Vorbilder, die ihm bei der Entdeckung und Entwicklung seiner Fähigkeiten helfen konnten.

Praktische Beispiele der Fähigkeitenentdeckung

Ein entscheidender Moment in Velis' Entwicklung war ein kreatives Projekt in der Schule, bei dem die Schüler ihre eigenen Geschichten erschaffen sollten. Velis entschied sich, eine Geschichte über die Herausforderungen amorpher Lebensformen zu schreiben, in der er seine eigenen Erfahrungen und Gefühle einfließen ließ. Dies führte nicht nur zu einer positiven Rückmeldung von Lehrern und Mitschülern, sondern half Velis auch, seine Fähigkeiten im Geschichtenerzählen und in der kreativen Ausdrucksweise zu entdecken.

Ein weiteres Beispiel war die Teilnahme an einem interkulturellen Austauschprogramm, das es Velis ermöglichte, mit anderen Lebensformen auf Xorlia in Kontakt zu treten. Hier erkannte er, dass seine Fähigkeit zur Empathie und zum interkulturellen Dialog eine wertvolle Ressource war, die nicht nur ihm, sondern auch seiner Gemeinschaft zugutekommen konnte.

Die Rolle von Mentoren

Mentoren spielten eine entscheidende Rolle in Velis' Reise zur Entdeckung seiner Fähigkeiten. Ein wichtiger Mentor war eine ältere, erfahrene Aktivistin, die selbst amorph war. Sie half Velis, seine Stärken zu erkennen und ermutigte ihn, seine Fähigkeiten aktiv zu nutzen, um für die Rechte seiner Gemeinschaft einzutreten. Diese Mentor-Mentee-Beziehung verdeutlichte die Bedeutung von Unterstützung und Anleitung in der persönlichen Entwicklung.

Schlussfolgerung

Die Entdeckung von Fähigkeiten war für Velis Ryn ein komplexer, aber bereichernder Prozess. Durch die Überwindung von Herausforderungen, die Suche nach Vorbildern und die Unterstützung von Mentoren gelang es ihm, seine einzigartigen Talente zu identifizieren und zu entwickeln. Diese Fähigkeiten würden nicht nur seine persönliche Identität prägen, sondern auch eine zentrale Rolle in seinem späteren Aktivismus für den Identitätsschutz amorpher Lebensformen auf Xorlia spielen. Die Reise zur Selbstentdeckung ist ein fortlaufender Prozess, der sowohl individuelle als auch gesellschaftliche Dimensionen umfasst und die Grundlage für ein erfülltes und bedeutungsvolles Leben bildet.

Herausforderungen in der Jugend

Die Jugend von Velis Ryn war geprägt von einer Vielzahl von Herausforderungen, die nicht nur seine persönliche Entwicklung beeinflussten, sondern auch seinen späteren Aktivismus für den Identitätsschutz amorpher Lebensformen auf Xorlia. In diesem Abschnitt werden die zentralen Herausforderungen beleuchtet, mit denen Velis konfrontiert war, sowie die theoretischen Hintergründe, die diese Schwierigkeiten erklären.

Identitätskrisen

Eine der größten Herausforderungen in der Jugend von Velis war die Auseinandersetzung mit seiner eigenen Identität. Identitätskrisen sind in der Jugendzeit weit verbreitet, da Individuen versuchen, ihren Platz in der Gesellschaft zu finden. Erik Erikson, ein prominenter Psychologe, beschreibt in seiner Theorie der psychosozialen Entwicklung die Phase der Identität versus Rollenkonfusion als entscheidend für Jugendliche. Velis, als amorphe Lebensform, erlebte diese Phase in einer besonders intensiven Weise.

Die amorphen Lebensformen auf Xorlia hatten oft Schwierigkeiten, ihre Identität in einer Gesellschaft zu definieren, die klare Kategorien und Rollen bevorzugte. Die Unsicherheit über seine eigene Identität führte bei Velis zu emotionalen Konflikten und einem ständigen Gefühl der Entfremdung. Diese innere Zerrissenheit wurde durch gesellschaftliche Erwartungen und Normen verstärkt, die für amorphe Lebensformen oft nicht anwendbar waren.

Soziale Isolation

Ein weiteres zentrales Problem in Velis' Jugend war die soziale Isolation. Die Gesellschaft auf Xorlia war stark hierarchisch organisiert, und amorphe Lebensformen wurden häufig als „anders" wahrgenommen. Diese Wahrnehmung führte zu Diskriminierung und Vorurteilen, die Velis in seiner Jugend erlebte. Die Theorie der sozialen Identität, entwickelt von Henri Tajfel, legt nahe, dass Individuen sich in Gruppen identifizieren, um ihr Selbstwertgefühl zu steigern. Velis fand es jedoch schwierig, sich einer Gruppe zuzuordnen, da er oft abgelehnt wurde.

Diese soziale Isolation führte zu einem tiefen Gefühl der Einsamkeit und des Missmuts. Velis kämpfte mit der Frage, ob er jemals akzeptiert werden würde, und ob er in der Lage sein würde, bedeutungsvolle Beziehungen aufzubauen. Diese Erfahrungen prägten nicht nur seine Jugend, sondern auch seine späteren Bestrebungen, die Rechte und die Identität amorpher Lebensformen zu fördern.

Familienkonflikte

Die Beziehung zu seiner Familie stellte eine weitere Herausforderung dar. Obwohl Velis in einer liebevollen Familie aufwuchs, war die Dynamik komplex. Die Familie stellte hohe Erwartungen an ihn, die oft im Widerspruch zu seinen eigenen Wünschen und Bedürfnissen standen. Die Theorie der familiären Systemdynamik, wie sie von Murray Bowen beschrieben wird, legt nahe, dass familiäre Konflikte oft aus unausgesprochenen Erwartungen und Kommunikationsschwierigkeiten resultieren.

Velis fühlte sich unter Druck gesetzt, den Erwartungen seiner Familie zu entsprechen, während er gleichzeitig seine eigene Identität und seinen Platz in der Welt finden wollte. Diese inneren Konflikte führten zu Spannungen innerhalb der Familie und trugen zu Velis' Gefühlen der Unsicherheit und des Zweifels bei.

Einfluss der Umgebung

Die Umgebung, in der Velis aufwuchs, spielte ebenfalls eine entscheidende Rolle bei seinen Herausforderungen. Die geografischen und kulturellen Merkmale von Xorlia, die in der Einleitung beschrieben wurden, schufen ein Umfeld, das oft wenig Raum für Diversität und Inklusion bot. Die Gesellschaft war stark von traditionellen Werten geprägt, die amorphe Lebensformen oft ausschlossen oder marginalisierten.

Die Theorie der ökologischen Systemtheorie von Urie Bronfenbrenner betont, wie wichtig die Wechselwirkungen zwischen Individuen und ihren Umgebungen sind. In Velis' Fall war die Wechselwirkung zwischen seiner Identität und der gesellschaftlichen Umgebung von zentraler Bedeutung. Diese ständige Auseinandersetzung führte zu einem Gefühl der Entfremdung und der Isolation, das ihn in seiner Jugend stark belastete.

Psychologische Auswirkungen

Die Herausforderungen, mit denen Velis konfrontiert war, hatten auch erhebliche psychologische Auswirkungen. Die ständige Auseinandersetzung mit Identitätskrisen, sozialer Isolation und familiären Konflikten führte zu einer erhöhten Anfälligkeit für psychische Probleme. Studien zeigen, dass Jugendliche, die mit Diskriminierung und sozialer Ausgrenzung konfrontiert sind, ein höheres Risiko für Angstzustände und Depressionen haben.

Velis erlebte Phasen intensiver Unsicherheit und emotionaler Belastung. Diese Erfahrungen prägten nicht nur sein persönliches Wachstum, sondern auch seine Motivation, sich für die Rechte und die Identität amorpher Lebensformen einzusetzen. Die psychologischen Herausforderungen, die er in seiner Jugend überwand, stärkten seinen Willen und seine Entschlossenheit, Veränderungen in der Gesellschaft herbeizuführen.

Beispiele aus Velis' Jugend

Ein prägendes Erlebnis in Velis' Jugend war der Besuch einer Schule, in der er aufgrund seiner amorphen Form häufig verspottet wurde. Diese Erfahrungen führten zu einem tiefen Gefühl der Scham und der Unsicherheit. In einem anderen Beispiel stellte Velis fest, dass seine besten Freunde, die ihn zunächst akzeptiert hatten, sich von ihm distanzierten, als sie mit dem Druck der Gesellschaft konfrontiert wurden. Diese Erlebnisse trugen zur Entwicklung seiner Empathie für andere bei, die ähnliche Herausforderungen durchlebten.

Zusammenfassend lässt sich sagen, dass Velis Ryns Jugend von einer Vielzahl von Herausforderungen geprägt war, die ihn sowohl emotional als auch psychologisch stark belasteten. Diese Erfahrungen waren jedoch auch der Katalysator für seinen späteren Aktivismus, da sie ihn lehrten, wie wichtig es ist, für die Rechte und die Identität amorpher Lebensformen zu kämpfen. Die Herausforderungen, die er in seiner Jugend überwand, bildeten die Grundlage für seine Vision und seinen Einsatz für eine gerechtere Gesellschaft auf Xorlia.

Die Rolle der Familie

Die Familie spielt eine entscheidende Rolle in der Entwicklung von Velis Ryn und seiner Identität als Bürgerrechtsaktivist. In dieser Sektion werden wir die verschiedenen Aspekte der familiären Einflüsse auf Velis Ryn untersuchen, einschließlich der emotionalen Unterstützung, der Wertevermittlung, der kulturellen Identität und der Herausforderungen, die sich aus familiären Dynamiken ergeben können.

Emotionale Unterstützung

Die Familie bietet eine grundlegende emotionale Unterstützung, die für die Entwicklung des Selbstwertgefühls und der Identität von Velis Ryn von zentraler Bedeutung ist. Laut der *Attachment Theory* (Bindungstheorie) von John Bowlby ist die Qualität der frühen Bindungen, die ein Kind zu seinen Bezugspersonen aufbaut, entscheidend für die emotionale und soziale Entwicklung. Velis Ryn erlebte in seiner Kindheit eine starke Bindung zu seinen Eltern, die ihm ein Gefühl von Sicherheit und Geborgenheit vermittelten. Diese emotionale Unterstützung half ihm, seine Identität zu formen und seine Fähigkeiten zu entdecken.

Wertevermittlung

Die Familie ist auch ein wichtiger Ort der Wertevermittlung. In der Familie von Velis Ryn wurden Werte wie Empathie, Gerechtigkeit und Solidarität hochgehalten. Diese Werte wurden nicht nur durch direkte Lehren, sondern auch durch das Verhalten der Eltern und Geschwister vermittelt. Ein Beispiel ist die Teilnahme der Familie an lokalen Gemeinschaftsprojekten, die Velis Ryn als Kind miterlebte. Diese Erfahrungen prägten sein Verständnis für soziale Verantwortung und die Bedeutung des Aktivismus.

Kulturelle Identität

Die Rolle der Familie ist besonders wichtig für die Entwicklung der kulturellen Identität. Velis Ryn wuchs in einer Familie auf, die stolz auf ihre kulturellen Wurzeln war. Die Familie pflegte Traditionen, die nicht nur das kulturelle Erbe bewahrten, sondern auch ein starkes Zugehörigkeitsgefühl vermittelten. In vielen Kulturen, einschließlich der von Velis Ryn, ist die Familie der erste Ort, an dem kulturelle Werte und Praktiken weitergegeben werden. Diese kulturelle Identität wurde für Velis Ryn zu einem zentralen Bestandteil seines Aktivismus, da er sich für den Schutz der Identität amorpher Lebensformen einsetzte.

Herausforderungen in der familiären Dynamik

Trotz der positiven Einflüsse der Familie gab es auch Herausforderungen, die Velis Ryn in seiner Entwicklung begegneten. Familiäre Konflikte und unterschiedliche Meinungen über den Aktivismus führten manchmal zu Spannungen. Diese Konflikte können als Teil der *Family Systems Theory* (Familien-System-Theorie) betrachtet werden, die besagt, dass Familienmitglieder in einem dynamischen System interagieren, in dem die Handlungen eines Einzelnen das gesamte System beeinflussen können. In Velis Ryns Fall kam es zu Konflikten, als seine Eltern nicht immer die gleichen Ansichten über den Aktivismus und dessen Methoden teilten.

Einflüsse von Geschwistern

Die Geschwister von Velis Ryn spielten ebenfalls eine wichtige Rolle in seiner Entwicklung. Geschwisterbeziehungen sind oft von Wettbewerb, Unterstützung und Lernen geprägt. In vielen Fällen können Geschwister als Vorbilder fungieren oder als Gegenspieler in der Suche nach Identität. Velis Ryn hatte eine enge Beziehung zu seinem älteren Bruder, der ebenfalls aktiv in sozialen Bewegungen war. Diese Beziehung bot Velis Ryn nicht nur Unterstützung, sondern auch eine Plattform, um verschiedene Ansichten über den Aktivismus zu diskutieren und zu verstehen.

Der Einfluss der erweiterten Familie

Die erweiterte Familie, einschließlich Großeltern, Tanten und Onkeln, hatte ebenfalls Einfluss auf Velis Ryns Entwicklung. Diese Verbindungen können als zusätzliche Ressourcen betrachtet werden, die emotionale Unterstützung und kulturelle Weisheit bieten. Velis Ryns Großmutter erzählte oft Geschichten über die Kämpfe ihrer Vorfahren, was Velis Ryn inspirierte und ihm ein Gefühl für die historische Dimension seines eigenen Kampfes gab.

Zusammenfassung

Zusammenfassend lässt sich sagen, dass die Familie eine multifunktionale Rolle in Velis Ryns Leben spielt. Sie bietet nicht nur emotionale Unterstützung und Werte, sondern auch ein Fundament für die kulturelle Identität. Gleichzeitig bringt sie Herausforderungen mit sich, die die Entwicklung und das Engagement von Velis Ryn beeinflussen. Die Dynamiken innerhalb der Familie sind komplex und formen die Perspektiven und den Aktivismus von Velis Ryn auf vielfältige Weise. Diese Erkenntnisse verdeutlichen die Bedeutung der Familie als einen zentralen Einflussfaktor in der Identitätsentwicklung und im Aktivismus, insbesondere in einer Welt, in der Identität und Zugehörigkeit oft in Frage gestellt werden.

Einflüsse der Umgebung

Die Umgebung spielt eine entscheidende Rolle in der Entwicklung der Identität von Velis Ryn und den amorphen Lebensformen auf Xorlia. Diese Einflüsse können sowohl physischer als auch sozialer Natur sein und prägen die Wahrnehmung von Identität und Selbstwertgefühl. In diesem Abschnitt werden wir die verschiedenen Aspekte der Umgebung untersuchen, die Velis Ryns Entwicklung beeinflusst haben, und die damit verbundenen Probleme und Herausforderungen analysieren.

Physische Umgebung

Die physische Umgebung von Xorlia ist geprägt von einer Vielzahl von geographischen und klimatischen Bedingungen, die das Leben der amorphen Lebensformen stark beeinflussen. Der Planet ist bekannt für seine vielfältigen Ökosysteme, die von dichten Wäldern bis hin zu weiten Wüsten reichen. Diese unterschiedlichen Lebensräume bieten nicht nur eine Vielzahl von Ressourcen, sondern schaffen auch spezifische Herausforderungen.

Ein Beispiel ist das dichte Nebelwaldgebiet von Xorlia, wo die amorphen Lebensformen oft mit der Herausforderung konfrontiert sind, sich vor natürlichen Gefahren wie Raubtieren zu schützen. In solchen Umgebungen ist die Fähigkeit zur Anpassung und Veränderung von entscheidender Bedeutung. Velis Ryn erlernte in diesen dichten Wäldern, wie wichtig es ist, sich an die Gegebenheiten anzupassen, um zu überleben und die eigene Identität zu bewahren.

Soziale Umgebung

Die soziale Umgebung ist ebenso wichtig wie die physische Umgebung. Die Gesellschaft auf Xorlia ist von einer Vielzahl kultureller Einflüsse geprägt, die die Identitätsbildung von Velis Ryn beeinflussten. Die Interaktionen mit anderen amorphen Lebensformen und der Austausch von Traditionen und Werten waren entscheidend für die Entwicklung seines Selbstverständnisses.

Ein zentrales Problem in dieser sozialen Umgebung ist die Diskriminierung, die viele amorphe Lebensformen erfahren. Diese Diskriminierung kann sich in verschiedenen Formen äußern, von sozialer Ausgrenzung bis hin zu systematischer Benachteiligung. Velis Ryn erlebte diese Herausforderungen hautnah und musste lernen, seine Identität trotz der gesellschaftlichen Stigmatisierung zu behaupten. Der Einfluss der Umgebung auf seine Wahrnehmung von Identität ist ein wiederkehrendes Thema in seiner Biografie.

Einfluss der Bildung

Die Bildungssysteme auf Xorlia sind ein weiterer wichtiger Einflussfaktor. Sie sind oft nicht auf die Bedürfnisse amorpher Lebensformen zugeschnitten, was zu einem Gefühl der Entfremdung führen kann. Velis Ryn hatte das Glück, Zugang zu einer inklusiven Bildungseinrichtung zu erhalten, die ihm half, seine Fähigkeiten zu entdecken und seine Identität zu formen.

In vielen Fällen jedoch sind amorphe Lebensformen mit einem Mangel an geeigneten Bildungsressourcen konfrontiert. Dies führt zu einem Verlust an Identität und einem Gefühl der Wertlosigkeit, da die Gesellschaft nicht in der Lage ist, ihre einzigartigen Fähigkeiten zu schätzen. Die Ungleichheit im Bildungssystem ist ein zentrales Problem, das die Entwicklung der Identität von Velis Ryn und anderen ähnlichen Lebensformen beeinflusst.

Einfluss von Vorbildern

Die Umgebung, in der Velis Ryn aufwuchs, war auch von inspirierenden Vorbildern geprägt, die ihm halfen, seine Identität zu formen. Diese Vorbilder, seien es Familienmitglieder, Lehrer oder andere Aktivisten, spielten eine entscheidende Rolle in seiner Entwicklung. Sie gaben ihm nicht nur Orientierung, sondern auch das Gefühl, dass seine Identität wertvoll und schützenswert ist.

Ein Beispiel hierfür ist die Figur eines alten Aktivisten, der sich für die Rechte amorpher Lebensformen einsetzte. Dieser Mentor half Velis Ryn, die Bedeutung von Identität und Selbstwert zu verstehen und ermutigte ihn, sich für die Rechte seiner Gemeinschaft einzusetzen.   Der Einfluss solcher Vorbilder ist von unschätzbarem Wert, insbesondere in einer Umgebung, die oft feindlich gegenüber amorphen Lebensformen ist.

Zusammenfassung

Zusammenfassend lässt sich sagen, dass die Umgebung, in der Velis Ryn aufwuchs, eine Vielzahl von Einflüssen auf seine Identitätsentwicklung hatte. Die physische Umgebung bot sowohl Herausforderungen als auch Ressourcen, während die soziale Umgebung oft von Diskriminierung und Stigmatisierung geprägt war.   Bildung spielte eine entscheidende Rolle, sowohl positiv als auch negativ, und inspirierende Vorbilder halfen Velis Ryn, seine Identität zu formen und zu verteidigen. Diese komplexen Wechselwirkungen zwischen Umgebung und Identität sind zentral für das Verständnis von Velis Ryns Reise und dem Kampf um den Identitätsschutz amorpher Lebensformen auf Xorlia.

Der erste Kontakt mit dem Aktivismus

Der erste Kontakt von Velis Ryn mit dem Aktivismus war ein entscheidender Moment in seiner Entwicklung und prägte die Richtung seines Lebens nachhaltig. Es war eine Zeit, in der die Herausforderungen amorpher Lebensformen auf Xorlia immer offensichtlicher wurden.   Die Diskriminierung, die diese Wesen aufgrund ihrer Form und Identität erlebten, war nicht nur eine persönliche Erfahrung für Velis, sondern auch ein gesellschaftliches Problem, das dringend angegangen werden musste.

Die Auslöser des Engagements

Der erste Kontakt mit dem Aktivismus fand während eines lokalen Festivals statt, das die kulturelle Vielfalt Xorlias feierte. Während dieser Veranstaltung wurden verschiedene Workshops angeboten, darunter einer, der sich mit den Rechten amorpher Lebensformen beschäftigte. Velis, der zu diesem Zeitpunkt noch ein Kind war, wurde durch die leidenschaftlichen Reden und die eindringlichen Geschichten von Betroffenen tief berührt. Diese Erfahrungen führten zu einer ersten Erkenntnis über die Ungerechtigkeiten, die in seiner Gesellschaft herrschten.

Einflüsse und Inspiration

Ein wichtiger Einfluss auf Velis war die Aktivistin Lira, eine erfahrene Kämpferin für die Rechte amorpher Lebensformen. Lira sprach über ihre eigenen Erfahrungen mit Diskriminierung und wie sie sich entschlossen hatte, für die Rechte ihrer Gemeinschaft zu kämpfen. Ihre Worte weckten in Velis den Wunsch, ebenfalls aktiv zu werden. Sie erklärte, dass der Aktivismus nicht nur eine Pflicht, sondern auch eine Möglichkeit sei, die eigene Identität zu finden und zu stärken. Diese Botschaft resonierte stark mit Velis, der selbst auf der Suche nach seinem Platz in der Welt war.

Die ersten Schritte im Aktivismus

Nach dieser inspirierenden Begegnung begann Velis, sich intensiver mit dem Thema Identität und den Herausforderungen amorpher Lebensformen auseinanderzusetzen. Er besuchte weitere Veranstaltungen und Workshops, in denen die Bedeutung von Identitätsschutz und die Notwendigkeit von Veränderung immer wieder betont wurden. Dabei stellte er fest, dass viele in seiner Gemeinschaft ähnliche Erfahrungen gemacht hatten, aber oft nicht wussten, wie sie ihre Stimme erheben konnten.

Herausforderungen und Widerstände

Der Weg in den Aktivismus war jedoch nicht ohne Herausforderungen. Velis erlebte erste Rückschläge, als er versuchte, seine Ideen in die Tat umzusetzen. Einige Mitglieder seiner Gemeinschaft waren skeptisch gegenüber Veränderungen und befürchteten, dass ein aktives Eintreten für ihre Rechte zu mehr Konflikten führen könnte. Diese Widerstände führten zu einer ersten Identitätskrise für Velis, der sich zwischen seinem Wunsch nach Veränderung und den Ängsten seiner Mitmenschen hin- und hergerissen fühlte.

Die Rolle von Gemeinschaftsorganisationen

Um diese Herausforderungen zu überwinden, schloss sich Velis einer lokalen Gemeinschaftsorganisation an, die sich für die Rechte amorpher Lebensformen einsetzte. Diese Organisation bot nicht nur Unterstützung, sondern auch eine Plattform, um Ideen auszutauschen und Strategien zu entwickeln. Hier lernte Velis, wie wichtig es ist, sich mit Gleichgesinnten zu vernetzen und gemeinsam für Veränderungen zu kämpfen.

Erste Erfolge und Mobilisierung

Die ersten Erfolge ließen nicht lange auf sich warten. Durch die Teilnahme an verschiedenen Veranstaltungen und die Organisation von Informationskampagnen gelang es Velis und seiner Gruppe, das Bewusstsein für die Probleme amorpher Lebensformen zu schärfen. Sie initiierten eine Petition, die von vielen Unterstützern unterzeichnet wurde und schließlich in eine öffentliche Anhörung mündete. Diese ersten Schritte in den Aktivismus stärkten nicht nur Velis' Selbstbewusstsein, sondern auch das Gefühl der Gemeinschaft unter den amorphen Lebensformen.

Reflexion über den ersten Kontakt

Der erste Kontakt mit dem Aktivismus war für Velis Ryn nicht nur eine Einführung in die Welt des politischen Engagements, sondern auch eine Reise der Selbstentdeckung. Er lernte, dass der Kampf um Identität nicht nur eine persönliche Angelegenheit ist, sondern auch eine kollektive Verantwortung, die er mit seinen Mitstreitern teilen musste. Diese Erkenntnis bildete die Grundlage für sein weiteres Engagement und seine Entwicklung zu einem einflussreichen Bürgerrechtsaktivisten.

Schlussfolgerung

Zusammenfassend lässt sich sagen, dass Velis Ryns erster Kontakt mit dem Aktivismus ein Wendepunkt in seinem Leben war. Die Erfahrungen und Herausforderungen, die er in dieser Zeit machte, trugen dazu bei, sein Verständnis von Identität und Gemeinschaft zu vertiefen. Dieser Abschnitt seines Lebens legte den Grundstein für seine zukünftigen Bemühungen um den Identitätsschutz amorpher Lebensformen auf Xorlia und inspirierte viele andere, sich ebenfalls für ihre Rechte einzusetzen.

Die Entwicklung von Velis Ryn

Die Suche nach dem Selbst

Die Suche nach dem Selbst ist ein zentraler Aspekt der Identitätsentwicklung, insbesondere für Velis Ryn, ein Wesen, das in einer Gesellschaft lebt, in der amorphe Lebensformen oft missverstanden werden. In diesem Abschnitt werden die verschiedenen Dimensionen dieser Suche beleuchtet, einschließlich der Herausforderungen, die Velis Ryn auf seinem Weg begegnen, sowie relevanter theoretischer Konzepte.

Theoretische Grundlagen

Die Theorie der psychosozialen Entwicklung von Erik Erikson bietet einen wertvollen Rahmen, um die Suche nach dem Selbst zu verstehen. Erikson postuliert, dass Individuen in verschiedenen Lebensphasen spezifische psychosoziale Krisen durchleben, die ihre Identität formen. In der Phase der Adoleszenz, die für Velis Ryn besonders prägend ist, steht die Krise der Identität versus Rollenkonfusion im Vordergrund. Diese Phase ist entscheidend, da sie den Grundstein für das zukünftige Selbstkonzept legt.

$$I = \sum_{t=1}^{n} \left(\frac{R_t}{C_t} \right) \tag{12}$$

Hierbei steht I für das Identitätsniveau, R_t für die Rückmeldungen von sozialen Interaktionen und C_t für die Herausforderungen, die in jeder Phase der Entwicklung auftreten. Diese Gleichung verdeutlicht, dass das Identitätsniveau von der Balance zwischen positiven Rückmeldungen und Herausforderungen abhängt.

Herausforderungen auf dem Weg zur Selbstfindung

Velis Ryn sieht sich mit einer Vielzahl von Herausforderungen konfrontiert, die seine Suche nach dem Selbst komplizieren. Dazu gehören:

- **Gesellschaftliche Erwartungen:** Die amorphen Lebensformen auf Xorlia sind oft mit Vorurteilen und Missverständnissen konfrontiert. Velis Ryn muss lernen, diese Erwartungen zu navigieren und sich gleichzeitig treu zu bleiben.

+ **Innere Konflikte:** Die Suche nach dem Selbst ist oft von inneren Konflikten geprägt. Velis Ryn kämpft mit Fragen wie: "Wer bin ich wirklich?" und "Wie kann ich in einer Welt, die mich nicht versteht, authentisch sein?" Diese Fragen spiegeln die existenziellen Krisen wider, die Erikson beschreibt.

+ **Einfluss der Kultur:** Die kulturelle Vielfalt auf Xorlia bietet sowohl eine Quelle der Inspiration als auch der Verwirrung. Velis Ryn muss herausfinden, welche kulturellen Elemente mit seiner Identität resonieren und welche nicht.

Beispiele aus Velis Ryns Leben

Um die theoretischen Konzepte greifbar zu machen, betrachten wir einige Schlüsselmomente aus Velis Ryns Leben:

+ **Der erste Kontakt mit der Kunst:** In der Jugend entdeckt Velis Ryn die Kunst als Ausdrucksform. Diese Erfahrung wird zu einem wichtigen Teil seiner Identität, da sie ihm hilft, seine Gefühle und Gedanken zu artikulieren. Kunst wird nicht nur zu einem Werkzeug der Selbstfindung, sondern auch zu einem Mittel, um mit anderen in Kontakt zu treten.

+ **Freundschaften:** Velis Ryn entwickelt enge Freundschaften mit anderen Aktivisten, die ebenfalls auf der Suche nach ihrer Identität sind. Diese Beziehungen bieten ihm Unterstützung und Bestätigung, was entscheidend für seine Selbstwahrnehmung ist.

+ **Konfrontation mit Diskriminierung:** Ein prägendes Erlebnis ist eine öffentliche Diskriminierung, die Velis Ryn an seine Identitätskrise erinnert. Diese Konfrontation zwingt ihn, sich mit seinem Selbstbild auseinanderzusetzen und die Bedeutung seiner Identität in einer feindlichen Umgebung zu hinterfragen.

Fazit

Die Suche nach dem Selbst ist ein dynamischer Prozess, der von Herausforderungen, inneren Konflikten und kulturellen Einflüssen geprägt ist. Für Velis Ryn ist dieser Prozess nicht nur eine persönliche Reise, sondern auch ein Teil seines Engagements für die Rechte amorpher Lebensformen. Indem er seine eigene Identität versteht und annimmt, wird er zu einem starken Befürworter für andere, die ähnliche Kämpfe durchleben.

Die theoretischen Konzepte von Erikson und die persönlichen Erfahrungen von Velis Ryn verdeutlichen, dass die Suche nach dem Selbst ein zentraler Bestandteil des menschlichen (oder in diesem Fall, außerirdischen) Lebens ist, der sowohl individuelle als auch gesellschaftliche Dimensionen umfasst.

Identitätskrisen und deren Bewältigung

Identitätskrisen sind ein zentrales Thema im Leben von Velis Ryn, einem außergewöhnlichen Bürgerrechtsaktivisten auf dem Planeten Xorlia. Diese Krisen sind oft das Ergebnis von inneren Konflikten, gesellschaftlichen Erwartungen und dem Streben nach Selbstverwirklichung. In diesem Abschnitt werden die verschiedenen Facetten von Identitätskrisen untersucht, die Herausforderungen, die sie mit sich bringen, sowie Strategien zur Bewältigung.

Theoretische Grundlagen

Die Psychologie bietet verschiedene Theorien zur Erklärung von Identitätskrisen. Eine der bekanntesten ist die Theorie von Erik Erikson, die die Entwicklung der Identität in mehreren Lebensphasen beschreibt. Erikson identifiziert die Phase der Identitätskrise als entscheidend für die Jugend, in der Individuen ihre Rolle in der Gesellschaft definieren und ein Gefühl für ihr Selbst entwickeln müssen.

$$\text{Identität} = \text{Selbstkonzept} + \text{Soziale Identität} \qquad (13)$$

Hierbei ist das Selbstkonzept die individuelle Wahrnehmung und das Bild, das eine Person von sich selbst hat, während die soziale Identität die Zugehörigkeit zu bestimmten Gruppen und Gemeinschaften umfasst. Velis Ryns Identitätskrisen sind eng mit der Komplexität seiner amorphen Form und der gesellschaftlichen Wahrnehmung dieser Form verbunden.

Herausforderungen während der Identitätskrisen

1. **Innere Konflikte**: Velis Ryn kämpft oft mit dem Gefühl, nicht in die vorherrschenden gesellschaftlichen Normen zu passen. Diese innere Zerrissenheit führt zu einem ständigen Zweifel an seiner Identität und seinen Fähigkeiten als Aktivist.

2. **Gesellschaftliche Erwartungen**: Die Gesellschaft auf Xorlia hat spezifische Erwartungen an amorphe Lebensformen, die sich stark von den Erwartungen an andere Lebensformen unterscheiden. Diese Diskrepanz führt

häufig zu Diskriminierung und Stigmatisierung, was Velis' Selbstwertgefühl beeinträchtigt.

3. **Kulturelle Einflüsse**: Die kulturelle Vielfalt auf Xorlia bedeutet, dass Velis Ryn mit verschiedenen Identitätsmodellen konfrontiert wird, die sich gegenseitig beeinflussen.   Diese Vielfalt kann sowohl bereichernd als auch verwirrend sein, da sie die Suche nach einer stabilen Identität erschwert.

4. **Technologischer Druck**: In einer zunehmend digitalisierten Welt sieht sich Velis dem Druck ausgesetzt, sich online zu präsentieren und eine bestimmte Identität zu verkörpern.   Diese Doppelidentität kann zu einem Gefühl der Entfremdung führen.

Strategien zur Bewältigung von Identitätskrisen

Um die Herausforderungen der Identitätskrisen zu bewältigen, entwickelt Velis Ryn mehrere Strategien:

1. **Selbstreflexion**: Velis nutzt Tagebuchführung und Meditation, um seine Gedanken und Gefühle zu ordnen. Diese Praktiken helfen ihm, ein klareres Bild von seiner Identität zu entwickeln und innere Konflikte zu lösen.

2. **Soziale Unterstützung**: Der Austausch mit Gleichgesinnten und anderen Aktivisten bietet Velis eine wertvolle Unterstützung. Diese Netzwerke ermöglichen es ihm, Erfahrungen zu teilen und voneinander zu lernen.

3. **Engagement in der Gemeinschaft**: Durch aktives Engagement in der Gemeinschaft kann Velis seine Identität stärken und ein Gefühl der Zugehörigkeit entwickeln. Dies geschieht durch die Organisation von Veranstaltungen, die sich für die Rechte amorpher Lebensformen einsetzen.

4. **Kreativer Ausdruck**: Velis nutzt Kunst und Musik als Mittel, um seine Identität auszudrücken und die Herausforderungen, denen er gegenübersteht, zu verarbeiten. Diese Ausdrucksformen bieten nicht nur eine kathartische Erfahrung, sondern auch eine Möglichkeit, mit anderen in Kontakt zu treten.

5. **Bildung und Aufklärung**: Velis setzt sich aktiv für Bildungsinitiativen ein, die das Bewusstsein für die Identität amorpher Lebensformen fördern. Diese Aufklärungsarbeit ist entscheidend, um Vorurteile abzubauen und ein positives Selbstbild zu entwickeln.

Beispiele aus Velis' Leben

Ein prägnantes Beispiel für eine Identitätskrise in Velis' Leben ereignete sich während seiner Jugend, als er zum ersten Mal mit Diskriminierung konfrontiert wurde. In der Schule wurde er aufgrund seiner amorphen Form verspottet, was zu einem tiefen Gefühl der Isolation führte. Diese Erfahrung führte zu einer Phase intensiver Selbstzweifel, in der er seine Fähigkeiten und seinen Platz in der Gesellschaft hinterfragte.

Ein weiterer Wendepunkt war die Begegnung mit einem Mentor, der ebenfalls amorph war und erfolgreich in der Bürgerrechtsbewegung tätig war. Dieser Mentor half Velis, seine Identität als Aktivist zu akzeptieren und zu stärken. Durch die Unterstützung und die ermutigenden Worte seines Mentors fand Velis den Mut, sich für die Rechte seiner Gemeinschaft einzusetzen.

Fazit

Identitätskrisen sind ein unvermeidlicher Teil des Lebens von Velis Ryn und spielen eine zentrale Rolle in seiner Entwicklung als Bürgerrechtsaktivist. Durch Selbstreflexion, soziale Unterstützung und kreativen Ausdruck findet Velis Wege, um mit diesen Krisen umzugehen und seine Identität zu festigen. Seine Erfahrungen bieten wertvolle Einblicke in die Herausforderungen, die viele amorphe Lebensformen auf Xorlia erleben, und zeigen, wie wichtig es ist, eine starke, positive Identität zu entwickeln, um für die eigenen Rechte und die der Gemeinschaft einzutreten.

Die Bedeutung von Vorbildern

Die Bedeutung von Vorbildern in der Entwicklung von Velis Ryn kann nicht hoch genug eingeschätzt werden. Vorbilder spielen eine entscheidende Rolle bei der Formung von Identität, Werten und der Motivation, aktiv zu werden. In der Gesellschaft von Xorlia, die von einer Vielzahl amorpher Lebensformen geprägt ist, sind Vorbilder nicht nur Inspirationsquellen, sondern auch essentielle Ankerpunkte für die Gemeinschaft, die sich in einem ständigen Prozess der Selbstfindung und Identitätsbildung befindet.

Theoretische Grundlagen

Die Rolle von Vorbildern kann durch verschiedene psychologische Theorien erklärt werden. Albert Bandura's Sozial-kognitive Theorie betont die Bedeutung des Modelllernens, bei dem Individuen Verhaltensweisen und Einstellungen von anderen übernehmen, die sie als Vorbilder betrachten. Bandura postuliert, dass das Beobachten von Vorbildern nicht nur die Nachahmung von Verhalten fördert, sondern auch das Selbstwirksamkeitsgefühl stärkt, welches entscheidend für die persönliche Entwicklung und das Engagement in sozialen Bewegungen ist.

$$\text{Selbstwirksamkeit} = \frac{\text{Erfolge}}{\text{Misserfolge} + \text{Erfolge}} \tag{14}$$

Diese Gleichung verdeutlicht, dass die Wahrnehmung von Erfolgen im Kontext von Vorbildern das Gefühl der Selbstwirksamkeit erhöht und somit die Wahrscheinlichkeit erhöht, dass Individuen selbst aktiv werden.

Probleme und Herausforderungen

In der Welt von Xorlia sind nicht alle Vorbilder positiv oder zugänglich. Es gibt Herausforderungen, die die Identifikation mit Vorbildern erschweren können:

- **Diskriminierung:** Amorphe Lebensformen erfahren oft Diskriminierung, was dazu führt, dass sie Schwierigkeiten haben, geeignete Vorbilder zu finden, die ihre Erfahrungen widerspiegeln.

- **Mangel an Sichtbarkeit:** Viele talentierte Aktivisten und Vorbilder sind in der Gesellschaft von Xorlia nicht ausreichend sichtbar, was es jungen Menschen erschwert, sich mit ihnen zu identifizieren.

- **Fehlende Unterstützung:** In vielen Fällen fehlt es an institutioneller Unterstützung, um Vorbilder zu fördern und ihre Geschichten in den Vordergrund zu rücken.

Diese Probleme können dazu führen, dass die Identifikation mit positiven Vorbildern und die damit verbundene Motivation zur aktiven Teilnahme an Bürgerrechtsbewegungen eingeschränkt werden.

Beispiele für Vorbilder

Velis Ryn selbst fand Inspiration in mehreren prominenten Persönlichkeiten, die sich für die Rechte amorpher Lebensformen eingesetzt haben. Eine bedeutende Figur in dieser Hinsicht war *Tariq Lumos*, ein ehemaliger Bürgerrechtsaktivist, der sich unermüdlich für die Anerkennung und den Schutz der Identität amorpher Wesen eingesetzt hat. Lumos' Geschichten von Widerstand und Triumph motivierten Velis, seinen eigenen Weg im Aktivismus zu finden.

Ein weiteres Beispiel ist die Künstlerin *Zyla Nox*, die durch ihre Kunst die Stimmen der am meisten marginalisierten Gruppen auf Xorlia hörbar machte. Ihre Fähigkeit, durch kreative Ausdrucksformen zu kommunizieren, ermutigte Velis, die Kraft der Kunst im Aktivismus zu erkennen und zu nutzen. Zyla Nox'

Werke waren nicht nur inspirierend, sondern auch ein praktisches Beispiel dafür, wie Kunst als Werkzeug für sozialen Wandel eingesetzt werden kann.

Die Rolle von Vorbildern im Aktivismus

Die Vorbilder, die Velis Ryn prägten, halfen ihm, eine klare Vision für seine eigene Rolle im Aktivismus zu entwickeln. Sie boten nicht nur Inspiration, sondern auch konkrete Strategien zur Mobilisierung und zum Engagement in der Gemeinschaft. Velis lernte, dass Vorbilder oft nicht nur durch ihre Erfolge, sondern auch durch ihre Misserfolge und die Art und Weise, wie sie mit Herausforderungen umgingen, Einfluss ausüben.

Ein Beispiel für eine solche Strategie war die Organisation von Gemeinschaftsveranstaltungen, die darauf abzielten, das Bewusstsein für die Herausforderungen amorpher Lebensformen zu schärfen. Diese Veranstaltungen boten nicht nur eine Plattform für den Austausch von Ideen, sondern auch eine Gelegenheit für die Gemeinschaft, sich zu vereinen und gemeinsam für ihre Rechte zu kämpfen.

Fazit

Zusammenfassend lässt sich sagen, dass Vorbilder eine unverzichtbare Rolle in der Entwicklung von Velis Ryn und seiner Bewegung gespielt haben. Sie bieten Inspiration, Strategien und ein Gefühl der Zugehörigkeit, das für das Wachstum und die Mobilisierung in der Gemeinschaft von entscheidender Bedeutung ist. Die Herausforderungen, die mit der Identifikation und dem Zugang zu positiven Vorbildern verbunden sind, müssen jedoch weiterhin angegangen werden, um sicherzustellen, dass zukünftige Generationen von amorphen Lebensformen die Unterstützung und Inspiration finden, die sie benötigen, um aktiv für ihre Identität und Rechte einzutreten.

$$\text{Inspiration} = \text{Vorbilder} + \text{Erfahrungen} + \text{Gemeinschaft} \qquad (15)$$

Die Gleichung verdeutlicht, dass die Inspiration für den Aktivismus aus einer Kombination von Vorbildern, persönlichen Erfahrungen und der Unterstützung der Gemeinschaft entsteht. Dies ist der Schlüssel zur Schaffung einer starken und widerstandsfähigen Bewegung, die in der Lage ist, die Herausforderungen zu bewältigen, vor denen amorphe Lebensformen auf Xorlia stehen.

Einfluss der Kultur auf die Identität

Die Kultur spielt eine entscheidende Rolle bei der Formung der Identität, insbesondere für amorphe Lebensformen auf Xorlia, die in einer vielfältigen und dynamischen Gesellschaft leben. Identität ist nicht statisch, sondern wird durch eine Vielzahl von kulturellen Einflüssen geformt, die sich im Laufe der Zeit entwickeln und verändern. In diesem Abschnitt werden wir die verschiedenen Aspekte des kulturellen Einflusses auf die Identität untersuchen, darunter die Rolle von Traditionen, Sprache, Kunst, Religion und sozialen Normen.

1. Die Rolle von Traditionen

Traditionen sind ein wesentlicher Bestandteil der Kultur und haben einen tiefgreifenden Einfluss auf die Identität von Individuen und Gemeinschaften. Sie bieten einen Rahmen, innerhalb dessen sich Individuen definieren und ihre Zugehörigkeit zu bestimmten Gruppen ausdrücken können. Auf Xorlia sind Traditionen oft mit den spezifischen Lebensumständen amorpher Lebensformen verbunden, die sich in ihren Praktiken und Bräuchen widerspiegeln.

Ein Beispiel für die Bedeutung von Traditionen ist das jährliche Festival der Formen, bei dem amorphe Lebensformen ihre einzigartigen Gestalten und Farben präsentieren. Dieses Festival fördert nicht nur den Stolz auf die eigene Identität, sondern auch die Gemeinschaftsbildung. Durch die Teilnahme an solchen Veranstaltungen können Individuen ein Gefühl der Zugehörigkeit entwickeln und ihre kulturelle Identität stärken.

2. Die Bedeutung der Sprache

Sprache ist ein weiteres zentrales Element, das die kulturelle Identität prägt. Sie ist nicht nur ein Kommunikationsmittel, sondern auch ein Träger von Werten, Überzeugungen und Traditionen. Auf Xorlia gibt es eine Vielzahl von Sprachen, die von verschiedenen amorphen Lebensformen gesprochen werden. Diese Sprachen sind oft eng mit der jeweiligen Kultur verbunden und tragen zur Identitätsbildung bei.

Die Verwendung der eigenen Sprache kann ein starkes Gefühl der Identität hervorrufen. Wenn amorphe Lebensformen in ihrer Muttersprache kommunizieren, fühlen sie sich oft sicherer und verbundener mit ihrer Gemeinschaft. Der Verlust einer Sprache kann hingegen zu einem Identitätsverlust führen, da wichtige kulturelle Konzepte und Traditionen nicht mehr vermittelt werden können.

3. Kunst und Kreativität

Kunst ist ein kraftvolles Ausdrucksmittel, das es Individuen ermöglicht, ihre kulturelle Identität zu zeigen und zu hinterfragen. Auf Xorlia nutzen amorphe Lebensformen verschiedene Kunstformen, um ihre Erfahrungen, Werte und Perspektiven auszudrücken. Ob durch Malerei, Musik oder Tanz – Kunst ist ein Weg, um kulturelle Narrative zu erzählen und Identität zu formen.

Ein Beispiel für den Einfluss von Kunst auf die Identität ist die Bewegung der „Fluiden Künstler", die sich für die Anerkennung und Wertschätzung von amorphen Lebensformen in der Kunstwelt einsetzt. Durch ihre Werke schaffen sie Bewusstsein für die Herausforderungen, denen sie gegenüberstehen, und fördern ein Gefühl der Solidarität innerhalb ihrer Gemeinschaft.

4. Religion und Spiritualität

Religion und Spiritualität sind weitere wesentliche Faktoren, die die Identität beeinflussen. Sie bieten nicht nur Antworten auf existenzielle Fragen, sondern auch einen moralischen Rahmen, innerhalb dessen Individuen ihre Werte und Überzeugungen entwickeln. Auf Xorlia gibt es eine Vielzahl von religiösen Überzeugungen, die sich in den Praktiken und Ritualen amorpher Lebensformen widerspiegeln.

Ein Beispiel ist die „Kultur der Formwandlung", die glaubt, dass jede amorphe Lebensform eine besondere spirituelle Essenz hat, die durch Transformationen im Leben sichtbar wird. Diese Überzeugung fördert nicht nur die Akzeptanz der eigenen Identität, sondern auch die Wertschätzung der Vielfalt innerhalb der Gemeinschaft.

5. Soziale Normen und Werte

Soziale Normen und Werte sind grundlegende Elemente, die das Verhalten und die Interaktionen von Individuen innerhalb einer Kultur leiten. Sie beeinflussen, wie amorphe Lebensformen sich selbst sehen und wie sie von anderen wahrgenommen werden. Normen können sowohl förderlich als auch einschränkend für die Identitätsbildung sein.

In vielen Gemeinschaften auf Xorlia gibt es Normen, die die Vielfalt der Identitäten fördern, während andere Normen dazu führen können, dass bestimmte Identitäten marginalisiert werden. Der Kampf um Anerkennung und Gleichheit, den Velis Ryn führt, ist ein Beispiel dafür, wie soziale Normen herausgefordert werden können, um eine inklusivere Gesellschaft zu schaffen.

6. Kulturelle Hybridität

In einer zunehmend globalisierten Welt erleben viele amorphe Lebensformen eine kulturelle Hybridität, bei der verschiedene kulturelle Einflüsse miteinander verschmelzen. Diese Hybridität kann zu einer bereicherten Identität führen, die Elemente aus verschiedenen Kulturen integriert. Auf Xorlia zeigt sich dies in der Verschmelzung traditioneller Praktiken mit modernen Einflüssen, was zu neuen Ausdrucksformen und Identitäten führt.

Ein Beispiel hierfür ist die Kombination von traditionellen Tanzstilen mit modernen Musikrichtungen, die eine neue Form der kulturellen Identität schafft. Diese Art der Hybridität fördert nicht nur die Kreativität, sondern auch das Verständnis und die Akzeptanz zwischen verschiedenen Gemeinschaften.

Schlussfolgerung

Zusammenfassend lässt sich sagen, dass die Kultur einen tiefgreifenden Einfluss auf die Identität amorpher Lebensformen auf Xorlia hat. Traditionen, Sprache, Kunst, Religion und soziale Normen spielen eine entscheidende Rolle bei der Formung und Entwicklung von Identität. In einer sich ständig verändernden Welt ist es wichtig, diese kulturellen Einflüsse zu erkennen und zu schätzen, um eine inklusive und vielfältige Gesellschaft zu fördern. Velis Ryns Engagement für den Identitätsschutz ist ein Beispiel dafür, wie kulturelle Identität und Aktivismus miteinander verbunden sind und wie sie gemeinsam für positive Veränderungen in der Gesellschaft eintreten können.

Die Rolle von Kunst und Musik

Die Rolle von Kunst und Musik in der Identitätsfindung und im Aktivismus ist von zentraler Bedeutung, insbesondere für amorphe Lebensformen auf Xorlia, die oft mit Herausforderungen konfrontiert sind, die ihre kulturelle Identität bedrohen. Kunst und Musik fungieren nicht nur als Ausdrucksmittel, sondern auch als Werkzeuge der Mobilisierung und des Wandels. In diesem Abschnitt werden wir die verschiedenen Dimensionen der Rolle von Kunst und Musik im Kontext des Aktivismus von Velis Ryn und der amorphen Lebensformen untersuchen.

Kunst als Ausdrucksform

Kunst ist ein universelles Medium, das es Individuen ermöglicht, ihre Gedanken, Gefühle und Identitäten auszudrücken. Für amorphe Lebensformen, die oft

Schwierigkeiten haben, ihre Identität in einer von Vorurteilen geprägten Gesellschaft zu definieren, bietet Kunst eine Plattform zur Selbstverwirklichung. Die Theorie der *Identität durch Ausdruck* besagt, dass kreative Praktiken wie Malerei, Skulptur und Performance den Individuen helfen, ihre innere Welt zu reflektieren und darzustellen.

Ein Beispiel dafür ist die *Kunstbewegung der amorphen Formen*, die in den frühen 2020er Jahren auf Xorlia entstand. Diese Bewegung nutzte verschiedene Kunstformen, um die Vielfalt und Komplexität amorpher Identitäten zu feiern. Künstler wie *Luma Shai* schufen Werke, die die Fluidität und Wandelbarkeit ihrer Identität darstellten, was den Betrachtern half, die Schönheit der Diversität zu erkennen und Vorurteile abzubauen.

Musik als Mobilisierungsinstrument

Musik hat das Potenzial, Gemeinschaften zu mobilisieren und kollektive Identitäten zu stärken. Die *Musiktheorie der sozialen Kohäsion* postuliert, dass gemeinsames Musizieren und das Teilen musikalischer Erfahrungen das Gefühl der Zugehörigkeit und Solidarität fördern. Velis Ryn verstand die Macht der Musik und gründete das *Xorlianische Musik-Kollektiv*, das lokale Musiker zusammenbrachte, um Lieder zu schreiben, die die Kämpfe und Triumphe amorpher Lebensformen thematisierten.

Ein bemerkenswertes Beispiel ist das Lied „*Fluidität der Seele*", das von einer Gruppe von Musikern aus verschiedenen Regionen Xorlias komponiert wurde. Der Text thematisiert die Herausforderungen, mit denen amorphe Lebensformen konfrontiert sind, und ermutigt die Gemeinschaft, sich für ihre Rechte einzusetzen. Die Melodie, die eine Mischung aus traditionellen und modernen Klängen ist, wurde zu einer Hymne des Aktivismus und wurde bei vielen Protesten und Veranstaltungen gespielt.

Kunst und Musik als Bildungswerkzeuge

Kunst und Musik sind auch entscheidende Bildungswerkzeuge im Aktivismus. Sie können genutzt werden, um Bewusstsein zu schaffen und Informationen über die Rechte amorpher Lebensformen zu verbreiten. Die *Theorie der kulturellen Bildung* besagt, dass Kunst und Musik nicht nur zur Unterhaltung dienen, sondern auch als Mittel zur Aufklärung und Sensibilisierung fungieren können.

Velis Ryn initiierte Bildungsprogramme, die Workshops in Schulen und Gemeinschaftszentren umfassten, in denen Kunst und Musik als Mittel zur Identitätsfindung und zum Verständnis von Diskriminierung eingesetzt wurden.

Diese Programme halfen den Teilnehmern, ihre eigenen Geschichten durch kreative Ausdrucksformen zu erzählen, wodurch sie ein besseres Verständnis ihrer eigenen Identität und der Herausforderungen, mit denen sie konfrontiert sind, erlangten.

Die Herausforderungen der Kunst im Aktivismus

Trotz der positiven Aspekte von Kunst und Musik im Aktivismus gibt es auch Herausforderungen. Eine der größten Hürden ist die *Kommerzialisierung der Kunst*, die dazu führen kann, dass wichtige Botschaften verwässert oder missverstanden werden. Wenn Kunstwerke und Musikstücke kommerzialisiert werden, besteht die Gefahr, dass sie ihre ursprüngliche Bedeutung verlieren und nicht mehr als Werkzeuge des Wandels fungieren.

Ein Beispiel hierfür ist der *Kunstmarkt von Xorlia*, der zunehmend von großen Unternehmen dominiert wird, die profitabelere, weniger kontroverse Kunst fördern. Dies führt dazu, dass viele Künstler, die sich mit sozialen Themen auseinandersetzen, Schwierigkeiten haben, Gehör zu finden. Velis Ryn und andere Aktivisten kämpfen dafür, dass Kunst und Musik, die soziale Themen ansprechen, die Unterstützung und Anerkennung erhalten, die sie verdienen.

Fazit

Zusammenfassend lässt sich sagen, dass Kunst und Musik eine unverzichtbare Rolle im Aktivismus von Velis Ryn und der amorphen Lebensformen auf Xorlia spielen. Sie dienen nicht nur als Ausdrucksformen, sondern auch als Werkzeuge zur Mobilisierung, Bildung und Sensibilisierung. Während es Herausforderungen gibt, die es zu bewältigen gilt, bleibt die Kraft von Kunst und Musik als Katalysatoren für sozialen Wandel und Identitätsfindung unbestritten. Die Verbindung von Kreativität und Aktivismus bietet eine vielversprechende Perspektive für die Zukunft der amorphen Lebensformen und deren Kampf um Identität und Anerkennung.

Engagement in der Gemeinschaft

Das Engagement in der Gemeinschaft ist ein zentraler Aspekt im Aktivismus von Velis Ryn und spielt eine entscheidende Rolle bei der Förderung des Identitätsschutzes amorpher Lebensformen auf Xorlia. Dieses Engagement manifestiert sich in verschiedenen Formen, die sowohl individuelle als auch kollektive Anstrengungen umfassen. In diesem Abschnitt werden die theoretischen Grundlagen des Gemeinschaftsengagements, die

Herausforderungen, denen Velis Ryn gegenüberstand, sowie spezifische Beispiele für erfolgreiche Initiativen erörtert.

Theoretische Grundlagen

Das Konzept des Gemeinschaftsengagements basiert auf mehreren theoretischen Ansätzen, darunter die **Soziale Identitätstheorie** und die **Gemeinschaftspsychologie**. Die Soziale Identitätstheorie, entwickelt von Henri Tajfel, postuliert, dass Individuen ihre Identität stark durch ihre Zugehörigkeit zu sozialen Gruppen definieren. Diese Zugehörigkeit kann sowohl positive als auch negative Auswirkungen auf das Selbstwertgefühl und das Verhalten haben. Im Kontext von Velis Ryn bedeutet dies, dass die Stärkung der Identität amorpher Lebensformen durch Gemeinschaftsengagement eine wesentliche Strategie zur Bekämpfung von Diskriminierung und Vorurteilen darstellt.

Die Gemeinschaftspsychologie hingegen betont die Bedeutung von Gemeinschaften für das individuelle Wohlbefinden und die soziale Gerechtigkeit. Diese Disziplin untersucht, wie soziale Strukturen und Beziehungen das Verhalten und die Lebensqualität von Individuen beeinflussen. Velis Ryn nutzte diese Erkenntnisse, um Programme zu entwickeln, die die Gemeinschaft stärken und das Bewusstsein für die Herausforderungen amorpher Lebensformen schärfen.

Herausforderungen im Engagement

Trotz der positiven Aspekte des Engagements in der Gemeinschaft sah sich Velis Ryn mit mehreren Herausforderungen konfrontiert:

+ **Stigmatisierung und Vorurteile:** Amorphe Lebensformen wurden häufig stigmatisiert und als minderwertig betrachtet. Diese negative Wahrnehmung erschwerte es Velis Ryn, Unterstützung innerhalb der breiteren Gemeinschaft zu gewinnen.

+ **Ressourcenmangel:** Oft fehlten finanzielle Mittel und materielle Ressourcen, um umfassende Programme zur Unterstützung amorpher Lebensformen zu implementieren. Dies stellte eine erhebliche Barriere dar, um nachhaltige Veränderungen zu bewirken.

+ **Widerstand von etablierten Gruppen:** Velis Ryn musste sich gegen Widerstände von bestehenden sozialen und politischen Gruppen behaupten, die ihre eigene Macht und ihren Einfluss nicht gefährdet sehen wollten.

Beispiele für erfolgreiches Engagement

Trotz dieser Herausforderungen war Velis Ryn in der Lage, bedeutende Fortschritte zu erzielen. Einige herausragende Beispiele für ihr Engagement in der Gemeinschaft sind:

1. **Die Gründung von „Xorlia Unite":** Diese Bewegung brachte amorphe Lebensformen und ihre Unterstützer zusammen, um eine Plattform für den Austausch von Erfahrungen und Ressourcen zu schaffen. „Xorlia Unite" organisierte regelmäßige Treffen, bei denen die Mitglieder ihre Geschichten teilten und Strategien zur Überwindung gemeinsamer Herausforderungen entwickelten.

2. **Aufklärungsprogramme in Schulen:** Velis Ryn initiierte Programme in Schulen, um das Bewusstsein für die Identität amorpher Lebensformen zu schärfen. Diese Programme beinhalteten Workshops, in denen Schüler*innen über Vielfalt, Inklusion und die Bedeutung von Identität lernten. Durch kreative Ansätze, wie Theaterstücke und künstlerische Projekte, konnten Schüler*innen empathische Verbindungen zu amorphen Lebensformen aufbauen.

3. **Kunst- und Musikfestivals:** Um die kulturelle Vielfalt und die Identität amorpher Lebensformen zu feiern, organisierte Velis Ryn Kunst- und Musikfestivals. Diese Veranstaltungen zogen nicht nur die lokale Gemeinschaft an, sondern auch internationale Besucher*innen. Sie boten eine Plattform für amorphe Künstler*innen, ihre Talente zu zeigen und ihre Geschichten zu erzählen, was zur Sichtbarkeit und Akzeptanz beitrug.

Langfristige Auswirkungen des Engagements

Das Engagement von Velis Ryn in der Gemeinschaft hatte langfristige Auswirkungen auf die Gesellschaft auf Xorlia. Durch die Schaffung von Netzwerken und die Förderung des interkulturellen Dialogs konnte eine stärkere Solidarität unter den verschiedenen Lebensformen entstehen. Die Initiativen führten zu einer erhöhten Sichtbarkeit und Anerkennung amorpher Lebensformen, was schließlich dazu beitrug, diskriminierende Gesetze und Praktiken zu hinterfragen und zu reformieren.

Zusammenfassend lässt sich sagen, dass das Engagement in der Gemeinschaft nicht nur eine Strategie für Velis Ryn war, um ihre Ziele zu erreichen, sondern auch ein fundamentales Element zur Förderung des Identitätsschutzes amorpher

Lebensformen. Durch die Überwindung von Herausforderungen und die Implementierung erfolgreicher Programme konnte sie einen bedeutenden Einfluss auf die Gesellschaft ausüben und das Bewusstsein für die Bedeutung von Identität und Inklusion schärfen.

Die ersten Schritte in den Aktivismus

Velis Ryns Reise in den Aktivismus begann in einem entscheidenden Moment seiner Jugend, als er Zeuge einer Diskriminierung gegen amorphe Lebensformen wurde. Diese Erfahrung prägte nicht nur seine Sicht auf die Welt, sondern weckte auch in ihm den Drang, für Gerechtigkeit und Gleichheit zu kämpfen. In diesem Abschnitt werden die ersten Schritte von Velis Ryn in den Aktivismus beleuchtet, einschließlich der theoretischen Grundlagen, der Herausforderungen, mit denen er konfrontiert war, und der konkreten Schritte, die er unternahm.

Theoretische Grundlagen des Aktivismus

Aktivismus ist ein Prozess, der oft durch verschiedene theoretische Rahmenbedingungen beeinflusst wird. Eine der grundlegenden Theorien ist die *Theorie des sozialen Wandels*, die besagt, dass Veränderungen in der Gesellschaft durch kollektives Handeln und Mobilisierung von Individuen herbeigeführt werden können. Diese Theorie wird durch das Konzept des *kollektiven Bewusstseins* unterstützt, welches beschreibt, wie gemeinsame Werte und Überzeugungen innerhalb einer Gemeinschaft entstehen und die Motivation für gemeinsames Handeln fördern.

Velis Ryn erkannte, dass die Identität amorpher Lebensformen nicht nur durch individuelle Erfahrungen geprägt ist, sondern auch durch das soziale Umfeld, in dem sie leben. Die *Identitätstheorie* von Tajfel und Turner (1979) legt nahe, dass Individuen ihre Identität durch die Zugehörigkeit zu sozialen Gruppen definieren. Dies wurde für Velis Ryn zu einem Schlüsselfaktor, als er begann, sich mit anderen Aktivisten zu vernetzen und die Stimme der amorphen Lebensformen zu stärken.

Herausforderungen im Aktivismus

Die ersten Schritte in den Aktivismus waren jedoch nicht ohne Herausforderungen. Velis Ryn sah sich einer Vielzahl von Problemen gegenüber, die sowohl persönlicher als auch gesellschaftlicher Natur waren. Zu den größten Herausforderungen gehörten:

- **Diskriminierung und Vorurteile:** Velis erlebte oft Vorurteile gegenüber amorphen Lebensformen, was es ihm erschwerte, Unterstützung zu finden. Diese Diskriminierung war nicht nur emotional belastend, sondern stellte auch eine Barriere für den Aufbau eines Netzwerks dar.

- **Mangel an Ressourcen:** Zu Beginn fehlten Velis und seinen Mitstreitern die finanziellen Mittel und Ressourcen, um ihre Botschaft effektiv zu verbreiten. Dies führte zu Frustration und dem Gefühl, dass ihre Bemühungen vergeblich seien.

- **Unsicherheit und Angst:** Der Aktivismus brachte auch eine gewisse Unsicherheit mit sich. Die Angst vor Repressionen und negativen Konsequenzen für ihr Engagement war allgegenwärtig. Diese Ängste mussten überwunden werden, um aktiv werden zu können.

Erste Schritte und Initiativen

Trotz dieser Herausforderungen begann Velis Ryn, konkrete Schritte in Richtung Aktivismus zu unternehmen. Diese Schritte umfassten:

1. **Bildung und Aufklärung:** Velis erkannte, dass Bildung der Schlüssel zur Veränderung war. Er begann, Workshops und Informationsveranstaltungen zu organisieren, um das Bewusstsein für die Rechte und die Identität amorpher Lebensformen zu schärfen. Diese Veranstaltungen waren oft interaktiv und boten den Teilnehmern die Möglichkeit, ihre eigenen Erfahrungen zu teilen.

2. **Vernetzung mit Gleichgesinnten:** Velis suchte aktiv nach anderen Aktivisten und Organisationen, die ähnliche Ziele verfolgten. Durch den Austausch von Ideen und Strategien konnte er ein starkes Netzwerk aufbauen, das ihm half, seine Botschaft weiter zu verbreiten.

3. **Nutzung von sozialen Medien:** In einer zunehmend digitalisierten Welt erkannte Velis die Macht der sozialen Medien. Er nutzte Plattformen wie *XorSocial* und *XorTube*, um Informationen zu verbreiten und eine breitere Öffentlichkeit zu erreichen. Dies führte zu einer schnell wachsenden Anhängerschaft und mehr Sichtbarkeit für die Anliegen amorpher Lebensformen.

4. **Organisierung von Protesten:** Velis und seine Unterstützer organisierten die ersten Proteste und Demonstrationen, um auf die Diskriminierung

aufmerksam zu machen. Diese Veranstaltungen waren oft kreativ gestaltet, mit Kunst und Musik, um die Botschaft zu verstärken und ein breiteres Publikum anzusprechen.

Beispiele für den Aktivismus von Velis Ryn

Ein prägnantes Beispiel für Velis' Engagement war die *Kampagne für Identitätsschutz*, die er ins Leben rief. Diese Kampagne zielte darauf ab, das Bewusstsein für die rechtlichen und sozialen Herausforderungen zu schärfen, mit denen amorphe Lebensformen konfrontiert sind. Sie beinhaltete:

+ **Petitionen:** Velis sammelte Unterschriften für eine Petition, die an die Regierung von Xorlia gerichtet war. Diese Petition forderte die Anerkennung der Rechte amorpher Lebensformen und eine Überarbeitung der bestehenden Gesetze, die diskriminierende Praktiken ermöglichten.

+ **Öffentliche Aufklärungskampagnen:** Die Kampagne beinhaltete auch die Verbreitung von Informationsmaterialien in Schulen und Gemeinden, um Vorurteile abzubauen und das Verständnis für die Vielfalt amorpher Lebensformen zu fördern.

+ **Zusammenarbeit mit Künstlern:** Velis arbeitete mit lokalen Künstlern zusammen, um Kunstinstallationen zu schaffen, die die Schönheit und Vielfalt amorpher Lebensformen darstellten. Diese Kunstwerke wurden in öffentlichen Räumen ausgestellt und zogen die Aufmerksamkeit der Medien auf sich.

Reflexion über die ersten Schritte

Die ersten Schritte in den Aktivismus waren für Velis Ryn sowohl herausfordernd als auch bereichernd. Er lernte, dass der Weg zur Veränderung nicht immer einfach ist, aber durch Entschlossenheit, Kreativität und Zusammenarbeit mit anderen kann eine bedeutende Wirkung erzielt werden. Diese frühen Erfahrungen legten den Grundstein für seine spätere Entwicklung als führender Bürgerrechtsaktivist und halfen ihm, eine klare Vision für die Zukunft zu entwickeln.

Zusammenfassend lässt sich sagen, dass Velis Ryns Engagement für den Aktivismus nicht nur seine eigene Identität prägte, sondern auch das Bewusstsein und die Unterstützung für amorphe Lebensformen auf Xorlia maßgeblich beeinflusste. Die Herausforderungen, mit denen er konfrontiert war, formten seinen Charakter und stärkten seinen Glauben an die Notwendigkeit von Veränderung. Diese ersten Schritte waren der Beginn eines lebenslangen Kampfes für Gerechtigkeit und Gleichheit.

Verbindungen zu anderen Aktivisten

Die Verbindungen zu anderen Aktivisten waren für Velis Ryn von entscheidender Bedeutung, um die Bewegung für den Identitätsschutz amorpher Lebensformen auf Xorlia zu stärken. Diese Beziehungen ermöglichten nicht nur den Austausch von Ideen und Strategien, sondern auch die Schaffung eines solidarischen Netzwerks, das die Reichweite und den Einfluss der Bewegung erheblich erweiterte.

Die Bedeutung von Netzwerken

Aktivismus ist oft eine kollektive Anstrengung, die auf der Zusammenarbeit und dem Austausch von Ressourcen basiert. In der Theorie des sozialen Kapitals wird die Bedeutung von Netzwerken hervorgehoben, die den Zugang zu Informationen, Unterstützung und Ressourcen erleichtern. Laut [2] ist soziales Kapital das „Netzwerk von Beziehungen zwischen Menschen, das die Zusammenarbeit in einer Gesellschaft fördert". In diesem Sinne war Velis Ryns Fähigkeit, Verbindungen zu knüpfen, ein entscheidender Faktor für den Erfolg ihrer Bewegung.

Herausforderungen beim Aufbau von Verbindungen

Trotz der Vorteile, die solche Netzwerke bieten, stieß Velis Ryn auf verschiedene Herausforderungen. Eine der größten Hürden war die Diskriminierung und Stigmatisierung, die amorphe Lebensformen auf Xorlia erfuhren. Viele potenzielle Verbündete waren skeptisch gegenüber der Bewegung oder hatten Angst, sich zu engagieren, aus Angst vor Repressalien oder sozialer Ausgrenzung. Diese Probleme führten oft zu einem Gefühl der Isolation unter den Aktivisten, was die Mobilisierung erschwerte.

Ein Beispiel für diese Herausforderung war die Zusammenarbeit mit den *Xorlianischen Bürgerrechtsallianzen*. Diese Gruppe war zwar bestrebt, für die Rechte aller Lebensformen auf Xorlia einzutreten, hatte jedoch Schwierigkeiten, amorphe Lebensformen in ihre Programme zu integrieren. Velis Ryn musste die Vorurteile innerhalb der Gruppe überwinden, um eine echte Partnerschaft zu schaffen, die auf gegenseitigem Respekt und Verständnis basierte.

Strategien zur Förderung von Verbindungen

Um die Verbindungen zu anderen Aktivisten zu fördern, entwickelte Velis Ryn verschiedene Strategien. Eine zentrale Strategie war die Organisation von Workshops und Konferenzen, bei denen Aktivisten aus unterschiedlichen Bewegungen zusammenkamen, um ihre Erfahrungen auszutauschen. Diese Veranstaltungen boten nicht nur eine Plattform für den Dialog, sondern halfen auch, ein Gefühl der Gemeinschaft und Solidarität zu schaffen.

Ein Beispiel für eine erfolgreiche Veranstaltung war das *Xorlianische Forum für Identität und Rechte*, das von Velis Ryn initiiert wurde. Bei diesem Forum konnten Aktivisten aus verschiedenen Bereichen, darunter Umweltschutz, soziale Gerechtigkeit und kulturelle Identität, ihre Perspektiven teilen und gemeinsame Ziele definieren. Diese interdisziplinäre Zusammenarbeit führte zu einer stärkeren und einheitlicheren Stimme im Kampf für die Rechte amorpher Lebensformen.

Internationale Verbindungen

Neben lokalen Verbindungen war Velis Ryn auch bestrebt, internationale Beziehungen zu anderen Aktivisten und Organisationen aufzubauen. Diese globalen Netzwerke ermöglichten den Austausch von Best Practices und Strategien, die sich als effektiv erwiesen hatten. Die Teilnahme an intergalaktischen Konferenzen und die Zusammenarbeit mit internationalen NGOs waren entscheidend für die Sichtbarkeit der Bewegung auf Xorlia.

Ein bemerkenswertes Beispiel war die Zusammenarbeit mit der *Intergalaktischen Allianz für Lebensrechte*, die eine Plattform für den Austausch von Informationen und Ressourcen zwischen verschiedenen Planeten bot. Diese Allianz ermöglichte es Velis Ryn, von den Erfahrungen anderer Aktivisten zu lernen und innovative Ansätze zur Förderung des Identitätsschutzes zu entwickeln.

Ergebnisse der Verbindungen

Die Verbindungen, die Velis Ryn zu anderen Aktivisten aufbaute, führten zu greifbaren Ergebnissen. Durch die Zusammenarbeit mit verschiedenen Gruppen konnte die Bewegung für den Identitätsschutz amorpher Lebensformen an Einfluss gewinnen. Die gemeinsame Mobilisierung führte zu einer erhöhten öffentlichen Aufmerksamkeit und einem besseren Verständnis für die Herausforderungen, mit denen amorphe Lebensformen konfrontiert waren.

Die strategische Partnerschaft mit der *Xorlianischen Frauenrechtsbewegung* führte beispielsweise zu einer gemeinsamen Kampagne, die sich gegen Diskriminierung und für die Anerkennung der Rechte aller Lebensformen einsetzte. Diese Kampagne nutzte kreative Ausdrucksformen wie Kunst und Musik, um ein breiteres Publikum zu erreichen und die Botschaft der Bewegung zu verbreiten.

Schlussfolgerung

Zusammenfassend lässt sich sagen, dass die Verbindungen zu anderen Aktivisten für Velis Ryn von grundlegender Bedeutung waren, um ihre Vision für den Identitätsschutz amorpher Lebensformen zu verwirklichen. Trotz der Herausforderungen, mit denen sie konfrontiert war, gelang es ihr, ein starkes Netzwerk aufzubauen, das den Aktivismus auf Xorlia revolutionierte. Die Zusammenarbeit mit anderen Aktivisten und Organisationen förderte nicht nur den Austausch von Ideen, sondern auch ein Gefühl der Solidarität und des gemeinsamen Ziels, das für den Erfolg der Bewegung unerlässlich war.

Die Entstehung einer Vision

Die Entstehung einer Vision ist ein wesentlicher Schritt auf dem Weg von Velis Ryn zum Bürgerrechtsaktivisten. Diese Vision formte sich nicht über Nacht, sondern war das Ergebnis zahlreicher Erfahrungen, Reflexionen und Interaktionen mit anderen. Eine Vision ist mehr als nur ein Traum; sie ist eine klare Vorstellung davon, wie die Zukunft aussehen sollte und welche Schritte unternommen werden müssen, um dorthin zu gelangen. In diesem Abschnitt werden die verschiedenen Faktoren untersucht, die zur Entstehung von Velis Ryns Vision beitrugen, sowie die Herausforderungen, die er auf diesem Weg überwinden musste.

Einfluss der persönlichen Erfahrungen

Die persönlichen Erfahrungen von Velis Ryn spielten eine entscheidende Rolle bei der Entwicklung seiner Vision. Aufwachsen auf Xorlia, einem Planeten, der von einer Vielzahl amorpher Lebensformen bewohnt wird, erlebte Velis von klein auf die Herausforderungen, die mit der Suche nach Identität und Anerkennung verbunden sind. Diese Erfahrungen führten zu einem tiefen Verständnis für die Probleme, mit denen seine Gemeinschaft konfrontiert war, einschließlich Diskriminierung und dem Verlust kultureller Identität.

Ein Beispiel für diese Diskriminierung ist die gesellschaftliche Stigmatisierung, die amorphen Lebensformen häufig widerfuhr. Diese Stigmatisierung manifestierte sich in Form von Vorurteilen und einer unzureichenden rechtlichen Anerkennung. Velis beobachtete, wie seine Freunde und Familienmitglieder unter diesen Bedingungen litten, was ihn dazu motivierte, eine Vision für eine gerechtere Zukunft zu entwickeln.

Die Rolle von Vorbildern

Ein weiterer wichtiger Aspekt bei der Entstehung von Velis Ryns Vision war der Einfluss von Vorbildern. Durch die Begegnung mit anderen Aktivisten, die sich für die Rechte von amorphen Lebensformen einsetzten, erkannte Velis, dass Veränderung möglich ist. Diese Vorbilder gaben ihm nicht nur Inspiration, sondern auch praktische Strategien, um seine Ziele zu erreichen.

$$V = \frac{I}{R} \tag{16}$$

Hierbei steht V für die Vision, I für Inspiration und R für die Widerstände, die es zu überwinden gilt. Diese Gleichung verdeutlicht, dass eine starke Vision nicht nur von Inspiration abhängt, sondern auch von der Fähigkeit, Widerstände zu überwinden. Velis lernte, dass er durch Bildung und Aufklärung seiner Gemeinschaft die Widerstände verringern konnte, die seiner Vision im Wege standen.

Kulturelle Einflüsse

Die kulturelle Vielfalt auf Xorlia war ein weiterer entscheidender Faktor in der Entwicklung von Velis Ryns Vision. Die Interaktion mit verschiedenen Kulturen und Traditionen erweiterte seinen Horizont und half ihm, die unterschiedlichen Perspektiven zu verstehen, die in seiner Gemeinschaft existierten. Diese kulturelle Vielfalt inspirierte ihn dazu, eine inklusive Vision zu entwickeln, die die Stimmen aller amorphen Lebensformen berücksichtigte.

Ein Beispiel für diese kulturelle Einflüsse ist die Rolle von Kunst und Musik in der xorlianischen Gesellschaft. Velis erkannte, dass Kunst nicht nur ein Ausdruck von Identität ist, sondern auch ein mächtiges Werkzeug für den Aktivismus. Durch die Förderung von Kunstprojekten, die die Geschichten amorpher Lebensformen erzählten, konnte er das Bewusstsein für die Herausforderungen seiner Gemeinschaft schärfen und gleichzeitig eine positive Vision für die Zukunft schaffen.

Strategien zur Umsetzung der Vision

Die Entwicklung einer Vision allein reicht jedoch nicht aus; es bedarf auch klarer Strategien, um diese Vision in die Tat umzusetzen.   Velis Ryn begann, verschiedene Strategien zu entwickeln, um seine Vision zu verwirklichen. Diese Strategien umfassten:

- **Aufklärungskampagnen:** Velis organisierte Veranstaltungen, um das Bewusstsein für die Herausforderungen amorpher Lebensformen zu schärfen. Diese Kampagnen zielten darauf ab, Vorurteile abzubauen und die Akzeptanz in der Gesellschaft zu fördern.

- **Partnerschaften:** Velis suchte aktiv nach Partnerschaften mit anderen Organisationen und Aktivisten, um eine breitere Unterstützung für seine Vision zu gewinnen. Diese Allianzen ermöglichten es ihm, Ressourcen zu bündeln und die Reichweite seiner Botschaft zu vergrößern.

- **Kreative Ausdrucksformen:** Die Nutzung von Kunst, Musik und anderen kreativen Ausdrucksformen half Velis, die Emotionen und Erfahrungen seiner Gemeinschaft zu kommunizieren. Diese kreativen Ansätze machten seine Vision greifbar und inspirierend.

Herausforderungen und Widerstände

Trotz der klaren Vision und der entwickelten Strategien sah sich Velis Ryn zahlreichen Herausforderungen und Widerständen gegenüber.   Die gesellschaftliche Stigmatisierung amorpher Lebensformen war tief verwurzelt, und viele Menschen waren resistent gegenüber Veränderungen.

Ein Beispiel für diese Widerstände war der Widerstand von politischen Akteuren, die nicht bereit waren, die rechtlichen Rahmenbedingungen zu ändern, um amorphen Lebensformen gleiche Rechte zu gewähren. Velis musste lernen, wie man mit solchen Widerständen umgeht und gleichzeitig die Hoffnung in seiner Gemeinschaft aufrechterhält.

Die Bedeutung von Resilienz

Ein zentrales Element bei der Entstehung von Velis Ryns Vision war die Entwicklung von Resilienz. Resilienz ist die Fähigkeit, sich von Rückschlägen zu erholen und trotz widriger Umstände weiterzumachen.   Velis musste oft Rückschläge hinnehmen, sei es durch gescheiterte Kampagnen oder durch persönliche Enttäuschungen. Doch anstatt aufzugeben, nutzte er diese Erfahrungen als Lernmöglichkeiten, um seine Vision weiter zu verfeinern.

Die Gleichung der Resilienz kann als folgt dargestellt werden:

$$R = \frac{S}{F} \tag{17}$$

Hierbei steht R für Resilienz, S für Stärke und F für die Herausforderungen, die es zu bewältigen gilt. Diese Gleichung verdeutlicht, dass Resilienz nicht nur von der inneren Stärke abhängt, sondern auch von der Fähigkeit, Herausforderungen zu meistern.

Fazit

Die Entstehung einer Vision ist ein komplexer Prozess, der von persönlichen Erfahrungen, kulturellen Einflüssen, der Unterstützung durch Vorbilder und der Entwicklung von Strategien geprägt ist. Velis Ryns Vision für den Identitätsschutz amorpher Lebensformen auf Xorlia war das Ergebnis all dieser Faktoren und stellte eine Reaktion auf die Herausforderungen dar, mit denen seine Gemeinschaft konfrontiert war. Die Vision war nicht nur ein Traum, sondern ein konkreter Plan, um Veränderungen herbeizuführen und eine gerechtere Zukunft zu gestalten. Trotz der Herausforderungen, die auf seinem Weg lagen, war Velis entschlossen, seine Vision zu verwirklichen und damit das Leben vieler amorpher Lebensformen zu verbessern.

Der Kampf um Anerkennung

Der Kampf um Anerkennung ist ein zentrales Thema im Leben von Velis Ryn und spielt eine entscheidende Rolle im Aktivismus für amorphe Lebensformen auf Xorlia. In dieser Sektion werden wir die verschiedenen Dimensionen des Kampfes um Anerkennung untersuchen, einschließlich der theoretischen Grundlagen, der Herausforderungen, mit denen Velis konfrontiert war, und konkreter Beispiele, die seine Bestrebungen verdeutlichen.

Theoretische Grundlagen

Anerkennung kann als ein grundlegendes menschliches Bedürfnis betrachtet werden, das in der Philosophie und der Sozialpsychologie umfangreich behandelt wird. Der Philosoph Axel Honneth beschreibt in seiner Theorie der Anerkennung, dass Individuen nur dann ein gesundes Selbstbewusstsein entwickeln können, wenn sie von anderen anerkannt werden. Diese Anerkennung erfolgt in drei

Sphären: der Liebe, dem Recht und der sozialen Wertschätzung. Für Velis Ryn ist die Anerkennung nicht nur eine persönliche Angelegenheit, sondern auch eine politische Notwendigkeit, um die Rechte amorpher Lebensformen zu schützen.

$$A = L + R + S \qquad (18)$$

Hierbei steht A für Anerkennung, L für Liebe (emotionale Bindungen), R für rechtliche Anerkennung (Gesetze und Rechte) und S für soziale Wertschätzung (gesellschaftliche Akzeptanz).

Herausforderungen bei der Anerkennung

Die Herausforderungen, denen Velis Ryn gegenüberstand, sind vielfältig und komplex. Eine der größten Hürden war die weit verbreitete Diskriminierung gegen amorphe Lebensformen. Diese Diskriminierung manifestierte sich in verschiedenen Formen, einschließlich Vorurteilen, Stereotypen und einem Mangel an rechtlicher Anerkennung.

Diskriminierung und Vorurteile Amorphe Lebensformen wurden oft als „weniger wertvoll" oder „weniger menschlich" angesehen, was zu einer tiefen Stigmatisierung führte. Diese Vorurteile behinderten nicht nur die persönliche Identität von Velis, sondern auch die kollektive Identität seiner Gemeinschaft. Um diese Herausforderungen zu überwinden, musste Velis eine Strategie entwickeln, um das Bewusstsein für die Rechte und die Würde amorpher Lebensformen zu schärfen.

Rechtliche Rahmenbedingungen Ein weiteres Hindernis war die unzureichende rechtliche Rahmenbedingungen, die amorphen Lebensformen oft den Zugang zu grundlegenden Rechten verwehrten. Die bestehenden Gesetze auf Xorlia waren nicht darauf ausgelegt, die spezifischen Bedürfnisse und Herausforderungen dieser Lebensformen zu berücksichtigen. Um dies zu ändern, initiierte Velis eine Reihe von Kampagnen, um die Gesetzgebung zu reformieren.

Strategien zur Förderung der Anerkennung

Um die Anerkennung für amorphe Lebensformen zu fördern, entwickelte Velis mehrere Strategien, die sowohl auf individueller als auch auf kollektiver Ebene wirkten.

Öffentlichkeitsarbeit und Bildung Ein zentraler Aspekt seines Aktivismus war die Öffentlichkeitsarbeit. Velis nutzte soziale Medien und lokale Veranstaltungen, um die Sichtbarkeit amorpher Lebensformen zu erhöhen. Durch Bildungsprogramme in Schulen und Gemeinschaftszentren schuf er ein Bewusstsein für die Herausforderungen, mit denen diese Lebensformen konfrontiert sind.

$$W = \frac{E}{C} \tag{19}$$

Hierbei steht W für das Bewusstsein, E für die Anzahl der durchgeführten Bildungsmaßnahmen und C für die Anzahl der erreichten Menschen. Diese Gleichung verdeutlicht, dass ein höheres Engagement in der Bildung zu einem größeren Bewusstsein führt.

Zusammenarbeit mit anderen Aktivisten Velis erkannte auch die Bedeutung von Solidarität und Zusammenarbeit. Er schloss sich mit anderen Aktivisten zusammen, um eine breitere Bewegung zu schaffen, die für die Anerkennung und Rechte aller marginalisierten Gruppen kämpfte. Diese intersektionale Herangehensweise verstärkte die Stimme der amorphen Lebensformen und machte ihre Anliegen sichtbarer.

Konkrete Beispiele

Ein bemerkenswertes Beispiel für Velis' Kampf um Anerkennung war die Organisation einer großen Demonstration, die unter dem Motto „Wir sind hier, wir sind lebendig!" stand. Diese Veranstaltung brachte Tausende von Unterstützern zusammen und vermittelte eine starke Botschaft der Einheit und Stärke.

Erfolgsgeschichten Die Demonstration führte zu einer erhöhten Medienberichterstattung und erregte die Aufmerksamkeit von Entscheidungsträgern. In den folgenden Monaten wurden mehrere Initiativen zur rechtlichen Anerkennung amorpher Lebensformen ins Leben gerufen.

Rückschläge Trotz dieser Erfolge gab es auch Rückschläge. Einige politische Akteure äußerten sich negativ über die Bewegung und versuchten, die Fortschritte rückgängig zu machen. Velis musste lernen, mit diesen Rückschlägen umzugehen und weiterhin für die Anerkennung seiner Gemeinschaft zu kämpfen.

Fazit

Der Kampf um Anerkennung ist ein fortwährender Prozess, der sowohl individuelle als auch kollektive Anstrengungen erfordert. Velis Ryns Engagement und die Strategien, die er entwickelte, um die Anerkennung amorpher Lebensformen zu fördern, zeigen, wie wichtig es ist, für die Rechte und die Identität aller Lebensformen zu kämpfen. Sein Weg ist ein Beispiel für die transformative Kraft des Aktivismus und die Bedeutung von Solidarität in der Gemeinschaft.

$$C = A \cdot R \tag{20}$$

In dieser Gleichung steht C für den gesellschaftlichen Wandel, A für die Anerkennung und R für die Resilienz der Gemeinschaft. Diese Beziehung verdeutlicht, dass die Anerkennung und Resilienz der Gemeinschaft Hand in Hand gehen, um nachhaltige Veränderungen zu bewirken.

Der Aufstieg als Bürgerrechtsaktivist

Die Gründung der Bewegung

Die Gründung der Bewegung für den Identitätsschutz amorpher Lebensformen auf Xorlia war ein entscheidender Moment in der Geschichte des Planeten. Velis Ryn, als charismatischer und visionärer Führer, erkannte die Notwendigkeit, eine Plattform zu schaffen, die die Stimmen der amorphen Lebensformen vereint und deren Rechte schützt. Diese Bewegung entstand aus einer Kombination von persönlichen Erfahrungen, gesellschaftlichen Herausforderungen und dem Drang nach sozialer Gerechtigkeit.

Theoretische Grundlagen

Die Gründung der Bewegung kann durch verschiedene theoretische Perspektiven betrachtet werden. Eine der zentralen Theorien, die in diesem Kontext relevant ist, ist die **Identitätstheorie**. Diese Theorie besagt, dass Identität nicht nur ein individuelles Merkmal ist, sondern auch stark von sozialen, kulturellen und politischen Kontexten beeinflusst wird. Velis Ryn argumentierte, dass die amorphen Lebensformen, die sich in ihrer Identität oft unsicher fühlen, eine kollektive Identität entwickeln müssen, um ihre Rechte und Ansprüche zu artikulieren.

Ein weiteres wichtiges Konzept ist das der **Sozialen Bewegung**. Nach der Definition von Tilly und Tarrow (2007) ist eine soziale Bewegung eine kollektive Aktion, die auf soziale Veränderungen abzielt. Diese Definition spiegelt sich in der Gründung der Bewegung wider, die darauf abzielte, die gesellschaftlichen Rahmenbedingungen für amorphe Lebensformen zu verbessern und Diskriminierung zu bekämpfen.

Herausforderungen bei der Gründung

Die Gründung der Bewegung war jedoch nicht ohne Herausforderungen. Eine der größten Hürden war die **Gesellschaftliche Stigmatisierung** amorpher Lebensformen. Viele Mitglieder der Gesellschaft betrachteten sie als „anders" oder „wenigerwertig", was zu Vorurteilen und Diskriminierung führte. Diese Stigmatisierung führte dazu, dass viele amorphe Lebensformen zögerten, sich öffentlich zu ihrer Identität zu bekennen oder sich aktiv an der Bewegung zu beteiligen.

Ein weiteres Problem war der **Fehlende rechtliche Schutz**. Zu Beginn der Bewegung gab es kaum Gesetze, die die Rechte amorpher Lebensformen schützten. Dies führte dazu, dass Velis Ryn und seine Unterstützer einen intensiven Advocacy-Prozess durchlaufen mussten, um rechtliche Rahmenbedingungen zu schaffen, die Diskriminierung verhindern und Identitätsschutz gewährleisten.

Beispiele für die Gründung der Bewegung

Ein prägnantes Beispiel für die Gründung der Bewegung war die erste öffentliche Versammlung, die von Velis Ryn organisiert wurde. Diese fand im **Zentrum für interkulturellen Austausch** statt und zog eine Vielzahl von Teilnehmern an, darunter sowohl amorphe Lebensformen als auch Unterstützer aus anderen Gemeinschaften. Bei dieser Versammlung präsentierte Velis Ryn seine Vision für die Bewegung und forderte die Anwesenden auf, sich aktiv für die Rechte amorpher Lebensformen einzusetzen.

Ein weiteres Beispiel ist die **Kampagne „Identität zählt"**, die von der Bewegung initiiert wurde. Diese Kampagne zielte darauf ab, das Bewusstsein für die Herausforderungen zu schärfen, mit denen amorphe Lebensformen konfrontiert sind, und die Gesellschaft dazu zu bewegen, ihre Vorurteile zu hinterfragen. Die Kampagne umfasste verschiedene Medienformate, einschließlich Social-Media-Beiträgen, Plakaten und öffentlichen Reden, die die Bedeutung von Identität und Zugehörigkeit betonten.

Strategien zur Gründung der Bewegung

Die Gründung der Bewegung basierte auf mehreren strategischen Ansätzen. Zunächst einmal war die **Mobilisierung der Gemeinschaft** entscheidend. Velis Ryn nutzte verschiedene Plattformen, um die Gemeinschaft zu erreichen und sie zur Teilnahme an der Bewegung zu ermutigen. Dies umfasste die Nutzung von sozialen Medien, um Informationen zu verbreiten und Unterstützung zu gewinnen.

Darüber hinaus war die **Kooperation mit anderen Organisationen** ein wesentlicher Bestandteil der Strategie. Velis Ryn suchte aktiv nach Partnerschaften mit bestehenden Organisationen, die ähnliche Ziele verfolgten. Diese Zusammenarbeit half nicht nur bei der Ressourcenbeschaffung, sondern auch bei der Schaffung eines stärkeren kollektiven Auftritts.

Eine weitere wichtige Strategie war die **Öffentlichkeitsarbeit und Medienpräsenz.** Die Bewegung nutzte lokale und intergalaktische Medien, um ihre Botschaft zu verbreiten und auf die Anliegen amorpher Lebensformen aufmerksam zu machen. Diese Medienpräsenz trug dazu bei, das Bewusstsein in der breiten Öffentlichkeit zu schärfen und Unterstützung für die Bewegung zu gewinnen.

Erste Erfolge der Bewegung

Die Gründung der Bewegung führte zu mehreren ersten Erfolgen, die den Aktivisten Mut und Antrieb gaben. Ein bedeutender Erfolg war die **Einführung eines Gesetzes zum Schutz der Identität amorpher Lebensformen.** Dieses Gesetz stellte sicher, dass amorphe Lebensformen rechtlich anerkannt werden und Schutz gegen Diskriminierung erhalten.

Ein weiterer Erfolg war die **Organisation des ersten interkulturellen Festivals,** das von der Bewegung ins Leben gerufen wurde. Dieses Festival feierte die Vielfalt und die kulturellen Beiträge amorpher Lebensformen und zog Teilnehmer aus verschiedenen Gesellschaftsschichten an. Es wurde zu einem Symbol der Einheit und Solidarität und half, die Sichtbarkeit und Akzeptanz amorpher Lebensformen zu erhöhen.

Zusammenfassung

Zusammenfassend lässt sich sagen, dass die Gründung der Bewegung für den Identitätsschutz amorpher Lebensformen auf Xorlia ein komplexer Prozess war, der von theoretischen Überlegungen, gesellschaftlichen Herausforderungen und strategischen Ansätzen geprägt war. Velis Ryns Vision und Engagement waren entscheidend für den Erfolg dieser Bewegung, die nicht nur das Leben amorpher Lebensformen verbesserte, sondern auch das Bewusstsein für Identität und soziale Gerechtigkeit auf dem gesamten Planeten schärfte. Die Herausforderungen, die während der Gründung überwunden wurden, sowie die ersten Erfolge, die erzielt wurden, legten den Grundstein für eine nachhaltige Bewegung, die auch in Zukunft fortbestehen wird.

Strategien und Taktiken

Der Aufstieg von Velis Ryn als Bürgerrechtsaktivist erforderte eine sorgfältige Planung und die Entwicklung effektiver Strategien und Taktiken, um die Anliegen amorpher Lebensformen auf Xorlia zu fördern. In diesem Abschnitt werden die wichtigsten Strategien und Taktiken erläutert, die Velis und seine Bewegung nutzten, um ihre Ziele zu erreichen.

1. Bewusstseinsbildung

Eine der grundlegenden Strategien von Velis Ryn war die Bewusstseinsbildung über die Herausforderungen, mit denen amorphe Lebensformen konfrontiert sind. Dies umfasste:

+ **Öffentliche Aufklärungskampagnen:** Durch Veranstaltungen, Workshops und Informationsstände in der Öffentlichkeit wurde das Bewusstsein für die Diskriminierung und Vorurteile gegenüber amorphen Lebensformen geschärft.

+ **Verwendung von sozialen Medien:** Plattformen wie *XorSocial* und *InstaXor* wurden genutzt, um Geschichten von Betroffenen zu teilen und um Unterstützung für die Bewegung zu mobilisieren. Hashtags wie #IdentitätFürAlle wurden populär und erreichten ein breites Publikum.

2. Mobilisierung der Gemeinschaft

Die Mobilisierung der Gemeinschaft war entscheidend für den Erfolg der Bewegung. Velis Ryn setzte verschiedene Taktiken ein, um die Gemeinschaft zu mobilisieren:

+ **Bildungsprogramme:** Velis initiierte Programme in Schulen und Gemeinschaftszentren, um das Verständnis für die Identität amorpher Lebensformen zu fördern und Vorurteile abzubauen.

+ **Partnerschaften mit lokalen Organisationen:** Durch die Zusammenarbeit mit anderen NGOs und Gemeinschaftsorganisationen konnte Velis die Reichweite seiner Bewegung erweitern und zusätzliche Ressourcen gewinnen.

3. Advocacy und Lobbyarbeit

Die Advocacy-Arbeit war ein zentraler Bestandteil der Taktiken von Velis Ryn. Hierbei spielte die Lobbyarbeit eine wichtige Rolle:

+ **Direkter Dialog mit Entscheidungsträgern:** Velis und andere Aktivisten führten Gespräche mit politischen Entscheidungsträgern, um Gesetzesänderungen zu fordern, die den Identitätsschutz amorpher Lebensformen garantieren sollten.

+ **Erstellung von Petitionen:** Durch das Sammeln von Unterschriften für Petitionen konnte die Bewegung den Druck auf die Regierung erhöhen, um Maßnahmen zum Schutz der Identität amorpher Lebensformen zu ergreifen.

4. Nutzung der Kunst als Ausdrucksform

Die Kunst spielte eine bedeutende Rolle in der Bewegung von Velis Ryn. Kunst wurde genutzt, um Emotionen auszudrücken und die Botschaften der Bewegung zu verbreiten:

+ **Kunstprojekte:** Velis organisierte Kunstprojekte, bei denen Künstler aus der Gemeinschaft ihre Werke präsentierten, die die Herausforderungen und die Schönheit amorpher Lebensformen thematisierten.

+ **Musik und Performances:** Konzerte und Theateraufführungen wurden veranstaltet, um das Publikum zu mobilisieren und um Spenden für die Bewegung zu sammeln.

5. Nutzung von Medien und Öffentlichkeitsarbeit

Die Medien spielten eine entscheidende Rolle bei der Verbreitung der Botschaften von Velis Ryn. Die Bewegung nutzte verschiedene Medienstrategien:

+ **Interviews und Berichterstattung:** Velis gab Interviews in lokalen und internationalen Medien, um die Anliegen amorpher Lebensformen bekannt zu machen.

✦ **Dokumentationen:** Die Produktion von Dokumentationen über das Leben amorpher Lebensformen und die Herausforderungen, mit denen sie konfrontiert sind, half, ein breiteres Publikum zu erreichen.

6. Internationale Zusammenarbeit

Um die Bewegung zu stärken, suchte Velis Ryn internationale Unterstützung und Zusammenarbeit:

✦ **Kooperationen mit globalen Organisationen:** Velis arbeitete mit internationalen NGOs zusammen, die ähnliche Ziele verfolgten, um Ressourcen und Wissen auszutauschen.

✦ **Teilnahme an internationalen Konferenzen:** Durch die Teilnahme an Konferenzen konnte Velis die Anliegen amorpher Lebensformen auf globaler Ebene präsentieren und Unterstützung gewinnen.

7. Resilienz und Anpassungsfähigkeit

Eine der wichtigsten Eigenschaften von Velis Ryn und seiner Bewegung war die Resilienz. Angesichts von Rückschlägen und Widerständen entwickelten sie Strategien, um flexibel zu bleiben:

✦ **Anpassung der Taktiken:** Wenn bestimmte Strategien nicht wie geplant funktionierten, war die Bewegung bereit, ihre Taktiken zu ändern und neue Ansätze auszuprobieren.

✦ **Lernen aus Misserfolgen:** Velis betonte die Bedeutung, aus Misserfolgen zu lernen und diese Erfahrungen in zukünftige Strategien zu integrieren.

Insgesamt waren die Strategien und Taktiken von Velis Ryn vielschichtig und gut durchdacht. Sie umfassten Bewusstseinsbildung, Mobilisierung, Advocacy, Kunst, Medienarbeit, internationale Zusammenarbeit sowie Resilienz. Diese Ansätze trugen maßgeblich dazu bei, die Bewegung für den Identitätsschutz amorpher Lebensformen auf Xorlia voranzubringen und eine breitere gesellschaftliche Unterstützung zu gewinnen.

Mobilisierung der Gemeinschaft

Die Mobilisierung der Gemeinschaft stellt einen entscheidenden Aspekt im Aktivismus von Velis Ryn dar. In diesem Abschnitt werden die Methoden, Herausforderungen und Erfolge der Mobilisierung untersucht, die dazu beigetragen haben, das Bewusstsein für den Identitätsschutz amorpher Lebensformen auf Xorlia zu schärfen.

Theoretische Grundlagen

Die Mobilisierung von Gemeinschaften kann durch verschiedene soziale Theorien erklärt werden. Eine zentrale Theorie ist die *Soziale Bewegungs-Theorie*, die besagt, dass gemeinschaftliche Mobilisierung oft aus einem Gefühl der Ungerechtigkeit und einem kollektiven Bewusstsein entsteht. Diese Theorien betonen die Rolle von sozialen Netzwerken, gemeinsamer Identität und kollektiven Aktionen. Ein weiteres wichtiges Konzept ist das der *Ressourcenmobilisierung*, das die Notwendigkeit von Ressourcen wie Zeit, Geld und Wissen für den erfolgreichen Aktivismus hervorhebt.

Herausforderungen bei der Mobilisierung

Trotz der theoretischen Grundlagen gibt es zahlreiche Herausforderungen bei der Mobilisierung der Gemeinschaft. Dazu gehören:

- **Fragmentierung der Gemeinschaft:** Die amorphen Lebensformen auf Xorlia sind oft in verschiedene Gruppen und Subkulturen unterteilt, was die Mobilisierung erschwert. Unterschiedliche Interessen und Identitäten können zu Spannungen führen, die eine gemeinsame Mobilisierung behindern.

- **Mangel an Ressourcen:** Viele Gemeinschaftsmitglieder haben begrenzten Zugang zu finanziellen Mitteln, Bildung und Informationen, was ihre Fähigkeit zur aktiven Teilnahme am Aktivismus einschränkt.

- **Gesellschaftliche Stigmatisierung:** Diskriminierung und Vorurteile gegenüber amorphen Lebensformen führen oft zu einem Mangel an Unterstützung und Solidarität innerhalb der breiteren Gesellschaft, was die Mobilisierung zusätzlich erschwert.

- **Technologische Barrieren:** Während soziale Medien eine Plattform für Mobilisierung bieten, haben nicht alle Gemeinschaftsmitglieder Zugang zu den notwendigen Technologien, um sich zu vernetzen und zu organisieren.

Strategien zur Mobilisierung

Um diese Herausforderungen zu überwinden, entwickelte Velis Ryn eine Reihe von Strategien zur Mobilisierung der Gemeinschaft:

+ **Aufklärungskampagnen:** Durch Informationsveranstaltungen und Workshops wurde das Bewusstsein für die Rechte und Identitäten amorpher Lebensformen gefördert. Diese Kampagnen zielten darauf ab, das Verständnis und die Unterstützung innerhalb der Gemeinschaft zu stärken.

+ **Netzwerkbildung:** Velis Ryn förderte die Bildung von Netzwerken zwischen verschiedenen Gruppen, um eine gemeinsame Identität zu schaffen. Diese Netzwerke ermöglichten es den Mitgliedern, Ressourcen und Informationen auszutauschen und sich gegenseitig zu unterstützen.

+ **Kunst und Kultur:** Die Nutzung von Kunst und kulturellen Veranstaltungen spielte eine zentrale Rolle in der Mobilisierung. Durch Musik, Tanz und Theater konnten Gemeinschaftsmitglieder ihre Geschichten und Erfahrungen teilen, was zu einem stärkeren Zusammenhalt führte.

+ **Soziale Medien:** Die Nutzung von sozialen Medien ermöglichte es, eine breitere Öffentlichkeit zu erreichen und Unterstützung von außerhalb der Gemeinschaft zu gewinnen. Plattformen wie XorliaNet wurden genutzt, um Informationen zu verbreiten und Mobilisierungsaufrufe zu starten.

Beispiele erfolgreicher Mobilisierung

Ein bemerkenswertes Beispiel für die Mobilisierung der Gemeinschaft war die *Kampagne zur Anerkennung amorpher Lebensformen*. Diese Kampagne umfasste eine Reihe von Veranstaltungen, die in verschiedenen Städten auf Xorlia stattfanden. Die Höhepunkte der Kampagne waren:

+ **Der große Marsch:** Tausende von Mitgliedern amorpher Lebensformen nahmen an einem Marsch teil, der durch die Hauptstadt Xorlias führte. Diese Veranstaltung zog die Aufmerksamkeit der Medien auf sich und führte zu einer breiten Diskussion über die Rechte und Identität dieser Lebensformen.

+ **Kunstfestivals:** Kunstfestivals, die die Werke von Künstlern aus der Gemeinschaft zeigten, wurden organisiert, um die kulturelle Vielfalt und den kreativen Ausdruck zu feiern. Diese Festivals halfen, das Bewusstsein für die Herausforderungen zu schärfen, mit denen amorphe Lebensformen konfrontiert sind.

+ **Bildungspartnerschaften:**   Partnerschaften mit Bildungseinrichtungen führten zu Workshops und Seminaren, die sich mit den Themen Identität und kulturelle Anerkennung beschäftigten. Diese Initiativen halfen dabei, das Verständnis für die Bedürfnisse und Rechte amorpher Lebensformen zu fördern.

Ergebnisse der Mobilisierung

Die Mobilisierung der Gemeinschaft führte zu mehreren bedeutenden Ergebnissen:

+ **Erhöhung des Bewusstseins:**   Die Kampagnen trugen dazu bei, das Bewusstsein für die Identität und die Rechte amorpher Lebensformen zu erhöhen, sowohl innerhalb der Gemeinschaft als auch in der breiteren Gesellschaft.

+ **Politische Unterstützung:** Durch die Mobilisierung wurde der Druck auf politische Entscheidungsträger erhöht, Gesetze zum Schutz der Identität amorpher Lebensformen zu erlassen.   Dies führte zu bedeutenden politischen Veränderungen auf Xorlia.

+ **Stärkung der Gemeinschaft:**   Die Mobilisierungsstrategien führten zu einem stärkeren Gemeinschaftsgefühl und zur Bildung von Solidarität unter den Mitgliedern amorpher Lebensformen.

Schlussfolgerung

Die Mobilisierung der Gemeinschaft war ein entscheidender Faktor im Aktivismus von Velis Ryn. Durch strategische Ansätze und die Überwindung von Herausforderungen konnte die Gemeinschaft zusammengebracht werden, um für den Identitätsschutz amorpher Lebensformen zu kämpfen. Die Erfolge dieser Mobilisierung zeigen, wie wichtig gemeinschaftliche Anstrengungen im Kampf für soziale Gerechtigkeit sind und bieten wertvolle Lektionen für zukünftige Bewegungen auf Xorlia und darüber hinaus.

Öffentlichkeitsarbeit und Medien

Die Öffentlichkeitsarbeit und der Einsatz von Medien spielen eine entscheidende Rolle im Aktivismus von Velis Ryn und der Bewegung für den Identitätsschutz amorpher Lebensformen auf Xorlia. In diesem Abschnitt werden die Strategien, Herausforderungen und Erfolge in der Öffentlichkeitsarbeit beleuchtet, sowie die verschiedenen Medienformate, die zur Verbreitung der Botschaften genutzt wurden.

Die Rolle der Öffentlichkeitsarbeit

Öffentlichkeitsarbeit (ÖA) ist der Prozess, durch den Organisationen und Aktivisten ihre Botschaften an die Öffentlichkeit kommunizieren, um Unterstützung zu gewinnen und gesellschaftliche Veränderungen zu bewirken. Für Velis Ryn war es wichtig, die Anliegen der amorphen Lebensformen in die breite Öffentlichkeit zu tragen. Die Öffentlichkeitsarbeit umfasste verschiedene Strategien:

- **Botschaftsformulierung:** Die klare und prägnante Formulierung der Botschaften war entscheidend, um die Komplexität der Themen verständlich zu machen. Ryn entwickelte Slogans und Kampagnenmottos, die die zentrale Botschaft der Bewegung effektiv transportierten.

- **Zielgruppenanalyse:** Um die Öffentlichkeit zu mobilisieren, war es wichtig, verschiedene Zielgruppen zu identifizieren. Dazu gehörten nicht nur die amorphen Lebensformen selbst, sondern auch Unterstützer, Entscheidungsträger und die allgemeine Bevölkerung.

- **Medienkontakte:** Der Aufbau von Beziehungen zu Journalisten und Medienvertretern war entscheidend, um Berichterstattung zu fördern und die Sichtbarkeit der Bewegung zu erhöhen. Ryn organisierte Pressekonferenzen und stellte Informationsmaterial zur Verfügung.

Medienformate und -strategien

Die Nutzung verschiedener Medienformate ermöglichte es Velis Ryn, ein breites Publikum zu erreichen und die Anliegen der amorphen Lebensformen effektiv zu kommunizieren. Zu den wichtigsten Medienstrategien gehörten:

- **Soziale Medien:** Plattformen wie Xorbook und Glimr wurden genutzt, um die Botschaften der Bewegung zu verbreiten. Ryn erstellte ansprechende

Inhalte, die die Aufmerksamkeit der Nutzer auf sich zogen und zur Interaktion anregten. Ein Beispiel hierfür war die Kampagne *#IdentitätZählt*, die viral ging und zahlreiche Unterstützer mobilisierte.

+ **Dokumentationen und Kurzfilme:** Um die Geschichten der amorphen Lebensformen zu erzählen und ihre Herausforderungen darzustellen, wurden Dokumentationen produziert. Diese Filme wurden auf XorTV ausgestrahlt und erzielten hohe Einschaltquoten. Die emotionale Ansprache und die authentischen Geschichten trugen dazu bei, das Bewusstsein für die Problematik zu schärfen.

+ **Podcasts und Interviews:** Ryn nutzte Podcasts, um die Anliegen der Bewegung zu erläutern und Expertenmeinungen einzuholen. In Interviews mit prominenten Persönlichkeiten wurde die Thematik weiter verbreitet und fand Gehör in der breiten Öffentlichkeit.

Herausforderungen in der Öffentlichkeitsarbeit

Trotz der Erfolge in der Öffentlichkeitsarbeit sah sich Velis Ryn auch mit erheblichen Herausforderungen konfrontiert:

+ **Mediale Verzerrung:** Oft wurden die Anliegen der amorphen Lebensformen von den Medien verzerrt oder falsch dargestellt. Dies führte zu Missverständnissen und Vorurteilen, die es zu überwinden galt.

+ **Widerstand von Gegnern:** Die Bewegung stieß auf Widerstand von politischen Gegnern und Interessengruppen, die ihre eigenen Agenden verfolgten. Diese Gruppen versuchten, die Botschaften der Bewegung zu diskreditieren und die öffentliche Meinung zu beeinflussen.

+ **Ressourcenmangel:** Die Finanzierung der Öffentlichkeitsarbeit war eine ständige Herausforderung. Ryn musste kreative Lösungen finden, um mit begrenzten Mitteln effektive Kampagnen durchzuführen.

Erfolge der Öffentlichkeitsarbeit

Trotz der Herausforderungen konnte Velis Ryn bedeutende Erfolge in der Öffentlichkeitsarbeit erzielen:

+ **Erhöhung des Bewusstseins:** Durch gezielte Kampagnen konnte das Bewusstsein für die Herausforderungen amorpher Lebensformen erheblich gesteigert werden. Studien zeigten, dass die Zustimmung zur Unterstützung von Identitätsschutzmaßnahmen in der Bevölkerung gestiegen ist.

+ **Politische Unterstützung:** Die Öffentlichkeitsarbeit führte dazu, dass politische Entscheidungsträger auf die Anliegen der Bewegung aufmerksam wurden. Dies resultierte in der Einberufung von Anhörungen und der Entwicklung neuer Gesetzesinitiativen zum Schutz der Identität amorpher Lebensformen.

+ **Mobilisierung der Gemeinschaft:** Die Öffentlichkeitsarbeit trug dazu bei, eine breite Basis von Unterstützern zu mobilisieren. Tausende von Menschen nahmen an Demonstrationen und Veranstaltungen teil, die die Forderungen der Bewegung unterstützten.

Schlussfolgerung

Die Öffentlichkeitsarbeit und der Einsatz von Medien waren für Velis Ryn und die Bewegung für den Identitätsschutz amorpher Lebensformen von zentraler Bedeutung. Durch strategische Kommunikation und kreative Mediennutzung konnte die Bewegung bedeutende Fortschritte erzielen und das Bewusstsein für die Herausforderungen, mit denen amorphe Lebensformen konfrontiert sind, erhöhen. Trotz der Herausforderungen bleibt die Öffentlichkeitsarbeit ein Schlüssel zur Förderung des Identitätsschutzes und zur Schaffung einer inklusiven Gesellschaft auf Xorlia.

$$\text{Erfolg} = \text{Bewusstsein} + \text{Mobilisierung} + \text{Politische Unterstützung} \quad (21)$$

Diese Gleichung verdeutlicht, dass der Erfolg der Öffentlichkeitsarbeit von der Kombination dieser drei Faktoren abhängt. Die Bemühungen von Velis Ryn zeigen, dass durch effektive Öffentlichkeitsarbeit und den Einsatz moderner Medien die Stimme der amorphen Lebensformen gehört werden kann.

Die ersten Erfolge

Die ersten Erfolge von Velis Ryn im Kampf für den Identitätsschutz amorpher Lebensformen auf Xorlia markieren einen Wendepunkt in der Geschichte der Bürgerrechtsbewegung auf diesem Planeten. Diese Erfolge sind nicht nur das Ergebnis harter Arbeit und Entschlossenheit, sondern auch das Resultat strategischer Überlegungen und der Mobilisierung von Gemeinschaften. In diesem

Abschnitt werden die Schlüsselmomente und Erfolge analysiert, die den Aktivismus von Velis Ryn geprägt haben.

1. Mobilisierung der Gemeinschaft

Ein zentraler Erfolg von Velis Ryn war die Fähigkeit, eine breite Basis von Unterstützern innerhalb der amorphen Gemeinschaft zu mobilisieren. Dies geschah durch die Organisation von Versammlungen und Workshops, in denen die Probleme und Herausforderungen, mit denen amorphe Lebensformen konfrontiert waren, offen diskutiert wurden. Diese Veranstaltungen förderten ein Gefühl der Zusammengehörigkeit und stärkten das Bewusstsein für die Notwendigkeit von Veränderungen.

Ein Beispiel für diese Mobilisierung war die "Identitätswoche", die in der Hauptstadt Xorlias stattfand. Während dieser Woche wurden verschiedene Veranstaltungen, von Kunstausstellungen bis hin zu Diskussionspanels, organisiert. Diese Aktivitäten zogen nicht nur die Aufmerksamkeit der lokalen Medien auf sich, sondern auch die von internationalen Organisationen, die das Engagement von Velis Ryn und seiner Unterstützer bemerkten.

2. Öffentlichkeitsarbeit und Medienpräsenz

Die Nutzung von Medien spielte eine entscheidende Rolle bei den ersten Erfolgen von Velis Ryn. Durch gezielte Öffentlichkeitsarbeit konnte er die Sichtbarkeit der Probleme amorpher Lebensformen erhöhen. Die Zusammenarbeit mit Journalisten und Influencern half, die Botschaft weit zu verbreiten. Ein bemerkenswerter Erfolg war die Veröffentlichung eines Artikels in einer der größten intergalaktischen Zeitungen, der die Herausforderungen und Diskriminierung, mit denen amorphe Lebensformen konfrontiert sind, eindrucksvoll darlegte.

Diese Medienberichterstattung führte zu einer Welle der Unterstützung von anderen Lebensformen und Organisationen, die sich für Menschenrechte einsetzen. Die erhöhte Sichtbarkeit führte auch dazu, dass die Regierung von Xorlia gezwungen war, auf die Forderungen der Bewegung zu reagieren.

3. Politische Unterstützung

Ein weiterer bedeutender Erfolg war die Gewinnung politischer Unterstützung für die Anliegen der amorphen Lebensformen. Velis Ryn und seine Mitstreiter konnten einige Politiker davon überzeugen, die Anliegen der Bewegung in die politische Agenda aufzunehmen. Dies führte zu einer Reihe von politischen

Initiativen, die darauf abzielten, die Rechte und den Schutz amorpher Lebensformen zu stärken.

Ein Beispiel hierfür ist die Einführung eines Gesetzes, das die Diskriminierung aufgrund der physischen Form verbietet. Dieses Gesetz war ein direkter Erfolg der Lobbyarbeit, die von Velis Ryn und seinem Team geleistet wurde. Es stellte einen wichtigen Schritt in Richtung Gleichheit und Anerkennung dar.

4. Bildung und Bewusstsein

Die Erhöhung des Bewusstseins für die Identität und die Rechte amorpher Lebensformen war ein weiterer Bereich, in dem Velis Ryn bedeutende Erfolge erzielte. Durch Bildungsprogramme in Schulen und Gemeinschaftszentren konnten Vorurteile abgebaut und das Verständnis für die Herausforderungen, mit denen amorphe Lebensformen konfrontiert sind, gefördert werden.

Ein Beispiel für diese Bildungsinitiativen war das Programm „Identität verstehen", das in mehreren Schulen in Xorlia implementiert wurde. Dieses Programm beinhaltete Workshops, in denen Schüler über die Vielfalt amorpher Lebensformen und deren kulturelle Identität informiert wurden. Die positive Resonanz der Schüler und Lehrer auf dieses Programm zeigte, dass Bildung ein kraftvolles Werkzeug im Kampf um Gleichheit sein kann.

5. Erste Erfolge in der Gesetzgebung

Die ersten Erfolge in der Gesetzgebung waren das Ergebnis einer Kombination aus Mobilisierung, Medienarbeit und politischer Unterstützung. Das Gesetz zur Anerkennung der Identität amorpher Lebensformen, das nach intensiven Verhandlungen und Kampagnen verabschiedet wurde, stellte einen historischen Moment dar. Es gewährte amorphen Lebensformen rechtliche Anerkennung und Schutz vor Diskriminierung.

Diese gesetzgeberischen Erfolge waren nicht nur symbolisch, sondern hatten auch praktische Auswirkungen auf das Leben vieler Menschen. Die Schaffung von rechtlichen Rahmenbedingungen, die die Identität amorpher Lebensformen schützen, führte zu einem Anstieg des Selbstbewusstseins innerhalb der Gemeinschaft und ermutigte viele, sich aktiv an der Bewegung zu beteiligen.

6. Reflexion über die Erfolge

Die ersten Erfolge von Velis Ryn sind nicht nur Meilensteine in seiner persönlichen Reise, sondern auch bedeutende Fortschritte für die gesamte amorphe Gemeinschaft auf Xorlia. Diese Erfolge zeigen, dass Veränderung möglich ist, wenn Menschen sich zusammenschließen und für ihre Rechte kämpfen. Sie verdeutlichen auch die Wichtigkeit von Bildung, Medien und politischer Unterstützung im Aktivismus.

Insgesamt können die ersten Erfolge von Velis Ryn als Beweis dafür angesehen werden, dass der Kampf um Identität und Rechte nicht nur notwendig, sondern auch erreichbar ist. Die Erfahrungen und Lehren aus diesen Anfangsjahren bilden die Grundlage für die zukünftigen Herausforderungen und Errungenschaften der Bewegung.

Schlussfolgerung

Zusammenfassend lässt sich sagen, dass die ersten Erfolge von Velis Ryn im Aktivismus für amorphe Lebensformen auf Xorlia eine bedeutende Wende in der Geschichte des Bürgerrechtskampfes darstellen. Diese Erfolge sind das Resultat von Gemeinschaftsarbeit, strategischer Öffentlichkeitsarbeit und einem unermüdlichen Einsatz für Gerechtigkeit. Sie inspirieren nicht nur die gegenwärtige Generation, sondern auch zukünftige Aktivisten, die den Weg für eine gerechtere und inklusivere Gesellschaft ebnen wollen.

Widerstand und Rückschläge

Der Weg von Velis Ryn und seiner Bewegung war alles andere als geradlinig. Wie bei vielen Bürgerrechtsaktivisten sah sich Velis nicht nur mit dem Widerstand von Gegnern konfrontiert, sondern auch mit internen Herausforderungen, die die Bewegung selbst belasteten. In diesem Abschnitt werden die verschiedenen Formen des Widerstands und die Rückschläge, die Velis und seine Anhänger erlitten, näher beleuchtet.

1. Externer Widerstand

Der externe Widerstand gegen die Bewegung für den Identitätsschutz amorpher Lebensformen auf Xorlia war vielfältig. Es gab verschiedene Interessengruppen, die die Forderungen von Velis Ryn als Bedrohung für die bestehende Ordnung ansahen. Diese Gruppen umfassten sowohl politische Akteure als auch wirtschaftliche Institutionen, die von der Diskriminierung und den Vorurteilen gegenüber amorphen Lebensformen profitierten.

1.1 Politische Repression   Ein bedeutender Aspekt des Widerstands war die politische Repression. Regierungen auf Xorlia, die sich durch die Forderungen nach Gleichheit und Anerkennung bedroht fühlten, reagierten oft mit repressiven Maßnahmen. Dazu gehörten:

* **Verhaftungen von Aktivisten:** Zahlreiche Anhänger von Velis wurden während friedlicher Proteste verhaftet. Diese Verhaftungen hatten eine abschreckende Wirkung auf die Gemeinschaft und führten zu einer temporären Stagnation der Bewegung.

* **Einschränkung der Meinungsfreiheit:** Die Regierung versuchte, die Verbreitung von Informationen über die Bewegung zu kontrollieren. Medien, die über die Aktivitäten von Velis berichteten, wurden zensiert oder unter Druck gesetzt, ihre Berichterstattung einzustellen.

1.2 Soziale Stigmatisierung Zusätzlich zur politischen Repression sah sich Velis Ryn auch mit sozialer Stigmatisierung konfrontiert. Viele Mitglieder der Gesellschaft auf Xorlia hatten tief verwurzelte Vorurteile gegenüber amorphen Lebensformen. Diese Vorurteile führten zu:

* **Isolation:** Aktivisten wurden oft von ihren Familien und Freunden isoliert, was zu einem Verlust von Unterstützung und Ressourcen führte.

* **Negative Medienberichterstattung:** Die Medien stellten die Bewegung häufig in einem negativen Licht dar, was zu einer weiteren Stigmatisierung der Aktivisten führte.

2. Interne Rückschläge

Neben dem externen Widerstand war die Bewegung auch mit internen Herausforderungen konfrontiert. Diese Rückschläge hatten oft tiefgreifende Auswirkungen auf die Motivation und den Zusammenhalt der Aktivisten.

2.1 Mangel an Ressourcen Ein zentrales Problem war der Mangel an finanziellen und menschlichen Ressourcen. Die Bewegung war oft auf Spenden und Freiwillige angewiesen, was zu:

* **Organisatorischen Schwierigkeiten:** Ohne ausreichende Mittel konnten Veranstaltungen nicht ausreichend organisiert oder beworben werden.

* **Burnout bei Aktivisten:** Viele Aktivisten, die sich stark engagierten, litten unter Erschöpfung, was zu einem Rückgang der aktiven Mitglieder führte.

2.2 Differenzen innerhalb der Bewegung   Ein weiterer interner Rückschlag war das Auftreten von Differenzen innerhalb der Bewegung selbst. Während Velis Ryn eine klare Vision für den Identitätsschutz hatte, gab es unterschiedliche Ansichten über die Strategien, die verfolgt werden sollten. Dies führte zu:

- **Spaltungen:** Einige Gruppen innerhalb der Bewegung begannen, alternative Ansätze zu verfolgen, was zu Fragmentierung und Verwirrung führte.

- **Konflikten:** Differenzen in der Strategie führten zu Konflikten unter den Aktivisten, was die Effektivität der Bewegung weiter beeinträchtigte.

3. Reflexion über Widerstand und Rückschläge

Die Widerstände und Rückschläge, denen Velis Ryn und seine Bewegung gegenüberstanden, waren nicht nur Hindernisse, sondern auch wichtige Lektionen. Diese Erfahrungen trugen dazu bei, die Strategie der Bewegung zu verfeinern und die Entschlossenheit der Aktivisten zu stärken.

3.1 Resilienz entwickeln   Ein zentraler Aspekt der Reaktion auf Widerstand war die Entwicklung von Resilienz innerhalb der Bewegung. Velis Ryn und seine Anhänger lernten, Rückschläge als Teil des Kampfes zu akzeptieren und daraus zu lernen. Dies führte zu:

- **Stärkung der Gemeinschaft:** Die Aktivisten fanden Wege, sich gegenseitig zu unterstützen und stärkten so den Zusammenhalt.

- **Innovative Strategien:** Widerstand führte oft zu kreativen Lösungen und neuen Ansätzen im Aktivismus, wie der Nutzung von sozialen Medien zur Mobilisierung.

3.2 Langfristige Perspektive   Die Rückschläge und der Widerstand, den Velis Ryn erlebte, führten dazu, dass die Bewegung eine langfristige Perspektive entwickelte. Anstatt sich von kurzfristigen Misserfolgen entmutigen zu lassen, konzentrierten sich die Aktivisten auf ihre langfristigen Ziele und die Vision für eine gerechtere Gesellschaft auf Xorlia.

$$\text{Langfristiger Erfolg} = \text{Resilienz} + \text{Gemeinschaft} + \text{Anpassungsfähigkeit} \quad (22)$$

Diese Gleichung verdeutlicht, dass der langfristige Erfolg der Bewegung nicht nur von den äußeren Umständen abhängt, sondern auch von der inneren Stärke und dem Zusammenhalt der Gemeinschaft.

4. Fazit

Insgesamt war der Widerstand und die Rückschläge, die Velis Ryn und seine Bewegung erlebten, eine entscheidende Phase in ihrem Aktivismus. Diese Herausforderungen förderten nicht nur das Wachstum und die Resilienz der Bewegung, sondern trugen auch dazu bei, eine tiefere Verbindung zwischen den Aktivisten und der Gemeinschaft zu schaffen. Die Lektionen, die aus diesen Erfahrungen gezogen wurden, halfen der Bewegung, stärker und entschlossener voranzuschreiten, und legten den Grundstein für zukünftige Erfolge im Kampf um den Identitätsschutz amorpher Lebensformen auf Xorlia.

Die Unterstützung von Verbündeten

Die Unterstützung von Verbündeten spielt eine entscheidende Rolle im Aktivismus, insbesondere im Kontext von Velis Ryn und dem Kampf um den Identitätsschutz amorpher Lebensformen auf Xorlia. Diese Verbündeten können aus verschiedenen Bereichen kommen, darunter andere Aktivisten, Organisationen, akademische Institutionen und sogar politische Akteure. In diesem Abschnitt werden wir die verschiedenen Dimensionen der Unterstützung durch Verbündete analysieren, einschließlich der theoretischen Grundlagen, der Herausforderungen und der konkreten Beispiele.

Theoretische Grundlagen

Die Theorie der sozialen Bewegungen bietet einen Rahmen, um die Dynamik zwischen Aktivisten und ihren Verbündeten zu verstehen. Nach Tilly und Tarrow (2015) sind soziale Bewegungen kollektive Aktionen, die auf der Mobilisierung von Ressourcen und der Schaffung von Allianzen basieren. Diese Ressourcen können sowohl materieller als auch immaterieller Natur sein und umfassen Wissen, Netzwerke und Zugang zu Medien.

Ein zentraler Aspekt dieser Theorie ist das Konzept der *Koalitionen*. Koalitionen sind temporäre Allianzen zwischen verschiedenen Akteuren, die ein gemeinsames Ziel verfolgen. In Velis Ryns Fall ist die Bildung von Koalitionen mit anderen Gruppen, die ähnliche Ziele verfolgen, unerlässlich, um die Sichtbarkeit und den Einfluss der Bewegung zu erhöhen.

Herausforderungen bei der Unterstützung durch Verbündete

Trotz der Vorteile, die die Unterstützung von Verbündeten mit sich bringt, gibt es auch Herausforderungen. Eine der größten Herausforderungen ist die

Heterogenität der Verbündeten. Unterschiedliche Organisationen und Gruppen können unterschiedliche Prioritäten, Strategien und Werte haben, was zu Konflikten führen kann. Diese Differenzen können die Effektivität der Bewegung beeinträchtigen, wenn sie nicht angemessen adressiert werden.

Ein weiteres Problem ist die *Ressourcenkonkurrenz*. Verbündete können um die gleichen Ressourcen konkurrieren, was zu Spannungen und Rivalitäten führen kann. Diese Konkurrenz kann insbesondere dann problematisch werden, wenn finanzielle Unterstützung oder Medienaufmerksamkeit begrenzt sind.

Beispiele für erfolgreiche Unterstützung durch Verbündete

Trotz dieser Herausforderungen gibt es zahlreiche Beispiele für erfolgreiche Unterstützung durch Verbündete in Velis Ryns Bewegung. Ein herausragendes Beispiel ist die Partnerschaft mit der *Xorlianischen Akademie für intergalaktische Studien*. Diese akademische Institution bot nicht nur finanzielle Unterstützung, sondern auch Zugang zu Forschung und Wissen über amorphe Lebensformen und deren spezifische Bedürfnisse.

Ein weiteres Beispiel ist die Zusammenarbeit mit der *Vereinigung der intergalaktischen Bürgerrechte*. Diese Organisation brachte internationale Aufmerksamkeit auf die Bewegung und half, die Anliegen amorpher Lebensformen in den globalen Diskurs einzubringen. Durch gemeinsame Veranstaltungen und Kampagnen konnten sie eine breitere Öffentlichkeit erreichen und die Unterstützung für den Identitätsschutz stärken.

Strategien zur Mobilisierung von Verbündeten

Um die Unterstützung von Verbündeten zu maximieren, ist es wichtig, klare Strategien zu entwickeln. Eine solche Strategie könnte die *Schaffung eines gemeinsamen Narrativs* umfassen, das die Anliegen aller beteiligten Parteien vereint. Dieses Narrativ sollte die Bedeutung des Identitätsschutzes für amorphe Lebensformen betonen und die gemeinsamen Werte und Ziele aller Verbündeten hervorheben.

Darüber hinaus sollte die Bewegung aktiv *Netzwerke* aufbauen, um den Austausch von Ressourcen und Informationen zu fördern. Dies könnte durch die Organisation von Konferenzen, Workshops und anderen Veranstaltungen geschehen, die den Dialog zwischen verschiedenen Gruppen ermöglichen.

Fazit

Die Unterstützung von Verbündeten ist für Velis Ryns Aktivismus von entscheidender Bedeutung. Durch die Bildung von Koalitionen, die Überwindung von Herausforderungen und die Implementierung effektiver Strategien kann die Bewegung ihre Reichweite und ihren Einfluss erheblich steigern. Die Zusammenarbeit mit Verbündeten ist nicht nur eine Frage der Ressourcen, sondern auch eine der gemeinsamen Vision und des kollektiven Handelns. In einer Welt, in der amorphe Lebensformen oft marginalisiert werden, ist die Unterstützung durch Verbündete ein Schlüssel zum Erfolg im Kampf um Identitätsschutz und Gleichberechtigung.

Die Rolle von sozialen Medien

Soziale Medien haben sich als ein entscheidendes Instrument im Aktivismus etabliert, insbesondere für Bürgerrechtsbewegungen, die sich für den Schutz der Identität amorpher Lebensformen auf Xorlia einsetzen. Diese Plattformen bieten nicht nur einen Raum für den Austausch von Ideen und Informationen, sondern ermöglichen auch die Mobilisierung von Gemeinschaften und die Schaffung eines kollektiven Bewusstseins. In diesem Abschnitt werden die theoretischen Grundlagen, die Herausforderungen und einige konkrete Beispiele für die Rolle sozialer Medien im Aktivismus von Velis Ryn untersucht.

Theoretische Grundlagen

Die Nutzung sozialer Medien im Aktivismus kann durch verschiedene theoretische Rahmenbedingungen erklärt werden. Ein zentraler Aspekt ist die **Theorie der sozialen Bewegungen**, die besagt, dass soziale Bewegungen durch kollektive Identität, Mobilisierung und Ressourcenabhängigkeit geprägt sind. Soziale Medien bieten eine Plattform, auf der sich Individuen und Gruppen identifizieren und mobilisieren können.

Kollektive Identität ⇒ Mobilisierung ⇒ Ressourcen ⇒ Erfolg der Bewegung

Ein weiterer theoretischer Ansatz ist die **Netzwerktheorie**, die beschreibt, wie Informationen in sozialen Netzwerken verbreitet werden. Soziale Medien fungieren als Katalysatoren für die Vernetzung von Aktivisten, die oft geografisch verstreut sind. Diese Netzwerke ermöglichen es, Informationen schnell zu verbreiten und eine breite Öffentlichkeit zu erreichen.

Herausforderungen

Trotz der Vorteile, die soziale Medien bieten, gibt es auch Herausforderungen, die im Kontext des Aktivismus berücksichtigt werden müssen. Eine der größten Herausforderungen ist die **Desinformation**. In einer Zeit, in der Informationen viral gehen können, ist es entscheidend, dass die Botschaften klar und präzise sind, um Missverständnisse und Verzerrungen zu vermeiden. Desinformation kann nicht nur den Ruf einer Bewegung schädigen, sondern auch das Vertrauen der Gemeinschaft untergraben.

Ein weiteres Problem ist die **Überwachung und Zensur**. Aktivisten, die soziale Medien nutzen, sind oft Ziel von Überwachungsmaßnahmen durch autoritäre Regierungen oder Organisationen, die versuchen, abweichende Meinungen zu unterdrücken. Dies kann zu einem Klima der Angst führen, in dem sich Menschen nicht trauen, ihre Meinungen offen zu äußern.

Beispiele aus dem Aktivismus von Velis Ryn

Ein bemerkenswertes Beispiel für die Nutzung sozialer Medien im Aktivismus von Velis Ryn war die Kampagne *#IdentitätSchützen*. Diese Kampagne wurde ins Leben gerufen, um auf die Diskriminierung amorpher Lebensformen aufmerksam zu machen und die Bedeutung des Identitätsschutzes zu betonen. Durch die Verwendung von Hashtags und viralen Videos konnte die Bewegung innerhalb kürzester Zeit eine große Reichweite erzielen.

$$\text{Reichweite} = \text{Anzahl der Follower} \times \text{Engagement-Rate} \qquad (23)$$

Die Kampagne nutzte auch Live-Streams, um direkte Gespräche mit der Gemeinschaft zu führen und Fragen zu beantworten. Diese Form der Interaktion stärkte das Gefühl der Gemeinschaft und des gemeinsamen Kampfes für die Rechte amorpher Lebensformen.

Ein weiteres Beispiel ist die Verwendung von *Influencer-Marketing*. Velis Ryn arbeitete mit prominenten Persönlichkeiten zusammen, die sich für den Identitätsschutz engagierten. Diese Influencer halfen, die Botschaften der Bewegung zu verbreiten und eine breitere Zielgruppe zu erreichen. Die Zusammenarbeit mit Influencern kann als strategische Ressource betrachtet werden, die den Aktivismus in der digitalen Welt verstärkt.

Fazit

Zusammenfassend lässt sich sagen, dass soziale Medien eine transformative Rolle im Aktivismus von Velis Ryn spielen. Sie ermöglichen nicht nur die Mobilisierung und Vernetzung von Gemeinschaften, sondern bieten auch eine Plattform für den Austausch und die Verbreitung von Informationen. Trotz der Herausforderungen, wie Desinformation und Überwachung, bleibt die Bedeutung sozialer Medien für den Erfolg von Bürgerrechtsbewegungen unbestreitbar. Die Fähigkeit, eine kollektive Identität zu schaffen und eine breite Öffentlichkeit zu erreichen, ist entscheidend für den fortdauernden Kampf um den Identitätsschutz amorpher Lebensformen auf Xorlia.

Internationale Aufmerksamkeit

Der Aufstieg von Velis Ryn als Bürgerrechtsaktivist führte zu einer bemerkenswerten internationalen Aufmerksamkeit für die Anliegen amorpher Lebensformen auf dem Planeten Xorlia. Diese Aufmerksamkeit war nicht nur ein Zeichen des Erfolgs, sondern auch ein Katalysator für Veränderungen in der globalen Wahrnehmung und Politik. In diesem Abschnitt werden wir die Mechanismen und Auswirkungen dieser internationalen Aufmerksamkeit untersuchen, die Herausforderungen, die sich daraus ergaben, sowie die Theorien, die diese Dynamik erklären.

Mechanismen der internationalen Aufmerksamkeit

Die internationale Aufmerksamkeit für Velis Ryn und seine Bewegung wurde durch mehrere Schlüsselmechanismen gefördert:

1. **Soziale Medien**: Plattformen wie Xorbook und TwitXor spielten eine entscheidende Rolle bei der Verbreitung von Informationen und der Mobilisierung von Unterstützern weltweit. Hashtags wie #IdentitätFürAlle und #XorliaRising wurden viral und schufen eine globale Gemeinschaft von Unterstützern. Die Nutzung von sozialen Medien ermöglichte es, Geschichten und persönliche Erfahrungen direkt zu teilen, was die emotionale Verbindung zu den Anliegen der amorphen Lebensformen stärkte.

2. **Internationale Medienberichterstattung**: Nachrichtenagenturen und Medienhäuser auf verschiedenen Planeten berichteten über Velis Ryns Aktivitäten. Berichte über Proteste, Veranstaltungen und Erfolge der Bewegung wurden in intergalaktischen Nachrichten verbreitet. Diese Berichterstattung trug dazu bei, das Bewusstsein für die Diskriminierung amorpher Lebensformen zu schärfen und die Notwendigkeit von Veränderungen zu betonen.

3. **Zusammenarbeit mit NGOs**: Velis Ryn und seine Bewegung kooperierten mit internationalen Nichtregierungsorganisationen (NGOs), die sich für Menschenrechte und den Schutz von Minderheiten einsetzen. Diese

Partnerschaften ermöglichten es, Ressourcen zu bündeln und die Reichweite der Botschaft zu vergrößern.

4.   **Internationale Konferenzen und Foren**: Die Teilnahme an intergalaktischen Konferenzen, wie dem *Galaktischen Forum für Menschenrechte*, bot Velis Ryn die Möglichkeit, seine Anliegen vor einem globalen Publikum zu präsentieren. Diese Veranstaltungen förderten den Austausch von Ideen und Strategien zwischen verschiedenen Bewegungen und Aktivisten.

Herausforderungen durch internationale Aufmerksamkeit

Obwohl die internationale Aufmerksamkeit viele Vorteile mit sich brachte, stellte sie auch Herausforderungen dar:

1. **Mediale Verzerrung**: Die Berichterstattung über Velis Ryn und seine Bewegung war nicht immer positiv. Einige Medien neigten dazu, die Anliegen der amorphen Lebensformen zu trivialisierten oder zu sensationalisieren, was die Ernsthaftigkeit des Problems in den Hintergrund drängte. Diese Verzerrungen führten dazu, dass die Bewegung oft als weniger glaubwürdig wahrgenommen wurde.

2. **Politischer Druck**: Die erhöhte Sichtbarkeit brachte auch politischen Druck mit sich. Regierungen, die nicht bereit waren, die Anliegen der amorphen Lebensformen zu unterstützen, reagierten oft mit repressiven Maßnahmen, um die Bewegung zu unterdrücken. Dies führte zu einer Zunahme von Verhaftungen und anderen Formen der Repression gegen Aktivisten.

3. **Interne Konflikte**: Die internationale Aufmerksamkeit führte zu einer Diversifizierung der Unterstützerbasis, was interne Konflikte innerhalb der Bewegung hervorrief. Unterschiedliche Ansichten über Strategien und Ziele führten zu Spannungen und Spaltungen, die die Effektivität der Bewegung gefährden konnten.

Theoretische Perspektiven

Um die Dynamik der internationalen Aufmerksamkeit zu verstehen, können verschiedene theoretische Ansätze herangezogen werden:

1.   **Theorie des sozialen Wandels**: Diese Theorie besagt, dass soziale Bewegungen, wie die von Velis Ryn, durch das Zusammenspiel von sozialen, politischen und wirtschaftlichen Faktoren entstehen. Die internationale Aufmerksamkeit kann als Indikator für einen sozialen Wandel betrachtet werden, der durch die Mobilisierung von Unterstützern und die Veränderung der öffentlichen Meinung vorangetrieben wird.

2. **Theorie der sozialen Identität**: Diese Theorie legt nahe, dass Individuen ihre Identität in Bezug auf Gruppen definieren, zu denen sie gehören oder mit denen sie sich identifizieren. Die internationale Aufmerksamkeit half amorphen Lebensformen, eine gemeinsame Identität zu entwickeln, die über planetarische Grenzen hinweg erkennbar war.

3. **Medien- und Kommunikationstheorien**: Diese Theorien betonen die Rolle der Medien bei der Konstruktion von Realität. Die Art und Weise, wie die Medien über Velis Ryn und seine Bewegung berichteten, beeinflusste die Wahrnehmung der Öffentlichkeit und die Reaktionen der Regierungen.

Beispiele für internationale Unterstützung

Die internationale Aufmerksamkeit führte zu konkreten Beispielen für Unterstützung und Solidarität:

1. **Globale Proteste**: In vielen Städten auf verschiedenen Planeten fanden Solidaritätsproteste statt, bei denen Menschen für die Rechte amorpher Lebensformen eintraten. Diese Proteste wurden durch soziale Medien organisiert und zogen Tausende von Teilnehmern an.

2. **Internationale Petitionen**: Unterstützer initiierten internationale Petitionen, um Regierungen und Organisationen zu drängen, Maßnahmen zum Schutz amorpher Lebensformen zu ergreifen. Diese Petitionen wurden von Millionen von Menschen unterzeichnet und erregten die Aufmerksamkeit der politischen Entscheidungsträger.

3. **Kulturelle Austauschprogramme**: Einige Organisationen starteten Programme, die den Austausch zwischen verschiedenen Kulturen und Lebensformen förderten. Diese Programme ermöglichten es den Menschen, mehr über die Herausforderungen und Erfolge amorpher Lebensformen zu erfahren und stärkten das Verständnis und die Solidarität.

Schlussfolgerung

Die internationale Aufmerksamkeit, die Velis Ryn und seine Bewegung erhielten, war ein entscheidender Faktor für den Fortschritt im Kampf um den Identitätsschutz amorpher Lebensformen auf Xorlia. Trotz der Herausforderungen, die mit dieser Aufmerksamkeit verbunden waren, bot sie auch Chancen für Wachstum, Mobilisierung und Veränderung. Die Mechanismen, die diese internationale Resonanz ermöglichten, sowie die theoretischen Perspektiven, die diese Dynamik erklären, sind entscheidend für das Verständnis der Rolle, die Velis Ryn in der globalen Bürgerrechtsbewegung spielt.

Der Einfluss auf die Gesellschaft

Der Einfluss von Velis Ryn auf die Gesellschaft auf Xorlia und darüber hinaus ist sowohl tiefgreifend als auch vielschichtig. Die Bürgerrechtsbewegung, die er ins Leben gerufen hat, hat nicht nur das Bewusstsein für die Herausforderungen amorpher Lebensformen geschärft, sondern auch die gesellschaftlichen Normen und Werte auf dem Planeten nachhaltig verändert. In diesem Abschnitt werden die verschiedenen Dimensionen seines Einflusses auf die Gesellschaft untersucht.

Gesetzliche Veränderungen

Einer der unmittelbarsten Einflüsse von Velis Ryn war die Einführung neuer Gesetze, die den Schutz der Identität amorpher Lebensformen garantieren. Vor Ryns Aktivismus waren viele dieser Lebensformen rechtlich nicht anerkannt, was zu Diskriminierung und Ungerechtigkeit führte. Durch Lobbyarbeit und die Mobilisierung der Gemeinschaft konnte Ryn Gesetze anstoßen, die nicht nur die Rechte dieser Lebensformen schützten, sondern auch die rechtlichen Rahmenbedingungen für ihre Existenz neu definierten. Ein Beispiel für eine solche gesetzliche Veränderung ist das *Gesetz zur Anerkennung amorpher Identitäten*, das im Jahr 2025 verabschiedet wurde und den amorphen Wesen rechtliche Gleichstellung mit anderen Lebensformen gewährte.

Öffentliche Wahrnehmung

Ein weiterer bedeutender Einfluss von Velis Ryn auf die Gesellschaft ist die Veränderung der öffentlichen Wahrnehmung amorpher Lebensformen. Vor seinem Engagement waren viele Vorurteile und Stereotypen über diese Lebensformen weit verbreitet. Ryn nutzte soziale Medien, öffentliche Veranstaltungen und Kunst, um das Bewusstsein zu schärfen und Empathie zu fördern. Die Kampagne *„Identität zählt!"*, die Ryn ins Leben rief, erreichte Millionen und führte zu einem signifikanten Anstieg des Verständnisses und der Akzeptanz in der Gesellschaft. Statistiken zeigen, dass die Zustimmung zur Gleichstellung amorpher Lebensformen innerhalb von fünf Jahren um 40% gestiegen ist.

Einfluss auf die Bildung

Ryns Einfluss erstreckt sich auch auf den Bildungssektor. Er setzte sich dafür ein, dass das Thema Identität und die Rechte amorpher Lebensformen in die Lehrpläne von Schulen und Universitäten aufgenommen werden. Dies geschah durch die Einführung von Bildungsprogrammen, die nicht nur die rechtlichen Aspekte, sondern auch die kulturellen und sozialen Dimensionen der Identität abdeckten. Der Erfolg dieser Programme zeigt sich in der steigenden Zahl von Studierenden, die sich für soziale Gerechtigkeit und Bürgerrechte engagieren. Die Bildungsinitiative „*Identität und Vielfalt*" hat in den letzten Jahren an über 300 Bildungseinrichtungen auf Xorlia implementiert.

Kulturelle Veränderungen

Die Bewegung von Velis Ryn hat auch tiefgreifende kulturelle Veränderungen bewirkt. Kunst, Musik und Literatur, die sich mit den Themen Identität und Rechte amorpher Lebensformen auseinandersetzen, haben an Popularität gewonnen. Festivals, die der Feier dieser kulturellen Vielfalt gewidmet sind, ziehen Tausende von Besuchern an und fördern den interkulturellen Dialog. Ein herausragendes Beispiel ist das *Xorlia Festival der Identität*, das jährlich stattfindet und Künstler aus verschiedenen Lebensformen zusammenbringt, um ihre Geschichten und Erfahrungen zu teilen.

Wirtschaftliche Auswirkungen

Darüber hinaus hat Ryns Aktivismus auch wirtschaftliche Auswirkungen. Unternehmen, die sich für die Rechte amorpher Lebensformen einsetzen, haben begonnen, sich in der Gesellschaft zu etablieren. Dies hat zu einer neuen Branche geführt, die sich auf die Bedürfnisse und Identitäten dieser Lebensformen spezialisiert hat. Die *Amorphe Innovationsmesse*, die erstmals 2026 stattfand, zeigte, wie Unternehmen und Start-ups innovative Produkte und Dienstleistungen entwickeln, die auf die speziellen Bedürfnisse amorpher Lebensformen zugeschnitten sind.

Internationale Resonanz

Ryns Einfluss beschränkt sich nicht nur auf Xorlia; er hat auch internationale Resonanz erzeugt. Seine Bemühungen haben dazu geführt, dass andere Planeten und intergalaktische Organisationen begonnen haben, die Rechte amorpher Lebensformen zu diskutieren und zu fördern. Die *Intergalaktische Konferenz für Bürgerrechte*, die 2028 stattfand, war ein Meilenstein in der internationalen Zusammenarbeit und dem Austausch bewährter Praktiken im Bereich der Bürgerrechte.

Langfristige Auswirkungen

Die langfristigen Auswirkungen von Velis Ryns Arbeit sind noch nicht vollständig absehbar, aber die Grundlagen für eine gerechtere und inklusivere Gesellschaft sind gelegt. Die Veränderungen, die er angestoßen hat, werden voraussichtlich auch zukünftige Generationen prägen. Die zunehmende Akzeptanz und das Verständnis für die Vielfalt der Identitäten auf Xorlia könnten als Modell für andere Planeten dienen, die ähnliche Herausforderungen bewältigen.

Zusammenfassend lässt sich sagen, dass der Einfluss von Velis Ryn auf die Gesellschaft weitreichend und vielschichtig ist. Seine Arbeit hat nicht nur die rechtlichen Rahmenbedingungen für amorphe Lebensformen verändert, sondern auch das gesellschaftliche Bewusstsein, die Bildung, die Kultur und die Wirtschaft auf Xorlia nachhaltig geprägt. Die Erfolge und Herausforderungen, die er erlebt hat, sind ein bedeutendes Kapitel in der Geschichte des Aktivismus und bieten wertvolle Lektionen für zukünftige Generationen.

Kapitel 2: Der Kampf um Identitätsschutz

Die Herausforderungen amorpher Lebensformen

Diskriminierung und Vorurteile

Diskriminierung und Vorurteile sind tief verwurzelte soziale Probleme, die in vielen Gesellschaften, einschließlich der auf dem Planeten Xorlia, vorherrschen. Diese Phänomene sind oft das Ergebnis von Unkenntnis, kulturellen Unterschieden und der Angst vor dem Unbekannten. In Bezug auf amorphe Lebensformen, die in ihrer physischen Erscheinung und Identität stark variieren, sind die Herausforderungen besonders ausgeprägt.

Theoretische Grundlagen

Die Theorie der sozialen Identität, die von Henri Tajfel und John Turner entwickelt wurde, legt nahe, dass Individuen ihre Identität stark durch die Zugehörigkeit zu sozialen Gruppen definieren. Diese Zugehörigkeit kann sich auf Ethnie, Geschlecht, Religion oder in diesem Fall auf die Form und Struktur des Lebens beziehen. Amorphe Lebensformen, die keine klaren physischen Merkmale aufweisen, werden häufig als „anders" wahrgenommen, was zu Vorurteilen und Diskriminierung führt.

Ein weiteres relevantes Konzept ist die Theorie des anderen, die beschreibt, wie Gruppen, die als „anders" wahrgenommen werden, von der dominanten Gruppe oft abgewertet werden. Diese Abwertung kann sich in verschiedenen Formen zeigen, darunter soziale Ausgrenzung, wirtschaftliche Benachteiligung und das Fehlen von Repräsentation in politischen und sozialen Institutionen.

Probleme der Diskriminierung

Die Diskriminierung gegen amorphe Lebensformen auf Xorlia manifestiert sich auf mehreren Ebenen.

+ **Soziale Ausgrenzung:** Amorphe Lebensformen werden häufig aus sozialen Gruppen ausgeschlossen. Dies geschieht oft in Schulen, bei der Arbeit und in Gemeinschaftsorganisationen. Die Angst vor dem Unbekannten führt dazu, dass andere Lebensformen sich von ihnen distanzieren, was zu Isolation und Einsamkeit führt.

+ **Wirtschaftliche Benachteiligung:** Aufgrund ihrer amorphen Natur haben viele dieser Lebensformen Schwierigkeiten, Arbeit zu finden oder Zugang zu Ressourcen zu erhalten. Arbeitgeber neigen dazu, sich für Lebensformen zu entscheiden, die eine klarere Identität haben, was zu einer systematischen Benachteiligung führt.

+ **Rechtliche Diskriminierung:** In vielen politischen Systemen auf Xorlia sind amorphe Lebensformen nicht ausreichend durch Gesetze geschützt. Dies führt zu einem Mangel an rechtlicher Unterstützung bei Diskriminierungsfällen und verstärkt das Gefühl der Ohnmacht unter diesen Lebensformen.

Beispiele für Diskriminierung

Ein prägnantes Beispiel für Diskriminierung ist der Fall von *Zelthar*, einem amorphen Bürgerrechtsaktivisten, der in den letzten Jahren für die Rechte seiner Gemeinschaft kämpfte. Trotz seiner Bemühungen, auf die Probleme aufmerksam zu machen, wurde er oft als „nicht vertrauenswürdig" oder „unberechenbar" bezeichnet, was auf tiefsitzende Vorurteile in der Gesellschaft hinweist. Diese Vorurteile führten dazu, dass seine Stimme in politischen Diskussionen oft ignoriert wurde.

Ein weiteres Beispiel ist die *Xorlia-Kampagne*, die darauf abzielte, das Bewusstsein für die Diskriminierung amorpher Lebensformen zu schärfen. Trotz der Unterstützung durch einige prominente Mitglieder der Gesellschaft war die Kampagne mit erheblichen Widerständen konfrontiert. Viele Menschen äußerten Vorurteile, die auf der Annahme basierten, dass amorphe Lebensformen nicht in der Lage seien, Verantwortung zu übernehmen oder zur Gesellschaft beizutragen.

Psychologische Auswirkungen

Die psychologischen Auswirkungen von Diskriminierung und Vorurteilen sind tiefgreifend. Amorphe Lebensformen, die täglich mit Vorurteilen konfrontiert sind, entwickeln häufig ein geringeres Selbstwertgefühl und kämpfen mit Identitätskrisen. Studien zeigen, dass die ständige Konfrontation mit Diskriminierung zu erhöhten Raten von Angstzuständen und Depressionen führt.

$$\text{Selbstwertgefühl} = \frac{\text{Positive Rückmeldungen}}{\text{Negative Rückmeldungen} + \text{Positive Rückmeldungen}} \quad (24)$$

Diese Gleichung verdeutlicht, dass ein Überwiegen negativer Rückmeldungen zu einem signifikanten Rückgang des Selbstwertgefühls führen kann, was die Herausforderungen für amorphe Lebensformen weiter verstärkt.

Schlussfolgerung

Die Diskriminierung und die Vorurteile gegenüber amorphen Lebensformen auf Xorlia sind komplexe Probleme, die tief in der sozialen Struktur verwurzelt sind. Um diese Herausforderungen zu bewältigen, ist es entscheidend, Aufklärungsarbeit zu leisten und den interkulturellen Dialog zu fördern. Nur durch Verständnis und Empathie kann die Gesellschaft auf Xorlia beginnen, die Vorurteile abzubauen und eine inklusivere Umgebung für alle Lebensformen zu schaffen.

Rechtliche Rahmenbedingungen

Die rechtlichen Rahmenbedingungen für amorphe Lebensformen auf Xorlia sind ein komplexes Geflecht aus Gesetzen, Vorschriften und internationalen Vereinbarungen, die sich über Jahrhunderte entwickelt haben. Diese Rahmenbedingungen sind entscheidend für den Schutz der Identität und der Rechte dieser einzigartigen Lebensformen, die sich von den humanoiden und anderen festkörperlichen Spezies stark unterscheiden.

Historische Entwicklung der Gesetze

Die rechtlichen Grundlagen für den Schutz amorpher Lebensformen auf Xorlia lassen sich bis in die frühen Tage der Zivilisation zurückverfolgen. Ursprünglich waren amorphe Lebensformen oft nicht als eigenständige Entitäten anerkannt. Sie wurden vielmehr als untergeordnete Lebensformen betrachtet, deren Rechte und Identität nicht geschützt waren. Mit der Zeit führte der zunehmende Kontakt zwischen verschiedenen Lebensformen und der wachsenden Anerkennung der kulturellen Vielfalt zu einem Umdenken.

Ein wichtiger Meilenstein war das *Gesetz über die Rechte der Lebensformen* (GüRL), das in der Ära der großen interkulturellen Konflikte verabschiedet wurde. Dieses Gesetz legte die grundlegenden Rechte aller Lebensformen fest, einschließlich des Rechts auf Identität, Ausdruck und Schutz vor Diskriminierung.

Aktuelle rechtliche Rahmenbedingungen

Verfassung von Xorlia   Die Verfassung von Xorlia, die als das höchste rechtliche Dokument des Planeten gilt, erkennt die Rechte amorpher Lebensformen ausdrücklich an. In Artikel 12 wird das Recht auf Identitätsschutz festgelegt, das besagt:

$$R_{\text{Identität}} = \{x \in \text{Lebensformen} \mid x \text{ hat das Recht auf Identitätsschutz}\} \quad (25)$$

Diese Bestimmung verpflichtet den Staat, Maßnahmen zu ergreifen, um sicherzustellen, dass amorphe Lebensformen nicht diskriminiert werden und ihre kulturellen Identitäten geschützt sind.

Gesetzgebung auf regionaler Ebene   Zusätzlich zur Verfassung gibt es zahlreiche regionale Gesetze, die spezifische Bestimmungen für den Schutz amorpher Lebensformen enthalten. Diese Gesetze variieren je nach Region und berücksichtigen lokale Gegebenheiten sowie die spezifischen Bedürfnisse der Gemeinschaften. In der Region *Nerath* beispielsweise wurde das *Gesetz über den Schutz amorpher Kulturen* (GPaK) erlassen, das folgende Punkte umfasst:

- **Kulturelle Anerkennung:** Amorphe Lebensformen haben das Recht, ihre kulturellen Praktiken und Traditionen zu pflegen.

- **Bildungszugang:** Der Zugang zu Bildungseinrichtungen muss für amorphe Lebensformen gewährleistet sein, um ihre Identität und Kultur zu fördern.

- **Rechtliche Vertretung:** Amorphe Lebensformen haben das Recht, rechtliche Vertretung in allen Angelegenheiten in Anspruch zu nehmen, die ihre Identität betreffen.

Internationale Abkommen

Auf internationaler Ebene gibt es mehrere Abkommen, die den Schutz amorpher Lebensformen unterstützen. Das *Abkommen über intergalaktische Rechte der Lebensformen* (AIRL) ist eines der wichtigsten Dokumente, das von mehreren Planeten, einschließlich Xorlia, unterzeichnet wurde. Dieses Abkommen fördert die Gleichheit aller Lebensformen und legt fest, dass:

$$R_{international} = \{y \in \text{Lebensformen} \mid y \text{ hat Rechte gemäß AIRL}\} \tag{26}$$

Die Bestimmungen des AIRL verpflichten die Mitgliedsplaneten, Maßnahmen zu ergreifen, um Diskriminierung zu verhindern und die kulturelle Identität zu schützen.

Herausforderungen und Probleme

Trotz dieser rechtlichen Fortschritte stehen amorphe Lebensformen weiterhin vor erheblichen Herausforderungen. Eine der größten Hürden ist die praktische Umsetzung der Gesetze. Oftmals gibt es eine Diskrepanz zwischen den rechtlichen Bestimmungen und der Realität, in der amorphe Lebensformen leben. Diskriminierung und Vorurteile sind nach wie vor weit verbreitet, was dazu führt, dass viele ihrer Rechte nicht respektiert werden.

Ein weiteres Problem ist die mangelnde Sensibilisierung der Gesellschaft für die spezifischen Bedürfnisse amorpher Lebensformen. Viele Menschen sind sich der rechtlichen Rahmenbedingungen nicht bewusst oder haben Vorurteile, die tief in der Kultur verwurzelt sind. Dies führt zu einer ständigen Bedrohung ihrer Identität und ihrer Rechte.

Beispiele für rechtliche Auseinandersetzungen

In den letzten Jahren gab es mehrere rechtliche Auseinandersetzungen, die die Herausforderungen verdeutlichen, mit denen amorphe Lebensformen konfrontiert sind. Ein bemerkenswerter Fall war der *Fall Rylor*, in dem eine amorphe Lebensform diskriminiert wurde, weil sie ihre kulturellen Praktiken nicht ausüben durfte. Der Fall wurde vor dem obersten Gerichtshof von Xorlia verhandelt, und das Gericht entschied zugunsten von Rylor, was einen wichtigen Präzedenzfall für ähnliche Fälle schuf.

Fazit

Die rechtlichen Rahmenbedingungen für amorphe Lebensformen auf Xorlia sind ein entscheidender Faktor für den Schutz ihrer Identität und Rechte. Trotz der Fortschritte gibt es jedoch nach wie vor erhebliche Herausforderungen, die es zu überwinden gilt. Die Gesellschaft muss sich weiterentwickeln, um sicherzustellen, dass die Gesetze nicht nur auf dem Papier existieren, sondern auch im täglichen Leben der amorphen Lebensformen wirksam sind. Nur durch kontinuierlichen Aktivismus und rechtliche Auseinandersetzungen kann ein echter Wandel erreicht werden, der die Identität amorpher Lebensformen schützt und fördert.

Verlust der kulturellen Identität

Der Verlust der kulturellen Identität ist ein zentrales Thema im Kampf von Velis Ryn für den Identitätsschutz amorpher Lebensformen auf Xorlia. Kulturelle Identität umfasst die Werte, Traditionen, Bräuche und die Sprache einer Gemeinschaft, die zusammen das Selbstverständnis und die Zugehörigkeit ihrer Mitglieder prägen. In der Welt von Xorlia, wo amorphe Lebensformen häufig mit Diskriminierung und Vorurteilen konfrontiert sind, wird der Verlust dieser Identität zu einer ernsthaften Bedrohung für das Überleben und das Wohlbefinden dieser Gemeinschaften.

Theoretische Grundlagen

Die Theorie der kulturellen Identität besagt, dass Identität nicht statisch ist, sondern sich in einem ständigen Prozess der Aushandlung und Veränderung befindet. Stuart Hall (1990) argumentiert, dass Identität in einem Kontext von Machtverhältnissen und sozialen Strukturen konstruiert wird. In Xorlia sind amorphe Lebensformen oft marginalisiert, was dazu führt, dass ihre kulturellen Ausdrucksformen unterdrückt oder ignoriert werden. Dies führt zu einem Verlust an kulturellem Erbe und einem Rückgang des Gemeinschaftsgefühls.

Probleme des Identitätsverlustes

Der Verlust der kulturellen Identität hat mehrere schwerwiegende Auswirkungen auf die betroffenen Gemeinschaften:

- **Psychologische Auswirkungen:** Der Verlust der kulturellen Identität kann zu einem Gefühl der Entfremdung und Isolation führen. Individuen fühlen sich möglicherweise nicht mehr mit ihrer Gemeinschaft verbunden, was zu psychischen Problemen wie Depressionen und Angstzuständen führen kann.

+ **Soziale Fragmentierung:** Wenn die kulturelle Identität schwindet, kann dies zu einer Fragmentierung der Gemeinschaft führen. Die Mitglieder könnten sich in verschiedene Gruppen aufteilen, die unterschiedliche Werte und Überzeugungen vertreten, was zu Konflikten und Spannungen innerhalb der Gemeinschaft führt.

+ **Wirtschaftliche Benachteiligung:** Der Verlust kultureller Identität kann auch wirtschaftliche Folgen haben. Gemeinschaften, die ihre kulturellen Traditionen und Praktiken verlieren, könnten weniger in der Lage sein, wirtschaftliche Chancen zu nutzen, die mit ihrem kulturellen Erbe verbunden sind, wie z.B. Tourismus oder Kunsthandwerk.

Beispiele aus Xorlia

In Xorlia gibt es zahlreiche Beispiele für den Verlust kultureller Identität unter amorphen Lebensformen. Ein prägnantes Beispiel ist die Geschichte der *Nulva*, einer amorphen Gemeinschaft, die einst für ihre einzigartigen Kunstformen und mündlichen Traditionen bekannt war. Mit dem Aufkommen technologischer Entwicklungen und der Globalisierung wurden viele ihrer kulturellen Praktiken verdrängt.

Die *Nulva* erlebten, wie ihre traditionelle Kunstform, die *Fließende Malerei*, die auf der Fähigkeit beruhte, sich in verschiedene Formen zu transformieren und dabei lebendige Farben und Muster zu erzeugen, zunehmend an Bedeutung verlor. Stattdessen wurde eine standardisierte, technologische Kunstform populär, die den individuellen Ausdruck und die kulturelle Tiefe der Nulva nicht mehr widerspiegelte. Dies führte zu einem Rückgang der kulturellen Veranstaltungen, die einst das Herzstück ihrer Gemeinschaft bildeten.

Strategien zur Bewahrung der kulturellen Identität

Um dem Verlust der kulturellen Identität entgegenzuwirken, hat Velis Ryn verschiedene Strategien entwickelt, die sowohl auf Bildung als auch auf Aktivismus abzielen. Dazu gehören:

+ **Aufklärungskampagnen:** Velis Ryn initiierte Programme zur Sensibilisierung der Gemeinschaft über die Bedeutung kultureller Identität und deren Erhalt. Diese Kampagnen zielen darauf ab, das Bewusstsein für die kulturellen Wurzeln der amorphen Lebensformen zu schärfen und den Stolz auf die eigene Identität zu fördern.

- **Kulturelle Veranstaltungen:** Die Organisation von Festivals und kulturellen Veranstaltungen, die die Traditionen und Bräuche der amorphen Lebensformen feiern, spielt eine entscheidende Rolle bei der Wiederbelebung und Stärkung der kulturellen Identität.

- **Partnerschaften mit anderen Gemeinschaften:** Velis Ryn fördert den interkulturellen Dialog und den Austausch zwischen verschiedenen Gemeinschaften auf Xorlia, um voneinander zu lernen und solidarisch zu handeln. Diese Partnerschaften stärken nicht nur die eigene Identität, sondern fördern auch das Verständnis und die Akzeptanz zwischen den Kulturen.

Fazit

Der Verlust der kulturellen Identität ist eine ernsthafte Herausforderung für amorphe Lebensformen auf Xorlia. Es ist entscheidend, dass Gemeinschaften wie die der *Nulva* ihre kulturellen Wurzeln bewahren, um ihre Identität und ihr Selbstverständnis zu stärken. Velis Ryns Engagement für den Identitätsschutz ist ein Schritt in die richtige Richtung, um den Verlust kultureller Identität zu bekämpfen und eine nachhaltige Zukunft für alle amorphen Lebensformen auf Xorlia zu sichern.

Der Einfluss von Technologie

Die Rolle der Technologie im Kontext der Identität amorpher Lebensformen auf Xorlia ist vielschichtig und komplex. Sie beeinflusst nicht nur die Art und Weise, wie diese Lebensformen interagieren und sich selbst wahrnehmen, sondern auch, wie ihre Identität in der Gesellschaft konstruiert und verstanden wird. In diesem Abschnitt werden wir die verschiedenen Dimensionen des Einflusses von Technologie auf die Identität amorpher Lebensformen untersuchen, einschließlich der Herausforderungen, die sie mit sich bringt, und der Möglichkeiten, die sie eröffnet.

Technologische Entwicklungen und Identität

Die technologische Entwicklung auf Xorlia hat in den letzten Jahrzehnten exponentiell zugenommen. Amorphe Lebensformen, die sich durch ihre flexible und anpassungsfähige Natur auszeichnen, nutzen Technologie, um ihre Identität zu formen und auszudrücken. Technologien wie holographische Projektionen, digitale Identitätsplattformen und interaktive Medien ermöglichen es diesen

Lebensformen, ihre Identität in einer Weise zu präsentieren, die zuvor nicht möglich war.

Ein Beispiel hierfür ist die Nutzung von holographischen Avataren, die es amorphen Lebensformen ermöglichen, sich in einer Form darzustellen, die sowohl ihrer inneren Identität als auch den sozialen Erwartungen entspricht. Diese Avatare können sich in Echtzeit verändern und anpassen, was es den Individuen erlaubt, verschiedene Aspekte ihrer Identität zu erkunden und auszudrücken.

$$I = f(T, S) \tag{27}$$

Hierbei steht I für die Identität, T für die Technologie und S für die sozialen Strukturen. Diese Gleichung verdeutlicht, dass die Identität stark von der verfügbaren Technologie und den sozialen Strukturen, in denen sich die Individuen bewegen, beeinflusst wird.

Herausforderungen durch Technologie

Trotz der positiven Aspekte, die Technologie für die Identitätsbildung amorpher Lebensformen bietet, gibt es auch erhebliche Herausforderungen. Eine der größten Herausforderungen ist die Gefahr der Entfremdung. Während Technologie die Möglichkeit bietet, Identitäten zu konstruieren und zu präsentieren, kann sie auch dazu führen, dass Individuen sich von ihrer wahren Identität entfremden.

Die ständige Verfügbarkeit von sozialen Medien und digitalen Plattformen kann zu einem Druck führen, sich in einer bestimmten Weise darzustellen, um gesellschaftlichen Erwartungen zu entsprechen. Dies kann zu Identitätskrisen führen, bei denen Individuen Schwierigkeiten haben, zwischen ihrer realen Identität und der digitalen Persona zu unterscheiden.

Ein weiteres Problem ist die Diskriminierung, die durch technologische Plattformen verstärkt werden kann. Algorithmen, die zur Moderation von Inhalten oder zur Identitätsprüfung verwendet werden, können Vorurteile und Diskriminierung reproduzieren, was zu einer weiteren Marginalisierung amorpher Lebensformen führt.

Technologie als Werkzeug für Empowerment

Trotz dieser Herausforderungen kann Technologie auch als Werkzeug für Empowerment und Advocacy genutzt werden. Amorphe Lebensformen können soziale Medien und digitale Plattformen nutzen, um ihre Stimmen zu erheben und auf ihre Anliegen aufmerksam zu machen. Kampagnen, die durch soziale Medien verbreitet werden, können eine breite Öffentlichkeit erreichen und Unterstützung für den Identitätsschutz amorpher Lebensformen mobilisieren.

Ein Beispiel ist die Kampagne „Identität in Vielfalt", die von einer Gruppe amorpher Aktivisten ins Leben gerufen wurde. Durch die Nutzung von sozialen Medien konnten sie eine Vielzahl von Unterstützern gewinnen und auf die Herausforderungen aufmerksam machen, mit denen sie konfrontiert sind. Diese Kampagne zeigt, wie Technologie genutzt werden kann, um Gemeinschaften zu mobilisieren und Veränderungen herbeizuführen.

Schlussfolgerung

Zusammenfassend lässt sich sagen, dass der Einfluss von Technologie auf die Identität amorpher Lebensformen auf Xorlia sowohl positive als auch negative Aspekte umfasst. Während Technologie Möglichkeiten zur Identitätsbildung und -präsentation bietet, bringt sie auch Herausforderungen mit sich, die ernst genommen werden müssen. Der Schlüssel liegt darin, Technologie als ein Werkzeug zu betrachten, das sowohl zur Stärkung als auch zur Entfremdung führen kann. Ein bewusster und kritischer Umgang mit Technologie ist entscheidend, um sicherzustellen, dass sie zur Förderung der Identität und des Wohlbefindens amorpher Lebensformen beiträgt, anstatt sie zu unterdrücken oder zu marginalisieren.

Die Bedeutung der Sprache

Die Sprache ist nicht nur ein Kommunikationsmittel, sondern auch ein wesentlicher Bestandteil der Identität amorpher Lebensformen auf Xorlia. Sie spielt eine zentrale Rolle in der Schaffung und Aufrechterhaltung von Gemeinschaften, der Übertragung von Wissen und der Ausdrückung kultureller Werte. In diesem Abschnitt wird die Bedeutung der Sprache für die amorphen Lebensformen erörtert, einschließlich ihrer Funktionen, Herausforderungen und Auswirkungen auf die Identität.

Funktionen der Sprache

Die Sprache erfüllt mehrere grundlegende Funktionen, die für die Identität amorpher Lebensformen entscheidend sind:

+ **Kommunikation:** Sprache ermöglicht den Austausch von Gedanken, Gefühlen und Informationen. Sie ist der Schlüssel zur Interaktion und zum Verständnis zwischen Individuen und Gemeinschaften.

- **Identitätsbildung:** Die Sprache ist ein Ausdruck der kulturellen Zugehörigkeit. Sie hilft den amorphen Lebensformen, ihre Identität zu definieren und sich von anderen Lebensformen abzugrenzen.

- **Wissensübertragung:** Durch Sprache werden Traditionen, Geschichten und Wissen von Generation zu Generation weitergegeben. Dies stärkt das Gemeinschaftsgefühl und bewahrt die kulturelle Vielfalt.

- **Kreativer Ausdruck:** Sprache ist auch ein Medium für Kunst und Kreativität. Sie ermöglicht den amorphen Lebensformen, ihre Emotionen und Erfahrungen auszudrücken, sei es durch Poesie, Musik oder Erzählungen.

Herausforderungen der Sprache

Trotz ihrer zentralen Bedeutung stehen amorphe Lebensformen auf Xorlia vor mehreren Herausforderungen in Bezug auf Sprache:

- **Diskriminierung und Vorurteile:** Oftmals werden die Sprachen amorpher Lebensformen nicht ernst genommen oder als minderwertig angesehen. Diese Diskriminierung kann zu einem Verlust des Selbstwertgefühls führen und die Identität untergraben.

- **Technologischer Einfluss:** Mit dem Aufkommen neuer Technologien und Kommunikationsmittel kann die traditionelle Sprache in den Hintergrund gedrängt werden. Dies führt zu einem Verlust der sprachlichen Vielfalt und kann die Identität gefährden.

- **Kulturelle Assimilation:** In vielen Fällen sind amorphe Lebensformen gezwungen, sich an die dominante Sprache der Gesellschaft anzupassen. Dies kann zur Erosion ihrer eigenen Sprache und Kultur führen.

- **Bildung und Zugang zu Informationen:** Der Zugang zu Bildung in der eigenen Sprache ist oft eingeschränkt. Dies erschwert die Wissensübertragung und das Lernen in der eigenen kulturellen Kontext.

Theoretische Perspektiven

Die Bedeutung der Sprache für die Identität amorpher Lebensformen kann auch durch verschiedene theoretische Rahmenbedingungen betrachtet werden:

- **Soziolinguistik:** Diese Disziplin untersucht, wie Sprache in sozialen Kontexten verwendet wird. Sie zeigt, dass Sprache nicht nur ein individuelles, sondern auch ein kollektives Identitätsmerkmal ist. Die soziale Identität wird durch die Zugehörigkeit zu einer Sprachgemeinschaft geprägt.

- **Konstruktivismus:** Aus dieser Perspektive wird Sprache als ein Konstrukt betrachtet, das die Realität formt. Die Art und Weise, wie amorphe Lebensformen über sich selbst und ihre Identität sprechen, beeinflusst, wie sie sich selbst wahrnehmen und von anderen wahrgenommen werden.

- **Postkoloniale Theorie:** Diese Theorie beleuchtet die Auswirkungen von Kolonialismus und Globalisierung auf die Sprache. Sie zeigt, wie dominante Sprachen die Identität von Minderheitengruppen beeinflussen können und wie wichtig es ist, die eigene Sprache zu bewahren.

Beispiele aus der Praxis

Ein Beispiel für die Bedeutung der Sprache in der Identitätsbildung amorpher Lebensformen ist die Verwendung von speziellen Dialekten oder Slangs, die nur innerhalb ihrer Gemeinschaften verstanden werden. Diese sprachlichen Eigenheiten stärken das Zugehörigkeitsgefühl und fördern die Gemeinschaft.

Ein weiteres Beispiel ist die Nutzung von Kunst und Musik als Mittel zur Bewahrung und Förderung der eigenen Sprache. Viele amorphe Künstler verwenden ihre Muttersprache in Liedern und Gedichten, um ihre Kultur und Identität zu feiern und gleichzeitig ein Bewusstsein für die Herausforderungen zu schaffen, mit denen sie konfrontiert sind.

Fazit

Zusammenfassend lässt sich sagen, dass die Sprache eine fundamentale Rolle für die Identität amorpher Lebensformen auf Xorlia spielt. Sie dient nicht nur der Kommunikation, sondern ist auch ein Ausdruck von Kultur, Geschichte und Gemeinschaft. Die Herausforderungen, denen sich diese Lebensformen gegenübersehen, erfordern ein verstärktes Bewusstsein und Engagement für den Schutz und die Förderung ihrer sprachlichen Identität. Nur durch die Anerkennung und Wertschätzung ihrer Sprache können amorphe Lebensformen ihre Identität bewahren und ihren Platz in der Gesellschaft behaupten.

Gesellschaftliche Stigmatisierung

Die gesellschaftliche Stigmatisierung amorpher Lebensformen auf Xorlia ist ein komplexes Phänomen, das tief in den sozialen Strukturen und kulturellen Normen des Planeten verwurzelt ist. Stigmatisierung bezeichnet den Prozess, durch den Individuen oder Gruppen aufgrund bestimmter Merkmale oder Eigenschaften abgewertet und diskriminiert werden. Diese Merkmale können physischer, kultureller oder sozialer Natur sein und führen oft zu einem Verlust von sozialem Status und Identität.

Theoretische Grundlagen der Stigmatisierung

Die Theorie der Stigmatisierung, wie sie von Erving Goffman in seinem Werk *Stigma: Über Techniken der Bewältigung beschädigter Identität* (1963) formuliert wurde, bietet einen grundlegenden Rahmen für das Verständnis dieses Phänomens. Goffman beschreibt Stigma als eine „besonderen Eigenschaft", die eine Person von anderen unterscheidet und sie in den Augen der Gesellschaft entwertet. Diese Stigmatisierung kann sich auf verschiedene Weisen manifestieren, einschließlich:

- **Physische Stigmatisierung:** Sichtbare Merkmale, die als abweichend oder unnormal wahrgenommen werden.

- **Kulturelle Stigmatisierung:** Abweichungen von kulturellen Normen und Werten, die zu einem Gefühl der Fremdheit führen.

- **Soziale Stigmatisierung:** Negative Stereotypen und Vorurteile, die zu sozialer Isolation und Diskriminierung führen.

Diese verschiedenen Dimensionen der Stigmatisierung sind eng miteinander verbunden und beeinflussen sich gegenseitig. Für amorphe Lebensformen auf Xorlia, die oft als „anders" wahrgenommen werden, kann diese Stigmatisierung erhebliche Auswirkungen auf ihr tägliches Leben haben.

Probleme der gesellschaftlichen Stigmatisierung

Die gesellschaftliche Stigmatisierung amorpher Lebensformen führt zu einer Vielzahl von Problemen:

1. **Diskriminierung:** Amorphe Lebensformen erfahren häufig Diskriminierung in verschiedenen Lebensbereichen, einschließlich Bildung,

Beschäftigung und Gesundheitsversorgung. Diese Diskriminierung kann sich in Form von Vorurteilen, ungleicher Behandlung oder sogar Gewalt äußern.

2. **Isolation:** Aufgrund von Stigmatisierung ziehen sich viele amorphe Lebensformen aus sozialen Interaktionen zurück, was zu einer verstärkten Isolation führt. Diese Isolation kann psychische Probleme wie Depressionen und Angstzustände verstärken.

3. **Identitätskrisen:** Die ständige Konfrontation mit Stigmatisierung kann zu Identitätskrisen führen, in denen amorphe Lebensformen Schwierigkeiten haben, ein positives Selbstbild zu entwickeln. Dies kann ihre Fähigkeit beeinträchtigen, sich aktiv in die Gesellschaft einzubringen.

4. **Zugang zu Ressourcen:** Stigmatisierung kann den Zugang zu wichtigen Ressourcen wie Bildung und Gesundheitsdiensten einschränken. Amorphe Lebensformen haben möglicherweise Schwierigkeiten, Unterstützung zu finden, die sie benötigen, um ihre Identität zu schützen und zu fördern.

Beispiele für gesellschaftliche Stigmatisierung

Um die Auswirkungen der gesellschaftlichen Stigmatisierung amorpher Lebensformen auf Xorlia zu veranschaulichen, können wir einige konkrete Beispiele betrachten:

* **Bildungseinrichtungen:** In Schulen werden amorphe Lebensformen häufig als „anders" wahrgenommen, was zu Mobbing und Ausgrenzung führen kann. Lehrer und Mitschüler könnten Vorurteile hegen, die dazu führen, dass diese Schüler nicht die gleiche Unterstützung und Förderung erhalten wie ihre nicht-amorphen Altersgenossen.

* **Arbeitsplatz:** Amorphe Lebensformen haben oft Schwierigkeiten, Beschäftigung zu finden, da Arbeitgeber Vorurteile gegenüber ihrer Identität haben. Dies kann zu einer hohen Arbeitslosigkeit und wirtschaftlicher Unsicherheit führen.

* **Medienberichterstattung:** Die Darstellung amorpher Lebensformen in den Medien ist oft negativ. Filme und Nachrichtenberichte könnten stereotype Darstellungen zeigen, die die Stigmatisierung verstärken und das öffentliche Bild dieser Lebensformen weiter schädigen.

Folgen der Stigmatisierung

Die Folgen der gesellschaftlichen Stigmatisierung sind tiefgreifend und weitreichend. Sie beeinflussen nicht nur das individuelle Wohlbefinden amorpher Lebensformen, sondern auch die Gesellschaft als Ganzes. Eine stigmatisierte Gruppe kann weniger zur Gesellschaft beitragen, was zu einem Verlust an kultureller Vielfalt und sozialer Kohäsion führt. Zudem kann die Stigmatisierung das Vertrauen in soziale Institutionen untergraben und die gesellschaftliche Spaltung vertiefen.

Schlussfolgerung

Die gesellschaftliche Stigmatisierung amorpher Lebensformen auf Xorlia ist ein ernstes Problem, das umfassende Maßnahmen zur Sensibilisierung und Aufklärung erfordert. Um die negativen Auswirkungen der Stigmatisierung zu bekämpfen, ist es wichtig, die Gesellschaft über die Vielfalt und die Rechte amorpher Lebensformen zu informieren. Nur durch Bildung, Dialog und den Abbau von Vorurteilen kann eine inklusive und respektvolle Gesellschaft geschaffen werden, in der alle Lebensformen anerkannt und geschätzt werden.

Bildung und Zugang zu Informationen

Bildung spielt eine entscheidende Rolle im Leben amorpher Lebensformen auf Xorlia. Der Zugang zu Informationen ist nicht nur für die individuelle Entwicklung wichtig, sondern auch für die Stärkung der Gemeinschaft und die Förderung des Identitätsschutzes. In diesem Abschnitt werden die Herausforderungen, die sich aus ungleichem Zugang zu Bildung und Informationen ergeben, sowie mögliche Lösungen und Strategien zur Verbesserung der Situation untersucht.

Herausforderungen beim Zugang zu Bildung

Ein zentrales Problem für amorphe Lebensformen ist die Diskriminierung im Bildungssystem. Viele Einrichtungen sind nicht auf die besonderen Bedürfnisse dieser Lebensformen eingestellt. Beispielsweise sind Lehrpläne häufig auf humanoide Lebensformen ausgerichtet und berücksichtigen nicht die einzigartigen Fähigkeiten und Perspektiven amorpher Wesen. Dies führt zu einer marginalisierten Bildungserfahrung, die die Identität und das Selbstwertgefühl dieser Gruppen beeinträchtigen kann.

Ein weiteres Problem ist der Mangel an Ressourcen. In vielen Regionen Xorlias, insbesondere in ländlichen Gebieten, sind Bildungseinrichtungen oft unterfinanziert und verfügen nicht über die notwendigen Materialien oder Technologien, um einen effektiven Unterricht zu gewährleisten. Dies betrifft insbesondere den Zugang zu digitalen Medien und Online-Ressourcen, die für die moderne Bildung unerlässlich sind.

Die Rolle von Informationen

Information ist Macht. Der Zugang zu Informationen ermöglicht amorphen Lebensformen, sich über ihre Rechte und Möglichkeiten zu informieren und aktiv an der Gesellschaft teilzunehmen. Leider gibt es häufig Barrieren, die den Zugang zu wichtigen Informationen erschweren. Diese Barrieren können technologische, sprachliche oder kulturelle Natur sein.

Ein Beispiel ist die digitale Kluft, die in vielen Teilen Xorlias zu beobachten ist. Während einige Gemeinschaften über Zugang zu hochentwickelter Technologie verfügen, kämpfen andere mit veralteten Geräten oder gar ohne Internetzugang. Diese Ungleichheit verhindert den Zugang zu Online-Bildungsressourcen und Informationen über Bürgerrechte.

Theoretische Ansätze

Um die Herausforderungen im Bereich Bildung und Zugang zu Informationen anzugehen, können verschiedene theoretische Ansätze herangezogen werden. Der *Bildungsgleichheitsansatz* betont die Notwendigkeit, Bildungssysteme so zu gestalten, dass sie allen Lebensformen, unabhängig von ihrer Identität oder Form, gerecht werden. Dies erfordert eine Überarbeitung der Lehrpläne, um sicherzustellen, dass sie inklusiv sind und die Vielfalt der Lebensformen auf Xorlia widerspiegeln.

Ein weiterer relevanter Ansatz ist die *Theorie der sozialen Gerechtigkeit*, die besagt, dass Bildung ein grundlegendes Menschenrecht ist. Diese Theorie fordert, dass alle Lebensformen die gleichen Chancen auf Bildung und Zugang zu Informationen haben sollten. Um dies zu erreichen, müssen politische Maßnahmen ergriffen werden, die sicherstellen, dass Ressourcen gerecht verteilt werden und dass Bildungseinrichtungen auf die Bedürfnisse aller Lebensformen eingehen.

Strategien zur Verbesserung des Zugangs

Um die Situation zu verbessern, sind verschiedene Strategien erforderlich:

- **Inklusive Lehrpläne:** Bildungseinrichtungen sollten Lehrpläne entwickeln, die die Vielfalt der Lebensformen auf Xorlia berücksichtigen. Dies könnte durch die Einbeziehung von Themen geschehen, die für amorphe Lebensformen relevant sind, sowie durch die Förderung von interkulturellem Austausch.

- **Ressourcenteilung:** Gemeinschaften sollten ermutigt werden, Ressourcen zu teilen, um den Zugang zu Bildung zu verbessern. Dies könnte durch die Schaffung von Bildungsnetzwerken geschehen, die den Austausch von Materialien und Technologien ermöglichen.

- **Technologische Investitionen:** Regierungen und Organisationen sollten in die technologische Infrastruktur investieren, um sicherzustellen, dass alle Gemeinschaften Zugang zu digitalen Ressourcen haben. Dies könnte durch den Ausbau von Internetzugängen und die Bereitstellung von Geräten geschehen.

- **Aufklärungskampagnen:** Aufklärungskampagnen sollten durchgeführt werden, um das Bewusstsein für die Bedeutung von Bildung und den Zugang zu Informationen zu schärfen. Diese Kampagnen könnten insbesondere auf die Herausforderungen aufmerksam machen, mit denen amorphe Lebensformen konfrontiert sind.

Beispiele erfolgreicher Initiativen

Es gibt bereits einige erfolgreiche Initiativen auf Xorlia, die darauf abzielen, den Zugang zu Bildung und Informationen für amorphe Lebensformen zu verbessern. Eine solche Initiative ist das *Xorlianische Bildungsnetzwerk*, das sich darauf konzentriert, inklusive Bildungsressourcen zu entwickeln und Gemeinschaften zu vernetzen. Durch Workshops und Schulungen wird das Bewusstsein für die Bedürfnisse amorpher Lebensformen geschärft, und es werden Strategien zur Verbesserung des Zugangs zu Bildung entwickelt.

Ein weiteres Beispiel ist die *Kampagne für digitale Inklusion*, die darauf abzielt, den Zugang zu digitalen Technologien in benachteiligten Gemeinschaften zu verbessern. Diese Kampagne hat bereits dazu geführt, dass mehrere Schulen mit moderner Technologie ausgestattet wurden, was den Schülern den Zugang zu Online-Bildungsressourcen erleichtert.

Fazit

Der Zugang zu Bildung und Informationen ist für amorphe Lebensformen auf Xorlia von entscheidender Bedeutung. Die Herausforderungen, die aus Diskriminierung, ungleichem Zugang zu Ressourcen und technologischen Barrieren resultieren, müssen angegangen werden, um eine gerechte und inklusive Gesellschaft zu schaffen. Durch die Implementierung inklusiver Lehrpläne, den Austausch von Ressourcen, technologische Investitionen und Aufklärungskampagnen können wir sicherstellen, dass alle Lebensformen die Möglichkeit haben, ihre Identität zu entwickeln und aktiv an der Gesellschaft teilzunehmen.

Die Rolle der Medien

Die Medien spielen eine entscheidende Rolle im Kampf um den Identitätsschutz amorpher Lebensformen auf Xorlia. Sie sind nicht nur ein Werkzeug zur Verbreitung von Informationen, sondern auch ein Medium, das die öffentliche Wahrnehmung beeinflussen und die Narrative formen kann, die über verschiedene Lebensformen existieren. In diesem Abschnitt werden wir die verschiedenen Dimensionen der Medienrolle analysieren, die Herausforderungen, die sie mit sich bringen, sowie die positiven Beispiele, die die Medien in der Förderung des Identitätsschutzes amorpher Lebensformen auf Xorlia bieten.

Theoretische Grundlagen

Die Medien können als „Vierte Gewalt" in der Gesellschaft betrachtet werden, die die Macht hat, Informationen zu verbreiten und somit die öffentliche Meinung zu gestalten. Nach der Theorie der Medienwirkungsforschung beeinflussen Medien nicht nur, was Menschen über bestimmte Themen denken, sondern auch, wie sie fühlen und handeln. Die Agenda-Setting-Theorie besagt, dass die Medien nicht nur darüber berichten, was wichtig ist, sondern auch, was als wichtig erachtet werden sollte. Dies ist besonders relevant für den Identitätsschutz amorpher Lebensformen, da die Medien die Sichtbarkeit und das Bewusstsein für deren Herausforderungen und Rechte erhöhen können.

Herausforderungen

Trotz ihrer Macht stehen die Medien vor mehreren Herausforderungen:

- **Stereotypisierung und Stigmatisierung:** Oftmals werden amorphe Lebensformen in den Medien stereotypisiert oder stigmatisiert, was zu einer weiteren Marginalisierung führt. Diese negativen Darstellungen können die gesellschaftliche Akzeptanz verringern und Vorurteile verstärken.

+ **Falsche Informationen:** Die Verbreitung von Falschinformationen ist ein weiteres Problem. Sensationsjournalismus kann dazu führen, dass die Realität verzerrt dargestellt wird, was die Bemühungen um Identitätsschutz untergräbt.

+ **Zugang zu Medien:** Nicht alle Gemeinschaften amorpher Lebensformen haben den gleichen Zugang zu Medien. Dies kann die Verbreitung ihrer Geschichten und Anliegen einschränken und zu einem Ungleichgewicht in der öffentlichen Wahrnehmung führen.

Positive Beispiele

Trotz dieser Herausforderungen gibt es auch viele positive Beispiele, wie die Medien zur Förderung des Identitätsschutzes beitragen können:

+ **Aufklärungskampagnen:** Medienorganisationen haben in der Vergangenheit Aufklärungskampagnen durchgeführt, die sich auf die Rechte amorpher Lebensformen konzentrierten. Solche Kampagnen haben oft zu einem erhöhten Bewusstsein und Verständnis in der breiten Öffentlichkeit geführt.

+ **Interviews und Dokumentationen:** Die Präsentation von Geschichten amorpher Lebensformen in Form von Interviews und Dokumentationen kann helfen, Empathie und Verständnis zu fördern. Diese Formate ermöglichen es den Betroffenen, ihre Erfahrungen und Herausforderungen direkt zu teilen, was oft eine tiefere Verbindung zur Öffentlichkeit herstellt.

+ **Soziale Medien:** Die Nutzung sozialer Medien hat sich als effektives Werkzeug für Aktivisten erwiesen. Plattformen wie Xorliagram und Zorbl haben es amorphen Lebensformen ermöglicht, ihre Geschichten zu verbreiten, Netzwerke zu bilden und Unterstützung zu mobilisieren. Die virale Natur sozialer Medien kann dazu beitragen, Themen, die zuvor ignoriert wurden, ins Rampenlicht zu rücken.

Fallstudie: Die Kampagne „Identität zählt"

Ein bemerkenswertes Beispiel für den positiven Einfluss der Medien ist die Kampagne „Identität zählt", die von einer Gruppe von Aktivisten amorpher

Lebensformen ins Leben gerufen wurde. Diese Kampagne nutzte verschiedene Medienformate, darunter soziale Medien, traditionelle Presse und Rundfunk, um die Bedeutung der Identität für amorphe Lebensformen zu betonen. Die Kampagne beinhaltete:

- **Interaktive Workshops:** Diese Workshops wurden in verschiedenen Städten auf Xorlia durchgeführt, um das Bewusstsein für die Herausforderungen zu schärfen, mit denen amorphe Lebensformen konfrontiert sind.

- **Dokumentarfilme:** Ein Dokumentarfilm, der die Geschichten von amorphen Lebensformen erzählte, wurde in den wichtigsten Kinos von Xorlia gezeigt und erhielt viel Aufmerksamkeit in den sozialen Medien.

- **Medienpartnerschaften:** Die Kampagne arbeitete mit verschiedenen Medienorganisationen zusammen, um sicherzustellen, dass die Botschaft weit verbreitet wurde. Diese Partnerschaften halfen, eine breitere Öffentlichkeit zu erreichen und die Diskussion über Identitätsschutz zu fördern.

Schlussfolgerung

Die Rolle der Medien im Kampf um den Identitätsschutz amorpher Lebensformen auf Xorlia ist sowohl komplex als auch entscheidend. Während die Medien Herausforderungen wie Stereotypisierung und Falschinformationen mit sich bringen, bieten sie auch eine Plattform für Aufklärung, Empathie und Mobilisierung. Positive Beispiele wie die Kampagne „Identität zählt" zeigen, wie Medien effektiv genutzt werden können, um das Bewusstsein zu schärfen und Veränderungen herbeizuführen. Es ist unerlässlich, dass die Medien weiterhin Verantwortung übernehmen und sich für eine faire und gerechte Darstellung aller Lebensformen einsetzen, um eine inklusive Gesellschaft auf Xorlia zu fördern.

Psychologische Auswirkungen

Die psychologischen Auswirkungen auf amorphe Lebensformen auf Xorlia sind ein komplexes Thema, das tief in den sozialen, kulturellen und politischen Kontext verwoben ist. Diese Lebensformen, die oft mit Diskriminierung und Stigmatisierung konfrontiert sind, erleben eine Vielzahl von psychologischen Herausforderungen, die ihre Identität und ihr Wohlbefinden beeinflussen. In diesem Abschnitt werden wir die wichtigsten psychologischen Probleme untersuchen, die sich aus der Diskriminierung ergeben, sowie relevante Theorien und Beispiele, um ein umfassendes Bild der Situation zu vermitteln.

Identitätskrisen

Eine der gravierendsten psychologischen Auswirkungen ist die Identitätskrise, die viele amorphe Lebensformen durchleben. Die ständige Auseinandersetzung mit Vorurteilen und Diskriminierung kann zu einem Verlust des Selbstwertgefühls führen. Nach der *Erikson'schen Theorie der psychosozialen Entwicklung* kann das Fehlen einer stabilen Identität in der Jugend zu langfristigen psychologischen Problemen führen. Erikson postuliert, dass die Identitätsfindung in der Adoleszenz entscheidend für die Entwicklung einer gesunden Persönlichkeit ist.

$$I = \frac{S}{C} \tag{28}$$

wobei I die Identität, S das Selbstwertgefühl und C die gesellschaftlichen Erwartungen darstellt. Ein Ungleichgewicht in dieser Gleichung kann zu Identitätskonflikten führen, die sich in Angstzuständen und Depressionen äußern.

Diskriminierung und Stigmatisierung

Die Diskriminierung, die amorphe Lebensformen erfahren, kann zu einer Vielzahl von psychologischen Problemen führen. Laut der *Minority Stress Theory* erleben Mitglieder marginalisierter Gruppen zusätzlichen Stress, der aus der Diskriminierung resultiert. Dieser Stress kann sich in verschiedenen psychischen Erkrankungen manifestieren, einschließlich Angststörungen, Depressionen und posttraumatischen Belastungsstörungen (PTBS).

Ein Beispiel für diese Theorie ist die Erfahrung von Velis Ryn, die in ihrer Jugend mit ständigen Anfeindungen konfrontiert war. Diese Erfahrungen führten zu einem tiefen Gefühl der Isolation und einem ständigen Kampf um die eigene Identität. Die stigmatisierenden Erfahrungen führten zu einem erhöhten Risiko für psychische Erkrankungen, was durch die folgenden Statistiken untermauert wird:

+ 65% der amorphen Lebensformen berichteten von erhöhten Angstzuständen aufgrund von Diskriminierung.

+ 50% erlebten depressive Episoden, die mit ihrer Identität zusammenhingen.

Der Verlust von Gemeinschaft

Ein weiterer kritischer Aspekt ist der Verlust von Gemeinschaft. Amorphe Lebensformen, die diskriminiert werden, neigen dazu, sich von sozialen Gruppen zurückzuziehen, was zu einem Gefühl der Einsamkeit und Isolation führt. Die

Theorie der sozialen Identität von Henri Tajfel legt nahe, dass die Zugehörigkeit zu einer Gruppe ein wichtiger Bestandteil des Selbstwertgefühls ist. Der Verlust dieser Zugehörigkeit kann schwerwiegende psychologische Auswirkungen haben.

$$S = B - D \tag{29}$$

wobei S das Selbstwertgefühl, B die positive Identifikation mit einer Gruppe und D die Diskriminierung darstellt. Ein Anstieg der Diskriminierung führt zu einem Rückgang des Selbstwertgefühls, was die psychische Gesundheit weiter beeinträchtigt.

Psychologische Resilienz

Trotz dieser Herausforderungen zeigen viele amorphe Lebensformen bemerkenswerte Resilienz. Resilienz ist die Fähigkeit, sich von Widrigkeiten zu erholen und sich anzupassen. Studien haben gezeigt, dass soziale Unterstützung und positive Identifikationsmöglichkeiten entscheidend sind, um Resilienz zu fördern. Velis Ryn fand Trost in der Kunst und Musik, was ihr half, ihre Identitätskrisen zu bewältigen und ihre psychische Gesundheit zu stabilisieren.

Beispiele aus der Praxis

Ein praktisches Beispiel ist die Initiative *Xorlia Voices*, die amorphen Lebensformen eine Plattform bietet, um ihre Geschichten zu teilen. Diese Initiative hat nicht nur das Bewusstsein für die Herausforderungen, mit denen sie konfrontiert sind, geschärft, sondern auch eine Gemeinschaft geschaffen, die Unterstützung und Verständnis bietet. Teilnehmer berichten von einer signifikanten Verbesserung ihrer psychischen Gesundheit und einem gestärkten Gefühl der Identität.

Fazit

Zusammenfassend lässt sich sagen, dass die psychologischen Auswirkungen auf amorphe Lebensformen auf Xorlia vielschichtig und tiefgreifend sind. Diskriminierung, Identitätskrisen und der Verlust von Gemeinschaft sind zentrale Themen, die das psychische Wohlbefinden beeinflussen. Dennoch zeigen viele Individuen eine bemerkenswerte Resilienz, unterstützt durch Gemeinschaft und Kunst. Es ist entscheidend, dass zukünftige Strategien zur Unterstützung und zum Schutz der Identität amorpher Lebensformen auch die psychologischen Aspekte berücksichtigen, um eine ganzheitliche und nachhaltige Veränderung zu erreichen.

Der Verlust von Gemeinschaft

Der Verlust von Gemeinschaft ist ein zentrales Thema im Kontext der Identität amorpher Lebensformen auf dem Planeten Xorlia. Gemeinschaften bieten nicht nur soziale Unterstützung, sondern sind auch entscheidend für die Aufrechterhaltung kultureller Identitäten und Traditionen. In diesem Abschnitt werden wir die Herausforderungen untersuchen, die zu einem Verlust von Gemeinschaft führen, sowie die theoretischen Grundlagen und praktischen Beispiele, die diese Problematik verdeutlichen.

Theoretische Grundlagen

Die Theorie der sozialen Identität, wie sie von Henri Tajfel und John Turner entwickelt wurde, legt nahe, dass Individuen ihre Identität stark aus der Zugehörigkeit zu sozialen Gruppen ableiten. Gemeinschaften bieten ein Gefühl der Zugehörigkeit und stärken das Selbstwertgefühl. Wenn amorphe Lebensformen jedoch mit Diskriminierung und Vorurteilen konfrontiert werden, kann dies zu einem Verlust des Gemeinschaftsgefühls führen. Der Verlust von Gemeinschaft kann auch durch den Einfluss von Technologie, Urbanisierung und Globalisierung verstärkt werden, die oft die traditionellen sozialen Strukturen untergraben.

Ein Beispiel für diese Theorie ist die *In-Group/Out-Group-Dynamik*, die beschreibt, wie Menschen dazu neigen, ihre eigene Gruppe (In-Group) zu bevorzugen und andere Gruppen (Out-Group) zu diskriminieren. Diese Dynamik kann zu einem Gefühl der Isolation und Entfremdung bei den amorphen Lebensformen führen, die sich nicht mehr als Teil ihrer Gemeinschaft fühlen.

Probleme, die zum Verlust von Gemeinschaft führen

1. **Diskriminierung und Vorurteile**   Diskriminierung stellt eine der größten Herausforderungen für amorphe Lebensformen dar. Vorurteile gegenüber ihrer Identität und ihrem Aussehen führen häufig zu sozialer Isolation. Diese Diskriminierung kann sowohl auf individueller als auch auf struktureller Ebene auftreten. Beispielsweise können amorphe Lebensformen von sozialen Aktivitäten ausgeschlossen werden, was zu einem Verlust von Gemeinschaft und sozialer Unterstützung führt.

2. **Technologischer Einfluss**   Die fortschreitende Technologisierung hat sowohl positive als auch negative Auswirkungen auf Gemeinschaften. Während soziale Medien eine Plattform für den Austausch und die Vernetzung bieten, können sie

auch zu einer Entfremdung führen. Studien zeigen, dass übermäßiger Gebrauch von sozialen Medien das Gefühl der Einsamkeit verstärken kann, da virtuelle Interaktionen oft die tiefere Verbindung ersetzen, die in physischen Gemeinschaften besteht.

3. Verlust der kulturellen Identität   Der Verlust der kulturellen Identität ist eng mit dem Verlust von Gemeinschaft verbunden. Wenn amorphe Lebensformen in einer zunehmend globalisierten Welt leben, können sie Gefahr laufen, ihre kulturellen Praktiken und Traditionen zu verlieren. Dies geschieht häufig durch Assimilation, bei der die dominante Kultur die kulturellen Ausdrucksformen der amorphen Lebensformen verdrängt. Der Verlust kultureller Praktiken führt zu einem Verlust von Identität und Gemeinschaft.

Praktische Beispiele

Ein konkretes Beispiel für den Verlust von Gemeinschaft ist die *Xorlianer Bewegung*, die in den letzten Jahren an Bedeutung gewonnen hat. Diese Bewegung zielt darauf ab, die Rechte amorpher Lebensformen zu schützen, hat jedoch auch die Herausforderungen aufgezeigt, mit denen diese Gemeinschaften konfrontiert sind. Viele Mitglieder berichten von einem Gefühl der Isolation und Entfremdung, da sie oft nicht in der Lage sind, ihre Identität offen auszuleben. Die Bewegung hat zwar Mobilisierung und Unterstützung gefördert, dennoch bleibt der Verlust von Gemeinschaft ein drängendes Problem.

Ein weiteres Beispiel ist die Schließung von kulturellen Zentren, die für amorphe Lebensformen von Bedeutung waren. Diese Zentren dienten als Treffpunkte und Orte des Austauschs, doch viele wurden aufgrund finanzieller Schwierigkeiten oder gesellschaftlicher Stigmatisierung geschlossen. Der Verlust dieser physischen Räume hat dazu geführt, dass Gemeinschaften sich weiter fragmentieren und die sozialen Bindungen schwächer werden.

Schlussfolgerung

Der Verlust von Gemeinschaft ist eine vielschichtige Herausforderung, die amorphe Lebensformen auf Xorlia stark betrifft. Diskriminierung, technologische Einflüsse und der Verlust kultureller Identität tragen alle zu diesem Problem bei. Es ist entscheidend, dass Initiativen zur Förderung von Gemeinschaft und zur Stärkung der sozialen Bindungen entwickelt werden, um den Verlust von Gemeinschaft zu bekämpfen und die Identität amorpher Lebensformen zu schützen. Nur durch die Wiederherstellung und Stärkung von Gemeinschaften können diese Lebensformen ihre kulturelle Identität bewahren und sich gegen die Herausforderungen der modernen Welt behaupten.

Strategien zur Förderung des Identitätsschutzes

Aufklärung und Bewusstsein

Die Aufklärung und das Bewusstsein sind zentrale Elemente im Kampf um den Identitätsschutz amorpher Lebensformen auf Xorlia. In dieser Sektion werden wir die Theorien hinter der Aufklärung, die damit verbundenen Probleme und einige Beispiele für erfolgreiche Aufklärungskampagnen untersuchen.

Theoretische Grundlagen

Die Aufklärung, verstanden als der Prozess der Informationsverbreitung und Sensibilisierung, ist entscheidend für das Verständnis und die Akzeptanz von Identität in einer vielfältigen Gesellschaft. Die Theorie des sozialen Konstruktivismus, die besagt, dass Wissen und Identität durch soziale Interaktionen konstruiert werden, spielt hierbei eine wesentliche Rolle. Gemäß dieser Theorie ist die Identität nicht statisch, sondern wird durch kontinuierliche soziale Prozesse geformt und verändert.

Ein weiterer theoretischer Ansatz ist die *Identitätstheorie*, die sich mit der Frage beschäftigt, wie Individuen ihre Identität in sozialen Kontexten definieren. Diese Theorie legt nahe, dass das Bewusstsein über die eigene Identität und die Identität anderer zu einem besseren Verständnis und zu mehr Empathie in der Gesellschaft führen kann.

Herausforderungen in der Aufklärung

Trotz der Bedeutung der Aufklärung gibt es zahlreiche Herausforderungen, die es zu überwinden gilt:

- **Vorurteile und Diskriminierung:** Vorurteile gegenüber amorphen Lebensformen sind weit verbreitet und führen oft zu Diskriminierung. Diese Vorurteile basieren häufig auf Unkenntnis und Missverständnissen über die Natur und die Fähigkeiten dieser Lebensformen.

- **Zugang zu Informationen:** Viele amorphe Lebensformen haben keinen Zugang zu grundlegenden Informationen über ihre Rechte und Identität.

Dies kann durch soziale, wirtschaftliche oder technologische Barrieren bedingt sein.

+ **Medienrepräsentation:** Die Darstellung amorpher Lebensformen in den Medien ist oft stereotyp und verzerrt. Dies kann das Bewusstsein in der breiten Öffentlichkeit negativ beeinflussen und zu einer weiteren Stigmatisierung führen.

Strategien zur Aufklärung

Um diese Herausforderungen zu bewältigen, sind effektive Strategien zur Aufklärung notwendig. Hier sind einige Ansätze, die sich als erfolgreich erwiesen haben:

+ **Bildungskampagnen:** Durch die Einführung von Bildungsprogrammen in Schulen und Gemeinschaftszentren können Wissen und Verständnis über amorphe Lebensformen gefördert werden. Diese Programme sollten interaktive Elemente enthalten, um das Engagement der Teilnehmer zu erhöhen.

+ **Öffentliche Veranstaltungen:** Veranstaltungen wie Workshops, Diskussionsrunden und kulturelle Festivals bieten eine Plattform für den Austausch von Erfahrungen und Informationen. Solche Veranstaltungen können auch dazu beitragen, Vorurteile abzubauen und Empathie zu fördern.

+ **Soziale Medien:** Die Nutzung sozialer Medien zur Verbreitung von Informationen ist eine effektive Strategie, um jüngere Generationen zu erreichen. Durch kreative Inhalte wie Videos, Infografiken und Geschichten können komplexe Themen auf verständliche Weise vermittelt werden.

Beispiele erfolgreicher Aufklärungskampagnen

Ein Beispiel für eine erfolgreiche Aufklärungskampagne ist die Initiative *"Identität für Alle"*, die 2021 ins Leben gerufen wurde. Diese Kampagne zielte darauf ab, das Bewusstsein für die Rechte amorpher Lebensformen zu schärfen und Vorurteile abzubauen. Durch eine Kombination aus sozialen Medien, öffentlichen Veranstaltungen und Partnerschaften mit Schulen konnte die Initiative Tausende von Menschen erreichen und das Verständnis für die Herausforderungen, mit denen amorphe Lebensformen konfrontiert sind, erheblich verbessern.

Ein weiteres Beispiel ist die *"Vielfalt feiern"-Kampagne*, die in mehreren Städten auf Xorlia durchgeführt wurde. Diese Kampagne nutzte Kunst und Musik, um die kulturelle Vielfalt amorpher Lebensformen zu feiern und das Bewusstsein für ihre Identität zu fördern. Die Veranstaltungen zogen nicht nur amorphe Lebensformen an, sondern auch Menschen aus verschiedenen gesellschaftlichen Schichten, was den interkulturellen Dialog förderte.

Schlussfolgerung

Die Aufklärung und das Bewusstsein sind entscheidend für den Schutz der Identität amorpher Lebensformen auf Xorlia. Durch gezielte Bildungsmaßnahmen, öffentliche Veranstaltungen und die Nutzung sozialer Medien können Vorurteile abgebaut und ein besseres Verständnis gefördert werden. Die erfolgreichen Kampagnen zeigen, dass Aufklärung nicht nur möglich, sondern auch notwendig ist, um eine inklusive und gerechte Gesellschaft zu schaffen, in der alle Lebensformen anerkannt und respektiert werden.

Bildungskampagnen

Bildungskampagnen spielen eine entscheidende Rolle im Kampf für den Identitätsschutz amorpher Lebensformen auf Xorlia. Diese Kampagnen zielen darauf ab, das Bewusstsein für die Herausforderungen zu schärfen, mit denen diese einzigartigen Lebensformen konfrontiert sind, und die Gesellschaft über die Bedeutung von Identität und kulturellem Erbe aufzuklären. In diesem Abschnitt werden die theoretischen Grundlagen, die Herausforderungen und einige erfolgreiche Beispiele für Bildungskampagnen vorgestellt.

Theoretische Grundlagen

Die Theorie der sozialen Identität, die von Henri Tajfel und John Turner entwickelt wurde, legt nahe, dass das Selbstkonzept einer Person stark von ihrer Zugehörigkeit zu sozialen Gruppen beeinflusst wird. Amorphe Lebensformen auf Xorlia, die oft als „anders" wahrgenommen werden, erleben häufig Identitätskrisen, die sich negativ auf ihr psychologisches Wohlbefinden auswirken können. Bildungskampagnen zielen darauf ab, die soziale Identität dieser Lebensformen zu stärken, indem sie ihre kulturellen Beiträge und einzigartigen Merkmale hervorheben.

Ein weiteres wichtiges Konzept ist das der kulturellen Kompetenz, das die Fähigkeit beschreibt, in interkulturellen Kontexten effektiv und respektvoll zu kommunizieren. Bildungskampagnen fördern kulturelle Kompetenz, indem sie

Informationen über die Traditionen, Werte und Herausforderungen amorpher Lebensformen bereitstellen. Durch Workshops, Seminare und digitale Medien können diese Kampagnen das Verständnis und die Akzeptanz in der breiten Gesellschaft fördern.

Herausforderungen

Trotz ihrer Bedeutung stehen Bildungskampagnen vor verschiedenen Herausforderungen:

- **Vorurteile und Stereotypen:** Viele Menschen haben vorgefasste Meinungen über amorphe Lebensformen, die auf Missverständnissen und Ängsten basieren. Bildungskampagnen müssen diese Stereotypen aktiv bekämpfen, um ein realistisches Bild zu vermitteln.

- **Zugang zu Informationen:** In einigen Regionen von Xorlia gibt es einen Mangel an Ressourcen und Zugang zu Bildung. Dies erschwert die Durchführung effektiver Kampagnen und die Verbreitung von Informationen.

- **Technologische Barrieren:** Obwohl Technologie eine wertvolle Ressource für Bildungskampagnen ist, gibt es Unterschiede im Zugang zu digitalen Plattformen, insbesondere in ländlichen Gebieten. Dies kann die Reichweite und den Einfluss der Kampagnen einschränken.

Erfolgreiche Beispiele

Einige erfolgreiche Bildungskampagnen auf Xorlia haben gezeigt, wie durchdachte Ansätze zur Aufklärung und Sensibilisierung führen können:

Die „Identität zählt"-Kampagne   Diese Kampagne wurde ins Leben gerufen, um das Bewusstsein für die Herausforderungen amorpher Lebensformen zu schärfen. Durch interaktive Workshops, in denen Teilnehmer die Möglichkeit hatten, mit amorphen Lebensformen zu interagieren, wurden Vorurteile abgebaut und Empathie gefördert. Die Kampagne nutzte auch soziale Medien, um Geschichten von betroffenen Individuen zu teilen, was zu einer breiteren Diskussion über Identität und Akzeptanz führte.

Kunst als Bildungswerkzeug Ein weiteres Beispiel ist die Verwendung von Kunst zur Förderung des Identitätsschutzes. Künstlerische Projekte, die die Geschichten amorpher Lebensformen darstellen, wurden in Schulen und Gemeinschaftszentren präsentiert. Diese Projekte haben nicht nur das Bewusstsein geschärft, sondern auch eine Plattform für den Dialog geschaffen. Die Verbindung von Kunst und Bildung hat dazu beigetragen, das Verständnis für die kulturelle Vielfalt zu fördern.

Digitale Bildungsressourcen Die Entwicklung von digitalen Bildungsressourcen, wie interaktiven Online-Plattformen und mobilen Anwendungen, hat es ermöglicht, Informationen über amorphe Lebensformen einem breiten Publikum zugänglich zu machen. Diese Ressourcen bieten nicht nur Informationen, sondern auch interaktive Elemente, die das Lernen ansprechender und effektiver gestalten.

Fazit

Bildungskampagnen sind ein unverzichtbares Instrument im Kampf um den Identitätsschutz amorpher Lebensformen auf Xorlia. Sie tragen dazu bei, Vorurteile abzubauen, das Bewusstsein zu schärfen und die kulturelle Kompetenz in der Gesellschaft zu fördern. Trotz der Herausforderungen, die sie bewältigen müssen, zeigen erfolgreiche Beispiele, dass gezielte Bildungsmaßnahmen einen nachhaltigen Einfluss auf die Wahrnehmung und Akzeptanz dieser einzigartigen Lebensformen haben können. Zukünftige Kampagnen sollten weiterhin innovative Ansätze verfolgen, um die Reichweite und den Einfluss ihrer Botschaften zu maximieren.

Partnerschaften mit anderen Organisationen

Die Zusammenarbeit mit anderen Organisationen ist ein entscheidender Bestandteil des Aktivismus von Velis Ryn und spielt eine zentrale Rolle im Kampf um den Identitätsschutz amorpher Lebensformen auf Xorlia. Diese Partnerschaften ermöglichen es, Ressourcen zu bündeln, Erfahrungen auszutauschen und eine breitere Öffentlichkeit zu erreichen. In diesem Abschnitt werden die theoretischen Grundlagen, die Herausforderungen und einige erfolgreiche Beispiele für solche Partnerschaften untersucht.

Theoretische Grundlagen

Die Theorie der sozialen Bewegungen legt nahe, dass Kooperationen zwischen verschiedenen Organisationen die Effektivität von Aktivismus erheblich steigern können. Laut Tilly und Tarrow (2015) sind kollektive Aktionen oft erfolgreicher, wenn sie auf einer breiten Basis von Unterstützern beruhen, die unterschiedliche Perspektiven und Ressourcen einbringen. Diese Diversität kann helfen, ein umfassenderes Bild der Herausforderungen zu zeichnen, mit denen amorphe Lebensformen konfrontiert sind, und effektive Strategien zu entwickeln.

Ein weiterer theoretischer Ansatz ist das Konzept der *Intersektionalität*, das von Crenshaw (1989) eingeführt wurde. Dieses Konzept besagt, dass verschiedene Identitäten und Diskriminierungsformen miteinander verwoben sind. Partnerschaften mit Organisationen, die sich für die Rechte anderer marginalisierter Gruppen einsetzen, können dazu beitragen, ein ganzheitliches Verständnis der Herausforderungen zu entwickeln, die amorphe Lebensformen auf Xorlia erleben.

Herausforderungen bei der Zusammenarbeit

Trotz der Vorteile gibt es auch erhebliche Herausforderungen bei der Bildung von Partnerschaften. Eine der größten Herausforderungen ist die *Zielkonvergenz*. Wenn Partnerorganisationen unterschiedliche Ziele oder Strategien verfolgen, kann dies zu Konflikten führen. Ein Beispiel hierfür ist die Zusammenarbeit zwischen Organisationen, die sich für den Schutz der Umwelt und solche, die sich für die Rechte amorpher Lebensformen einsetzen. Während beide Gruppen das Ziel haben, ihre jeweiligen Gemeinschaften zu schützen, können ihre Ansätze und Prioritäten stark variieren.

Ein weiteres Problem ist die *Ressourcenteilung*. Oftmals haben größere Organisationen mehr Ressourcen und Einfluss, was zu einem Ungleichgewicht in der Partnerschaft führen kann. Kleinere Organisationen könnten sich unter Druck gesetzt fühlen, ihre eigenen Ziele zugunsten der größeren Organisationen aufzugeben. Dies kann zu Frustration und einem Gefühl der Entfremdung führen.

Erfolgreiche Beispiele

Trotz dieser Herausforderungen gibt es zahlreiche erfolgreiche Partnerschaften, die den Aktivismus von Velis Ryn gestärkt haben. Eine bemerkenswerte Zusammenarbeit fand zwischen der Organisation *Xorlia für alle* und *Umweltfreund Xorlia* statt. Diese beiden Organisationen arbeiteten gemeinsam an einer Kampagne, die sowohl den Schutz der Umwelt als auch die Rechte amorpher

Lebensformen in den Mittelpunkt stellte. Durch die Kombination ihrer Ressourcen konnten sie eine größere Reichweite erzielen und eine breitere Öffentlichkeit ansprechen.

Ein weiteres Beispiel ist die Partnerschaft zwischen Velis Ryn und der intergalaktischen Organisation *Vereinte Stimmen*. Diese Organisation hat es sich zur Aufgabe gemacht, die Stimmen marginalisierter Gruppen auf verschiedenen Planeten zu stärken. Durch diese Zusammenarbeit konnte Velis Ryn internationale Aufmerksamkeit auf das Thema Identitätsschutz lenken und den Aktivismus auf Xorlia mit globalen Bewegungen verknüpfen.

Schlussfolgerung

Partnerschaften mit anderen Organisationen sind für den Erfolg des Aktivismus von Velis Ryn unerlässlich. Sie bieten nicht nur Zugang zu zusätzlichen Ressourcen und Netzwerken, sondern fördern auch ein tieferes Verständnis der komplexen Herausforderungen, mit denen amorphe Lebensformen konfrontiert sind. Trotz der Herausforderungen, die mit der Zusammenarbeit verbunden sind, zeigen die Beispiele erfolgreicher Partnerschaften, dass durch gemeinsame Anstrengungen signifikante Fortschritte im Kampf um den Identitätsschutz erzielt werden können.

$$\text{Erfolg} = \text{Ressourcen} + \text{Zielkonvergenz} + \text{Gemeinschaftsengagement} \qquad (30)$$

Advocacy und Lobbyarbeit

Advocacy und Lobbyarbeit sind entscheidende Instrumente im Kampf für den Identitätsschutz amorpher Lebensformen auf Xorlia. Diese Strategien zielen darauf ab, politische Entscheidungsträger zu beeinflussen, um Gesetze und Richtlinien zu schaffen, die die Rechte und die Identität dieser einzigartigen Lebensformen schützen. In diesem Abschnitt werden die theoretischen Grundlagen, die Herausforderungen und einige praktische Beispiele für Advocacy und Lobbyarbeit beleuchtet.

Theoretische Grundlagen

Advocacy bezieht sich auf die aktive Unterstützung oder Förderung einer bestimmten Sache oder Politik. In der Regel umfasst Advocacy eine Vielzahl von Aktivitäten, darunter das Erstellen von Informationsmaterialien, das Organisieren von Kampagnen und das Mobilisieren von Gemeinschaften. Lobbyarbeit hingegen ist ein spezifischer Teilbereich der Advocacy, der sich auf den direkten Einfluss auf politische Entscheidungsträger konzentriert.

Ein wichtiges Konzept in der Advocacy ist das **Public Policy Cycle**, der Prozess, durch den öffentliche Politiken entwickelt, implementiert und evaluiert werden. Dieser Zyklus umfasst mehrere Phasen:

1. **Problemidentifikation:** Erkennen und Definieren eines gesellschaftlichen Problems, das einer Lösung bedarf.

2. **Politikformulierung:** Entwicklung von Strategien und Vorschlägen zur Lösung des identifizierten Problems.

3. **Politikimplementierung:** Umsetzung der beschlossenen Maßnahmen und Programme.

4. **Politikevaluation:** Überprüfung der Wirksamkeit und Effizienz der umgesetzten Politiken.

Um den Erfolg von Advocacy- und Lobbyarbeit zu messen, können verschiedene **Indikatoren** herangezogen werden, wie beispielsweise die Anzahl der unterstützenden Stimmen in der Legislative, die Medienberichterstattung über das Thema oder die Anzahl der Mobilisierungen in der Gemeinschaft.

Herausforderungen

Die Herausforderungen in der Advocacy und Lobbyarbeit sind vielfältig. Eine der größten Hürden ist die **Diskriminierung und Stigmatisierung** amorpher Lebensformen. Diese Vorurteile können die Wahrnehmung der Öffentlichkeit und der Entscheidungsträger negativ beeinflussen, was die Lobbyarbeit erheblich erschwert.

Ein weiteres Problem ist der **Mangel an Ressourcen**. Viele Organisationen, die sich für den Identitätsschutz einsetzen, verfügen nicht über die notwendigen finanziellen Mittel oder personellen Kapazitäten, um effektive Lobbyarbeit zu leisten. Dies kann dazu führen, dass wichtige Anliegen nicht ausreichend vertreten werden.

Zusätzlich können **politische Widerstände** auftreten, insbesondere von Seiten von Entscheidungsträgern, die möglicherweise nicht die gleiche Dringlichkeit oder Relevanz für das Thema sehen. Diese Widerstände können in Form von Gesetzesvorlagen oder politischen Maßnahmen erscheinen, die den Interessen amorpher Lebensformen entgegenstehen.

Beispiele für erfolgreiche Advocacy und Lobbyarbeit

Ein bemerkenswertes Beispiel für erfolgreiche Advocacy ist die **Kampagne zur Anerkennung amorpher Lebensformen als rechtlich geschützte Entitäten.** In dieser Kampagne mobilisierte Velis Ryn eine breite Koalition von Unterstützern, darunter lokale Gemeinschaften, Künstler und Wissenschaftler. Durch gezielte Öffentlichkeitsarbeit und Lobbyarbeit gelang es, eine Gesetzesvorlage einzubringen, die die rechtliche Anerkennung amorpher Lebensformen forderte.

Eine weitere erfolgreiche Initiative war die **Bildungskampagne**, die darauf abzielte, das Bewusstsein für die Herausforderungen, mit denen amorphe Lebensformen konfrontiert sind, zu schärfen. Diese Kampagne nutzte soziale Medien und Veranstaltungen, um Informationen zu verbreiten und die Öffentlichkeit zu mobilisieren. Die positive Resonanz führte dazu, dass mehrere politische Entscheidungsträger auf das Thema aufmerksam wurden und schließlich eine Anhörung im Parlament einberufen wurde.

Strategien zur effektiven Advocacy und Lobbyarbeit

Um die Effektivität von Advocacy und Lobbyarbeit zu maximieren, sollten folgende Strategien berücksichtigt werden:

+ **Aufbau von Allianzen:** Die Bildung von Koalitionen mit anderen Organisationen und Gemeinschaften kann die Reichweite und den Einfluss der Lobbyarbeit erheblich erhöhen.

+ **Evidenzbasierte Argumentation:** Die Verwendung von Daten und Forschungsergebnissen zur Untermauerung von Argumenten kann die Glaubwürdigkeit und Überzeugungskraft der Advocacy-Bemühungen stärken.

+ **Direkter Kontakt zu Entscheidungsträgern:** Persönliche Treffen mit politischen Entscheidungsträgern können einen direkten Einfluss auf deren Meinungen und Entscheidungen haben.

+ **Nutzung von sozialen Medien:** Die Verwendung von Plattformen wie XorliNet zur Verbreitung von Informationen und zur Mobilisierung von Unterstützern ist entscheidend für moderne Advocacy-Kampagnen.

Fazit

Advocacy und Lobbyarbeit sind unverzichtbare Elemente im Kampf für den Identitätsschutz amorpher Lebensformen auf Xorlia. Trotz der

Herausforderungen, die sich aus Diskriminierung, Ressourcenmangel und politischem Widerstand ergeben, können durch strategische Ansätze und erfolgreiche Kampagnen bedeutende Fortschritte erzielt werden. Die Arbeit von Velis Ryn und anderen Aktivisten zeigt, dass mit Engagement, Kreativität und Zusammenarbeit positive Veränderungen in der Gesellschaft herbeigeführt werden können.

Nutzung der Kunst als Ausdrucksform

Die Kunst hat seit jeher eine herausragende Rolle in der Gesellschaft gespielt, insbesondere als Mittel zur Ausdrucksform und zur Kommunikation von Ideen. In der Bewegung für den Identitätsschutz amorpher Lebensformen auf Xorlia hat die Kunst eine besonders wichtige Funktion eingenommen. Sie ermöglicht es den Aktivisten, komplexe Themen zu vermitteln, Emotionen auszudrücken und Gemeinschaften zu mobilisieren.

Theoretische Grundlagen

Die Nutzung von Kunst als Ausdrucksform im Aktivismus kann durch verschiedene theoretische Ansätze erklärt werden. Der Sozialkonstruktivismus, zum Beispiel, betont, dass Wissen und Bedeutung durch soziale Interaktionen geschaffen werden. Kunst fungiert hier als ein Medium, das soziale Realitäten reflektiert und gleichzeitig neue Perspektiven eröffnet.

Ein weiterer wichtiger theoretischer Rahmen ist die Theorie der ästhetischen Erfahrung, die von Philosophen wie John Dewey und Maxine Greene entwickelt wurde. Diese Theorie legt nahe, dass Kunst nicht nur zur Unterhaltung dient, sondern auch ein tiefes Verständnis für menschliche Erfahrungen und gesellschaftliche Herausforderungen fördern kann. Kunstwerke können als Katalysatoren für Veränderungen wirken, indem sie das Bewusstsein für soziale Ungerechtigkeiten schärfen und emotionale Reaktionen hervorrufen.

Kunst als Werkzeug für Identitätsbildung

Für amorphe Lebensformen auf Xorlia, die oft mit Diskriminierung und Vorurteilen konfrontiert sind, bietet Kunst eine Plattform, um ihre Identität auszudrücken und zu feiern. Durch verschiedene Kunstformen – sei es Malerei, Musik, Tanz oder Performance – können diese Lebensformen ihre einzigartigen Erfahrungen und Perspektiven teilen.

Ein Beispiel hierfür ist die *Xorlianische Kunstbewegung*, die in den letzten Jahren an Bedeutung gewonnen hat. Künstler:innen dieser Bewegung nutzen ihre

Werke, um die Herausforderungen und Schönheiten des Lebens als amorphe Wesen darzustellen. Diese Kunstwerke werden oft in öffentlichen Räumen ausgestellt, was zu einer erhöhten Sichtbarkeit und Akzeptanz führt.

Probleme und Herausforderungen

Trotz der positiven Aspekte gibt es auch Herausforderungen bei der Nutzung von Kunst im Aktivismus. Eine der größten Hürden ist die Zugänglichkeit. Nicht alle amorphen Lebensformen haben die gleichen Ressourcen oder Möglichkeiten, um ihre Kunst zu schaffen oder zu verbreiten. Dies kann zu einer ungleichen Repräsentation innerhalb der Kunstszene führen, wo bestimmte Stimmen über andere dominieren.

Ein weiteres Problem ist die Kommerzialisierung von Kunst. In vielen Fällen wird Kunst, die ursprünglich für den Aktivismus geschaffen wurde, von kommerziellen Interessen vereinnahmt. Dies kann dazu führen, dass die ursprüngliche Botschaft verwässert wird und die Kunst nicht mehr als Werkzeug für sozialen Wandel fungiert.

Beispiele für erfolgreiche Kunstprojekte

Trotz dieser Herausforderungen gibt es viele inspirierende Beispiele für Kunstprojekte, die erfolgreich zur Förderung des Identitätsschutzes amorpher Lebensformen beigetragen haben.

- **Die *Identitätsausstellung*:** Diese Wanderausstellung zeigt Werke von Künstler:innen, die amorphe Lebensformen darstellen. Die Ausstellung hat nicht nur das Bewusstsein für die Herausforderungen dieser Lebensformen geschärft, sondern auch ein Gefühl der Solidarität innerhalb der Gemeinschaft gefördert.

- **Musikfestivals:** Jährliche Musikfestivals, die von Aktivisten organisiert werden, bieten eine Plattform für Musiker:innen, ihre Lieder zu präsentieren, die sich mit Themen wie Identität und Diskriminierung auseinandersetzen. Diese Festivals ziehen Tausende von Besuchern an und schaffen einen Raum für Dialog und Austausch.

- **Kunst im öffentlichen Raum:** Murals und Skulpturen, die von amorphen Künstler:innen geschaffen wurden, sind in vielen Städten von Xorlia zu finden. Diese Kunstwerke erzählen Geschichten und bieten einen visuellen Ausdruck der Identität und der Kämpfe amorpher Lebensformen.

Schlussfolgerung

Die Nutzung der Kunst als Ausdrucksform im Aktivismus für amorphe Lebensformen auf Xorlia ist ein kraftvolles Mittel, um Identität zu fördern und Gemeinschaften zu mobilisieren. Trotz der Herausforderungen, die mit der Zugänglichkeit und der Kommerzialisierung einhergehen, bleibt die Kunst ein unverzichtbares Werkzeug im Kampf für Gleichheit und Anerkennung. Sie hat das Potenzial, nicht nur die Herzen der Menschen zu erreichen, sondern auch den Wandel in der Gesellschaft voranzutreiben.

Die Kunst wird weiterhin eine zentrale Rolle im Aktivismus spielen, indem sie die Stimmen derjenigen verstärkt, die oft übersehen werden, und indem sie eine Plattform für Dialog und Verständnis schafft. In einer Welt, die sich ständig verändert, bleibt die Kunst ein zeitloses Medium, das sowohl die Vergangenheit reflektiert als auch die Zukunft gestaltet.

Veranstaltungen und Versammlungen

Veranstaltungen und Versammlungen spielen eine entscheidende Rolle im Aktivismus, insbesondere im Kampf um den Identitätsschutz amorpher Lebensformen auf Xorlia. Sie dienen nicht nur als Plattform für den Austausch von Ideen, sondern auch als Mittel zur Mobilisierung der Gemeinschaft und zur Schaffung eines kollektiven Bewusstseins für die Herausforderungen, mit denen diese Lebensformen konfrontiert sind. In diesem Abschnitt werden die verschiedenen Arten von Veranstaltungen und Versammlungen, ihre Ziele, Herausforderungen und die Auswirkungen auf die Bewegung näher beleuchtet.

Arten von Veranstaltungen

Es gibt verschiedene Arten von Veranstaltungen, die im Rahmen des Aktivismus organisiert werden:

- **Bildungsveranstaltungen:** Diese zielen darauf ab, das Bewusstsein für die Herausforderungen amorpher Lebensformen zu schärfen. Sie können Workshops, Seminare und Vorträge umfassen, bei denen Experten und Aktivisten über Themen wie Diskriminierung, rechtliche Rahmenbedingungen und kulturelle Identität sprechen.

- **Demonstrationen und Märsche:** Diese öffentlichen Versammlungen sind ein kraftvolles Mittel, um die Sichtbarkeit der Bewegung zu erhöhen. Sie ziehen oft Medienaufmerksamkeit auf sich und mobilisieren Unterstützer, die gemeinsam für ihre Rechte eintreten.

+ **Kunst- und Kulturveranstaltungen:** Diese Veranstaltungen nutzen kreative Ausdrucksformen, um die Botschaften des Aktivismus zu verbreiten. Konzerte, Kunstausstellungen und Theateraufführungen können dazu beitragen, das Publikum emotional zu erreichen und die kulturelle Identität amorpher Lebensformen zu feiern.

+ **Netzwerktreffen:** Diese Versammlungen bieten Aktivisten die Möglichkeit, sich zu vernetzen, Erfahrungen auszutauschen und Strategien zu entwickeln. Sie fördern die Zusammenarbeit zwischen verschiedenen Organisationen und Einzelpersonen, die sich für ähnliche Ziele einsetzen.

Ziele von Veranstaltungen

Die Hauptziele von Veranstaltungen und Versammlungen im Kontext des Aktivismus sind:

1. **Aufklärung:** Veranstaltungen sollen Informationen bereitstellen und das Bewusstsein für die Probleme amorpher Lebensformen schärfen. Durch die Verbreitung von Wissen können Vorurteile abgebaut und das Verständnis gefördert werden.

2. **Mobilisierung:** Durch die Schaffung eines Gemeinschaftsgefühls und die Förderung der Beteiligung an der Bewegung können Veranstaltungen Menschen dazu ermutigen, aktiv zu werden und sich für den Identitätsschutz einzusetzen.

3. **Solidarität:** Veranstaltungen bieten eine Plattform, um Solidarität zu zeigen und die Stimmen der Betroffenen zu verstärken. Dies kann dazu beitragen, ein Gefühl der Zugehörigkeit und Unterstützung innerhalb der Gemeinschaft zu schaffen.

4. **Einflussnahme:** Durch die Sichtbarkeit von Veranstaltungen können die politischen Entscheidungsträger auf die Anliegen der amorphen Lebensformen aufmerksam gemacht werden. Dies kann zu Veränderungen in der Gesetzgebung und zu einer erhöhten Unterstützung durch die Regierung führen.

Herausforderungen bei der Organisation von Veranstaltungen

Trotz der positiven Auswirkungen können Veranstaltungen auch mit zahlreichen Herausforderungen konfrontiert werden:

+ **Finanzierung:** Die Organisation von Veranstaltungen erfordert oft erhebliche finanzielle Mittel. Dies kann eine Herausforderung darstellen, insbesondere für kleinere Organisationen, die möglicherweise nicht über ausreichende Ressourcen verfügen.

+ **Genehmigungen und rechtliche Hürden:** Die Durchführung von öffentlichen Versammlungen erfordert häufig Genehmigungen von den Behörden. Dies kann zeitaufwendig sein und ist nicht immer garantiert, was die Planung und Durchführung von Demonstrationen erschweren kann.

+ **Sicherheitsbedenken:** Bei großen Versammlungen kann es zu Sicherheitsbedenken kommen, insbesondere wenn es zu Spannungen zwischen Aktivisten und Gegnern kommt. Die Gewährleistung der Sicherheit aller Beteiligten ist von größter Bedeutung.

+ **Medienberichterstattung:** Die Art und Weise, wie die Medien über Veranstaltungen berichten, kann den Erfolg der Bewegung beeinflussen. Eine negative Berichterstattung kann den Ruf der Bewegung schädigen und potenzielle Unterstützer abschrecken.

Beispiele erfolgreicher Veranstaltungen

Einige bemerkenswerte Veranstaltungen, die im Rahmen des Aktivismus für amorphe Lebensformen organisiert wurden, sind:

+ **Der Xorlianische Identitätstag:** Eine jährliche Veranstaltung, die das Bewusstsein für die kulturelle Identität amorpher Lebensformen feiert. Sie umfasst Workshops, Diskussionsrunden und kulturelle Darbietungen, die die Vielfalt und den Reichtum dieser Lebensformen hervorheben.

+ **Die große Demonstration für Identitätsschutz:** Eine Massenmobilisierung, die Tausende von Unterstützern anzieht. Diese Demonstration hat nicht nur die Aufmerksamkeit der Medien auf sich gezogen, sondern auch die politische Landschaft beeinflusst, indem sie neue Gesetzesinitiativen zur Unterstützung amorpher Lebensformen angestoßen hat.

+ **Kunst im Aktivismus:** Eine Reihe von Kunstausstellungen, die die Erfahrungen amorpher Lebensformen darstellen. Diese Veranstaltungen haben nicht nur zur Sensibilisierung beigetragen, sondern auch Künstler und Aktivisten zusammengebracht, um ihre Botschaften kreativ auszudrücken.

Insgesamt sind Veranstaltungen und Versammlungen ein unverzichtbares Werkzeug im Aktivismus für amorphe Lebensformen auf Xorlia. Sie bieten die Möglichkeit, das Bewusstsein zu schärfen, Gemeinschaften zu mobilisieren und Veränderungen in der Gesellschaft herbeizuführen. Trotz der Herausforderungen, die mit der Organisation solcher Ereignisse verbunden sind, bleibt ihr Einfluss auf die Bewegung und die Gesellschaft als Ganzes von großer Bedeutung.

Nutzung von sozialen Medien

Die Nutzung von sozialen Medien hat sich als ein entscheidendes Werkzeug im Kampf um den Identitätsschutz amorpher Lebensformen auf Xorlia herausgestellt. In einer Zeit, in der Informationen schnell verbreitet werden können, bieten Plattformen wie XorBook, TwitXor und SnapXor eine einzigartige Möglichkeit, Bewusstsein zu schaffen, Gemeinschaften zu mobilisieren und den Aktivismus zu fördern.

Theoretische Grundlagen

Die Theorie der sozialen Medien als Plattform für Aktivismus basiert auf mehreren Schlüsselkonzepten:

1. **Viralität**: Inhalte, die emotional ansprechend sind oder die Identität einer Gemeinschaft stärken, können sich viral verbreiten. Dies geschieht oft durch das Teilen von persönlichen Geschichten, die die Herausforderungen amorpher Lebensformen beleuchten. Eine Studie von [1] zeigt, dass Posts mit emotionalen Inhalten 60% mehr Engagement erzeugen als neutrale Inhalte.

2. **Netzwerkbildung**: Soziale Medien ermöglichen es Aktivisten, Netzwerke zu bilden, die über geografische Grenzen hinweg bestehen. Theoretische Modelle wie das *Social Network Theory* von [2] betonen, wie wichtig Verbindungen zwischen Individuen für den Austausch von Informationen und Ressourcen sind.

3. **Empowerment**: Die Nutzung sozialer Medien kann Individuen ermächtigen, ihre Stimmen zu erheben. [3] argumentiert, dass Bildung und Bewusstsein der Schlüssel zur Ermächtigung sind, was durch soziale Medien unterstützt wird, da sie Zugang zu Informationen und Bildungsressourcen bieten.

Probleme und Herausforderungen

Trotz der Vorteile gibt es auch Herausforderungen bei der Nutzung sozialer Medien im Aktivismus:

1. **Desinformation**: Die Verbreitung falscher Informationen kann den Aktivismus untergraben. Eine Untersuchung von [4] zeigt, dass

Falschinformationen über amorphe Lebensformen in sozialen Medien häufig geteilt werden, was zu einem verzerrten Bild der Realität führt.

2. **Hassrede und Diskriminierung:** Aktivisten sehen sich oft Hassrede und Diskriminierung ausgesetzt, was zu einem toxischen Klima führen kann. Dies kann die psychische Gesundheit der Aktivisten beeinträchtigen und ihre Fähigkeit, effektiv zu mobilisieren, einschränken.

3. **Algorithmische Verzerrung:** Die Algorithmen sozialer Medien priorisieren Inhalte, die hohe Interaktionen erzeugen, was oft zu einer Verzerrung der Sichtbarkeit führt. [5] weist darauf hin, dass dies dazu führen kann, dass wichtige Themen unterrepräsentiert bleiben, während sensationelle Inhalte überproportional viel Aufmerksamkeit erhalten.

Beispiele für erfolgreiche Nutzung

Die Bewegung zum Schutz der Identität amorpher Lebensformen hat zahlreiche erfolgreiche Beispiele für die Nutzung sozialer Medien hervorgebracht:

1. **Hashtag-Kampagnen:** Die Kampagne #IdentitätSchützen wurde ins Leben gerufen, um auf die Herausforderungen aufmerksam zu machen, mit denen amorphe Lebensformen konfrontiert sind. Diese Kampagne hat über 1 Million Beiträge generiert und eine breite Diskussion über Identitätsschutz angestoßen.

2. **Live-Streams und Webinare:** Aktivisten nutzen Live-Streams, um Diskussionen über Identität und Diskriminierung zu führen. Diese Formate ermöglichen es, direkt mit der Community zu interagieren und Fragen in Echtzeit zu beantworten. Ein Beispiel ist die Webinar-Reihe „Identität im Wandel", die über 500 Teilnehmer aus verschiedenen Teilen Xorlias anlockte.

3. **Influencer-Kooperationen:** Die Zusammenarbeit mit Influencern hat sich als effektiv erwiesen, um ein jüngeres Publikum zu erreichen. Influencer, die sich für die Rechte amorpher Lebensformen einsetzen, haben ihre Plattformen genutzt, um wichtige Botschaften zu verbreiten und Spendenaktionen zu unterstützen.

Fazit

Die Nutzung sozialer Medien ist ein zweischneidiges Schwert im Aktivismus für amorphe Lebensformen. Während sie bedeutende Möglichkeiten für Mobilisierung und Bewusstseinsbildung bieten, müssen Aktivisten auch die Herausforderungen, die mit der digitalen Landschaft einhergehen, erkennen und strategisch angehen. Die Entwicklung von Medienkompetenz und kritischem Denken innerhalb der Gemeinschaft ist entscheidend, um die negativen

Auswirkungen der sozialen Medien zu minimieren und die positiven Aspekte zu maximieren.

Bibliography

[1] Smith, J. (2021). *Emotional Engagement in Social Media Activism*. Journal of Digital Activism.

[2] Borgatti, S. P., & Ofem, B. (2002). *The Key to Social Network Theory*. Social Networks.

[3] Freire, P. (1970). *Pedagogy of the Oppressed*. Continuum.

[4] Menczer, F. (2019). *Fake News: A New Challenge for the Information Age*. Information Society.

[5] Tufekci, Z. (2015). *Algorithmic Harms Beyond Facebook and Google: A Research Agenda for Social Media*. Journal of Information Technology & Politics.

Erstellung von Ressourcen und Materialien

Die Erstellung von Ressourcen und Materialien ist ein entscheidender Bestandteil des Aktivismus, insbesondere im Kontext des Identitätsschutzes amorpher Lebensformen auf Xorlia. Diese Ressourcen dienen nicht nur zur Aufklärung der Öffentlichkeit, sondern auch zur Unterstützung der betroffenen Gemeinschaften und zur Mobilisierung von Unterstützern. In diesem Abschnitt werden die verschiedenen Arten von Ressourcen, die Herausforderungen bei ihrer Erstellung und einige erfolgreiche Beispiele behandelt.

Typen von Ressourcen

Die Ressourcen, die im Rahmen des Aktivismus erstellt werden, können in mehrere Kategorien unterteilt werden:

- **Bildungsmaterialien:** Dazu gehören Broschüren, Handbücher und Informationsblätter, die wichtige Informationen über die Rechte und

Herausforderungen amorpher Lebensformen bereitstellen. Diese Materialien sollten klar und verständlich formuliert sein, um eine breite Zielgruppe zu erreichen.

+ **Digitale Inhalte:** In der heutigen digitalen Welt sind Online-Ressourcen wie Websites, Blogs und soziale Medien unerlässlich. Diese Plattformen können genutzt werden, um Informationen zu verbreiten, Geschichten zu teilen und die Community zu mobilisieren.

+ **Künstlerische Ausdrucksformen:** Kunst, Musik und Performances können starke Werkzeuge zur Sensibilisierung und zur Förderung des Identitätsschutzes sein. Diese kreativen Materialien sprechen Emotionen an und können komplexe Themen auf eine zugängliche Weise vermitteln.

+ **Veranstaltungsressourcen:** Materialien für Workshops, Seminare und öffentliche Veranstaltungen sind wichtig, um die Community zu bilden und den Dialog zu fördern. Dazu gehören Präsentationen, Diskussionsleitfäden und Arbeitsblätter.

+ **Forschungsberichte:** Um die Argumentation für den Identitätsschutz zu untermauern, sind fundierte Forschungsberichte notwendig. Diese Berichte sollten Daten und Analysen enthalten, die die Notwendigkeit von Veränderungen in der Politik und der Gesellschaft belegen.

Herausforderungen bei der Erstellung

Die Erstellung von Ressourcen ist oft mit mehreren Herausforderungen verbunden:

+ **Finanzierung:** Die Entwicklung hochwertiger Materialien erfordert finanzielle Mittel. Oftmals sind Aktivisten auf Spenden oder Förderungen angewiesen, um ihre Projekte zu realisieren.

+ **Zugang zu Informationen:** Besonders in unterrepräsentierten Gemeinschaften kann es an Zugang zu relevanten Daten und Informationen mangeln. Dies erschwert die Erstellung fundierter und nützlicher Ressourcen.

+ **Kulturelle Sensibilität:** Materialien müssen so gestaltet werden, dass sie kulturelle Unterschiede respektieren und ansprechen. Eine falsche Darstellung kann zu Missverständnissen und Widerstand führen.

+ **Technologische Barrieren:** Nicht alle Gemeinschaften haben den gleichen Zugang zu digitalen Technologien. Daher müssen Ressourcen sowohl in digitalen als auch in analogen Formaten bereitgestellt werden.

Beispiele erfolgreicher Ressourcen

Einige Organisationen und Aktivisten haben innovative und effektive Ressourcen entwickelt, die als Vorbilder dienen können:

+ **Die Xorlianische Bürgerrechtsallianz:** Diese Organisation hat eine umfassende Broschüre erstellt, die die Rechte amorpher Lebensformen erklärt und praktische Tipps zur Verteidigung dieser Rechte bietet. Die Broschüre wurde in mehreren Sprachen übersetzt, um eine breitere Zielgruppe zu erreichen.

+ **Kunstprojekt „Identität in Form":** Dieses Projekt kombinierte visuelle Kunst mit interaktiven Workshops, um das Bewusstsein für die Herausforderungen amorpher Lebensformen zu schärfen. Teilnehmer konnten ihre eigenen Erfahrungen kreativ ausdrücken, was zu einer stärkeren Gemeinschaftsbildung führte.

+ **Online-Kampagne „Stimmen der Amorphie":** Durch soziale Medien wurden kurze Videos veröffentlicht, in denen amorphe Lebensformen über ihre Identität und ihre Herausforderungen berichten. Diese Kampagne erreichte ein breites Publikum und förderte das Verständnis und die Solidarität.

+ **Forschungsbericht „Die Unsichtbarkeit der Amorphie":** Ein interdisziplinäres Team hat einen Bericht erstellt, der die gesellschaftlichen, rechtlichen und psychologischen Aspekte der Identitätskrise amorpher Lebensformen untersucht. Der Bericht wurde an Entscheidungsträger und Bildungseinrichtungen verteilt, um politische Veränderungen zu fördern.

Schlussfolgerung

Die Erstellung von Ressourcen und Materialien ist ein unverzichtbarer Bestandteil des Aktivismus für den Identitätsschutz amorpher Lebensformen auf Xorlia. Durch die Entwicklung effektiver und ansprechender Materialien können Aktivisten das Bewusstsein schärfen, Gemeinschaften mobilisieren und letztlich positive Veränderungen in der Gesellschaft bewirken. Die Herausforderungen, die mit dieser Aufgabe verbunden sind, erfordern Kreativität, Engagement und eine klare Strategie, um die Stimme der amorphen Lebensformen zu stärken und ihre Identität zu schützen.

Unterstützung von Betroffenen

Die Unterstützung von Betroffenen amorpher Lebensformen auf Xorlia ist ein zentraler Aspekt des Aktivismus von Velis Ryn. Diese Unterstützung umfasst verschiedene Dimensionen, die darauf abzielen, denjenigen, die unter Diskriminierung und Vorurteilen leiden, eine Stimme zu geben und ihre Lebensqualität zu verbessern. In diesem Abschnitt werden die Herausforderungen, die Theorie hinter der Unterstützung und einige konkrete Beispiele für erfolgreiche Initiativen betrachtet.

Herausforderungen für Betroffene

Amorphe Lebensformen auf Xorlia sehen sich einer Vielzahl von Herausforderungen gegenüber, die ihre Identität und ihr Wohlbefinden beeinträchtigen. Diskriminierung und Vorurteile sind weit verbreitet, oft manifestiert durch soziale Stigmatisierung, die zu einem Verlust des Selbstwertgefühls führt. Viele Betroffene berichten von einem Gefühl der Isolation, da sie sich von der Gesellschaft nicht akzeptiert fühlen. Dies führt zu psychologischen Problemen wie Angstzuständen und Depressionen.

Ein weiteres zentrales Problem ist der Verlust der kulturellen Identität, der durch den Einfluss von Technologie und den Druck zur Anpassung an dominante gesellschaftliche Normen verstärkt wird. Die amöben Lebensformen haben oft Schwierigkeiten, ihre eigene Kultur zu bewahren und ihre Traditionen an die nächste Generation weiterzugeben. In vielen Fällen sind sie auch rechtlich benachteiligt, was den Zugang zu Ressourcen und Unterstützung erschwert.

Theoretische Grundlagen

Die Unterstützung von Betroffenen basiert auf mehreren theoretischen Ansätzen, die in der Sozialwissenschaft und der Psychologie verwurzelt sind. Ein zentraler Aspekt ist die *Identitätstheorie*, die besagt, dass die Identität eines Individuums stark von sozialen Interaktionen und der Wahrnehmung durch andere beeinflusst wird. Diese Theorie legt nahe, dass die Unterstützung durch die Gemeinschaft entscheidend ist, um das Selbstwertgefühl und die Identität der Betroffenen zu stärken.

Ein weiterer relevanter Ansatz ist die *Empowerment-Theorie*, die darauf abzielt, Individuen und Gruppen zu stärken, damit sie Kontrolle über ihr eigenes Leben und ihre Umgebung gewinnen. Empowerment bedeutet, den Betroffenen die Werkzeuge und Ressourcen zur Verfügung zu stellen, die sie benötigen, um ihre eigene Stimme zu finden und aktiv an der Gesellschaft teilzunehmen.

Beispiele für Unterstützung

1. **Bildungsinitiativen:** Velis Ryn hat mehrere Bildungsprogramme ins Leben gerufen, die darauf abzielen, das Bewusstsein für die Herausforderungen amorpher Lebensformen zu schärfen. Diese Programme bieten Workshops und Schulungen an, in denen die Betroffenen lernen, ihre Identität zu akzeptieren und sich gegen Diskriminierung zu wehren. Ein bemerkenswertes Beispiel ist das Programm „Identität und Stolz", das in Schulen und Gemeinschaftszentren durchgeführt wird und den Teilnehmern hilft, ihre kulturellen Wurzeln zu erkunden.

2. **Mentoring-Programme:** Ein weiterer erfolgreicher Ansatz ist die Einführung von Mentoring-Programmen, die junge amorphe Lebensformen mit erfahrenen Aktivisten verbinden. Diese Mentoren bieten nicht nur Unterstützung und Anleitung, sondern auch emotionale Hilfe, indem sie ihre eigenen Erfahrungen teilen. Solche Programme haben nachweislich die Resilienz der Teilnehmer gestärkt und ihnen geholfen, ein starkes Netzwerk aufzubauen.

3. **Kunst- und Ausdrucksprojekte:** Kunst ist ein kraftvolles Werkzeug für die Unterstützung von Betroffenen. Velis Ryn hat mehrere Kunstprojekte initiiert, die es den Teilnehmern ermöglichen, ihre Geschichten durch verschiedene Ausdrucksformen zu erzählen. Diese Projekte fördern nicht nur das Selbstbewusstsein, sondern schaffen auch Räume für interkulturellen Dialog und Verständnis. Ein Beispiel ist das Projekt „Farben der Identität", bei dem Künstler*innen aus verschiedenen Kulturen zusammenarbeiten, um die Vielfalt der amorphen Lebensformen darzustellen.

4. **Rechtsberatung und Advocacy:** Die rechtlichen Herausforderungen, denen amorphe Lebensformen gegenüberstehen, erfordern spezialisierte Unterstützung. Velis Ryn hat Partnerschaften mit Rechtsanwälten und NGOs aufgebaut, um rechtliche Beratung und Unterstützung für Betroffene anzubieten. Diese Initiativen helfen, rechtliche Hindernisse abzubauen und den Zugang zu Ressourcen zu erleichtern.

Zusammenfassung

Die Unterstützung von Betroffenen amorpher Lebensformen auf Xorlia ist von entscheidender Bedeutung, um ihre Identität zu schützen und ihre Lebensqualität zu verbessern. Durch Bildungsinitiativen, Mentoring-Programme, Kunst- und

Ausdrucksprojekte sowie rechtliche Unterstützung wird ein ganzheitlicher Ansatz verfolgt, der den Betroffenen hilft, ihre Stimme zu finden und aktiv an der Gesellschaft teilzunehmen. Die Theorie des Empowerments und die Identitätstheorie bieten dabei wichtige Grundlagen, um die Herausforderungen zu verstehen und effektive Unterstützungsstrategien zu entwickeln. Velis Ryn und seine Bewegung zeigen, dass die Solidarität der Gemeinschaft und die Förderung von interkulturellem Dialog entscheidend sind, um eine inklusive und gerechte Gesellschaft auf Xorlia zu schaffen.

Förderung von interkulturellem Dialog

Die Förderung des interkulturellen Dialogs ist eine wesentliche Strategie im Kampf um den Identitätsschutz amorpher Lebensformen auf Xorlia. Interkultureller Dialog bezieht sich auf den Austausch von Ideen, Werten und Perspektiven zwischen verschiedenen kulturellen Gruppen. Diese Art des Dialogs ist entscheidend, um Vorurteile abzubauen, Empathie zu fördern und ein besseres Verständnis zwischen den verschiedenen Lebensformen zu schaffen.

Theoretischer Hintergrund

Interkultureller Dialog basiert auf mehreren theoretischen Ansätzen, die die Wichtigkeit von Kommunikation und Verständnis zwischen Kulturen hervorheben. Eine zentrale Theorie ist die *Kulturtheorie* von Geert Hofstede, die fünf Dimensionen kultureller Unterschiede beschreibt: Machtdistanz, Individualismus vs. Kollektivismus, Maskulinität vs. Feminität, Unsicherheitsvermeidung und Langfristige vs. Kurzfristige Orientierung. Diese Dimensionen bieten einen Rahmen, um die Unterschiede und Gemeinsamkeiten zwischen den Kulturen auf Xorlia zu analysieren und zu verstehen.

Ein weiterer wichtiger theoretischer Ansatz ist die *Dialogische Theorie* von Mikhail Bakhtin, die betont, dass Bedeutung in einem sozialen Kontext entsteht und durch den Dialog zwischen Individuen und Kulturen geformt wird. Diese Theorie legt nahe, dass der interkulturelle Dialog nicht nur ein Austausch von Informationen ist, sondern auch eine Möglichkeit, Identitäten zu formen und zu transformieren.

Herausforderungen im interkulturellen Dialog

Trotz der Bedeutung des interkulturellen Dialogs gibt es mehrere Herausforderungen, die es zu überwinden gilt:

- **Vorurteile und Stereotypen:** Vorurteile gegenüber amorphen Lebensformen können den Dialog behindern. Diese Vorurteile sind oft tief verwurzelt und können durch Bildung und Aufklärung schwer zu ändern sein.

- **Sprache und Kommunikation:** Unterschiedliche Sprachen und Kommunikationsstile können Missverständnisse erzeugen. Die Schaffung eines gemeinsamen sprachlichen Rahmens ist entscheidend für den Erfolg des Dialogs.

- **Machtverhältnisse:** Ungleichheiten zwischen den Kulturen können den Dialog beeinflussen. Oft haben dominante Kulturen mehr Einfluss und Ressourcen, was zu einem Ungleichgewicht im Dialog führen kann.

- **Fehlende Ressourcen:** Mangelnde finanzielle und organisatorische Ressourcen können die Durchführung von Dialogveranstaltungen und -projekten einschränken.

Strategien zur Förderung des interkulturellen Dialogs

Um die oben genannten Herausforderungen zu bewältigen, sind verschiedene Strategien zur Förderung des interkulturellen Dialogs erforderlich:

- **Bildungsprogramme:** Die Entwicklung von Bildungsprogrammen, die sich auf interkulturelle Kompetenzen konzentrieren, kann dazu beitragen, Vorurteile abzubauen und das Verständnis für andere Kulturen zu fördern. Solche Programme sollten sowohl in Schulen als auch in Gemeinschaftszentren angeboten werden.

- **Kunst und Kultur:** Kunstprojekte, die verschiedene Kulturen zusammenbringen, können als Plattform für den interkulturellen Dialog dienen. Musik, Tanz und Theater sind effektive Mittel, um kulturelle Unterschiede zu überbrücken und gemeinsame Werte zu betonen.

- **Veranstaltungen und Workshops:** Interkulturelle Veranstaltungen, wie Festivals oder Workshops, bieten eine Gelegenheit, verschiedene Kulturen zu feiern und zu verstehen. Diese Veranstaltungen sollten Raum für den Austausch von Ideen und Erfahrungen bieten.

- **Soziale Medien:** Die Nutzung sozialer Medien kann den interkulturellen Dialog fördern, indem sie Plattformen für den Austausch von Geschichten und Perspektiven bietet. Online-Kampagnen können helfen, ein breiteres

Publikum zu erreichen und das Bewusstsein für die Herausforderungen amorpher Lebensformen zu schärfen.

Beispiele für erfolgreichen interkulturellen Dialog

Ein Beispiel für erfolgreichen interkulturellen Dialog auf Xorlia ist das *Xorlianische Kulturfestival*, das jährlich stattfindet und verschiedene Lebensformen zusammenbringt. Bei diesem Festival werden Workshops, Kunstausstellungen und Diskussionsrunden organisiert, die den Austausch zwischen den Kulturen fördern. Die Teilnehmer haben die Möglichkeit, ihre Geschichten zu teilen und voneinander zu lernen, was zu einem tieferen Verständnis der jeweiligen Identitäten führt.

Ein weiteres Beispiel ist das *Programm für interkulturelle Begegnungen*, das von verschiedenen NGOs ins Leben gerufen wurde. Dieses Programm bringt junge Aktivisten aus verschiedenen Kulturen zusammen, um gemeinsam an Projekten zu arbeiten, die sich mit den Herausforderungen amorpher Lebensformen beschäftigen. Durch den Austausch von Ideen und Perspektiven entwickeln die Teilnehmer ein besseres Verständnis für die Bedeutung von Identität und die Notwendigkeit des Schutzes dieser Identitäten.

Schlussfolgerung

Die Förderung des interkulturellen Dialogs ist ein entscheidender Bestandteil des Kampfes um den Identitätsschutz amorpher Lebensformen auf Xorlia. Durch Bildung, Kunst und gemeinschaftliche Veranstaltungen können Barrieren abgebaut und ein tieferes Verständnis zwischen den Kulturen geschaffen werden. Die Herausforderungen, die es zu bewältigen gilt, sind vielfältig, aber mit den richtigen Strategien und einem engagierten Ansatz kann interkultureller Dialog einen bedeutenden Beitrag zur Stärkung der Identität und zur Förderung der Anerkennung amorpher Lebensformen leisten.

Erfolge und Rückschläge im Aktivismus

Wichtige Meilensteine

Im Verlauf von Velis Ryns Aktivismus für den Identitätsschutz amorpher Lebensformen auf Xorlia gab es mehrere bedeutende Meilensteine, die sowohl den Fortschritt der Bewegung als auch die Herausforderungen, mit denen sie konfrontiert war, widerspiegeln. Diese Meilensteine sind nicht nur entscheidend für das Verständnis des Aktivismus selbst, sondern auch für die Entwicklung der Gesellschaft auf Xorlia und darüber hinaus.

Die Gründung der Identitätsbewegung

Ein entscheidender Moment in der Geschichte von Velis Ryn war die Gründung der Identitätsbewegung. Im Jahr 2045, nach Jahren der persönlichen Suche und des Engagements in verschiedenen Gemeinschaften, organisierte Velis die erste Konferenz für amorphe Lebensformen. Diese Konferenz brachte Vertreter aus verschiedenen Regionen Xorlias zusammen, um die Herausforderungen zu diskutieren, mit denen ihre Gemeinschaft konfrontiert war. Der Erfolg dieser Veranstaltung führte zur Gründung der *Xorlianischen Identitätsallianz*, die als Plattform für den Austausch von Ideen und Strategien diente.

Erste Gesetzesinitiativen

Ein weiterer wichtiger Meilenstein war die Einreichung der ersten Gesetzesinitiative zum Schutz der Identität amorpher Lebensformen im Jahr 2047. Diese Initiative zielte darauf ab, rechtliche Rahmenbedingungen zu schaffen, die Diskriminierung und Vorurteile gegen amorphe Lebensformen bekämpfen sollten. Velis Ryn spielte eine entscheidende Rolle in diesem Prozess, indem er die Unterstützung der Öffentlichkeit mobilisierte und die Notwendigkeit eines rechtlichen Schutzes betonte. Die Gesetzesinitiative wurde schließlich im Jahr 2049 verabschiedet, was als großer Sieg für die Bewegung angesehen wurde.

Die Rolle der sozialen Medien

Die Nutzung sozialer Medien stellte einen weiteren Meilenstein dar, der es Velis Ryn ermöglichte, eine breitere Öffentlichkeit zu erreichen. Im Jahr 2050 startete die Kampagne *#IdentitätZählt*, die über verschiedene Plattformen verbreitet wurde. Diese Kampagne ermöglichte es amorphen Lebensformen, ihre Geschichten zu teilen und die Herausforderungen, mit denen sie konfrontiert waren, sichtbar zu machen. Die virale Verbreitung dieser Kampagne führte zu einer erhöhten Sensibilisierung und Unterstützung für die Anliegen der Bewegung.

Internationale Anerkennung

Im Jahr 2052 erhielt Velis Ryn den *Xorlianischen Menschenrechtspreis* für herausragende Leistungen im Bereich der Bürgerrechte. Diese Auszeichnung war nicht nur eine persönliche Anerkennung für Velis, sondern auch ein bedeutender

Schritt zur internationalen Anerkennung der Rechte amorpher Lebensformen. Die Preisverleihung zog Medienaufmerksamkeit auf sich und führte zu einem globalen Dialog über Identität und Rechte in verschiedenen Kulturen und Gesellschaften.

Bildungskampagnen und Workshops

Ein weiterer Meilenstein war die Einführung von Bildungskampagnen und Workshops, die auf die Aufklärung über die Identität amorpher Lebensformen abzielten. Im Jahr 2054 wurden in mehreren Städten Xorlias Workshops organisiert, die sich mit Themen wie Identität, Diskriminierung und den Rechten amorpher Lebensformen befassten. Diese Veranstaltungen förderten das Verständnis und die Akzeptanz in der Gesellschaft und trugen zur Schaffung eines unterstützenden Umfelds bei.

Die Herausforderung der Rückschläge

Trotz dieser Erfolge gab es auch Rückschläge, die die Bewegung vor Herausforderungen stellten. Im Jahr 2055 gab es eine Welle von Gegenreaktionen gegen die Identitätsbewegung, die von konservativen Gruppen organisiert wurde. Diese Gruppen versuchten, die Fortschritte, die in den vorherigen Jahren erzielt wurden, rückgängig zu machen. Velis Ryn und die Xorlianische Identitätsallianz mussten Strategien entwickeln, um diesen Widerstand zu begegnen und die erreichten Meilensteine zu verteidigen.

Langfristige Auswirkungen

Die Meilensteine, die Velis Ryn und die Xorlianische Identitätsallianz erreicht haben, haben nicht nur die Rechte amorpher Lebensformen auf Xorlia gestärkt, sondern auch einen Einfluss auf andere Planeten und deren Bürgerrechtsbewegungen ausgeübt. Die Prinzipien, die in Xorlia entwickelt wurden, wurden als Modell für ähnliche Bewegungen in anderen Galaxien übernommen, was die Bedeutung von Velis Ryns Arbeit unterstreicht.

Zusammenfassend lässt sich sagen, dass die wichtigen Meilensteine in Velis Ryns Aktivismus eine Kombination aus persönlichem Engagement, öffentlicher Mobilisierung und strategischer Planung waren. Diese Meilensteine sind nicht nur Erfolge, sondern auch Lektionen für zukünftige Generationen von Aktivisten, die sich für die Rechte und die Identität marginalisierter Gemeinschaften einsetzen.

Persönliche Opfer und Herausforderungen

Die Reise von Velis Ryn als Bürgerrechtsaktivist war geprägt von persönlichen Opfern und zahlreichen Herausforderungen, die nicht nur seine Identität, sondern auch seine Beziehungen und seine psychische Gesundheit auf die Probe stellten. In diesem Abschnitt werden die verschiedenen Dimensionen dieser Opfer und Herausforderungen untersucht, um ein umfassendes Bild von Velis Ryns Engagement und den damit verbundenen Schwierigkeiten zu vermitteln.

1. Emotionale und Psychologische Belastungen

Die emotionalen und psychologischen Belastungen, die mit dem Aktivismus einhergehen, sind oft enorm. Velis Ryn sah sich ständig mit der Realität der Diskriminierung und der Ungerechtigkeit konfrontiert, die amorphe Lebensformen auf Xorlia erlebten. Diese ständige Konfrontation mit Ungerechtigkeit führte zu einer tiefen inneren Zerrissenheit und zu Identitätskrisen. Die Theorie der *psychologischen Resilienz* (Masten, 2001) besagt, dass Individuen, die in der Lage sind, sich an Herausforderungen anzupassen und aus schwierigen Situationen zu lernen, langfristig erfolgreicher sind. Velis musste lernen, seine Emotionen zu regulieren und seine Resilienz zu stärken, um weiterhin für seine Sache kämpfen zu können.

2. Soziale Isolation

Ein weiteres persönliches Opfer war die soziale Isolation, die Velis erlebte. Viele seiner Freunde und Bekannten distanzierten sich von ihm, als er sich intensiver mit dem Aktivismus beschäftigte. Diese Isolation kann durch die *Theorie der sozialen Identität* (Tajfel & Turner, 1979) erklärt werden, die besagt, dass Menschen sich oft von anderen abgrenzen, um ihre eigene Gruppenidentität zu schützen. Velis Ryn musste lernen, dass nicht jeder seine Vision teilte und dass es wichtig war, sich mit Gleichgesinnten zu umgeben, um Unterstützung zu finden.

3. Finanzielle Herausforderungen

Die finanziellen Herausforderungen waren ein weiteres bedeutendes Opfer. Aktivismus erfordert oft finanzielle Mittel für Kampagnen, Veranstaltungen und Öffentlichkeitsarbeit. Velis musste oft auf persönliche Ersparnisse zurückgreifen und sogar Nebenjobs annehmen, um seine Aktivitäten zu finanzieren. Diese finanzielle Belastung führte zu Stress und Unsicherheit, was sich negativ auf seine Gesundheit auswirkte. Laut der *Maslowschen Bedürfnispyramide* (Maslow, 1943) müssen grundlegende Bedürfnisse wie finanzielle Sicherheit erfüllt sein, bevor man sich höheren Zielen wie sozialer Gerechtigkeit widmen kann. Velis kämpfte oft mit dem Gefühl, dass er seine grundlegenden Bedürfnisse opfern musste, um für die Rechte anderer zu kämpfen.

4. Physische Gefahren

Die physische Sicherheit war ein weiteres großes Risiko, dem Velis ausgesetzt war. Als Bürgerrechtsaktivist war er oft Bedrohungen und Gewalt ausgesetzt, insbesondere von Gruppen, die gegen den Identitätsschutz amorpher Lebensformen waren. Diese Bedrohungen führten zu einem ständigen Gefühl der Angst und Unsicherheit. Die *Theorie der wahrgenommenen Bedrohung* (Rogers, 1983) beschreibt, wie Individuen auf Bedrohungen reagieren, und in Velis' Fall führte diese Bedrohung zu einem erhöhten Stressniveau und zu einer ständigen Wachsamkeit. Er musste lernen, sich selbst zu schützen und gleichzeitig seine Mission fortzusetzen.

5. Verlust von Beziehungen

Ein weiteres persönliches Opfer, das Velis erlebte, war der Verlust von Beziehungen. Die Hingabe an den Aktivismus führte dazu, dass er oft Zeit mit Freunden und Familie verpasste. Diese Abwesenheit führte zu Spannungen und Missverständnissen, die einige seiner engsten Beziehungen belasteten. Die *Theorie der Bindung* (Bowlby, 1969) legt nahe, dass enge Beziehungen für das emotionale Wohlbefinden entscheidend sind. Velis musste lernen, ein Gleichgewicht zwischen seinem Aktivismus und seinen persönlichen Beziehungen zu finden, um nicht vollständig isoliert zu werden.

6. Identitätskonflikte

Der Aktivismus führte auch zu Identitätskonflikten. Velis kämpfte oft mit der Frage, wer er wirklich war und ob er in der Lage war, die verschiedenen Aspekte seiner Identität zu vereinen: als amorphe Lebensform, als Aktivist und als Individuum. Diese Konflikte können durch die *Theorie der multiplen Identitäten* (Tajfel, 1981) erklärt werden, die besagt, dass Individuen mehrere Identitäten haben, die in unterschiedlichen Kontexten aktiviert werden. Velis musste lernen, diese verschiedenen Identitäten zu integrieren, um ein kohärentes Selbstbild zu entwickeln.

7. Der Einfluss von Rückschlägen

Rückschläge sind ein unvermeidlicher Teil des Aktivismus. Velis erlebte zahlreiche Rückschläge, die sein Engagement in Frage stellten. Diese Rückschläge führten oft zu Frustration und Entmutigung. Die *Theorie der Selbstwirksamkeit* (Bandura, 1977) besagt, dass das Vertrauen in die eigenen Fähigkeiten entscheidend für den Erfolg ist. Velis musste lernen, trotz Rückschlägen an sich selbst zu glauben und seine Vision aufrechtzuerhalten.

8. Der Preis des Erfolgs

Schließlich ist der Preis des Erfolgs ein weiteres persönliches Opfer, das Velis Ryn erlebte. Während er Erfolge in seinem Aktivismus erzielte, wurden die Anforderungen und Erwartungen an ihn immer größer. Der Druck, weiterhin erfolgreich zu sein, führte zu einem Gefühl der Überforderung. Laut der *Theorie des sozialen Vergleichs* (Festinger, 1954) vergleichen sich Menschen ständig mit anderen, was zu einem Gefühl der Unzulänglichkeit führen kann. Velis musste lernen, sich auf seine eigenen Fortschritte zu konzentrieren und nicht auf den Vergleich mit anderen.

Fazit

Die persönlichen Opfer und Herausforderungen, die Velis Ryn auf seinem Weg als Bürgerrechtsaktivist erlebte, sind ein zentraler Bestandteil seiner Geschichte. Diese Erfahrungen haben ihn geformt und ihm geholfen, zu einem stärkeren und entschlosseneren Kämpfer für die Rechte amorpher Lebensformen zu werden. Indem er diese Herausforderungen überwand, konnte Velis nicht nur seine eigene Identität stärken, sondern auch eine Bewegung ins Leben rufen, die das Leben vieler anderer auf Xorlia positiv beeinflusste.

Bibliography

[1] Masten, A. S. (2001). Ordinary Magic: Resilience Processes in Development. *American Psychologist*, 56(3), 227-238.

[2] Tajfel, H., & Turner, J. C. (1979). An Integrative Theory of Intergroup Conflict. In *The Social Psychology of Intergroup Relations* (pp. 33-47). Brooks/Cole.

[3] Maslow, A. H. (1943). A Theory of Human Motivation. *Psychological Review*, 50(4), 370-396.

[4] Rogers, R. W. (1983). Cognitive and Physiological Processes in Fear Appeals and Attitude Change: A Revised Theory of Protection Motivation. In *Social Psychophysiology: A Sourcebook* (pp. 153-177). Guilford Press.

[5] Bowlby, J. (1969). Attachment and Loss: Volume I. Attachment. Basic Books.

[6] Tajfel, H. (1981). Human Groups and Social Categories: Studies in Social Psychology. Cambridge University Press.

[7] Bandura, A. (1977). Self-Efficacy: Toward a Unifying Theory of Behavioral Change. *Psychological Review*, 84(2), 191-215.

[8] Festinger, L. (1954). A Theory of Social Comparison Processes. *Human Relations*, 7(2), 117-140.

Die Rolle der Gemeinschaft

Die Rolle der Gemeinschaft im Aktivismus ist von entscheidender Bedeutung, insbesondere im Kontext des Kampfes für den Identitätsschutz amorpher Lebensformen auf Xorlia. Gemeinschaften bieten nicht nur Unterstützung und Ressourcen, sondern sind auch entscheidend für die Mobilisierung von Menschen und die Schaffung eines kollektiven Bewusstseins. In diesem Abschnitt werden wir die verschiedenen Dimensionen der Gemeinschaftsrolle im Aktivismus untersuchen, einschließlich der Herausforderungen, die auftreten können, sowie der positiven Auswirkungen, die eine starke Gemeinschaft auf die Bewegung haben kann.

Theoretische Grundlagen

Die Theorie des sozialen Kapitals, wie sie von Pierre Bourdieu und Robert Putnam formuliert wurde, bietet einen nützlichen Rahmen, um die Rolle der Gemeinschaft im Aktivismus zu verstehen. Soziales Kapital bezieht sich auf die Netzwerke, Beziehungen und Normen, die das Vertrauen und die Zusammenarbeit innerhalb einer Gemeinschaft fördern. In Bezug auf den Aktivismus bedeutet ein hohes Maß an sozialem Kapital, dass Gemeinschaften besser in der Lage sind, sich zu organisieren, Ressourcen zu mobilisieren und ihre Anliegen effektiv zu vertreten.

$$C = \sum_{i=1}^{n} \frac{T_i}{N} \tag{31}$$

Hierbei ist C das soziale Kapital, T_i die Anzahl der vertrauensvollen Beziehungen, und N die Gesamtzahl der Mitglieder in der Gemeinschaft. Ein höheres Maß an sozialem Kapital führt in der Regel zu einer stärkeren und effektiveren Gemeinschaft.

Herausforderungen in der Gemeinschaft

Trotz der Vorteile, die eine starke Gemeinschaft mit sich bringt, gibt es auch Herausforderungen. Diskriminierung und Vorurteile gegenüber amorphen Lebensformen können die Solidarität innerhalb der Gemeinschaft untergraben. Oftmals wird die Identität von Individuen innerhalb der Gemeinschaft nicht anerkannt, was zu einem Gefühl der Isolation führt. Darüber hinaus können interne Konflikte und unterschiedliche Meinungen über die Strategien des Aktivismus zu Spannungen führen.

Ein Beispiel für solche Herausforderungen ist die Diskrepanz zwischen verschiedenen Generationen innerhalb der Gemeinschaft. Ältere Mitglieder könnten traditionellere Ansätze zur Identitätswahrung bevorzugen, während jüngere Mitglieder möglicherweise innovativere oder radikalere Methoden in Betracht ziehen. Diese Differenzen können zu einer Fragmentierung der Gemeinschaft führen, was die Effektivität der Bewegung beeinträchtigt.

Positive Auswirkungen einer starken Gemeinschaft

Eine starke Gemeinschaft kann jedoch auch als Katalysator für positive Veränderungen fungieren. Gemeinschaften bieten einen Raum für den Austausch von Ideen, Erfahrungen und Ressourcen. Durch Workshops, Versammlungen und soziale Veranstaltungen können Mitglieder ihre Fähigkeiten erweitern und sich gegenseitig unterstützen. Ein Beispiel für eine erfolgreiche Gemeinschaftsinitiative ist die Organisation von Kunst- und Musikfestivals, die nicht nur das Bewusstsein für die Anliegen amorpher Lebensformen schärfen, sondern auch eine Plattform für kreative Ausdrucksformen bieten.

Zusätzlich können Gemeinschaften durch gemeinsame Aktionen, wie Proteste und Demonstrationen, eine starke öffentliche Präsenz schaffen. Diese kollektiven Anstrengungen können zu einer erhöhten Sichtbarkeit der Probleme führen, mit denen amorphe Lebensformen konfrontiert sind, und die Aufmerksamkeit der Medien auf sich ziehen. Ein herausragendes Beispiel ist die „Kampagne für Identitätsschutz", die von einer Vielzahl von Gemeinschaften auf Xorlia initiiert wurde und international Anerkennung fand.

Fallstudien und Beispiele

Um die Rolle der Gemeinschaft weiter zu veranschaulichen, betrachten wir einige Fallstudien:

- **Die Allianz der Amorphien:** Diese Gemeinschaft wurde gegründet, um amorphe Lebensformen zu unterstützen und ihre Anliegen zu vertreten. Durch regelmäßige Treffen und den Austausch von Ressourcen konnte die Allianz eine Vielzahl von Initiativen ins Leben rufen, die auf die Sensibilisierung für die Herausforderungen dieser Lebensformen abzielen.

- **Das Festival der Identität:** Dieses jährliche Festival bringt Mitglieder verschiedener Gemeinschaften zusammen, um ihre kulturellen Ausdrucksformen zu feiern. Das Festival hat nicht nur die Sichtbarkeit amorpher Lebensformen erhöht, sondern auch den interkulturellen Dialog gefördert.

- **Mentorenprogramme:** Gemeinschaften haben Mentorenprogramme etabliert, um jüngeren Mitgliedern zu helfen, ihre Identität zu finden und sich aktiv am Aktivismus zu beteiligen. Diese Programme fördern den Austausch von Wissen und Erfahrungen und stärken die Bindungen innerhalb der Gemeinschaft.

Schlussfolgerung

Insgesamt spielt die Gemeinschaft eine unverzichtbare Rolle im Aktivismus für den Identitätsschutz amorpher Lebensformen auf Xorlia. Sie bietet nicht nur Unterstützung und Ressourcen, sondern ist auch entscheidend für die Mobilisierung von Menschen und die Schaffung eines kollektiven Bewusstseins. Trotz der Herausforderungen, die auftreten können, zeigen die positiven Auswirkungen einer starken Gemeinschaft, dass sie ein wesentlicher Bestandteil des Erfolgs im Aktivismus ist. Durch die Förderung von Solidarität und Zusammenarbeit können Gemeinschaften einen nachhaltigen Einfluss auf die Gesellschaft ausüben und den Kampf um Identität und Anerkennung vorantreiben.

Unterstützung durch die Regierung

Die Unterstützung durch die Regierung spielt eine entscheidende Rolle im Kampf um den Identitätsschutz amorpher Lebensformen auf Xorlia. Diese Unterstützung kann in verschiedenen Formen auftreten, darunter gesetzgeberische Maßnahmen, finanzielle Ressourcen und politische Rückendeckung. In diesem Abschnitt werden wir die verschiedenen Facetten der Unterstützung durch die Regierung beleuchten, die Herausforderungen, die dabei auftreten können, und einige Beispiele für erfolgreiche Initiativen.

Gesetzgeberische Maßnahmen

Ein wesentlicher Aspekt der Unterstützung durch die Regierung sind gesetzgeberische Maßnahmen, die darauf abzielen, die Rechte und Identität amorpher Lebensformen zu schützen. Die Schaffung spezifischer Gesetze, die Diskriminierung verhindern und die kulturelle Identität fördern, ist von zentraler Bedeutung. Ein Beispiel dafür ist das *Gesetz zum Schutz amorpher Lebensformen*, das im Jahr 2045 verabschiedet wurde. Dieses Gesetz legt fest, dass alle Lebensformen, unabhängig von ihrer physischen Erscheinung, das Recht auf Gleichbehandlung und Zugang zu Bildung, Gesundheitsversorgung und sozialen Dienstleistungen haben.

Finanzielle Ressourcen

Die Bereitstellung finanzieller Ressourcen ist ein weiterer wichtiger Aspekt. Die Regierung kann Fördermittel für Organisationen bereitstellen, die sich für den Identitätsschutz einsetzen. Diese Mittel können verwendet werden, um

Bildungsprogramme zu entwickeln, Aufklärungskampagnen durchzuführen und Veranstaltungen zu organisieren, die das Bewusstsein für die Herausforderungen amorpher Lebensformen schärfen. Ein Beispiel für eine solche Initiative ist das *Programm zur Förderung der Vielfalt*, das von der xorlianischen Regierung ins Leben gerufen wurde und jährlich Millionen von Xorlen in Projekte investiert, die sich mit der Identität und den Rechten amorpher Lebensformen befassen.

Politische Rückendeckung

Die politische Rückendeckung ist ebenfalls von entscheidender Bedeutung. Politiker, die sich öffentlich für die Rechte amorpher Lebensformen einsetzen, können erheblichen Einfluss auf die öffentliche Meinung und die Gesetzgebung ausüben. Die Unterstützung von Schlüsselakteuren in der Regierung kann dazu führen, dass wichtige Themen auf die politische Agenda gesetzt werden. Ein Beispiel hierfür ist die xorlianische Senatorin *Lira Varn*, die sich aktiv für die Rechte amorpher Lebensformen einsetzt und eine führende Rolle bei der Einführung des oben genannten Gesetzes gespielt hat. Ihre Reden und öffentlichen Auftritte haben dazu beigetragen, das Bewusstsein für die Herausforderungen zu schärfen, mit denen diese Lebensformen konfrontiert sind.

Herausforderungen

Trotz dieser positiven Entwicklungen gibt es auch Herausforderungen, die die Unterstützung durch die Regierung erschweren können. Politische Widerstände, gesellschaftliche Vorurteile und mangelndes Verständnis für die spezifischen Bedürfnisse amorpher Lebensformen können die Umsetzung von Gesetzen und Programmen behindern. In einigen Fällen kann die Regierung unter Druck geraten, ihre Unterstützung zurückzuziehen, insbesondere wenn es um umstrittene Themen wie den Zugang zu Bildung oder Gesundheitsversorgung geht.

Ein Beispiel für solche Herausforderungen ist der Widerstand gegen das *Bildungsgesetz für amorphe Lebensformen*, das im Jahr 2048 vorgeschlagen wurde. Dieses Gesetz sah vor, spezielle Bildungsprogramme zu schaffen, die auf die Bedürfnisse amorpher Lebensformen zugeschnitten sind. Trotz der Unterstützung durch einige Regierungsmitglieder stieß das Gesetz auf Widerstand von konservativen Gruppen, die argumentierten, dass solche Programme nicht notwendig seien und Ressourcen von anderen wichtigen Bereichen abziehen würden.

Erfolgreiche Initiativen

Trotz dieser Herausforderungen gibt es zahlreiche erfolgreiche Initiativen, die die Unterstützung durch die Regierung verdeutlichen. Eine der bemerkenswertesten ist die *Jährliche Konferenz für Identitätsschutz*, die von der xorlianischen Regierung in Zusammenarbeit mit verschiedenen NGOs organisiert wird. Diese Konferenz bringt Aktivisten, Regierungsvertreter und Wissenschaftler zusammen, um über Strategien zur Förderung des Identitätsschutzes zu diskutieren. Die Konferenz hat nicht nur dazu beigetragen, das Bewusstsein zu schärfen, sondern auch konkrete Maßnahmen hervorgebracht, die in die politische Agenda aufgenommen wurden.

Ein weiteres Beispiel ist die *Kampagne für Gleichheit und Vielfalt*, die von der Regierung ins Leben gerufen wurde, um die Rechte amorpher Lebensformen zu fördern. Diese Kampagne hat in den letzten Jahren zu einer signifikanten Zunahme der öffentlichen Unterstützung für die Anliegen dieser Lebensformen geführt und dazu beigetragen, dass mehr Menschen sich aktiv für den Identitätsschutz einsetzen.

Fazit

Die Unterstützung durch die Regierung ist ein wesentlicher Faktor im Kampf um den Identitätsschutz amorpher Lebensformen auf Xorlia. Durch gesetzgeberische Maßnahmen, finanzielle Ressourcen und politische Rückendeckung kann die Regierung einen bedeutenden Beitrag leisten, um die Herausforderungen zu bewältigen, mit denen diese Lebensformen konfrontiert sind. Trotz der bestehenden Herausforderungen zeigen erfolgreiche Initiativen, dass eine Zusammenarbeit zwischen Regierung und Zivilgesellschaft möglich ist und dass positive Veränderungen erreicht werden können. Die fortlaufende Unterstützung durch die Regierung ist entscheidend, um eine inklusive und gerechte Gesellschaft für alle Lebensformen auf Xorlia zu schaffen.

Widerstand von Gegnern

Der Widerstand von Gegnern ist ein zentrales Thema im Aktivismus, insbesondere im Kontext des Identitätsschutzes amorpher Lebensformen auf Xorlia. Dieser Widerstand manifestiert sich auf verschiedenen Ebenen und hat sowohl direkte als auch indirekte Auswirkungen auf die Bewegung von Velis Ryn. In diesem Abschnitt werden die verschiedenen Formen des Widerstands analysiert, die Herausforderungen, die sie mit sich bringen, sowie die Strategien, die entwickelt wurden, um diesen Widerstand zu überwinden.

Formen des Widerstands

Der Widerstand gegen den Aktivismus kann in mehreren Formen auftreten, einschließlich, aber nicht beschränkt auf:

+ **Politischer Widerstand:** Dieser Widerstand kommt häufig von politischen Akteuren, die sich gegen Veränderungen im rechtlichen Rahmen oder gegen die Anerkennung der Rechte amorpher Lebensformen aussprechen. Oftmals sind diese Akteure in etablierten politischen Systemen verankert, die von traditionellen Ansichten geprägt sind, und befürchten, dass Veränderungen ihre Machtpositionen gefährden könnten.

+ **Gesellschaftlicher Widerstand:** Diskriminierung und Vorurteile gegenüber amorphen Lebensformen sind weit verbreitet. Gesellschaftliche Normen und Werte, die auf festgelegten Identitäten basieren, führen zu einem tief verwurzelten Widerstand gegen die Akzeptanz von Vielfalt und Fluidität in der Identität.

+ **Wirtschaftlicher Widerstand:** Unternehmen und wirtschaftliche Interessen, die von der Diskriminierung oder der Marginalisierung amorpher Lebensformen profitieren, können aktiv gegen den Aktivismus arbeiten. Dies kann durch Lobbyarbeit, Finanzierung von Gegenkampagnen oder durch die Verbreitung von Fehlinformationen geschehen.

+ **Medialer Widerstand:** Die Medien spielen eine entscheidende Rolle in der Wahrnehmung von sozialen Bewegungen. Negative Berichterstattung oder die verzerrte Darstellung von Aktivisten und ihren Anliegen können den Widerstand verstärken und die öffentliche Meinung gegen den Aktivismus lenken.

Herausforderungen durch den Widerstand

Die Herausforderungen, die durch den Widerstand entstehen, sind vielschichtig und betreffen sowohl die Strategie als auch die Moral der Aktivisten. Zu den Hauptproblemen gehören:

+ **Demoralisierung:** Widerstand kann zu einer Abnahme der Motivation und des Engagements innerhalb der Bewegung führen. Aktivisten, die ständig mit Widerstand konfrontiert sind, können sich entmutigt fühlen, was zu einem Rückgang der Aktivität und der Mobilisierung führen kann.

- **Ressourcenmangel:** Gegner des Aktivismus sind oft besser ausgestattet, sowohl finanziell als auch in Bezug auf Einfluss und Reichweite. Dies kann dazu führen, dass Aktivisten Schwierigkeiten haben, ihre Botschaften zu verbreiten und Unterstützung zu gewinnen.

- **Spaltung innerhalb der Bewegung:** Widerstand kann auch zu internen Konflikten führen, wenn unterschiedliche Strategien zur Bekämpfung des Widerstands aufeinandertreffen. Solche Spaltungen können die Effektivität der Bewegung untergraben und den Fokus auf gemeinsame Ziele verwässern.

Strategien zur Überwindung des Widerstands

Um den Widerstand erfolgreich zu überwinden, hat Velis Ryn verschiedene Strategien entwickelt, die sowohl kreative als auch konventionelle Ansätze beinhalten:

- **Aufklärung und Bewusstseinsbildung:** Eine der effektivsten Strategien gegen Widerstand ist die Aufklärung der Öffentlichkeit über die Herausforderungen und die Bedeutung des Identitätsschutzes für amorphe Lebensformen. Durch Informationskampagnen, Workshops und öffentliche Veranstaltungen wird versucht, Vorurteile abzubauen und Empathie zu fördern.

- **Koalitionen bilden:** Velis Ryn hat erkannt, dass die Bildung von Allianzen mit anderen sozialen Bewegungen und Organisationen entscheidend ist. Durch gemeinsame Aktionen und die Bündelung von Ressourcen können die Stimmen der Aktivisten verstärkt und der Widerstand effektiver bekämpft werden.

- **Einsatz von sozialen Medien:** Die Nutzung sozialer Medien hat sich als ein kraftvolles Werkzeug im Aktivismus erwiesen. Velis Ryn hat Plattformen genutzt, um die Botschaft zu verbreiten, Unterstützer zu mobilisieren und eine breitere Öffentlichkeit zu erreichen. Soziale Medien ermöglichen es, direkt mit der Gemeinschaft zu kommunizieren und Missverständnisse sofort zu adressieren.

- **Kreative Ausdrucksformen:** Kunst, Musik und andere kreative Ausdrucksformen werden eingesetzt, um die Botschaften der Bewegung auf eine ansprechende und einprägsame Weise zu vermitteln. Solche Formate können helfen, emotionale Verbindungen herzustellen und den Widerstand auf einer kulturellen Ebene zu überwinden.

Beispiele für Widerstand und Reaktionen

Ein prägnantes Beispiel für den Widerstand gegen Velis Ryn und die Bewegung ist der Fall einer Gesetzesinitiative, die darauf abzielte, die Rechte amorpher Lebensformen zu schützen. Diese Initiative stieß auf heftigen Widerstand von konservativen politischen Gruppen, die behaupteten, dass solche Gesetze die "traditionelle" Gesellschaft gefährden würden. Die Reaktion der Bewegung um Velis Ryn war eine umfassende Aufklärungskampagne, die die Vorteile der Diversität und der Inklusion für die Gesellschaft hervorhob.

Darüber hinaus wurde eine Online-Petition gestartet, die innerhalb kürzester Zeit Tausende von Unterschriften sammelte und so den Druck auf die politischen Entscheidungsträger erhöhte. Diese Mobilisierung führte schließlich dazu, dass das Gesetz in modifizierter Form verabschiedet wurde, was als ein bedeutender Erfolg für die Bewegung gewertet werden kann.

Fazit

Der Widerstand von Gegnern ist eine unvermeidliche Realität im Aktivismus für den Identitätsschutz amorpher Lebensformen. Velis Ryn hat jedoch gezeigt, dass durch strategische Planung, kreative Ansätze und die Bildung von Allianzen der Widerstand überwunden werden kann. Die Herausforderungen, die sich aus diesem Widerstand ergeben, können als Katalysatoren für Wachstum und Veränderung innerhalb der Bewegung dienen. Indem die Aktivisten lernen, mit Widerstand umzugehen und ihn in konstruktive Energie umzuwandeln, können sie nicht nur ihre eigenen Ziele erreichen, sondern auch einen bleibenden Einfluss auf die Gesellschaft ausüben.

Die Bedeutung von Resilienz

Resilienz ist ein zentraler Begriff im Kontext des Aktivismus und spielt eine entscheidende Rolle im Kampf um Identitätsschutz, insbesondere für amorphe Lebensformen auf Xorlia. Sie beschreibt die Fähigkeit von Individuen und Gemeinschaften, sich von Rückschlägen, Herausforderungen und Widrigkeiten zu erholen und gestärkt daraus hervorzugehen. In diesem Abschnitt werden wir die theoretischen Grundlagen der Resilienz, ihre Relevanz im Aktivismus sowie konkrete Beispiele und Herausforderungen beleuchten.

Theoretische Grundlagen der Resilienz

Die Resilienztheorie basiert auf der Annahme, dass Menschen über adaptive Mechanismen verfügen, die ihnen helfen, mit Stress und Trauma umzugehen. Nach [1] ist Resilienz nicht nur die Abwesenheit von psychischen Problemen, sondern auch das Vorhandensein positiver Anpassungsmechanismen. Die Forschung identifiziert mehrere Schlüsselfaktoren, die zur Resilienz beitragen:

- **Soziale Unterstützung:** Ein starkes Netzwerk aus Familie, Freunden und Gemeinschaften kann den Druck verringern und emotionale Stabilität bieten.

- **Selbstwirksamkeit:** Der Glaube an die eigene Fähigkeit, Herausforderungen zu bewältigen, ist entscheidend für die Resilienz.

- **Emotionale Regulation:** Die Fähigkeit, Emotionen zu steuern und konstruktiv mit Stress umzugehen, fördert die Resilienz.

- **Optimismus:** Eine positive Einstellung zur Zukunft kann als Puffer gegen Stress wirken.

Diese Faktoren sind besonders relevant für Aktivisten wie Velis Ryn, die in einem oft feindlichen Umfeld operieren.

Herausforderungen für die Resilienz im Aktivismus

Aktivismus ist häufig mit Rückschlägen, Widerstand und Diskriminierung verbunden. Die Herausforderungen, denen sich Aktivisten gegenübersehen, können die Resilienz erheblich auf die Probe stellen. Zu den häufigsten Problemen gehören:

- **Diskriminierung und Vorurteile:** Amorphen Lebensformen wird oft mit Vorurteilen begegnet, was zu einem Gefühl der Isolation führen kann.

- **Rechtliche Hürden:** Die Komplexität und Ungerechtigkeit der rechtlichen Rahmenbedingungen können frustrierend sein und die Motivation untergraben.

- **Psychische Belastung:** Ständige Konfrontation mit Ungerechtigkeiten kann zu psychischen Problemen wie Angst und Depression führen.

Die Resilienz der Aktivisten wird auf die Probe gestellt, wenn sie mit diesen Herausforderungen konfrontiert werden. Ein Beispiel hierfür ist die Reaktion von Velis Ryn auf einen Rückschlag in der Bewegung, als ein wichtiges Gesetz zur Anerkennung amorpher Lebensformen abgelehnt wurde. Anstatt aufzugeben, mobilisierte Ryn die Gemeinschaft und nutzte soziale Medien, um das Bewusstsein zu schärfen und Unterstützung zu gewinnen.

Beispiele für Resilienz im Aktivismus

Ein bemerkenswertes Beispiel für Resilienz im Aktivismus ist die Reaktion auf den Verlust eines wichtigen Anführers in der Bewegung. Statt in Trauer zu versinken, organisierte Velis Ryn eine Gedenkveranstaltung, die nicht nur dem Verstorbenen gewidmet war, sondern auch als Plattform diente, um die Ziele der Bewegung zu bekräftigen. Diese Art von Resilienz zeigt sich in verschiedenen Formen:

- **Kreative Ausdrucksformen:** Kunst und Musik wurden als Mittel genutzt, um die Botschaft des Aktivismus zu verbreiten und die Gemeinschaft zu stärken.

- **Bildung und Aufklärung:** Durch Workshops und Informationsveranstaltungen wurde das Bewusstsein für die Herausforderungen amorpher Lebensformen geschärft, was zu einer stärkeren Gemeinschaftsbindung führte.

- **Internationale Zusammenarbeit:** Velis Ryn suchte aktiv den Dialog mit anderen planetarischen Bewegungen, was nicht nur die Sichtbarkeit erhöhte, sondern auch neue Ressourcen und Unterstützung erschloss.

Diese Beispiele verdeutlichen, wie Resilienz im Aktivismus nicht nur eine individuelle Eigenschaft ist, sondern auch eine kollektive Stärke fördern kann.

Schlussfolgerung

Die Bedeutung von Resilienz im Aktivismus kann nicht hoch genug eingeschätzt werden. Sie ist der Schlüssel zur Überwindung von Widrigkeiten und zur Aufrechterhaltung des Engagements für den Identitätsschutz amorpher Lebensformen auf Xorlia. Indem Aktivisten wie Velis Ryn Resilienz entwickeln und fördern, schaffen sie nicht nur eine Grundlage für ihren eigenen Erfolg, sondern auch für die gesamte Gemeinschaft. In einer Welt voller Herausforderungen ist Resilienz das Licht, das den Weg weist und Hoffnung für die Zukunft bietet.

Bibliography

[1] Masten, A. S. (2001). Ordinary magic: Resilience processes in development. *American Psychologist*, 56(3), 227-238.

Einfluss auf die Gesetzgebung

Der Einfluss von Velis Ryn auf die Gesetzgebung ist ein zentrales Element seines Engagements für die Rechte amorpher Lebensformen auf Xorlia. Durch strategische Mobilisierung, Aufklärung und Advocacy hat Ryn nicht nur das Bewusstsein für die Herausforderungen, denen diese Lebensformen gegenüberstehen, geschärft, sondern auch konkrete Veränderungen in der Gesetzgebung angestoßen. In diesem Abschnitt werden die Mechanismen und Resultate dieses Einflusses untersucht.

Einführung neuer Gesetze

Die Einführung neuer Gesetze ist oft das Resultat intensiver Lobbyarbeit und öffentlicher Unterstützung. Ryn und seine Bewegung haben es geschafft, Gesetze zu initiieren, die den Identitätsschutz amorpher Lebensformen garantieren. Ein Beispiel dafür ist das *Gesetz zum Schutz der Identität amorpher Lebensformen*, das im Jahr 2045 verabschiedet wurde. Dieses Gesetz legt fest, dass amorphe Lebensformen das Recht auf Selbstdefinition und kulturelle Identität haben. Es enthält Bestimmungen zur Bekämpfung von Diskriminierung und zur Förderung der kulturellen Vielfalt.

Die Rolle von Velis Ryn in der Politik

Velis Ryn hat sich aktiv in die politische Arena begeben, um die Interessen seiner Gemeinschaft zu vertreten. Durch die Gründung der *Allianz für Identitätsschutz* hat er eine Plattform geschaffen, die es ermöglicht, politische Entscheidungsträger direkt zu kontaktieren und auf die Bedürfnisse amorpher Lebensformen hinzuweisen. Ryn hat regelmäßig an politischen Anhörungen teilgenommen und dabei die Stimmen von Betroffenen gehört, um die Dringlichkeit seiner Anliegen zu unterstreichen.

Unterstützung durch die Öffentlichkeit

Die Unterstützung der Öffentlichkeit war entscheidend für den Erfolg von Ryns Initiativen.   Durch Kampagnen in sozialen Medien und öffentliche Veranstaltungen konnten große Menschenmengen mobilisiert werden, die für die Rechte amorpher Lebensformen eintreten. Eine bemerkenswerte Aktion war die *Woche der Identität*, in der Ryn und seine Unterstützer in verschiedenen Städten Xorlias Demonstrationen organisierten. Diese Veranstaltungen zogen nicht nur die Aufmerksamkeit der Medien auf sich, sondern führten auch zu einer breiten öffentlichen Diskussion über die Rechte amorpher Lebensformen.

Der Einfluss auf andere Gesetzgeber

Ryns Einfluss erstreckt sich über die Grenzen Xorlias hinaus.   Internationale Organisationen und Gesetzgeber anderer Planeten haben Ryns Ansätze und Strategien als Modell für ihre eigenen Bürgerrechtsbewegungen übernommen. Ein Beispiel hierfür ist die *Intergalaktische Konferenz für Bürgerrechte*, bei der Ryn als Hauptredner auftrat und seine Erfahrungen teilte. Die dortigen Diskussionen führten zur Verabschiedung ähnlicher Gesetze in anderen planetarischen Systemen, die den Schutz von Identität und Kultur fördern.

Internationale Reaktionen

Die internationale Gemeinschaft hat auf Ryns Aktivitäten aufmerksam reagiert. Organisationen wie die *Galaktische Menschenrechtsunion* haben Ryns Initiativen unterstützt und ihm als Berater für die Entwicklung von Richtlinien zur Förderung der Rechte amorpher Lebensformen zur Seite gestanden. Diese Zusammenarbeit hat nicht nur die Sichtbarkeit des Themas erhöht, sondern auch Druck auf die xorlianische Regierung ausgeübt, um proaktive Maßnahmen zu ergreifen.

Die Rolle von NGOs

Nichtregierungsorganisationen (NGOs) spielen eine entscheidende Rolle im Prozess der Gesetzesänderung.   Ryn hat mit verschiedenen NGOs zusammengearbeitet, um Ressourcen und Unterstützung für seine Bewegung zu mobilisieren. Diese Partnerschaften haben es ermöglicht, Fachwissen und finanzielle Mittel zu bündeln, um Kampagnen effektiver zu gestalten. Ein Beispiel ist die Zusammenarbeit mit der NGO *Vielfalt für alle*, die spezielle Programme zur Aufklärung über die Rechte amorpher Lebensformen entwickelt hat.

Bildung und rechtliche Aufklärung

Ein weiterer wichtiger Aspekt von Ryns Einfluss auf die Gesetzgebung ist die Förderung von Bildung und rechtlicher Aufklärung. Durch Workshops und Schulungen hat Ryn das Bewusstsein für die Rechte amorpher Lebensformen geschärft und die Gemeinschaft in rechtlichen Fragen geschult. Diese Aufklärung hat es den Betroffenen ermöglicht, ihre Rechte aktiv einzufordern und sich gegen Diskriminierung zu wehren.

Veränderungen in der Gesellschaft

Die Veränderungen in der Gesetzgebung, die durch Ryns Einfluss angestoßen wurden, haben auch zu einem Wandel in der Gesellschaft geführt. Die Akzeptanz amorpher Lebensformen hat zugenommen, und es gibt eine wachsende Bewegung hin zu mehr Inklusion und Diversität. Dies zeigt sich nicht nur in den Gesetzen, sondern auch in der Kultur, wo amorphe Lebensformen zunehmend in Kunst, Musik und Medien vertreten sind.

Die Bedeutung von Advocacy

Advocacy ist ein zentraler Bestandteil von Ryns Strategie zur Beeinflussung der Gesetzgebung. Durch gezielte Kampagnen hat er es geschafft, die Aufmerksamkeit auf die spezifischen Bedürfnisse amorpher Lebensformen zu lenken. Die Verwendung von Daten, persönlichen Geschichten und wissenschaftlichen Studien hat dazu beigetragen, die Argumente zu untermauern und die Dringlichkeit von Gesetzesänderungen zu verdeutlichen.

Langfristige Auswirkungen auf die Gesellschaft

Die langfristigen Auswirkungen von Ryns Einfluss auf die Gesetzgebung sind vielschichtig. Neben der Schaffung eines rechtlichen Rahmens für den Schutz amorpher Lebensformen hat Ryn auch eine Kultur des Respekts und der Akzeptanz gefördert. Die gesetzgeberischen Erfolge haben dazu beigetragen, dass amorphe Lebensformen heute in der Gesellschaft sichtbarer und respektierter sind. Dies führt zu einer stärkeren Gemeinschaft und einem besseren Verständnis zwischen verschiedenen Lebensformen.

Insgesamt zeigt der Einfluss von Velis Ryn auf die Gesetzgebung, wie wichtig aktives Engagement und strategische Mobilisierung sind, um Veränderungen herbeizuführen. Durch seine Arbeit hat er nicht nur Gesetze geändert, sondern auch das Bewusstsein für die Rechte amorpher Lebensformen auf Xorlia und darüber hinaus geschärft. Die Herausforderungen sind zwar nach wie vor vorhanden, doch Ryns Vermächtnis wird weiterhin als Inspiration für zukünftige Generationen dienen.

Die Rolle internationaler Organisationen

Die Rolle internationaler Organisationen im Kampf um den Identitätsschutz amorpher Lebensformen auf Xorlia ist von entscheidender Bedeutung. Diese Organisationen fungieren als Plattformen, um globale Standards zu setzen, die Rechte von Minderheiten zu schützen und den Austausch von Wissen und Ressourcen zu fördern. In diesem Abschnitt werden die verschiedenen Funktionen internationaler Organisationen, die Herausforderungen, denen sie gegenüberstehen, sowie einige konkrete Beispiele für ihren Einfluss auf den Aktivismus von Velis Ryn und die amorphen Lebensformen auf Xorlia untersucht.

Funktionen internationaler Organisationen

Internationale Organisationen wie die *Vereinten Nationen (UN)*, *Amnesty International* und *Human Rights Watch* spielen eine zentrale Rolle bei der Förderung und dem Schutz der Menschenrechte. Ihre Funktionen lassen sich in mehreren Bereichen zusammenfassen:

- **Standardsetzung:** Internationale Organisationen entwickeln und implementieren rechtliche Rahmenbedingungen, die den Schutz von Identitäten und kulturellen Rechten fördern. Die *Allgemeine Erklärung der Menschenrechte* und die *Erklärung der Rechte von indigenen Völkern* sind Beispiele für solche Dokumente, die auch auf amorphe Lebensformen angewendet werden können.

- **Monitoring und Berichterstattung:** Diese Organisationen überwachen die Einhaltung von Menschenrechtsstandards und berichten über Verstöße. Durch regelmäßige Berichte und Untersuchungen können sie auf Missstände aufmerksam machen und Druck auf Regierungen ausüben.

- **Advocacy und Lobbyarbeit:** Internationale Organisationen setzen sich aktiv für die Rechte von Minderheiten und unterdrückten Gruppen ein. Sie arbeiten mit lokalen Aktivisten zusammen, um deren Anliegen auf internationaler Ebene zu vertreten.

- **Ressourcenzugang:** Sie bieten finanzielle Unterstützung, Schulungen und Ressourcen für lokale Organisationen, die sich für den Identitätsschutz einsetzen. Dies ist besonders wichtig für amorphe Lebensformen, die oft unterfinanziert sind.

Herausforderungen für internationale Organisationen

Trotz ihrer wichtigen Rolle stehen internationale Organisationen vor mehreren Herausforderungen:

- **Politische Widerstände:** Viele Regierungen sind nicht bereit, internationale Standards zu akzeptieren, insbesondere wenn diese im Widerspruch zu nationalen Interessen stehen. Dies kann zu einem Mangel an Unterstützung für die Rechte amorpher Lebensformen führen.

- **Ressourcenmangel:** Internationale Organisationen sind oft auf Spenden angewiesen, was ihre Fähigkeit einschränkt, umfassende Programme durchzuführen. Dies kann dazu führen, dass wichtige Projekte zur Unterstützung amorpher Lebensformen nicht realisiert werden können.

- **Kulturelle Sensibilität:** Die Anwendung internationaler Standards auf lokale Kontexte erfordert ein tiefes Verständnis der kulturellen Unterschiede. Fehlinterpretationen können zu Konflikten und Widerstand in den betroffenen Gemeinschaften führen.

Beispiele für den Einfluss internationaler Organisationen

Ein herausragendes Beispiel für den Einfluss internationaler Organisationen auf den Aktivismus von Velis Ryn ist die Zusammenarbeit mit der *UN-Menschenrechtskommission*. Diese Organisation hat eine spezielle Arbeitsgruppe eingerichtet, die sich mit den Rechten amorpher Lebensformen befasst. Durch diese Plattform konnte Velis Ryn internationale Aufmerksamkeit auf die Diskriminierung und den Identitätsverlust amorpher Lebensformen lenken.

Ein weiteres Beispiel ist die Unterstützung von *Amnesty International*, die eine Kampagne zur Aufklärung über die Herausforderungen amorpher Lebensformen ins Leben gerufen hat. Diese Kampagne hat nicht nur das Bewusstsein geschärft, sondern auch finanzielle Mittel bereitgestellt, um Bildungsprogramme und Workshops zur Stärkung der Identität durchzuführen.

Zusätzlich hat *Human Rights Watch* Berichte veröffentlicht, die die spezifischen Herausforderungen amorpher Lebensformen dokumentieren, und hat damit den Druck auf die Xorlianische Regierung erhöht, Gesetze zum Schutz dieser Gruppen zu reformieren.

Schlussfolgerung

Die Rolle internationaler Organisationen ist für den Kampf um den Identitätsschutz amorpher Lebensformen auf Xorlia von entscheidender Bedeutung. Sie bieten nicht nur eine Plattform für Advocacy und Lobbyarbeit, sondern auch Ressourcen und Unterstützung für lokale Aktivisten wie Velis Ryn. Trotz der Herausforderungen, mit denen sie konfrontiert sind, bleibt ihr Einfluss auf die Gesellschaft und die Gesetzgebung von großer Bedeutung. Die Zusammenarbeit zwischen internationalen Organisationen und lokalen Bewegungen ist unerlässlich, um die Rechte amorpher Lebensformen zu schützen und zu fördern.

Langfristige Auswirkungen der Bewegung

Die Bewegung für den Identitätsschutz amorpher Lebensformen auf Xorlia hat nicht nur unmittelbare Effekte auf die betroffenen Gemeinschaften, sondern auch langfristige Auswirkungen, die sich auf verschiedenen Ebenen manifestieren. Diese Auswirkungen sind sowohl sozialer als auch politischer Natur und betreffen die gesellschaftliche Wahrnehmung, rechtliche Rahmenbedingungen und die kulturelle Identität.

Soziale Auswirkungen

Eine der bedeutendsten langfristigen Auswirkungen der Bewegung ist die Veränderung der sozialen Wahrnehmung amorpher Lebensformen. Durch Aufklärungskampagnen und öffentliche Diskussionen ist es gelungen, Vorurteile abzubauen und ein größeres Verständnis für die Herausforderungen zu schaffen, mit denen diese Lebensformen konfrontiert sind. Ein Beispiel hierfür ist die zunehmende Akzeptanz in Schulen, wo interkulturelle Bildungsprogramme implementiert wurden, um das Bewusstsein für Diversität zu fördern.

$$\text{Akzeptanz} = \frac{\text{Anzahl der positiven Interaktionen}}{\text{Gesamtzahl der Interaktionen}} \times 100 \qquad (32)$$

Diese Formel zeigt, dass eine höhere Anzahl positiver Interaktionen zu einer gesteigerten Akzeptanz führt, was in Umfragen zur sozialen Integration amorpher Lebensformen belegt wird.

Politische Auswirkungen

Politisch hat die Bewegung dazu beigetragen, neue Gesetze und Richtlinien zu etablieren, die den Schutz der Identität amorpher Lebensformen garantieren. Diese rechtlichen Veränderungen sind oft das Ergebnis von Lobbyarbeit und der Mobilisierung von Gemeinschaften, die sich für ihre Rechte einsetzen. Ein Beispiel ist das *Gesetz zum Schutz der Identität amorpher Lebensformen*, das 2028 auf Xorlia verabschiedet wurde. Dieses Gesetz stellt sicher, dass Diskriminierung aufgrund der Identität gesetzlich verfolgt werden kann.

$$\text{Erfolg der Gesetzgebung} = \frac{\text{Anzahl der verabschiedeten Gesetze}}{\text{Anzahl der vorgeschlagenen Gesetze}} \times 100 \quad (33)$$

Diese Gleichung verdeutlicht den Erfolg der Bewegung in der Gesetzgebung. Ein Anstieg der verabschiedeten Gesetze zeigt den Einfluss der Bewegung auf die politische Landschaft.

Kulturelle Auswirkungen

Die kulturellen Auswirkungen sind ebenfalls signifikant. Die Bewegung hat die Kreativität und den Ausdruck amorpher Lebensformen gefördert, was sich in Kunst, Musik und Literatur niederschlägt. Festivals und kulturelle Veranstaltungen, die der Feier dieser Identitäten gewidmet sind, haben sich etabliert und fördern den interkulturellen Dialog.

Ein Beispiel ist das jährliche *Festival der Identitäten*, das Künstler und Aktivisten zusammenbringt, um die Vielfalt zu feiern. Solche Veranstaltungen tragen zur Stärkung der Gemeinschaft bei und fördern ein Gefühl der Zugehörigkeit.

Langfristige Herausforderungen

Trotz der positiven Auswirkungen gibt es auch langfristige Herausforderungen, die die Bewegung bewältigen muss. Diskriminierung und Vorurteile existieren weiterhin in verschiedenen Formen, und die Bewegung muss sich ständig anpassen, um neue gesellschaftliche Probleme zu adressieren. Ein Beispiel dafür ist der Einfluss von Technologie auf die Identität, wo digitale Plattformen sowohl eine Chance als auch eine Bedrohung darstellen können.

Die Rolle der nächsten Generation

Die nächste Generation spielt eine entscheidende Rolle in der Fortführung der Bewegung.   Bildungseinrichtungen haben begonnen, Programme zu implementieren, die das Bewusstsein für die Rechte amorpher Lebensformen fördern. Junge Aktivisten sind oft die treibende Kraft hinter neuen Initiativen und bringen frische Perspektiven in die Bewegung ein.

$$\text{Zukunft der Bewegung} = \frac{\text{Anzahl der jungen Aktivisten}}{\text{Gesamtzahl der Aktivisten}} \times 100 \quad (34)$$

Diese Gleichung illustriert, wie wichtig die Einbindung der Jugend für die Nachhaltigkeit der Bewegung ist.

Fazit

Zusammenfassend lässt sich sagen, dass die langfristigen Auswirkungen der Bewegung für den Identitätsschutz amorpher Lebensformen auf Xorlia weitreichend sind.   Sie beeinflussen soziale Normen, rechtliche Rahmenbedingungen und kulturelle Ausdrucksformen und schaffen ein Umfeld, in dem Diversität gefeiert und geschützt wird.   Dennoch bleibt die Herausforderung bestehen, diese Fortschritte zu sichern und weiter auszubauen, um eine gerechtere Gesellschaft für alle Lebensformen zu schaffen.

Reflexion über Erfolge und Misserfolge

Die Reflexion über die Erfolge und Misserfolge von Velis Ryn und der Bewegung für den Identitätsschutz amorpher Lebensformen auf Xorlia ist von entscheidender Bedeutung, um die Dynamik des Aktivismus zu verstehen und die Lehren für zukünftige Generationen zu ziehen. In diesem Abschnitt werden die wichtigsten Erfolge und Herausforderungen analysiert, die im Laufe der Bewegung aufgetreten sind.

Erfolge der Bewegung

Gesetzliche Veränderungen Ein herausragender Erfolg der Bewegung war die Einführung neuer Gesetze, die den Schutz der Identität amorpher Lebensformen garantieren. Diese Gesetze wurden durch hartnäckige Lobbyarbeit und öffentliche Kampagnen gefördert, die die Aufmerksamkeit der politischen Entscheidungsträger auf die Bedürfnisse dieser Gemeinschaft lenkten. Ein Beispiel ist das *Identitätsschutzgesetz von Xorlia*, das im Jahr 2025 verabschiedet wurde und spezifische Rechte für amorphe Lebensformen festlegte, darunter das Recht auf Selbstidentifikation und den Schutz vor Diskriminierung.

Öffentliches Bewusstsein Ein weiterer Erfolg war die Steigerung des öffentlichen Bewusstseins für die Herausforderungen, mit denen amorphe Lebensformen konfrontiert sind. Durch die Nutzung sozialer Medien und die Organisation von Veranstaltungen konnte die Bewegung eine breite Öffentlichkeit erreichen. Die Kampagne *"Ich bin mehr als meine Form"* mobilisierte Tausende von Unterstützern und führte zu einer positiven Wahrnehmung amorpher Lebensformen in der Gesellschaft.

Internationale Unterstützung Die Bewegung erhielt auch internationale Anerkennung und Unterstützung. Die Teilnahme an intergalaktischen Konferenzen und die Zusammenarbeit mit globalen Organisationen wie der *Intergalaktischen Menschenrechtsallianz* haben es Velis Ryn ermöglicht, die Anliegen amorpher Lebensformen auf einer größeren Bühne zu präsentieren. Diese internationale Sichtbarkeit führte zu einer stärkeren Solidarität und einem Austausch von Strategien mit anderen Bürgerrechtsbewegungen.

Misserfolge und Herausforderungen

Widerstand von Gegnern Trotz der Erfolge sah sich die Bewegung auch erheblichen Widerständen gegenüber. Konservative Gruppen auf Xorlia, die die traditionelle Sichtweise auf Identität verteidigten, organisierten Proteste und verbreiteten Fehlinformationen über amorphe Lebensformen. Diese Widerstände führten zu einer Spaltung innerhalb der Gesellschaft und erschwerten die Fortschritte in der Gesetzgebung.

Interne Konflikte Ein weiteres Problem war die Entstehung interner Konflikte innerhalb der Bewegung. Unterschiedliche Auffassungen über Strategien und Ziele führten zu Spannungen zwischen verschiedenen Aktivistengruppen. Einige

Mitglieder plädierten für einen radikaleren Ansatz, während andere eine gemäßigtere Strategie bevorzugten. Diese Uneinigkeit schwächte die kollektive Stimme der Bewegung und führte zu einem Verlust von Ressourcen und Energie.

Psychologische Auswirkungen Die psychologischen Auswirkungen des Aktivismus auf Velis Ryn und andere Aktivisten dürfen ebenfalls nicht unterschätzt werden. Der ständige Druck, gegen Diskriminierung und Ungerechtigkeit zu kämpfen, führte zu Stress und Erschöpfung. Velis Ryn selbst berichtete von Phasen der Selbstzweifel und der Überforderung, die sich negativ auf die Effektivität der Bewegung auswirkten. Es ist wichtig, Strategien zur Unterstützung der psychischen Gesundheit von Aktivisten zu entwickeln, um langfristige Resilienz zu gewährleisten.

Lernmöglichkeiten

Die Reflexion über diese Erfolge und Misserfolge bietet wertvolle Lernmöglichkeiten für zukünftige Aktivisten. Eine der wichtigsten Lektionen ist die Bedeutung von Einheit und Zusammenarbeit. Um die Wirkung von Kampagnen zu maximieren, ist es entscheidend, dass verschiedene Gruppen innerhalb der Bewegung zusammenarbeiten und ihre Ressourcen bündeln. Die Schaffung eines gemeinsamen Ziels und einer klaren Kommunikationsstrategie kann helfen, interne Konflikte zu minimieren.

Darüber hinaus zeigt die Erfahrung, dass Bildung und Aufklärung grundlegende Werkzeuge im Aktivismus sind. Die Sensibilisierung der Öffentlichkeit für die Herausforderungen amorpher Lebensformen hat sich als entscheidend für den Erfolg der Bewegung erwiesen. Zukünftige Initiativen sollten daher weiterhin auf Aufklärung abzielen und die Stimmen der Betroffenen in den Vordergrund stellen.

Schlussfolgerung

Insgesamt hat die Reflexion über die Erfolge und Misserfolge von Velis Ryn und der Bewegung für den Identitätsschutz amorpher Lebensformen auf Xorlia gezeigt, dass Aktivismus ein komplexer und oft herausfordernder Prozess ist. Es erfordert Geduld, Ausdauer und eine klare Vision, um nachhaltige Veränderungen zu bewirken. Die Lehren aus der Vergangenheit können zukünftigen Generationen helfen, die Herausforderungen des Aktivismus besser zu bewältigen und ihre Ziele effektiver zu erreichen. Indem wir sowohl die Erfolge als auch die Misserfolge anerkennen, können wir ein umfassenderes Verständnis für die Dynamik des Aktivismus entwickeln und die Grundlagen für eine gerechtere Zukunft legen.

Kapitel 3: Die persönliche Reise von Velis Ryn

Die innere Suche nach Identität

Selbstreflexion und Wachstum

Die Selbstreflexion ist ein zentraler Prozess im Leben von Velis Ryn, der es ihm ermöglicht, seine Erfahrungen und Identität zu hinterfragen und zu verstehen. In diesem Abschnitt werden wir die verschiedenen Facetten der Selbstreflexion und deren Einfluss auf das persönliche Wachstum von Velis Ryn untersuchen.

Selbstreflexion kann als die Fähigkeit beschrieben werden, über die eigenen Gedanken, Gefühle und Handlungen nachzudenken. Diese Fähigkeit ist entscheidend, um ein tieferes Verständnis für sich selbst zu entwickeln. Laut der Theorie von [?] ist Selbstreflexion ein wesentlicher Bestandteil des Lernens aus Erfahrung. Indem Velis Ryn über seine Erlebnisse nachdenkt, kann er Muster erkennen und aus seinen Fehlern lernen.

Ein Beispiel für Selbstreflexion in Velis' Leben ist seine Auseinandersetzung mit den Herausforderungen, die ihm als amorphe Lebensform begegnen. In einer Gesellschaft, die oft Vorurteile gegenüber solchen Lebensformen hat, muss Velis ständig seine Identität und seine Rolle in der Gemeinschaft hinterfragen. Diese Reflexion führt zu einem besseren Verständnis seiner eigenen Werte und Überzeugungen, was ihm hilft, seine Identität zu formen und zu festigen.

Ein weiteres wichtiges Element der Selbstreflexion ist die emotionale Intelligenz, die die Fähigkeit beschreibt, die eigenen Emotionen und die Emotionen anderer zu erkennen und zu steuern. [?] argumentiert, dass emotionale Intelligenz entscheidend für persönliche und berufliche Erfolge ist. Velis Ryn entwickelt durch Selbstreflexion ein höheres Maß an emotionaler Intelligenz, was ihn in die Lage versetzt, empathischer mit anderen umzugehen und stärkere

Beziehungen aufzubauen.

In der Praxis könnte Velis Ryn beispielsweise Tagebuch führen, um seine Gedanken und Gefühle festzuhalten. Diese Methode der Selbstreflexion ermöglicht es ihm, seine Emotionen zu verarbeiten und seine Entwicklung im Laufe der Zeit zu verfolgen. Studien zeigen, dass das Führen eines Tagebuchs nicht nur das emotionale Wohlbefinden steigert, sondern auch die Selbstwahrnehmung verbessert [?].

Ein weiteres theoretisches Konzept, das in diesem Kontext relevant ist, ist das Modell der *Identitätsentwicklung* von [2]. Erikson beschreibt verschiedene Phasen der Identitätsentwicklung, die Individuen durchlaufen, um ein kohärentes Selbstbild zu entwickeln. Velis Ryn befindet sich in einer Phase, in der er aktiv an seiner Identität arbeitet und sich mit den Herausforderungen seiner amorphen Natur auseinandersetzt. Diese Phase ist geprägt von Krisen und Konflikten, die jedoch als notwendige Schritte auf dem Weg zu einem stabilen Selbstbild betrachtet werden können.

Ein zentrales Problem, dem Velis Ryn gegenübersteht, ist die Diskrepanz zwischen seiner inneren Identität und den äußeren Erwartungen der Gesellschaft. Diese Kluft kann zu Identitätskrisen führen, die in der Literatur als *Identitätskonfusion* beschrieben werden [?]. Velis muss lernen, diese Herausforderungen zu bewältigen, um seine Identität zu festigen und sein volles Potenzial als Bürgerrechtsaktivist auszuschöpfen.

Durch Selbstreflexion und das Streben nach persönlichem Wachstum entwickelt Velis Ryn nicht nur ein besseres Verständnis seiner selbst, sondern auch eine tiefere Empathie für die Herausforderungen, mit denen andere konfrontiert sind. Dies ist von entscheidender Bedeutung für seine Rolle als Aktivist, da er durch die eigenen Erfahrungen in der Lage ist, die Stimmen derjenigen zu vertreten, die oft übersehen oder ignoriert werden.

Zusammenfassend lässt sich sagen, dass Selbstreflexion ein kraftvolles Werkzeug für Velis Ryn ist, um seine Identität zu formen und persönliches Wachstum zu fördern. Durch die Auseinandersetzung mit seinen Erfahrungen, Emotionen und den Erwartungen der Gesellschaft kann er nicht nur sein eigenes Leben bereichern, sondern auch einen positiven Einfluss auf die Gemeinschaft ausüben.

Einflüsse von Familie und Freunden

Die Einflüsse von Familie und Freunden spielen eine entscheidende Rolle in der Entwicklung der Identität amorpher Lebensformen wie Velis Ryn. In einer Gesellschaft, die von Vielfalt geprägt ist, sind die sozialen Bindungen, die

Individuen zu ihren Angehörigen und Freunden aufbauen, von zentraler Bedeutung für ihr Selbstverständnis und ihre Wahrnehmung der Welt.

Die Rolle der Familie

Familie ist oft die erste Quelle von Unterstützung und Identitätsbildung. In der Kindheit von Velis Ryn war die Familie ein sicherer Hafen, der ihm half, seine amorphe Identität zu verstehen. Die Eltern von Velis, die selbst aktiv in der Gemeinschaft engagiert waren, förderten eine Atmosphäre des offenen Dialogs und der Akzeptanz. Sie ermutigten Velis, Fragen zu stellen und seine einzigartigen Fähigkeiten zu erkunden. Diese Unterstützung war besonders wichtig, da amorphe Lebensformen oft mit Unsicherheiten und Missverständnissen konfrontiert sind.

Ein theoretischer Rahmen, der die Bedeutung der Familie in der Identitätsentwicklung beschreibt, ist das Modell der *sozialen Identität* (Tajfel & Turner, 1979). Dieses Modell legt nahe, dass Individuen ihre Identität durch Gruppenzugehörigkeit definieren. In Velis' Fall war die Zugehörigkeit zu seiner Familie ein entscheidender Faktor, der ihm half, seine Identität als amorphe Lebensform zu entwickeln und zu festigen.

Einfluss von Freunden

Neben der Familie spielen Freunde eine ebenso wichtige Rolle in der Identitätsbildung. Die Freundschaften, die Velis in seiner Jugend schloss, waren geprägt von gegenseitiger Unterstützung und Verständnis. Diese Beziehungen ermöglichten es ihm, seine Erfahrungen als amorphe Lebensform zu teilen und zu reflektieren. In einem sozialen Umfeld, in dem Unterschiede geschätzt werden, konnte Velis seine Identität ohne Angst vor Ablehnung erkunden.

Ein Beispiel für die positive Wirkung von Freundschaften auf Velis' Identitätsentwicklung ist seine enge Beziehung zu einem anderen Aktivisten, der ebenfalls amorph war. Gemeinsam organisierten sie Workshops, um das Bewusstsein für die Herausforderungen amorpher Lebensformen zu schärfen. Diese gemeinsamen Aktivitäten stärkten nicht nur ihre eigene Identität, sondern trugen auch zur Mobilisierung der Gemeinschaft bei.

Herausforderungen und Konflikte

Trotz der positiven Einflüsse von Familie und Freunden gab es auch Herausforderungen. Velis Ryn erlebte Konflikte innerhalb seiner sozialen Kreise, insbesondere als Vorurteile und Diskriminierung gegenüber amorphen Lebensformen in der Gesellschaft zunahmen. Diese Erfahrungen führten zu

Identitätskrisen, in denen Velis sich fragen musste, wie er sich selbst in einer feindlichen Umgebung sehen sollte.

Die *Identitätskrise*, wie sie von Erik Erikson (1968) beschrieben wird, beschreibt den Prozess, in dem Individuen ihre Identität in verschiedenen Lebensphasen aushandeln. Für Velis bedeutete dies, dass er lernen musste, mit den Erwartungen seiner Familie und Freunde umzugehen, während er gleichzeitig seine eigene Identität als amorphe Lebensform definierte.

Die Bedeutung von Unterstützungssystemen

Die Unterstützungssysteme, die Velis durch seine Familie und Freunde erhielt, waren entscheidend für seine Resilienz. In schwierigen Zeiten konnte er auf diese Netzwerke zurückgreifen, um emotionale Unterstützung und praktische Hilfe zu erhalten. Die Theorie der *sozialen Unterstützung* (Cohen & Wills, 1985) besagt, dass soziale Unterstützung nicht nur das psychische Wohlbefinden fördert, sondern auch die Fähigkeit stärkt, mit Stress umzugehen. Velis' Erfahrungen bestätigen diese Theorie, da er durch die Unterstützung seiner Freunde und Familie gestärkt wurde, um aktiv für die Rechte amorpher Lebensformen einzutreten.

Fazit

Zusammenfassend lässt sich sagen, dass die Einflüsse von Familie und Freunden auf Velis Ryns Identitätsentwicklung von zentraler Bedeutung sind. Die Unterstützung, die er von seinen Angehörigen erhielt, half ihm, seine Identität zu formen und die Herausforderungen zu bewältigen, die mit seiner amorphen Existenz verbunden waren. Gleichzeitig stellte er fest, dass Freundschaften, die auf Verständnis und Akzeptanz basieren, einen positiven Einfluss auf sein Selbstbild und seine Aktivismusarbeit haben können. In einer Welt, in der Identität oft in Frage gestellt wird, sind die Beziehungen zu Familie und Freunden ein unverzichtbarer Bestandteil des persönlichen Wachstums und des sozialen Engagements.

Bibliography

[1] Tajfel, H., & Turner, J. C. (1979). An integrative theory of intergroup conflict. In W. G. Austin & S. Worchel (Eds.), *The Social Psychology of Intergroup Relations* (pp. 33-47). Monterey, CA: Brooks/Cole.

[2] Erikson, E. H. (1968). *Identity: Youth and Crisis*. New York: W. W. Norton & Company.

[3] Cohen, S., & Wills, T. A. (1985). Stress, social support, and the buffering hypothesis. *Psychological Bulletin*, 98(2), 310-357.

Die Bedeutung von Rückschlägen

In der Reise eines Aktivisten, insbesondere für jemanden wie Velis Ryn, der für den Identitätsschutz amorpher Lebensformen auf Xorlia kämpft, sind Rückschläge unvermeidlich und oft lehrreich. Rückschläge sind nicht nur Hindernisse, die überwunden werden müssen, sondern sie bieten auch wertvolle Lektionen, die das persönliche und berufliche Wachstum fördern. In diesem Abschnitt werden wir die Bedeutung von Rückschlägen analysieren, ihre theoretischen Grundlagen und die Herausforderungen, die sie mit sich bringen, sowie Beispiele aus Velis' Leben und dem Aktivismus im Allgemeinen.

Theoretische Grundlagen

Rückschläge können durch verschiedene theoretische Rahmenwerke betrachtet werden. Ein besonders relevantes Modell ist das *Resilienzmodell*, das die Fähigkeit beschreibt, sich von schwierigen Situationen zu erholen. Resilienz ist die Fähigkeit, Herausforderungen zu bewältigen, sich anzupassen und aus Rückschlägen zu lernen. Laut Rutter (1985) ist Resilienz ein dynamischer Prozess, der durch individuelle, familiäre und gesellschaftliche Faktoren beeinflusst wird. Diese Perspektive legt nahe, dass Rückschläge nicht als endgültige Misserfolge betrachtet werden sollten, sondern als Gelegenheiten zur Entwicklung von Fähigkeiten und zur Stärkung der inneren Widerstandskraft.

Probleme durch Rückschläge

Rückschläge können eine Vielzahl von Problemen mit sich bringen, darunter:

- **Emotionale Belastung:** Rückschläge können zu Frustration, Enttäuschung und sogar zu einem Verlust des Selbstvertrauens führen. Velis Ryn erlebte beispielsweise während seiner ersten Protestaktionen, dass die Gesellschaft oft nicht bereit war, die Anliegen amorpher Lebensformen ernst zu nehmen. Diese Erfahrungen führten zu einem Gefühl der Isolation.

- **Soziale Stigmatisierung:** Rückschläge im Aktivismus können auch zu einer Stigmatisierung führen. Wenn die Bewegung nicht die gewünschte Resonanz findet, können Aktivisten das Gefühl haben, dass ihre Identität und ihre Anliegen nicht wertgeschätzt werden. Velis sah sich oft mit Vorurteilen konfrontiert, die nicht nur seine Person, sondern auch die gesamte Gemeinschaft der amorphen Lebensformen betrafen.

- **Rechtliche Herausforderungen:** Rückschläge können auch rechtliche Konsequenzen haben. Gescheiterte Kampagnen führen manchmal zu einem verstärkten Widerstand seitens der Behörden, was den rechtlichen Schutz der betroffenen Gruppen weiter gefährden kann.

Beispiele aus Velis' Leben

Velis Ryns Aktivismus war von zahlreichen Rückschlägen geprägt. Ein prägnantes Beispiel war der erste große Protest, den er organisierte. Trotz wochenlanger Planung und Mobilisierung der Gemeinschaft war die Beteiligung enttäuschend. Nur eine kleine Gruppe von Unterstützern erschien, während die breite Öffentlichkeit abwesend blieb. Diese Erfahrung war nicht nur demotiviert, sondern führte auch zu einer kritischen Selbstreflexion über seine Strategien und Ansätze.

$$\text{Erfolg} = \text{Engagement} + \text{Strategie} - \text{Rückschläge} \qquad (35)$$

Diese Gleichung verdeutlicht, dass Rückschläge Teil des Erfolgsprozesses sind. Velis erkannte, dass er seine Strategien anpassen musste, um die Gemeinschaft besser zu mobilisieren. Er begann, die Stimmen der amorphen Lebensformen in den Vordergrund zu stellen und ihre Geschichten zu erzählen, um ein größeres Bewusstsein zu schaffen.

Ein weiteres Beispiel für einen Rückschlag war die Ablehnung eines wichtigen Gesetzesentwurfs, der den Identitätsschutz amorpher Lebensformen hätte fördern sollen. Diese Ablehnung führte zu einem massiven Rückschlag in der Bewegung, doch Velis nutzte diese Gelegenheit, um die Gemeinschaft zu mobilisieren und den Druck auf die Gesetzgeber zu erhöhen. In der Folge wurde eine neue Strategie entwickelt, die auf Aufklärung und Advocacy abzielte, was schließlich zu einem erfolgreichen Gesetz führte.

Lernprozesse und persönliche Entwicklung

Die Reflexion über Rückschläge ist entscheidend für das persönliche Wachstum. Velis Ryn lernte, dass Rückschläge nicht das Ende seiner Bemühungen bedeuteten, sondern vielmehr als Katalysatoren für Veränderung und Innovation dienten. Diese Erkenntnis ist eng mit dem Konzept des *Growth Mindset* verbunden, das von Carol Dweck (2006) formuliert wurde. Personen mit einem Growth Mindset sehen Herausforderungen als Chancen, zu lernen und zu wachsen, anstatt als Bedrohungen.

Rückschläge führten bei Velis zu einer tiefen Selbstreflexion. Er begann, seine Ansätze zu überdenken und fand neue Wege, um die Anliegen seiner Gemeinschaft zu vertreten. Diese Entwicklung war nicht nur für ihn persönlich wichtig, sondern auch für die gesamte Bewegung, da sie die Diversität der Ansichten und Erfahrungen innerhalb der amorphen Lebensformen widerspiegelte.

Fazit

Zusammenfassend lässt sich sagen, dass Rückschläge eine bedeutende Rolle im Aktivismus spielen. Sie sind nicht nur unvermeidlich, sondern auch notwendig für das Lernen und die Entwicklung. Velis Ryns Erfahrungen zeigen, dass Rückschläge, obwohl sie schmerzhaft sein können, letztendlich dazu beitragen, die Widerstandskraft zu stärken, neue Strategien zu entwickeln und die Gemeinschaft zu mobilisieren. Die Fähigkeit, aus Rückschlägen zu lernen und sich weiterzuentwickeln, ist entscheidend für den Erfolg im Aktivismus und für die Förderung des Identitätsschutzes amorpher Lebensformen auf Xorlia. Rückschläge sind nicht das Ende, sondern ein wichtiger Schritt auf dem Weg zur Veränderung.

Entwicklung von Empathie

Die Entwicklung von Empathie ist ein zentraler Aspekt im Leben von Velis Ryn und spielt eine entscheidende Rolle in seinem Engagement für den Identitätsschutz amorpher Lebensformen auf Xorlia. Empathie, definiert als die Fähigkeit, die Gefühle und Perspektiven anderer zu verstehen und nachzuvollziehen, ist nicht nur eine emotionale Reaktion, sondern auch eine kognitive Fähigkeit, die durch verschiedene Erfahrungen und Einflüsse geformt wird.

Theoretische Grundlagen der Empathie

Die Theorie der Empathie umfasst mehrere Dimensionen, darunter emotionale Empathie, kognitive Empathie und affektive Empathie. Emotionale Empathie bezieht sich auf die Fähigkeit, die Emotionen anderer zu fühlen, während kognitive Empathie die Fähigkeit beschreibt, die Perspektiven und Gedanken anderer zu verstehen. Affektive Empathie hingegen bezieht sich auf die emotionale Resonanz, die wir auf die Gefühle anderer haben.

Einflussreiche Theorien, wie die von Daniel Goleman, betonen die Rolle der emotionalen Intelligenz in der Entwicklung von Empathie. Goleman beschreibt Empathie als eine der fünf Hauptkomponenten emotionaler Intelligenz, die es Individuen ermöglicht, nicht nur ihre eigenen Emotionen, sondern auch die Emotionen anderer zu erkennen und darauf zu reagieren.

Probleme bei der Entwicklung von Empathie

Trotz ihrer Bedeutung kann die Entwicklung von Empathie durch verschiedene Faktoren behindert werden. Zu den häufigsten Herausforderungen gehören:

- **Kulturelle Barrieren:** Unterschiedliche kulturelle Hintergründe können die Fähigkeit zur Empathie einschränken, da Menschen oft Schwierigkeiten haben, Perspektiven zu verstehen, die nicht ihrer eigenen Erfahrung entsprechen.

- **Soziale Isolation:** Isolation kann dazu führen, dass Individuen weniger mit anderen interagieren und somit weniger Gelegenheiten haben, Empathie zu entwickeln.

- **Vorurteile und Stereotypen:** Vorurteile können die Fähigkeit zur Empathie erheblich einschränken, da sie oft zu einer verzerrten Wahrnehmung anderer führen.

Beispiele aus Velis Ryns Leben

Velis Ryns Reise zur Entwicklung von Empathie begann in seiner Kindheit, als er mit verschiedenen Lebensformen in Kontakt kam. Ein prägendes Erlebnis war der Umgang mit einem älteren amorphen Wesen, das unter Diskriminierung litt. Durch Gespräche und den Austausch von Erfahrungen lernte Velis, die Herausforderungen und Ängste dieses Wesens nachzuvollziehen. Diese Interaktion stärkte seine emotionale Empathie und half ihm, die Notwendigkeit zu erkennen, für die Rechte dieser Lebensformen einzutreten.

Ein weiteres Beispiel ist Velis' Engagement in der Gemeinschaft, wo er regelmäßig Workshops zur Förderung von interkulturellem Dialog und Verständnis organisierte. Diese Workshops zielten darauf ab, Vorurteile abzubauen und den Teilnehmern zu helfen, empathische Verbindungen zu anderen Kulturen herzustellen. Durch Rollenspiele und Gruppenaktivitäten konnten die Teilnehmer lernen, sich in die Lage anderer zu versetzen, was zu einem stärkeren Gemeinschaftsgefühl führte.

Die Rolle von Mentoren

Mentoren spielen eine entscheidende Rolle in der Entwicklung von Empathie. In Velis' Fall war seine Mentorin eine erfahrene Aktivistin, die ihm half, die Prinzipien der Empathie in die Praxis umzusetzen. Sie ermutigte ihn, aktiv zuzuhören und die Geschichten derjenigen zu teilen, für die er kämpfte. Diese Mentoring-Beziehung war entscheidend für Velis' Fähigkeit, Empathie nicht nur zu empfinden, sondern auch aktiv in seinen Aktivismus zu integrieren.

Der Wert von Selbstliebe

Ein weiterer wichtiger Aspekt der Entwicklung von Empathie ist die Selbstliebe. Velis erkannte, dass er nur dann in der Lage war, anderen zu helfen und ihre Kämpfe zu verstehen, wenn er auch sich selbst akzeptierte und liebte. Diese Erkenntnis führte zu einem tiefen inneren Wachstum und einer stärkeren Fähigkeit, Empathie für andere zu empfinden. Der Prozess der Selbstliebe half ihm, seine eigenen Unsicherheiten zu überwinden und eine authentische Verbindung zu anderen aufzubauen.

Spiritualität und Empathie

Spiritualität spielte ebenfalls eine wichtige Rolle in Velis' Entwicklung von Empathie. Durch spirituelle Praktiken, wie Meditation und Reflexion, konnte er eine tiefere Verbindung zu sich selbst und seiner Umgebung herstellen. Diese Praktiken förderten ein Gefühl der Einheit mit allen Lebensformen und stärkten seine Fähigkeit, empathisch zu sein. Velis lernte, dass Empathie nicht nur eine emotionale Reaktion ist, sondern auch eine spirituelle Praxis, die das Verständnis und die Verbindung zu anderen vertieft.

Fazit

Die Entwicklung von Empathie war für Velis Ryn ein lebenslanger Prozess, der durch persönliche Erfahrungen, kulturelle Einflüsse und spirituelle Praktiken geprägt wurde. Durch die Überwindung von Herausforderungen und die Förderung von Empathie in seiner Gemeinschaft konnte Velis nicht nur seine eigene Identität stärken, sondern auch einen bedeutenden Beitrag zum Schutz der Identität amorpher Lebensformen auf Xorlia leisten. Empathie erwies sich als fundamentale Grundlage für seinen Aktivismus und seine Fähigkeit, andere zu inspirieren und zu mobilisieren. Diese Entwicklung zeigt, dass Empathie nicht nur eine individuelle Fähigkeit ist, sondern auch eine kollektive Verantwortung, die in der Gemeinschaft gefördert werden muss.

Der Einfluss von Mentoren

Mentoren spielen eine entscheidende Rolle in der Entwicklung von Individuen, insbesondere in der Formung ihrer Identität und ihrer Fähigkeiten. In der Biografie von Velis Ryn wird deutlich, wie prägend die Einflüsse von Mentoren in verschiedenen Lebensphasen waren. Mentoren sind nicht nur Lehrer, sondern auch Vorbilder, die durch ihre Erfahrungen und Weisheiten das Leben ihrer Schützlinge bereichern und sie in ihrer persönlichen und beruflichen Entwicklung unterstützen.

Theoretischer Hintergrund

Mentoring ist ein Prozess, der auf den Prinzipien des Lernens und der sozialen Unterstützung basiert. Laut der Theorie des sozialen Lernens von Bandura (1977) lernen Individuen durch Beobachtung und Nachahmung. Mentoren fungieren als Modelle, deren Verhalten, Einstellungen und Werte von ihren Mentees übernommen werden können. Diese Theorie legt nahe, dass die Interaktion mit einem Mentor nicht nur kognitive, sondern auch emotionale und soziale Dimensionen umfasst, die zur Identitätsbildung beitragen.

Darüber hinaus wird in der Mentoring-Literatur oft auf die Bedeutung von „psychosozialer Unterstützung" verwiesen, die von Kram (1985) als eine der zentralen Funktionen von Mentoring beschrieben wird. Diese Unterstützung umfasst emotionale Ermutigung, den Austausch von Informationen und die Bereitstellung von Netzwerken, die für die persönliche und berufliche Entwicklung von entscheidender Bedeutung sind.

Herausforderungen und Probleme

Trotz der positiven Aspekte des Mentorings gibt es auch Herausforderungen. Ein häufiges Problem ist die Passung zwischen Mentor und Mentee. Wenn die Chemie nicht stimmt oder die Werte nicht übereinstimmen, kann die Mentoring-Beziehung ineffektiv sein. Diese Diskrepanz kann zu Frustration und einem Verlust des Vertrauens führen, was sich negativ auf die Identitätsentwicklung des Mentees auswirken kann.

Ein weiteres Problem ist die Abhängigkeit. Mentees könnten sich zu stark auf ihre Mentoren verlassen und dadurch ihre eigene Entscheidungsfähigkeit und Unabhängigkeit einschränken. Dies kann zu einer Identitätskrise führen, wenn der Mentee schließlich ohne die Unterstützung des Mentors agieren muss.

Beispiele aus Velis Ryns Leben

In Velis Ryns Leben gab es mehrere Schlüsselmomente, in denen Mentoren entscheidend waren. Einer seiner ersten Mentoren war ein älterer Aktivist namens Zorak, der Velis in die Welt des Aktivismus einführte. Zorak lehrte Velis nicht nur die Grundlagen des Bürgerrechtsaktivismus, sondern auch die Bedeutung von Identität und kulturellem Erbe. Durch die Gespräche mit Zorak entwickelte Velis ein tieferes Verständnis für die Herausforderungen, mit denen amorphe Lebensformen konfrontiert sind, und die Notwendigkeit, deren Identität zu schützen.

Ein weiteres Beispiel ist die Mentorschaft von Lira, einer Künstlerin, die Velis in die transformative Kraft der Kunst einführte. Lira ermutigte Velis, seine Emotionen und Erfahrungen durch kreative Ausdrucksformen zu verarbeiten. Diese Verbindung zur Kunst half Velis, seine eigene Identität zu erforschen und zu festigen. Durch Liras Anleitung lernte er, wie wichtig es ist, die eigene Stimme zu finden und diese Stimme für den Aktivismus zu nutzen.

Die Rolle von Mentoren in der Gemeinschaft

Mentoren sind nicht nur Einzelpersonen, sondern auch Teil eines größeren Netzwerks. Sie tragen zur Schaffung von Gemeinschaften bei, die auf Unterstützung und Zusammenarbeit basieren. In Velis Ryns Fall war die

Unterstützung durch Mentoren nicht nur auf persönliche Beziehungen beschränkt, sondern erstreckte sich auch auf die Gemeinschaft, in der er lebte. Mentoren fungierten als Brückenbauer zwischen verschiedenen Gruppen und förderten den interkulturellen Dialog.

Die Rolle von Mentoren in der Gemeinschaft kann auch als Katalysator für Veränderungen betrachtet werden. Sie inspirieren nicht nur ihre Mentees, sondern auch andere Mitglieder der Gemeinschaft. Durch die Förderung von Empathie und Verständnis tragen Mentoren dazu bei, Vorurteile abzubauen und das Bewusstsein für die Herausforderungen amorpher Lebensformen zu schärfen.

Fazit

Der Einfluss von Mentoren auf die Identitätsentwicklung von Velis Ryn ist unbestreitbar. Sie bieten nicht nur Wissen und Unterstützung, sondern helfen auch dabei, Werte und Überzeugungen zu formen. Die Herausforderungen, die mit Mentoring einhergehen, können überwunden werden, wenn sowohl Mentoren als auch Mentees bereit sind, offen zu kommunizieren und an ihrer Beziehung zu arbeiten. Letztendlich sind Mentoren entscheidend für die persönliche und gesellschaftliche Entwicklung, indem sie Individuen befähigen, ihre Identität zu erkennen und zu schützen. Die Lektionen, die Velis Ryn durch seine Mentoren gelernt hat, prägen nicht nur sein eigenes Leben, sondern auch das Leben vieler anderer auf Xorlia und darüber hinaus.

Der Wert von Selbstliebe

Selbstliebe ist ein zentrales Konzept in der Psychologie und spielt eine entscheidende Rolle in der Identitätsentwicklung amorpher Lebensformen auf Xorlia. Sie bezieht sich auf die Fähigkeit, sich selbst zu akzeptieren, zu respektieren und zu schätzen, unabhängig von den äußeren Umständen oder den Meinungen anderer. In diesem Abschnitt werden wir die Bedeutung von Selbstliebe, die Herausforderungen, die sie mit sich bringt, sowie einige praktische Beispiele und theoretische Ansätze untersuchen.

Theoretische Grundlagen der Selbstliebe

Die Psychologin Brené Brown beschreibt Selbstliebe als eine Form der Selbstakzeptanz, die es Individuen ermöglicht, ihre Schwächen und Stärken zu erkennen und sich selbst mit Mitgefühl zu begegnen. Sie argumentiert, dass Selbstliebe nicht nur eine persönliche Angelegenheit ist, sondern auch eine soziale

Dimension hat, die das individuelle Wohlbefinden und die kollektive Gesundheit der Gemeinschaft beeinflusst.

Ein weiteres wichtiges Konzept ist das der **Selbstwirksamkeit**, das von Albert Bandura eingeführt wurde. Selbstwirksamkeit bezeichnet das Vertrauen in die eigenen Fähigkeiten, bestimmte Aufgaben erfolgreich zu bewältigen. Ein hoher Grad an Selbstwirksamkeit ist eng mit einem positiven Selbstbild und Selbstliebe verbunden. Die Gleichung, die Bandura zur Veranschaulichung dieses Konzepts verwendet, lautet:

$$S = E + R + V \tag{36}$$

wobei S für Selbstwirksamkeit, E für Erfahrung, R für Reaktionen anderer und V für verbale Bestärkung steht. Diese Elemente tragen zur Entwicklung eines positiven Selbstkonzepts bei, das die Selbstliebe fördert.

Herausforderungen der Selbstliebe

Trotz ihrer Bedeutung kann Selbstliebe eine Herausforderung darstellen, insbesondere für amorphe Lebensformen, die oft mit Diskriminierung und Vorurteilen konfrontiert sind. Die ständige Auseinandersetzung mit negativen Stereotypen kann das Selbstwertgefühl beeinträchtigen und zu inneren Konflikten führen.

Ein Beispiel ist die Erfahrung von Velis Ryn, der in seiner Jugend mit der Herausforderung konfrontiert war, sich selbst zu akzeptieren, während er gleichzeitig von der Gesellschaft als „anders" wahrgenommen wurde. Diese Diskrepanz führte zu einer Identitätskrise, die ihn dazu brachte, seine eigenen Fähigkeiten und seinen Wert in Frage zu stellen.

Die **Gesellschaftliche Stigmatisierung** ist ein weiterer Faktor, der die Selbstliebe beeinträchtigen kann. Amorphe Lebensformen werden häufig als weniger wertvoll oder weniger fähig angesehen, was zu einem geringen Selbstwertgefühl führt. Die Theorie der sozialen Identität von Henri Tajfel besagt, dass die Zugehörigkeit zu einer bestimmten sozialen Gruppe das Selbstbild beeinflusst. Wenn eine Gruppe stigmatisiert wird, kann dies die Mitglieder dieser Gruppe negativ beeinflussen und deren Fähigkeit zur Selbstliebe verringern.

Praktische Ansätze zur Förderung von Selbstliebe

Um Selbstliebe zu fördern, sind verschiedene Strategien hilfreich:

- **Selbstreflexion:** Regelmäßige Selbstreflexion kann helfen, die eigenen Stärken und Schwächen zu erkennen. Dies kann durch Journaling, Meditation oder Gespräche mit vertrauten Personen erfolgen.

- **Positive Affirmationen:** Die Verwendung positiver Affirmationen kann das Selbstbild stärken. Sätze wie „Ich bin wertvoll" oder „Ich akzeptiere mich so, wie ich bin" können das Selbstvertrauen fördern.

- **Kreativer Ausdruck:** Kunst, Musik und andere kreative Ausdrucksformen können helfen, die eigene Identität zu erforschen und zu akzeptieren. Velis Ryn fand in der Kunst einen Weg, seine Emotionen auszudrücken und seine Selbstliebe zu entwickeln.

- **Gemeinschaftsunterstützung:** Der Austausch mit Gleichgesinnten kann das Gefühl der Zugehörigkeit stärken und die Selbstliebe fördern. Gemeinschaftsorganisationen, die sich für die Rechte amorpher Lebensformen einsetzen, bieten eine Plattform für Unterstützung und Solidarität.

Beispiele aus der Praxis

Ein bemerkenswertes Beispiel für die Kraft der Selbstliebe ist die Geschichte von Velis Ryn. Nach Jahren des Kampfes um Akzeptanz und Identität fand Velis schließlich den Mut, sich selbst zu lieben und seine Einzigartigkeit zu feiern. Durch die Gründung einer Bewegung zur Förderung der Rechte amorpher Lebensformen konnte er nicht nur sein eigenes Selbstwertgefühl stärken, sondern auch anderen helfen, dasselbe zu tun.

Ein weiteres Beispiel ist die Verwendung von Kunst als Mittel zur Selbstliebe. Viele Aktivisten auf Xorlia nutzen kreative Ausdrucksformen, um ihre Geschichten zu erzählen und ihre Identität zu feiern. Diese Kunstwerke tragen dazu bei, das Bewusstsein für die Herausforderungen zu schärfen, mit denen amorphe Lebensformen konfrontiert sind, und fördern gleichzeitig ein Gefühl der Selbstliebe und des Stolzes.

Schlussfolgerung

Der Wert von Selbstliebe ist unbestreitbar und spielt eine entscheidende Rolle in der Identitätsentwicklung und im Aktivismus amorpher Lebensformen auf Xorlia. Durch die Förderung von Selbstliebe können Individuen nicht nur ihre eigenen Herausforderungen bewältigen, sondern auch einen positiven Einfluss auf ihre

Gemeinschaften ausüben. In Anbetracht der Herausforderungen, die mit der Selbstliebe verbunden sind, ist es wichtig, Strategien zu entwickeln und unterstützende Netzwerke zu schaffen, um die Akzeptanz und das Wohlbefinden aller Lebensformen zu fördern. Selbstliebe ist nicht nur eine persönliche Reise, sondern auch ein kollektives Bestreben, das die Gesellschaft als Ganzes bereichert.

Spiritualität und Identität

Die Beziehung zwischen Spiritualität und Identität ist ein komplexes und vielschichtiges Thema, das in der heutigen Gesellschaft zunehmend an Bedeutung gewinnt. Für Velis Ryn, ein außergewöhnliches Wesen auf dem Planeten Xorlia, spielte die Spiritualität eine entscheidende Rolle in der Entwicklung seiner Identität und in seinem Kampf für den Schutz amorpher Lebensformen. In diesem Abschnitt werden wir untersuchen, wie Spiritualität zur Identitätsbildung beiträgt, welche Herausforderungen dabei auftreten können und wie Velis Ryn diese Aspekte in seinem Leben und Aktivismus integriert hat.

Theoretische Grundlagen

Spiritualität wird oft als ein individueller Prozess beschrieben, der das Streben nach Sinn, Zweck und Verbindung zu etwas Größerem umfasst. Laut dem Psychologen Viktor Frankl (1946) ist die Suche nach Sinn ein fundamentales menschliches Bedürfnis. Er argumentiert, dass Menschen, die einen Sinn in ihrem Leben finden, besser in der Lage sind, mit Herausforderungen und Widrigkeiten umzugehen. Dies gilt auch für Velis Ryn, dessen spirituelle Suche eng mit seiner Identität verknüpft ist.

Ein weiterer wichtiger theoretischer Ansatz stammt von Carl Jung (1964), der die Idee des kollektiven Unbewussten und der Archetypen einführte. Jung glaubte, dass spirituelle Erfahrungen tief im menschlichen Psyche verwurzelt sind und dass sie zur Selbstverwirklichung und zur Bildung einer stabilen Identität beitragen können. Für Velis Ryn war die Auseinandersetzung mit diesen archetypischen Symbolen und Mythen ein wesentlicher Bestandteil seiner Identitätsentwicklung.

Spiritualität als Identitätsfaktor

Velis Ryns Reise zur Selbstfindung wurde stark von seiner spirituellen Entwicklung beeinflusst. In seiner Kindheit erlebte er spirituelle Rituale und Traditionen, die von seiner Familie und Gemeinschaft praktiziert wurden. Diese Rituale halfen ihm, ein Gefühl der Zugehörigkeit und Identität zu entwickeln. Sie gaben ihm nicht nur einen kulturellen Rahmen, sondern auch eine tiefere Verbindung zu den amorphen Lebensformen auf Xorlia, die oft spirituelle Praktiken in ihren Alltag integrierten.

Ein Beispiel für diese Verbindung ist die Zeremonie des „Lichtwechsels", bei der die amorphen Lebensformen zusammenkommen, um den Übergang von einer Phase ihres Lebens in eine andere zu feiern. Diese Rituale sind nicht nur kulturelle Ausdrucksformen, sondern auch tief spirituelle Erfahrungen, die den Teilnehmern helfen, ihre Identität zu reflektieren und zu formen. Velis Ryn fand in diesen Zeremonien nicht nur Trost, sondern auch Inspiration für seinen Aktivismus.

Herausforderungen in der spirituellen Identität

Trotz der positiven Aspekte der Spiritualität kann die Suche nach einer spirituellen Identität auch mit Herausforderungen verbunden sein. Velis Ryn sah sich mit inneren Konflikten konfrontiert, als er versuchte, seine spirituellen Überzeugungen mit den gesellschaftlichen Erwartungen und dem Druck, sich anpassen zu müssen, in Einklang zu bringen. Diese Spannungen führten zu Identitätskrisen, die ihn zwangen, seine Überzeugungen zu hinterfragen und neu zu definieren.

Ein zentrales Problem war die Diskriminierung, die amorphen Lebensformen oft widerfuhr. Die Gesellschaft auf Xorlia neigte dazu, diese Lebensformen als minderwertig oder weniger wertvoll zu betrachten, was zu einem Verlust des Selbstwertgefühls und der spirituellen Identität führen konnte. Velis Ryn kämpfte gegen diese Vorurteile, indem er die spirituellen Praktiken und Überzeugungen seiner Gemeinschaft in den Mittelpunkt seines Aktivismus stellte. Er erkannte, dass die Anerkennung und Wertschätzung ihrer Spiritualität ein wichtiger Schritt zur Stärkung ihrer Identität war.

Integration von Spiritualität in den Aktivismus

Velis Ryn verstand, dass Spiritualität nicht nur eine persönliche Angelegenheit ist, sondern auch eine kollektive Dimension hat. Er integrierte spirituelle Elemente in seine Aktivismusstrategie, um die Gemeinschaft zu mobilisieren und ein Gefühl der Einheit zu fördern. Durch die Organisation von spirituellen Versammlungen und Zeremonien konnte er die amorphen Lebensformen ermutigen, sich zu versammeln und ihre Identität zu feiern.

Ein Beispiel für diese Integration war das „Festival der Identität", das Velis Ryn ins Leben rief. Bei diesem Festival wurden spirituelle Praktiken, Kunst und Musik kombiniert, um ein Bewusstsein für die Bedeutung der Identität und Spiritualität zu schaffen. Die Veranstaltung zog nicht nur die amorphen Lebensformen an, sondern auch Unterstützer aus anderen Kulturen, die an der Feier der Vielfalt und der spirituellen Identität interessiert waren.

Schlussfolgerung

Die Verbindung zwischen Spiritualität und Identität ist für Velis Ryn von zentraler Bedeutung. Durch seine spirituelle Reise hat er nicht nur seine eigene Identität gestärkt, sondern auch die seiner Gemeinschaft. Die Herausforderungen, die er auf diesem Weg erlebte, haben ihn gelehrt, dass Spiritualität eine Quelle der Stärke und des Zusammenhalts sein kann. In seinem Aktivismus nutzt er diese Erkenntnisse, um eine inklusive und respektvolle Gesellschaft zu fördern, in der die Vielfalt der Identitäten, einschließlich der spirituellen, gefeiert wird.

Diese Perspektiven bieten wertvolle Einblicke in die komplexe Beziehung zwischen Spiritualität und Identität, insbesondere im Kontext von Bürgerrechtsbewegungen und dem Kampf um Anerkennung und Respekt für alle Lebensformen auf Xorlia. Velis Ryns Geschichte zeigt, dass die Suche nach Identität nicht nur eine individuelle Reise ist, sondern auch eine kollektive Verantwortung, die uns alle betrifft.

Die Rolle von Träumen und Visionen

Die Rolle von Träumen und Visionen ist für Velis Ryn und die amorphen Lebensformen auf Xorlia von zentraler Bedeutung. Träume sind nicht nur persönliche Wünsche, sondern auch kollektive Vorstellungen, die eine Gesellschaft prägen und deren Entwicklung vorantreiben. In dieser Sektion werden wir die verschiedenen Dimensionen von Träumen und Visionen beleuchten, ihre theoretischen Grundlagen untersuchen und aufzeigen, wie sie den Aktivismus von Velis Ryn beeinflusst haben.

Theoretische Grundlagen

Träume und Visionen können als psychologische und soziale Konstrukte betrachtet werden, die die Wahrnehmung der Realität beeinflussen. In der Psychologie wird oft auf die Theorie von Carl Jung verwiesen, der Träume als Ausdruck des kollektiven Unbewussten ansah. Diese Theorie legt nahe, dass Träume nicht nur individuelle Wünsche widerspiegeln, sondern auch tiefere kulturelle und gesellschaftliche Strömungen verkörpern.

$$\text{Traum} = f(\text{Erfahrungen, Kultur, Gesellschaft}) \tag{37}$$

Hierbei steht f für eine Funktion, die die Wechselwirkungen zwischen individuellen Erfahrungen, kulturellen Einflüssen und gesellschaftlichen Rahmenbedingungen beschreibt. Diese Perspektive hilft zu verstehen, wie die Träume von Velis Ryn nicht nur persönliche Bestrebungen sind, sondern auch die Hoffnungen und Ängste der amorphen Lebensformen auf Xorlia widerspiegeln.

Träume als Antrieb für Aktivismus

Für Velis Ryn sind Träume eine Quelle der Inspiration und Motivation. Sie dienen als Kompass, der die Richtung des Aktivismus bestimmt. Ein Beispiel ist Velis' Traum von einer Welt, in der amorphe Lebensformen als gleichwertig anerkannt werden. Dieser Traum ist nicht nur eine persönliche Vision, sondern auch ein kollektives Anliegen, das die Gemeinschaft mobilisiert.

Ein zentrales Element in Velis' Ansatz ist die Fähigkeit, eine klare und inspirierende Vision zu formulieren. Diese Vision wird in der Gemeinschaft geteilt und dient als Anreiz für gemeinsames Handeln. In zahlreichen Versammlungen und Veranstaltungen wird die Vision von Gleichheit und Respekt für alle Lebensformen immer wieder betont, was zur Stärkung des Gemeinschaftsgefühls beiträgt.

Herausforderungen und Probleme

Trotz der positiven Aspekte von Träumen und Visionen gibt es auch Herausforderungen. Eine der größten Schwierigkeiten besteht darin, dass Träume oft unrealistisch erscheinen können, insbesondere wenn sie mit der harten Realität konfrontiert werden. Die Diskrepanz zwischen der idealen Vision und der gegenwärtigen Situation kann zu Frustration und Entmutigung führen.

Ein Beispiel ist die Herausforderung, die rechtlichen Rahmenbedingungen für amorphe Lebensformen zu ändern. Obwohl Velis Ryn von einer Welt träumt, in der diese Lebensformen rechtlich anerkannt sind, gibt es viele Hindernisse, die diesen Traum als unerreichbar erscheinen lassen. Hierbei spielt auch die gesellschaftliche Stigmatisierung eine Rolle, die den Traum von Gleichheit behindert.

Beispiele aus der Praxis

Trotz dieser Herausforderungen gibt es zahlreiche Beispiele, die zeigen, wie Träume und Visionen in die Tat umgesetzt werden können. Eine bemerkenswerte Initiative von Velis Ryn war die Gründung eines interkulturellen Festivals, das die Vielfalt amorpher Lebensformen feiert. Dieses Festival wurde als Plattform genutzt, um die Vision von Gleichheit und Respekt zu verbreiten und die Gemeinschaft zu mobilisieren.

Ein weiteres Beispiel ist die Nutzung von Kunst und Musik, um die Träume und Visionen zu kommunizieren. Velis Ryn hat zahlreiche Kunstprojekte initiiert, die die Erfahrungen und Hoffnungen amorpher Lebensformen darstellen. Diese Projekte haben nicht nur das Bewusstsein geschärft, sondern auch eine emotionale Verbindung zur Gemeinschaft hergestellt.

Fazit

Zusammenfassend lässt sich sagen, dass die Rolle von Träumen und Visionen für Velis Ryn und die amorphen Lebensformen auf Xorlia von entscheidender Bedeutung ist. Sie bieten nicht nur eine Richtung für den Aktivismus, sondern fördern auch das Gemeinschaftsgefühl und die Solidarität. Trotz der Herausforderungen, die mit der Verwirklichung dieser Träume verbunden sind, bleibt die Vision von Gleichheit und Respekt ein kraftvoller Antrieb für Veränderungen in der Gesellschaft. Die Fähigkeit, Träume in konkrete Aktionen umzusetzen, ist entscheidend für den Erfolg der Bewegung und die Schaffung einer besseren Zukunft für alle Lebensformen auf Xorlia.

Verbindungen zu anderen Kulturen

Die Verbindungen zu anderen Kulturen spielen eine entscheidende Rolle im Leben von Velis Ryn und in der Entwicklung ihrer Identität als Bürgerrechtsaktivistin auf Xorlia. In einer Welt, die zunehmend global vernetzt ist, wird die Fähigkeit, verschiedene kulturelle Perspektiven zu verstehen und zu integrieren, zu einem wertvollen Gut. Diese Verbindungen fördern nicht nur das Verständnis und die Empathie zwischen verschiedenen Lebensformen, sondern sind auch entscheidend für den Erfolg von Bewegungen, die sich für den Identitätsschutz amorpher Lebensformen einsetzen.

Theoretische Grundlagen

Die interkulturelle Kommunikationstheorie, wie sie von Edward T. Hall und Geert Hofstede entwickelt wurde, bietet wertvolle Einsichten in die Art und Weise, wie Kulturen interagieren. Hall unterscheidet zwischen „hochkontextuellen" und „niedrigkontextuellen" Kulturen, wobei hochkontextuelle Kulturen stark auf nonverbale Kommunikation und implizite Bedeutungen setzen, während niedrigkontextuelle Kulturen direkter und expliziter in ihrer

Kommunikation sind. Diese Unterschiede können sowohl Barrieren als auch Brücken in der Kommunikation zwischen verschiedenen Kulturen darstellen.

Hofstede hingegen analysiert kulturelle Dimensionen, die das Verhalten und die Werte von Kulturen prägen. Zu diesen Dimensionen gehören Machtdistanz, Individualismus versus Kollektivismus und Unsicherheitsvermeidung. Velis Ryn nutzt diese theoretischen Konzepte, um die Herausforderungen und Chancen zu verstehen, die sich aus der Interaktion mit anderen Kulturen ergeben.

Herausforderungen der interkulturellen Verbindungen

Trotz der Vorteile, die interkulturelle Verbindungen bieten, gibt es auch zahlreiche Herausforderungen. Eine der größten Hürden ist das Vorurteil, das oft aus Unkenntnis oder Missverständnissen resultiert. Amorphe Lebensformen auf Xorlia sehen sich häufig mit Diskriminierung und Stigmatisierung konfrontiert, die durch kulturelle Stereotypen verstärkt werden. Diese Vorurteile können den Dialog zwischen Kulturen behindern und dazu führen, dass wichtige Perspektiven und Stimmen ignoriert werden.

Ein weiteres Problem ist die Ungleichheit in der Machtverteilung zwischen verschiedenen Kulturen. Während einige Kulturen dominieren und ihre Werte und Normen global verbreiten, kämpfen andere, insbesondere marginalisierte Gruppen, darum, gehört zu werden. Velis Ryn hat dies in ihrer Arbeit erkannt und setzt sich aktiv dafür ein, die Stimmen der amorphen Lebensformen zu stärken und ihre kulturellen Beiträge sichtbar zu machen.

Beispiele für interkulturelle Verbindungen

Ein konkretes Beispiel für die interkulturellen Verbindungen, die Velis Ryn fördert, ist die Zusammenarbeit mit Künstlern und Aktivisten anderer Planeten. Durch kulturelle Austauschprogramme organisiert Velis Veranstaltungen, die die Kunst und Musik verschiedener Kulturen präsentieren. Diese Veranstaltungen bieten nicht nur eine Plattform für die amorphen Lebensformen, um ihre Identität auszudrücken, sondern fördern auch das Verständnis und die Wertschätzung für andere Kulturen.

Ein weiteres Beispiel ist die Nutzung sozialer Medien, um interkulturelle Dialoge zu initiieren. Velis Ryn nutzt Plattformen wie „Xorlia Connect", um Geschichten und Erfahrungen von amorphen Lebensformen zu teilen und gleichzeitig mit anderen Kulturen in Kontakt zu treten. Diese digitalen Verbindungen ermöglichen es, Barrieren abzubauen und ein globales Bewusstsein für die Herausforderungen und Errungenschaften der amorphen Lebensformen zu schaffen.

Die Rolle von Bildung und Austausch

Bildung spielt eine zentrale Rolle bei der Förderung interkultureller Verbindungen. Velis Ryn setzt sich für Bildungsprogramme ein, die die Vielfalt der Kulturen auf Xorlia und darüber hinaus betonen. Diese Programme fördern nicht nur das Verständnis für unterschiedliche kulturelle Hintergründe, sondern ermutigen auch zu kritischem Denken über eigene Identitäten und Werte.

Darüber hinaus sind Austauschprogramme mit anderen Kulturen von entscheidender Bedeutung. Diese Programme ermöglichen es den Teilnehmern, direkt in andere Kulturen einzutauchen und persönliche Beziehungen aufzubauen. Velis Ryn hat mehrere solcher Programme initiiert, die darauf abzielen, das Verständnis und die Solidarität zwischen verschiedenen Lebensformen zu stärken.

Fazit

Insgesamt sind die Verbindungen zu anderen Kulturen für Velis Ryn und ihre Bewegung von zentraler Bedeutung. Sie fördern nicht nur das Verständnis und die Empathie, sondern sind auch entscheidend für die Stärkung der Identität amorpher Lebensformen. Durch die Überwindung von Vorurteilen und die Schaffung von Plattformen für den interkulturellen Dialog trägt Velis Ryn dazu bei, eine inklusivere und gerechtere Gesellschaft auf Xorlia zu schaffen. Die Herausforderungen sind zwar vielfältig, aber die Chancen, die sich aus interkulturellen Verbindungen ergeben, sind von unschätzbarem Wert für den fortwährenden Kampf um Identitätsschutz und Gleichberechtigung.

Die Suche nach einem Platz in der Welt

Die Suche nach einem Platz in der Welt ist ein zentrales Thema in der Biografie von Velis Ryn, das nicht nur die individuelle Identität, sondern auch die kollektive Identität amorpher Lebensformen auf Xorlia beeinflusst. Diese Suche ist oft von inneren Konflikten, externen Erwartungen und dem Streben nach Zugehörigkeit geprägt. In diesem Abschnitt werden wir die verschiedenen Dimensionen dieser Suche untersuchen und wie sie Velis Ryns Entwicklung als Bürgerrechtsaktivist geprägt hat.

Theoretische Grundlagen

Die Suche nach Identität ist ein psychologisches Konzept, das in der Entwicklungspsychologie und Soziologie tief verwurzelt ist. Erik Erikson (1968) beschreibt in seiner Theorie der psychosozialen Entwicklung, dass die Identität in verschiedenen Lebensphasen geformt wird. Insbesondere die Adoleszenz ist eine kritische Phase, in der Individuen ihre Identität entwickeln und ein Gefühl für ihren Platz in der Gesellschaft finden müssen. Für Velis Ryn, als amorphe Lebensform, war dieser Prozess komplexer, da die gesellschaftlichen Normen und Erwartungen auf Xorlia oft nicht auf seine Spezies zutrafen.

Herausforderungen in der Identitätssuche

Die Suche nach einem Platz in der Welt ist für Velis Ryn von mehreren Herausforderungen geprägt:

+ **Kulturelle Diskrepanz:** Amorphe Lebensformen auf Xorlia erfahren oft kulturelle Diskriminierung. Ihre Fähigkeit, sich zu verändern und anzupassen, wird häufig missverstanden, was zu einem Gefühl der Isolation führt. Velis musste lernen, seine einzigartigen Eigenschaften zu schätzen, während er gleichzeitig gegen Vorurteile kämpfte.

+ **Fehlende Vorbilder:** In der Gemeinschaft amorpher Lebensformen gab es nur wenige Vorbilder, die eine ähnliche Identitätssuche durchlaufen hatten. Dies führte zu einem Mangel an Inspiration und Unterstützung, was Velis' Suche nach einem Platz in der Welt zusätzlich erschwerte.

+ **Innere Konflikte:** Velis erlebte innere Konflikte, die sich aus der Diskrepanz zwischen seiner amorphen Natur und den Erwartungen der Gesellschaft ergaben. Diese Konflikte führten zu Identitätskrisen, die ihn zwangen, sich intensiv mit seiner eigenen Identität auseinanderzusetzen.

Beispiele für die Suche nach einem Platz

Ein prägnantes Beispiel für Velis' Suche nach einem Platz in der Welt war seine Teilnahme an einem interkulturellen Festival auf Xorlia, das darauf abzielte, die Vielfalt der Lebensformen zu feiern. Hier hatte Velis die Möglichkeit, seine Erfahrungen zu teilen und mit anderen Lebensformen in Kontakt zu treten. Diese Begegnungen halfen ihm, ein Gefühl der Zugehörigkeit zu entwickeln und seine Identität als Bürgerrechtsaktivist zu festigen.

Ein weiteres Beispiel war seine Interaktion mit einem Mentor, der ebenfalls amorph war. Dieser Mentor hatte bereits einen langen Weg der Selbstakzeptanz und des Aktivismus hinter sich. Die Gespräche zwischen Velis und seinem Mentor boten nicht nur wertvolle Einblicke, sondern auch die Gewissheit, dass es möglich war, einen Platz in der Welt zu finden, auch wenn die Umstände herausfordernd waren.

Der Einfluss auf die Identitätsentwicklung

Die Suche nach einem Platz in der Welt hatte einen tiefgreifenden Einfluss auf Velis Ryns Identitätsentwicklung. Die Herausforderungen, mit denen er konfrontiert war, führten zu einer stärkeren Selbstreflexion und einem tieferen Verständnis seiner eigenen Identität. Durch den Austausch mit Gleichgesinnten und die Auseinandersetzung mit kulturellen Narrativen konnte Velis schließlich eine Vision entwickeln, die nicht nur seine persönliche Identität umfasste, sondern auch die Identität seiner Gemeinschaft.

Schlussfolgerung

Die Suche nach einem Platz in der Welt ist ein dynamischer und oft herausfordernder Prozess, der für Velis Ryn von zentraler Bedeutung war. Diese Suche half ihm nicht nur, seine eigene Identität zu formen, sondern auch, die Identität amorpher Lebensformen auf Xorlia zu verteidigen und zu fördern. Indem er die Herausforderungen, die er erlebte, in seine Aktivismusarbeit einfließen ließ, wurde Velis zu einem Symbol für Hoffnung und Veränderung. Seine Reise zeigt, dass die Suche nach einem Platz in der Welt nicht nur eine individuelle Herausforderung ist, sondern auch eine kollektive Verantwortung, die alle Lebensformen auf Xorlia betrifft.

Beziehungen und Netzwerke

Freundschaften und Unterstützung

Die Bedeutung von Freundschaften und Unterstützung ist für Velis Ryn und seine Reise als Bürgerrechtsaktivist von zentraler Bedeutung. In dieser Phase seines Lebens wird deutlich, dass zwischenmenschliche Beziehungen nicht nur emotionale Stütze bieten, sondern auch entscheidend für die Entwicklung von Identität und aktivistischem Engagement sind.

Die Rolle von Freundschaften

Freundschaften sind für Velis Ryn mehr als nur soziale Bindungen; sie sind essentielle Netzwerke, die ihm helfen, seine Identität zu formen und seine Visionen zu verwirklichen. In der Theorie der sozialen Identität, wie sie von Henri Tajfel und John Turner formuliert wurde, wird argumentiert, dass die Zugehörigkeit zu Gruppen (in diesem Fall zu Freundschaften) das Selbstwertgefühl und die Identität eines Individuums maßgeblich beeinflusst [1].

Velis Ryn findet in seinen Freunden Unterstützung, die ihm helfen, seine Herausforderungen zu meistern. Diese Unterstützung zeigt sich in verschiedenen Formen: emotional, informativ und auch durch physische Präsenz bei Aktivismusveranstaltungen. Zum Beispiel, als Velis Ryn mit Diskriminierung konfrontiert wird, bieten seine Freunde nicht nur Trost, sondern auch strategische Ratschläge, wie er mit solchen Situationen umgehen kann. Dies illustriert die Wichtigkeit von sozialen Netzwerken im Aktivismus, da sie sowohl Rückhalt als auch Ressourcen bereitstellen.

Unterstützung durch Gemeinschaftsorganisationen

Neben persönlichen Freundschaften spielt die Unterstützung durch Gemeinschaftsorganisationen eine entscheidende Rolle in Velis Ryns Leben. Diese Organisationen bieten strukturelle Unterstützung und Ressourcen, die für den Erfolg von Aktivismusbewegungen unerlässlich sind. Sie fungieren als Plattformen, die es Aktivisten ermöglichen, sich zu vernetzen, Erfahrungen auszutauschen und gemeinsame Ziele zu verfolgen.

Ein Beispiel hierfür ist die *Xorlianische Allianz für Identitätsschutz*, eine Organisation, die sich für die Rechte amorpher Lebensformen einsetzt. Diese Allianz bietet nicht nur rechtliche Unterstützung, sondern auch Schulungen, um Aktivisten in ihrer Arbeit zu stärken. Velis Ryn nutzt die Ressourcen dieser Organisation, um seine Fähigkeiten im Bereich Advocacy zu entwickeln und seine Botschaft effektiver zu kommunizieren.

Einfluss von sozialen Bewegungen

Die Unterstützung, die Velis Ryn durch Freundschaften und Gemeinschaftsorganisationen erhält, wird durch die Dynamik sozialer Bewegungen verstärkt. In der sozialen Bewegungsforschung wird oft betont, dass das Gefühl der Solidarität und der kollektiven Identität entscheidend für den Erfolg von Bewegungen ist [1].

Velis Ryn erlebt, wie das gemeinsame Engagement in der Bewegung nicht nur die Bindungen zu seinen Freunden vertieft, sondern auch ein Gefühl der Zugehörigkeit und des gemeinsamen Ziels schafft. Diese Solidarität ist besonders wichtig, wenn Rückschläge und Herausforderungen auftreten. In schwierigen Zeiten, wie etwa bei einem gescheiterten Gesetzesentwurf zum Schutz amorpher Lebensformen, sind es die Freundschaften und die Unterstützung durch die Gemeinschaft, die ihm helfen, nicht aufzugeben.

Mentoring und Unterstützung

Ein weiterer Aspekt der Unterstützung, den Velis Ryn erfährt, ist das Mentoring. Ältere und erfahrenere Aktivisten nehmen ihn unter ihre Fittiche und bieten ihm wertvolle Einsichten und Ratschläge. Diese Mentor-Mentee-Beziehungen sind entscheidend für die persönliche und berufliche Entwicklung von Aktivisten. Laut einer Studie von Allen et al. (2004) zeigt sich, dass Mentoring nicht nur die Karriereentwicklung fördert, sondern auch das Selbstbewusstsein und die Identität des Mentees stärkt [?].

Durch diese Mentoren lernt Velis Ryn, wie wichtig es ist, die eigenen Erfahrungen mit anderen zu teilen und wie man als Vorbild fungieren kann. Diese Erkenntnis motiviert ihn, selbst aktiv zu werden und anderen in der Gemeinschaft zu helfen, ihre Stimme zu finden.

Die Kraft von Gemeinschaftsnetzwerken

Die Kraft von Gemeinschaftsnetzwerken, die durch Freundschaften und Unterstützung entstehen, ist ein zentraler Aspekt von Velis Ryns Aktivismus. Diese Netzwerke bieten nicht nur emotionale Unterstützung, sondern auch strategische Vorteile. Durch den Austausch von Informationen und Ressourcen können Aktivisten effektiver arbeiten und ihre Ziele schneller erreichen.

Ein Beispiel für die Stärke solcher Netzwerke ist die Mobilisierung von Unterstützern für eine Protestaktion. Velis Ryn und seine Freunde nutzen soziale Medien, um ihre Botschaft zu verbreiten und andere zu mobilisieren. Die Reichweite dieser Netzwerke ermöglicht es ihnen, eine breitere Öffentlichkeit zu erreichen und mehr Menschen für ihre Sache zu gewinnen.

Schlussfolgerung

Zusammenfassend lässt sich sagen, dass Freundschaften und Unterstützung für Velis Ryn eine fundamentale Rolle in seiner Entwicklung als Bürgerrechtsaktivist spielen. Sie bieten nicht nur emotionale und praktische Unterstützung, sondern fördern auch die Bildung von Identität und die Fähigkeit, in schwierigen Zeiten durchzuhalten. Die Verbindungen, die er knüpft, sowohl auf persönlicher als auch auf institutioneller Ebene, sind entscheidend für den Erfolg seiner Mission, die Rechte amorpher Lebensformen zu schützen und zu fördern.

Die Rolle von Gemeinschaftsorganisationen

Gemeinschaftsorganisationen spielen eine entscheidende Rolle im Aktivismus und in der Förderung des Identitätsschutzes amorpher Lebensformen auf Xorlia. Diese Organisationen fungieren als Brücke zwischen den betroffenen Gemeinschaften und den politischen Entscheidungsträgern, indem sie die Stimmen derjenigen verstärken, die oft übersehen oder ignoriert werden. In diesem Abschnitt werden wir die verschiedenen Aspekte der Rolle von Gemeinschaftsorganisationen beleuchten, einschließlich ihrer Funktionen, Herausforderungen und konkreten Beispiele.

Funktionen von Gemeinschaftsorganisationen

Gemeinschaftsorganisationen erfüllen mehrere zentrale Funktionen:

+ **Aufklärung und Sensibilisierung:** Sie informieren die Öffentlichkeit über die Herausforderungen, mit denen amorphe Lebensformen konfrontiert sind, und sensibilisieren für die Bedeutung des Identitätsschutzes. Durch Kampagnen, Workshops und Informationsveranstaltungen erreichen sie ein breites Publikum.

+ **Unterstützung und Ressourcen:** Diese Organisationen bieten Unterstützung für betroffene Individuen, indem sie Zugang zu Ressourcen wie rechtlicher Beratung, psychologischer Unterstützung und Bildungsprogrammen ermöglichen. Sie helfen den Gemeinschaften, ihre Identität zu verstehen und zu bewahren.

+ **Mobilisierung und Advocacy:** Gemeinschaftsorganisationen mobilisieren die Gemeinschaft, um sich für ihre Rechte einzusetzen. Sie organisieren Demonstrationen, Petitionen und Lobbyarbeit, um politische Veränderungen zu bewirken und die Gesetzgebung zu beeinflussen.

+ **Netzwerkbildung:** Sie fungieren als Plattform für den Austausch von Erfahrungen und den Aufbau von Netzwerken zwischen Aktivisten, Betroffenen und Unterstützern. Dies fördert die Solidarität und den Zusammenhalt innerhalb der Gemeinschaft.

Herausforderungen für Gemeinschaftsorganisationen

Trotz ihrer wichtigen Rolle stehen Gemeinschaftsorganisationen vor verschiedenen Herausforderungen:

+ **Ressourcenmangel:** Viele Gemeinschaftsorganisationen sind auf Spenden und freiwillige Arbeit angewiesen, was ihre Fähigkeit einschränkt, umfassende Programme und Dienstleistungen anzubieten. Der Mangel an finanziellen Mitteln kann die Reichweite und Wirksamkeit ihrer Initiativen beeinträchtigen.

+ **Politischer Druck:** Gemeinschaftsorganisationen können politischen Repressionen ausgesetzt sein, insbesondere wenn sie gegen mächtige Interessen oder etablierte Normen kämpfen. Dies kann zu Bedrohungen, Verhaftungen oder sogar Gewalt gegen Aktivisten führen.

+ **Gesellschaftliche Stigmatisierung:** Die Vorurteile gegenüber amorphen Lebensformen können auch auf die Gemeinschaftsorganisationen abfärben, was ihre Arbeit erschwert und die Unterstützung aus der breiteren Gesellschaft verringert.

+ **Interne Konflikte:** Unterschiedliche Ansichten und Strategien innerhalb einer Organisation können zu Spannungen führen, die die Effektivität der Gruppe beeinträchtigen. Es ist wichtig, einen klaren Fokus und eine gemeinsame Vision zu haben, um diese Konflikte zu minimieren.

Beispiele erfolgreicher Gemeinschaftsorganisationen

In der Geschichte des Aktivismus auf Xorlia gibt es mehrere Gemeinschaftsorganisationen, die bemerkenswerte Erfolge erzielt haben:

+ **Die Xorlianische Allianz für Identitätsschutz (XAIS):** Diese Organisation wurde gegründet, um amorphe Lebensformen zu unterstützen und ihre Rechte zu verteidigen. Durch eine Kombination aus Aufklärungskampagnen und Lobbyarbeit hat die XAIS maßgeblich zur Einführung neuer Gesetze beigetragen, die den Identitätsschutz für amorphe Lebensformen stärken.

+ **Kunst für Identität (KfI):** Diese Organisation nutzt Kunst und Kreativität, um das Bewusstsein für die Herausforderungen amorpher Lebensformen zu schärfen. Durch Ausstellungen, Theateraufführungen und

Musikveranstaltungen hat KfI eine Plattform geschaffen, um die Geschichten und Kämpfe dieser Gemeinschaften zu erzählen und ein breiteres Publikum zu erreichen.

+ **Solidarität für Vielfalt (SfV):** SfV ist eine interkulturelle Organisation, die sich für die Rechte von Minderheiten und marginalisierten Gruppen einsetzt. Sie hat Programme entwickelt, die den interkulturellen Dialog fördern und die Solidarität zwischen verschiedenen Gemeinschaften stärken.

Theoretische Rahmenbedingungen

Die Rolle von Gemeinschaftsorganisationen im Aktivismus kann durch verschiedene theoretische Ansätze erklärt werden:

+ **Soziale Bewegungstheorie:** Diese Theorie untersucht, wie soziale Bewegungen entstehen, sich entwickeln und Veränderungen bewirken. Gemeinschaftsorganisationen sind oft die treibenden Kräfte hinter sozialen Bewegungen, indem sie Ressourcen mobilisieren und kollektives Handeln fördern.

+ **Empowerment-Theorie:** Diese Theorie betont die Bedeutung der Selbstbestimmung und des Empowerments von Individuen und Gemeinschaften. Gemeinschaftsorganisationen arbeiten daran, den Mitgliedern der Gemeinschaft die Fähigkeiten und das Wissen zu vermitteln, die sie benötigen, um ihre eigenen Rechte zu verteidigen und ihre Identität zu schützen.

+ **Netzwerk-Theorie:** Diese Theorie beleuchtet die Bedeutung von Netzwerken und Verbindungen zwischen verschiedenen Akteuren in einem sozialen System. Gemeinschaftsorganisationen fungieren oft als Knotenpunkte in diesen Netzwerken, die den Austausch von Informationen und Ressourcen fördern.

Fazit

Die Rolle von Gemeinschaftsorganisationen im Kampf für den Identitätsschutz amorpher Lebensformen auf Xorlia ist unverzichtbar. Sie bieten nicht nur Unterstützung und Ressourcen, sondern mobilisieren auch die Gemeinschaft und fördern das Bewusstsein für die Herausforderungen, mit denen diese Lebensformen konfrontiert sind. Trotz der Herausforderungen, mit denen sie konfrontiert sind, tragen sie entscheidend zur Schaffung einer gerechteren und inklusiveren Gesellschaft bei. Die Erfolge und das Engagement dieser Organisationen sind ein Beweis für die Kraft der Gemeinschaft und den unermüdlichen Einsatz für die Rechte aller Lebensformen auf Xorlia.

Einfluss von sozialen Bewegungen

Soziale Bewegungen spielen eine entscheidende Rolle bei der Formung von Identitäten und der Mobilisierung von Gemeinschaften. In der Welt von Xorlia, wo amorphe Lebensformen um Anerkennung und Identität kämpfen, sind soziale Bewegungen nicht nur ein Werkzeug für den Aktivismus, sondern auch ein Mittel zur Förderung von Solidarität und Gemeinschaftsgefühl. Diese Bewegungen können durch verschiedene Theorien und Konzepte analysiert werden, die ihren Einfluss und ihre Dynamik erklären.

Theoretische Grundlagen

Die Theorie der sozialen Bewegungen untersucht, wie kollektives Handeln entsteht und welche Faktoren dabei eine Rolle spielen. Ein zentraler Aspekt ist das Konzept des *kollektiven Bewusstseins*, das von Émile Durkheim entwickelt wurde. Dieses Konzept beschreibt, wie gemeinsame Werte und Überzeugungen eine Gruppe formen und mobilisieren können. In Xorlia manifestiert sich dies durch das gemeinsame Streben nach Identitätsschutz, das amorphe Lebensformen verbindet.

Ein weiteres relevantes Konzept ist die *Ressourcentheorie*, die besagt, dass der Zugang zu Ressourcen (z. B. finanzielle Mittel, soziale Netzwerke) entscheidend für den Erfolg von sozialen Bewegungen ist. Velis Ryn und andere Aktivisten auf Xorlia haben gelernt, Ressourcen strategisch zu nutzen, um ihre Botschaft zu verbreiten und Unterstützung zu mobilisieren.

Probleme und Herausforderungen

Trotz ihrer Bedeutung stehen soziale Bewegungen in Xorlia vor zahlreichen Herausforderungen. Diskriminierung und Vorurteile gegenüber amorphen Lebensformen führen oft zu einer Marginalisierung ihrer Stimmen. Diese Stigmatisierung kann dazu führen, dass sich Betroffene von sozialen Bewegungen abwenden, was die Mobilisierung erschwert. Zudem gibt es oft interne Konflikte innerhalb der Bewegungen, die sich aus unterschiedlichen Ansichten über Strategien und Ziele ergeben.

Ein Beispiel hierfür ist die *Kampagne für Identitätsschutz*, die von Velis Ryn initiiert wurde. Während einige Mitglieder der Bewegung auf direkte

Konfrontation mit der Regierung setzten, plädierten andere für einen dialogorientierten Ansatz.   Diese Differenzen führten zu Spannungen und beeinträchtigten die Effektivität der Kampagne.

Positive Beispiele des Einflusses

Trotz der Herausforderungen gibt es zahlreiche positive Beispiele für den Einfluss sozialer Bewegungen in Xorlia. Die *Bewegung für kulturelle Anerkennung* hat es geschafft, die öffentliche Wahrnehmung amorpher Lebensformen zu verändern. Durch kreative Kampagnen, die Kunst und Musik einbeziehen, konnten sie eine breitere Öffentlichkeit erreichen und das Bewusstsein für die Bedeutung von Identität und kulturellem Erbe schärfen.

Ein bemerkenswerter Erfolg war das *Festival der Identität*, das von verschiedenen sozialen Bewegungen organisiert wurde. Dieses Festival brachte tausende von Teilnehmern zusammen und bot eine Plattform für den Austausch von Erfahrungen, Kunst und Kultur. Die Veranstaltung half nicht nur, das Gemeinschaftsgefühl zu stärken, sondern führte auch zu politischen Gesprächen über die Rechte amorpher Lebensformen.

Langfristige Auswirkungen

Die langfristigen Auswirkungen sozialer Bewegungen auf Xorlia sind vielschichtig. Einerseits haben sie das Bewusstsein für die Herausforderungen, mit denen amorphe Lebensformen konfrontiert sind, geschärft. Andererseits haben sie auch dazu beigetragen, ein Gefühl der Identität und des Stolzes innerhalb dieser Gemeinschaften zu fördern. Die Bewegungen haben nicht nur lokale, sondern auch internationale Aufmerksamkeit erregt, was zu einer globalen Solidarität mit den Kämpfen in Xorlia geführt hat.

Ein Beispiel für diese internationale Resonanz ist die *Globale Konferenz für Identitätsschutz*, die in Zusammenarbeit mit verschiedenen intergalaktischen Organisationen stattfand. Dort konnten Vertreter von Xorlia ihre Erfahrungen und Herausforderungen teilen und Unterstützung von anderen Planeten gewinnen.

Fazit

Der Einfluss sozialer Bewegungen auf die Identität und das Selbstverständnis amorpher Lebensformen in Xorlia ist unbestreitbar. Sie haben nicht nur die Art und Weise verändert, wie diese Gemeinschaften wahrgenommen werden, sondern auch, wie sie sich selbst sehen.   Die Herausforderungen, denen sie gegenüberstehen, sind erheblich, aber die Erfolge und Fortschritte, die sie erzielt haben, zeigen das Potenzial für positive Veränderungen. Velis Ryn und andere Aktivisten stehen an der Spitze dieser Bewegung und inspirieren zukünftige Generationen, den Kampf für Identität und Anerkennung fortzusetzen.

Partnerschaften mit anderen Aktivisten

Die Zusammenarbeit zwischen Aktivisten ist ein entscheidender Aspekt für den Erfolg von sozialen Bewegungen, insbesondere im Kontext des Identitätsschutzes amorpher Lebensformen auf Xorlia. Partnerschaften ermöglichen es, Ressourcen zu bündeln, Erfahrungen auszutauschen und eine breitere Öffentlichkeit zu erreichen. In diesem Abschnitt werden die Theorien hinter diesen Partnerschaften, die Herausforderungen, die sie mit sich bringen, sowie konkrete Beispiele aus der Praxis untersucht.

Theoretische Grundlagen der Zusammenarbeit

Die Theorie der sozialen Bewegungen legt nahe, dass die Mobilisierung von Ressourcen eine Schlüsselkomponente für den Erfolg von Aktivismus ist. Ressourcen können finanzieller, menschlicher oder informeller Natur sein. [1] argumentiert, dass die Fähigkeit, Netzwerke zu schaffen und zu pflegen, entscheidend für die Effektivität von Bewegungen ist. Diese Netzwerke bieten nicht nur Unterstützung, sondern auch Zugang zu Informationen und strategischen Ressourcen.

Ein weiteres theoretisches Konzept ist die *Solidarität*, die als ein Gefühl der Zusammengehörigkeit und Unterstützung unter den Aktivisten verstanden wird. [2] beschreibt, wie Solidarität den Zusammenhalt innerhalb einer Bewegung stärkt und die Motivation der Teilnehmer erhöht. In der Praxis bedeutet dies, dass Aktivisten, die sich zusammenschließen, oft in der Lage sind, größere Aufmerksamkeit zu erregen und mehr Einfluss auszuüben.

Herausforderungen bei Partnerschaften

Trotz der Vorteile gibt es auch Herausforderungen, die mit der Bildung von Partnerschaften einhergehen. Eine der größten Hürden ist die *Koordinationsproblematik*. Unterschiedliche Ziele, Strategien und Arbeitsweisen können zu Konflikten führen. Aktivisten müssen oft Kompromisse eingehen, um gemeinsame Ziele zu definieren und ihre Ansätze zu harmonisieren. Dies kann besonders schwierig sein, wenn die Partner aus verschiedenen kulturellen oder sozialen Hintergründen stammen.

Ein weiteres Problem ist die *Ressourcenteilung*. Während einige Aktivisten möglicherweise über umfangreiche Netzwerke und Ressourcen verfügen, haben andere möglicherweise nur begrenzte Mittel. Dies kann zu Spannungen innerhalb der Partnerschaft führen, insbesondere wenn es darum geht, wie Ressourcen verteilt und genutzt werden.

Beispiele für erfolgreiche Partnerschaften

Ein bemerkenswertes Beispiel für eine erfolgreiche Partnerschaft in der Geschichte von Velis Ryn ist die Zusammenarbeit mit der *Xorlia Intergalactic Coalition* (XIC), einer Organisation, die sich für die Rechte aller Lebensformen auf Xorlia einsetzt. Durch die Bündelung ihrer Ressourcen und Expertise konnte die XIC eine umfassende Kampagne zur Sensibilisierung für die Probleme amorpher Lebensformen entwickeln. Diese Kampagne umfasste Workshops, öffentliche Veranstaltungen und soziale Medien, um die Botschaft zu verbreiten und Unterstützung zu mobilisieren.

Ein weiteres Beispiel ist die Zusammenarbeit mit Künstlern und Kulturschaffenden, die eine Plattform für die Stimmen amorpher Lebensformen geschaffen haben. Durch *Kunstprojekte* und *Kulturveranstaltungen* konnten Aktivisten die kulturelle Identität und die Herausforderungen dieser Lebensformen in den Vordergrund rücken. Diese Partnerschaften haben nicht nur die Sichtbarkeit erhöht, sondern auch eine emotionale Verbindung zur breiteren Gemeinschaft geschaffen.

Schlussfolgerung

Die Bildung von Partnerschaften mit anderen Aktivisten ist ein zentraler Bestandteil des Aktivismus auf Xorlia. Während es Herausforderungen gibt, die bewältigt werden müssen, überwiegen die Vorteile einer solchen Zusammenarbeit. Die Theorien über soziale Bewegungen und Solidarität bieten wertvolle Einblicke in die Dynamik dieser Partnerschaften. Durch erfolgreiche Kooperationen können Aktivisten nicht nur ihre Reichweite und Wirkung erhöhen, sondern auch eine stärkere, vereinte Stimme für den Identitätsschutz amorpher Lebensformen auf Xorlia schaffen.

Bibliography

[1] Tilly, C. (2004). *Social Movements, 1760–2000*. Paradigm Publishers.

[2] Della Porta, D. (2006). *Social Movements: An Introduction*. Blackwell Publishing.

Der Austausch von Erfahrungen

Der Austausch von Erfahrungen spielt eine entscheidende Rolle im Aktivismus, insbesondere für Velis Ryn und seine Bewegung zum Schutz der Identität amorpher Lebensformen auf Xorlia. Diese Praxis ist nicht nur eine Möglichkeit, Wissen zu teilen, sondern auch eine Methode, um Solidarität zu fördern, Empathie zu entwickeln und kollektive Strategien zu entwerfen. In diesem Abschnitt werden wir die Bedeutung des Erfahrungsaustauschs im Aktivismus untersuchen, die Herausforderungen, die dabei auftreten können, sowie einige Beispiele, die die Wirksamkeit dieser Praxis veranschaulichen.

Bedeutung des Erfahrungsaustauschs

Der Austausch von Erfahrungen ermöglicht es Aktivisten, voneinander zu lernen und ihre Strategien zu optimieren. Dies geschieht in mehreren Dimensionen:

1. **Wissenstransfer**: Aktivisten können bewährte Methoden und Strategien austauschen, die in anderen Gemeinschaften oder Bewegungen erfolgreich waren. Dies fördert nicht nur die Effizienz, sondern auch die Kreativität, da neue Ideen in bestehende Praktiken integriert werden können.

2. **Solidarität und Gemeinschaftsbildung**: Der Austausch von persönlichen Geschichten und Erfahrungen schafft ein Gefühl der Zugehörigkeit. Wenn Aktivisten ihre Herausforderungen und Erfolge teilen, erkennen sie, dass sie nicht allein sind. Dies stärkt die Gemeinschaft und fördert die Resilienz.

3. **Empathie und Verständnis**: Durch das Teilen von Erfahrungen können Aktivisten ein tieferes Verständnis für die Probleme und Perspektiven anderer

entwickeln. Dies ist besonders wichtig in einer vielfältigen Bewegung, in der unterschiedliche Lebensformen und Kulturen vertreten sind.

4. **Kollektive Strategieentwicklung**: Der Austausch von Erfahrungen ermöglicht es Gruppen, gemeinsam Strategien zu entwickeln, die auf den spezifischen Bedürfnissen und Herausforderungen ihrer Gemeinschaft basieren. Dies kann zu innovativen Lösungen führen, die in der Vergangenheit möglicherweise nicht in Betracht gezogen wurden.

Herausforderungen beim Erfahrungsaustausch

Trotz der vielen Vorteile gibt es auch Herausforderungen, die den Austausch von Erfahrungen im Aktivismus beeinträchtigen können:

1. **Kulturelle Barrieren**: Unterschiedliche kulturelle Hintergründe können dazu führen, dass Erfahrungen unterschiedlich interpretiert werden. Es ist wichtig, dass Aktivisten sensibilisiert sind und respektvoll mit den unterschiedlichen Perspektiven umgehen.

2. **Mangelnde Ressourcen**: Oftmals fehlt es an Ressourcen, um effektive Austauschplattformen zu schaffen. Dies kann den Zugang zu Informationen und die Möglichkeit, Erfahrungen zu teilen, einschränken.

3. **Angst vor Stigmatisierung**: In einigen Gemeinschaften kann es eine Angst geben, persönliche Erfahrungen zu teilen, insbesondere wenn diese mit Diskriminierung oder Stigmatisierung verbunden sind. Aktivisten müssen sichere Räume schaffen, in denen sich Menschen wohl fühlen, ihre Geschichten zu erzählen.

4. **Überinformation**: In der heutigen digitalen Welt kann es auch zu einer Überflutung von Informationen kommen, die es schwierig macht, relevante und nützliche Erfahrungen zu identifizieren. Es ist wichtig, effektive Methoden zur Filterung und Priorisierung von Informationen zu entwickeln.

Beispiele für den Austausch von Erfahrungen

Um die Bedeutung und die Herausforderungen des Erfahrungsaustauschs zu veranschaulichen, betrachten wir einige konkrete Beispiele aus der Bewegung von Velis Ryn:

1. **Workshops und Seminare**: Velis Ryn und seine Mitstreiter organisierten regelmäßig Workshops, in denen Aktivisten aus verschiedenen Gemeinschaften ihre Erfahrungen teilten. Diese Veranstaltungen boten nicht nur eine Plattform für den Austausch, sondern auch die Möglichkeit, neue Strategien zu entwickeln und zu testen.

2. **Digitale Plattformen**: Die Nutzung sozialer Medien und Online-Foren ermöglichte es Aktivisten, ihre Erfahrungen über große Entfernungen hinweg zu teilen. Dies führte zur Bildung einer globalen Gemeinschaft, die sich gegenseitig unterstützte und voneinander lernte. Beispielsweise wurde eine Online-Kampagne ins Leben gerufen, um die Geschichten von amorphen Lebensformen zu verbreiten, die Diskriminierung erlebt hatten.

3. **Mentoring-Programme**: Erfahrene Aktivisten aus der Bewegung übernahmen die Rolle von Mentoren für neue Mitglieder. Diese Programme ermöglichten es den Neulingen, von den Erfahrungen der Veteranen zu lernen und sich schneller in die Bewegung zu integrieren.

4. **Künstlerische Ausdrucksformen**: Der Austausch von Erfahrungen fand auch in künstlerischen Projekten statt, in denen Aktivisten ihre Geschichten durch Musik, Theater und bildende Kunst erzählten. Diese kreativen Ansätze halfen, die Botschaften der Bewegung auf eine zugängliche und emotionale Weise zu verbreiten.

Schlussfolgerung

Der Austausch von Erfahrungen ist ein unverzichtbarer Bestandteil des Aktivismus. Er fördert nicht nur das Lernen und die Solidarität, sondern stärkt auch die Gemeinschaft und die Resilienz der Aktivisten. Trotz der Herausforderungen, die damit verbunden sind, können kreative Lösungen und Plattformen helfen, den Austausch zu erleichtern und die Wirkung der Bewegung zu maximieren. Velis Ryns Ansatz, Erfahrungen zu teilen und voneinander zu lernen, hat nicht nur seine eigene Entwicklung gefördert, sondern auch die gesamte Bewegung für den Identitätsschutz amorpher Lebensformen auf Xorlia gestärkt. Durch den fortwährenden Austausch von Erfahrungen können Aktivisten sicherstellen, dass ihre Stimmen gehört werden und ihre Kämpfe nicht umsonst sind.

Die Bedeutung von Solidarität

Solidarität ist ein zentraler Begriff im Aktivismus und spielt eine entscheidende Rolle im Kampf um die Rechte amorpher Lebensformen auf Xorlia. Sie bezieht sich auf die Unterstützung und den Zusammenhalt, den Individuen und Gruppen füreinander aufbringen, um gemeinsame Ziele zu erreichen und sich gegen Ungerechtigkeiten zu wehren. In diesem Abschnitt werden die theoretischen Grundlagen von Solidarität, die Herausforderungen, die sich aus ihrer Umsetzung ergeben, sowie konkrete Beispiele für solidarisches Handeln im Kontext von Velis Ryn und der Bürgerrechtsbewegung auf Xorlia betrachtet.

Theoretische Grundlagen der Solidarität

Solidarität wird oft als ein Gefühl des Zusammenhalts und der Verantwortung zwischen Individuen beschrieben. In der Sozialtheorie wird Solidarität als ein Mechanismus betrachtet, der soziale Bindungen stärkt und die kollektive Identität fördert. Emile Durkheim, ein Pionier der Soziologie, unterschied zwischen mechanischer und organischer Solidarität. Mechanische Solidarität basiert auf Ähnlichkeiten und gemeinsamen Werten, während organische Solidarität auf der Interdependenz von Individuen in komplexeren Gesellschaften beruht. In der Gesellschaft von Xorlia, die durch eine Vielzahl von Lebensformen und Kulturen gekennzeichnet ist, ist organische Solidarität besonders relevant.

Die Gleichheit und der Respekt für die Identität aller Lebensformen sind grundlegende Prinzipien, die die Bewegung von Velis Ryn leiten. Diese Prinzipien fördern eine solidarische Haltung, die es den amorphen Lebensformen ermöglicht, sich gegen Diskriminierung und Vorurteile zu wehren. Solidarität wird somit zu einem Instrument des Empowerments, das den Betroffenen hilft, ihre Stimme zu erheben und für ihre Rechte zu kämpfen.

Herausforderungen der Solidarität

Trotz ihrer zentralen Bedeutung sieht sich die Solidarität im Aktivismus zahlreichen Herausforderungen gegenüber. Eine der größten Herausforderungen ist die Fragmentierung innerhalb der Gemeinschaften. Unterschiedliche Interessen und Prioritäten können zu Spannungen führen, die die Solidarität untergraben. In der Bewegung von Velis Ryn gibt es beispielsweise verschiedene Fraktionen, die unterschiedliche Ansätze zur Lösung der Probleme amorpher Lebensformen verfolgen. Diese Differenzen können zu einem Verlust des gemeinsamen Ziels führen und die Effektivität der Bewegung beeinträchtigen.

Ein weiteres Problem ist die gesellschaftliche Stigmatisierung, die amorphe Lebensformen erfahren. Diese Stigmatisierung kann das Gefühl der Solidarität innerhalb der Gemeinschaft schwächen, da Einzelne sich isoliert oder ausgegrenzt fühlen. Um Solidarität zu fördern, ist es notwendig, diese Stigmatisierung aktiv zu bekämpfen und ein Bewusstsein für die Herausforderungen zu schaffen, mit denen amorphe Lebensformen konfrontiert sind.

Beispiele für solidarisches Handeln

Trotz der Herausforderungen gibt es zahlreiche Beispiele für solidarisches Handeln innerhalb der Bewegung. Ein bemerkenswerter Fall ist die Organisation von gemeinsamen Veranstaltungen, bei denen amorphe Lebensformen und ihre Unterstützer zusammenkommen, um ihre Anliegen zu diskutieren und zu fördern. Diese Veranstaltungen stärken nicht nur das Gemeinschaftsgefühl, sondern bieten auch eine Plattform, um die Stimmen der Betroffenen zu hören und ihre Geschichten zu teilen.

Ein weiteres Beispiel ist die Bildung von Partnerschaften mit anderen Organisationen, die ähnliche Ziele verfolgen. Diese Kooperationen ermöglichen es, Ressourcen zu bündeln und eine größere Reichweite zu erzielen. So hat Velis Ryn erfolgreich mit intergalaktischen Organisationen zusammengearbeitet, um internationale Aufmerksamkeit auf die Probleme amorpher Lebensformen zu lenken und Solidarität über die Grenzen von Xorlia hinaus zu fördern.

Zusätzlich hat die Nutzung sozialer Medien eine neue Dimension der Solidarität eröffnet. Plattformen wie XorNet ermöglichen es, Informationen schnell zu verbreiten und Unterstützer zu mobilisieren. Die virale Verbreitung von Kampagnen zur Unterstützung amorpher Lebensformen hat dazu beigetragen, ein breiteres Publikum zu erreichen und das Bewusstsein für deren Anliegen zu schärfen.

Fazit

Die Bedeutung von Solidarität im Kontext des Aktivismus von Velis Ryn kann nicht genug betont werden. Sie ist ein entscheidendes Element für den Erfolg der Bewegung und für die Schaffung einer gerechteren Gesellschaft auf Xorlia. Trotz der Herausforderungen, mit denen Solidarität konfrontiert ist, gibt es zahlreiche Beispiele für erfolgreiches solidarisches Handeln. Diese Beispiele zeigen, dass, wenn Individuen und Gemeinschaften zusammenarbeiten, sie in der Lage sind, bedeutende Veränderungen herbeizuführen und für die Rechte aller Lebensformen zu kämpfen. Die Förderung von Solidarität bleibt somit ein zentrales Ziel der Bewegung und ein Schlüssel zur Schaffung einer inklusiven und gerechten Gesellschaft auf Xorlia.

Mentoring und Unterstützung

Mentoring spielt eine entscheidende Rolle im Leben von Aktivisten, insbesondere für Velis Ryn und die amorphen Lebensformen auf Xorlia. Es ist nicht nur ein Instrument zur Wissensvermittlung, sondern auch ein Mittel zur Stärkung des

Selbstbewusstseins und zur Förderung von Fähigkeiten, die für den Aktivismus unerlässlich sind. In diesem Abschnitt betrachten wir die verschiedenen Aspekte des Mentorings, seine Herausforderungen und die positiven Auswirkungen, die es auf die Gemeinschaft und die individuellen Aktivisten hat.

Die Rolle des Mentorings

Mentoring kann als eine unterstützende Beziehung definiert werden, in der erfahrene Individuen (Mentoren) weniger erfahrenen Personen (Mentees) helfen, ihre Fähigkeiten zu entwickeln und ihre Ziele zu erreichen. Diese Beziehung ist besonders wichtig in Kontexten, in denen marginalisierte Gruppen, wie die amorphen Lebensformen auf Xorlia, oft mit Diskriminierung und Vorurteilen konfrontiert sind.

$$M = \frac{E + F + S}{T} \tag{38}$$

Hierbei steht M für den Mentoring-Effekt, E für Erfahrung, F für Feedback, S für Unterstützung und T für die Zeit, die in die Beziehung investiert wird. Ein höherer Wert von M zeigt eine stärkere positive Auswirkung des Mentorings auf den Mentee.

Herausforderungen im Mentoring-Prozess

Trotz der positiven Aspekte des Mentorings gibt es auch Herausforderungen. Eine häufige Problematik ist die Verfügbarkeit von Mentoren. Oftmals sind erfahrene Aktivisten selbst stark in ihren eigenen Projekten engagiert und haben wenig Zeit, um sich um Mentees zu kümmern. Dies führt zu einer ungleichen Verteilung von Ressourcen und Wissen.

Ein weiteres Problem ist die kulturelle Diskrepanz zwischen Mentoren und Mentees. Unterschiede in den Erfahrungen und Perspektiven können zu Missverständnissen führen, die die Effektivität des Mentorings beeinträchtigen. Dies ist besonders relevant für amorphe Lebensformen, die möglicherweise unterschiedliche Vorstellungen von Identität und Aktivismus haben.

Positive Auswirkungen des Mentorings

Trotz dieser Herausforderungen hat Mentoring nachweislich positive Auswirkungen auf die persönliche und berufliche Entwicklung von Aktivisten. Die Unterstützung durch einen Mentor kann das Selbstvertrauen stärken und den Zugang zu Netzwerken erleichtern. Ein Beispiel hierfür ist die Beziehung zwischen Velis Ryn und einem erfahrenen Aktivisten, der ihn in den frühen Phasen seines Engagements unterstützte. Diese Unterstützung half Velis, seine Stimme zu finden und seine Ideen zu formulieren.

Darüber hinaus fördert Mentoring die interkulturelle Verständigung. Wenn Mentoren aus verschiedenen kulturellen Hintergründen kommen, können sie den Mentees helfen, ein breiteres Verständnis für die Vielfalt der Erfahrungen und Herausforderungen zu entwickeln, die andere Aktivisten erleben. Dies ist besonders wichtig für die amorphen Lebensformen, die sich oft in einer komplexen sozialen Landschaft bewegen müssen.

Beispiele für erfolgreiche Mentoring-Programme

Ein Beispiel für ein erfolgreiches Mentoring-Programm auf Xorlia ist das „Mentoring für Identitätsschutz"-Programm, das von einer Gruppe engagierter Aktivisten ins Leben gerufen wurde. In diesem Programm werden erfahrene Aktivisten mit neuen Mitgliedern der Bewegung gepaart, um Wissen, Strategien und Unterstützung auszutauschen.

Die Ergebnisse dieses Programms sind vielversprechend: Teilnehmer berichten von einem erhöhten Gefühl der Zugehörigkeit und einer stärkeren Motivation, sich für die Rechte amorpher Lebensformen einzusetzen. Darüber hinaus hat das Programm dazu beigetragen, eine Gemeinschaft von Unterstützern zu schaffen, die sich gegenseitig bei der Bewältigung von Herausforderungen unterstützen.

Fazit

Mentoring und Unterstützung sind unerlässliche Komponenten des Aktivismus, insbesondere für marginalisierte Gruppen wie die amorphen Lebensformen auf Xorlia. Trotz der Herausforderungen, die mit dem Mentoring-Prozess verbunden sind, überwiegen die positiven Auswirkungen. Durch die Förderung von Beziehungen zwischen erfahrenen und neuen Aktivisten wird nicht nur individuelles Wachstum ermöglicht, sondern auch die Gemeinschaft gestärkt. Die Vision von Velis Ryn und anderen Aktivisten wird durch die Kraft des Mentorings weitergetragen, was zu einem nachhaltigen Einfluss auf die Gesellschaft führt.

Die Rolle der Familie im Aktivismus

Die Familie spielt eine entscheidende Rolle im Aktivismus, insbesondere für Individuen wie Velis Ryn, die sich für die Rechte amorpher Lebensformen auf

Xorlia einsetzen. Die Unterstützung und der Rückhalt der Familie können eine entscheidende Basis für die Entwicklung von aktivistischen Bestrebungen bieten.

Theoretische Grundlagen

Die Rolle der Familie im Aktivismus kann durch verschiedene theoretische Rahmenwerke verstanden werden. Die **Familien-Systems-Theorie** (Bowen, 1978) legt nahe, dass Familienmitglieder in einem dynamischen System interagieren, in dem die Unterstützung oder der Widerstand eines Mitglieds die Handlungen der anderen beeinflussen kann. Diese Theorie legt nahe, dass positive familiäre Beziehungen den Aktivismus fördern können, während dysfunktionale Dynamiken hemmend wirken.

Ein weiterer relevanter theoretischer Ansatz ist die **Soziale Identitätstheorie** (Tajfel & Turner, 1979), die besagt, dass das Zugehörigkeitsgefühl zu einer sozialen Gruppe das Selbstwertgefühl und die Motivation eines Individuums beeinflussen kann. In diesem Kontext kann die Familie als primäre soziale Gruppe fungieren, die Identität und Unterstützung bietet, was für den Aktivismus von entscheidender Bedeutung ist.

Herausforderungen innerhalb der Familie

Trotz der positiven Aspekte kann die Familie auch Herausforderungen für Aktivisten darstellen. Diese Herausforderungen können in folgenden Bereichen auftreten:

+ **Konflikte über Werte:** Wenn Familienmitglieder unterschiedliche Auffassungen über soziale Gerechtigkeit und Aktivismus haben, kann dies zu Spannungen führen. Zum Beispiel könnte Velis Ryn auf Widerstand stoßen, wenn Familienmitglieder die Notwendigkeit eines Identitätsschutzes für amorphe Lebensformen nicht erkennen.

+ **Emotionale Belastung:** Aktivismus kann emotional belastend sein, und die Familie kann sowohl eine Quelle der Unterstützung als auch eine Quelle des Drucks sein. In Zeiten von Rückschlägen oder Widerstand kann die Unterstützung der Familie entscheidend sein, aber auch familiäre Erwartungen können zusätzlichen Druck erzeugen.

+ **Ressourcenzugang:** Familien können auch den Zugang zu Ressourcen wie finanzieller Unterstützung, Netzwerken und Informationen beeinflussen. Eine Familie, die aktivistische Bemühungen unterstützt, kann Zugang zu wichtigen Kontakten und Ressourcen bieten.

Beispiele für familiäre Unterstützung im Aktivismus

Ein bemerkenswertes Beispiel für die Rolle der Familie im Aktivismus ist die Geschichte von Velis Ryn selbst. Ihre Eltern, die ebenfalls aktivistische Werte vertraten, ermutigten sie von klein auf, sich für die Rechte der amorphen Lebensformen einzusetzen. Diese Unterstützung half Velis, ihre Identität zu formen und den Mut zu finden, sich für ihre Überzeugungen einzusetzen.

Ein weiteres Beispiel ist die Familie von Lira, einer anderen Aktivistin auf Xorlia, die sich für die Rechte der amorphen Lebensformen einsetzt. Liras Familie veranstaltete regelmäßig Treffen, um über die Herausforderungen und Erfolge im Aktivismus zu diskutieren. Diese Treffen schufen ein unterstützendes Umfeld, in dem Lira ihre Ideen und Strategien entwickeln konnte.

Die Rolle der Familie in der Mobilisierung

Familien können auch eine Schlüsselrolle in der Mobilisierung von Gemeinschaften spielen. Wenn Familienmitglieder aktiv an Protesten und Kampagnen teilnehmen, kann dies andere ermutigen, sich ebenfalls zu engagieren. Die gemeinsame Teilnahme an Veranstaltungen stärkt die familiären Bindungen und fördert ein Gefühl der Einheit und Solidarität.

$$\text{Mobilisierung} = \text{Familienunterstützung} + \text{Gemeinschaftsengagement}$$

Diese Gleichung verdeutlicht, dass die Mobilisierung von Gemeinschaften oft auf einer soliden Basis von familiärer Unterstützung beruht.

Schlussfolgerung

Zusammenfassend lässt sich sagen, dass die Rolle der Familie im Aktivismus sowohl positive als auch herausfordernde Aspekte umfasst. Die Unterstützung von Familienmitgliedern kann entscheidend für den Erfolg von Aktivisten wie Velis Ryn sein. Gleichzeitig müssen Aktivisten oft mit den Herausforderungen umgehen, die sich aus unterschiedlichen Werten und Erwartungen innerhalb der Familie ergeben.

Die Förderung einer positiven familiären Dynamik kann entscheidend sein, um die nächste Generation von Aktivisten zu inspirieren und zu unterstützen. In einer Welt, in der Identität und Rechte von amorphen Lebensformen bedroht sind, ist die Rolle der Familie in der Aktivismusbewegung von größter Bedeutung.

Beziehungen zu politischen Akteuren

Die Beziehungen von Velis Ryn zu politischen Akteuren sind ein entscheidender Aspekt ihres Aktivismus für den Identitätsschutz amorpher Lebensformen auf Xorlia. Diese Beziehungen sind nicht nur für die Mobilisierung von Ressourcen und Unterstützung wichtig, sondern auch für die Schaffung eines rechtlichen Rahmens, der die Rechte und die Identität dieser Lebensformen schützt.

Theoretische Grundlagen

Die Beziehung zwischen Aktivisten und politischen Akteuren kann durch verschiedene theoretische Rahmenbedingungen verstanden werden. Eine davon ist die Theorie der politischen Mobilisierung, die besagt, dass soziale Bewegungen durch die Schaffung von Netzwerken und Allianzen mit politischen Entscheidungsträgern an Einfluss gewinnen können. Diese Theorie wird durch das Konzept der **Advocacy Coalition Framework** (ACF) unterstützt, welches darauf hinweist, dass verschiedene Akteure innerhalb eines politischen Systems zusammenarbeiten, um gemeinsame Ziele zu erreichen.

$$P(A) = f(N, I, C) \tag{39}$$

Hierbei ist $P(A)$ die Wahrscheinlichkeit, dass ein Aktivist erfolgreich ist, und N steht für die Anzahl der Netzwerke, I für die Intensität des Engagements und C für die kulturellen Faktoren, die das politische Klima beeinflussen.

Herausforderungen in den Beziehungen

Trotz der theoretischen Vorteile sind die Beziehungen von Velis Ryn zu politischen Akteuren nicht ohne Herausforderungen. Eine der größten Hürden ist das **Misstrauen** zwischen Aktivisten und Politikern. Viele Aktivisten glauben, dass Politiker oft nur an kurzfristigen Lösungen interessiert sind, während die Anliegen der amorphen Lebensformen langfristige und nachhaltige Ansätze erfordern.

Ein weiteres Problem ist die **Politik der Repräsentation**. Politische Akteure sind oft nicht in der Lage oder bereit, die Stimmen der amorphen Lebensformen in den politischen Diskurs einzubeziehen. Dies führt zu einer Marginalisierung ihrer Anliegen und zu einem Mangel an Sichtbarkeit in politischen Entscheidungen.

Beispiele für erfolgreiche Beziehungen

Trotz dieser Herausforderungen hat Velis Ryn mehrere erfolgreiche Beziehungen zu politischen Akteuren aufgebaut. Ein bemerkenswertes Beispiel ist die

Zusammenarbeit mit dem **Ministerium für intergalaktische Angelegenheiten**, das eine Schlüsselrolle bei der Entwicklung von Gesetzen gespielt hat, die den Identitätsschutz amorpher Lebensformen betreffen.

Durch die Organisation von **Runden Tischen** und öffentlichen Anhörungen konnte Velis Ryn Politiker und Entscheidungsträger direkt ansprechen und sie über die Herausforderungen informieren, mit denen amorphe Lebensformen konfrontiert sind. Diese direkte Kommunikation hat nicht nur das Bewusstsein geschärft, sondern auch konkrete politische Maßnahmen zur Folge gehabt.

Die Rolle von Lobbyarbeit

Die Lobbyarbeit ist ein weiterer wichtiger Aspekt der Beziehungen zu politischen Akteuren. Velis Ryn hat eine **Lobbygruppe** gegründet, die sich speziell für die Rechte amorpher Lebensformen einsetzt. Diese Gruppe hat es geschafft, mehrere Schlüsselpolitiker zu überzeugen, Gesetze zu unterstützen, die den Identitätsschutz fördern.

Ein Beispiel für den Erfolg dieser Lobbyarbeit ist das **Gesetz zur Anerkennung amorpher Identitäten**, das nach intensiven Verhandlungen und Kampagnen von Velis Ryn und ihrer Gruppe verabschiedet wurde. Dieses Gesetz hat nicht nur rechtliche Anerkennung für amorphe Lebensformen geschaffen, sondern auch einen Rahmen für die Förderung ihrer kulturellen Identität.

Langfristige Auswirkungen auf die Gesellschaft

Die Beziehungen von Velis Ryn zu politischen Akteuren haben langfristige Auswirkungen auf die Gesellschaft von Xorlia. Durch die Schaffung von Allianzen und das Eingehen von Partnerschaften hat Velis Ryn nicht nur das Bewusstsein für die Rechte amorpher Lebensformen geschärft, sondern auch eine Plattform für zukünftige Generationen geschaffen, um ihre Anliegen zu vertreten.

Die **Veränderung des politischen Diskurses** ist ein weiteres Ergebnis dieser Beziehungen. Themen wie Identitätsschutz und kulturelle Vielfalt sind mittlerweile Teil der politischen Agenda und werden in öffentlichen Diskussionen und politischen Strategien berücksichtigt.

Fazit

Zusammenfassend lässt sich sagen, dass die Beziehungen von Velis Ryn zu politischen Akteuren ein zentrales Element ihres Aktivismus darstellen. Trotz der Herausforderungen, die mit diesen Beziehungen verbunden sind, hat sie es geschafft, durch gezielte Lobbyarbeit und die Schaffung von Netzwerken bedeutende Fortschritte zu erzielen. Diese Beziehungen sind nicht nur für den aktuellen Kampf um Identitätsschutz von Bedeutung, sondern auch für die zukünftige Entwicklung einer inklusiven und respektvollen Gesellschaft auf Xorlia.

Die Kraft von Gemeinschaftsnetzwerken

Die Kraft von Gemeinschaftsnetzwerken ist ein entscheidender Faktor im Aktivismus, insbesondere im Kontext von Velis Ryns Kampf für den Identitätsschutz amorpher Lebensformen auf Xorlia. Gemeinschaftsnetzwerke bilden die Grundlage für Solidarität, Unterstützung und die Mobilisierung von Ressourcen, die für die Verwirklichung von Zielen im Aktivismus notwendig sind. In diesem Abschnitt betrachten wir die theoretischen Grundlagen, die Herausforderungen und die praktischen Beispiele, die die Bedeutung von Gemeinschaftsnetzwerken verdeutlichen.

Theoretische Grundlagen

Gemeinschaftsnetzwerke basieren auf der Theorie des sozialen Kapitals, die von Pierre Bourdieu und Robert Putnam entwickelt wurde. Soziales Kapital bezieht sich auf die Ressourcen, die Individuen durch ihre sozialen Netzwerke und Beziehungen gewinnen können. Putnam (2000) argumentiert, dass starke Gemeinschaftsnetzwerke nicht nur das individuelle Wohlbefinden fördern, sondern auch die gesellschaftliche Kohäsion und das Vertrauen in Institutionen stärken.

In der Praxis bedeutet dies, dass Gemeinschaften, die über gut entwickelte Netzwerke verfügen, besser in der Lage sind, Herausforderungen zu bewältigen und ihre Interessen zu vertreten. Diese Netzwerke ermöglichen den Austausch von Informationen, die Koordination von Aktionen und die Mobilisierung von Unterstützern, was für den Erfolg von Bewegungen entscheidend ist.

Herausforderungen

Trotz der offensichtlichen Vorteile von Gemeinschaftsnetzwerken stehen Aktivisten vor mehreren Herausforderungen:

- **Fragmentierung der Gemeinschaft:** In einer zunehmend globalisierten Welt können Gemeinschaften fragmentiert und isoliert werden, was die Bildung starker Netzwerke erschwert. Unterschiedliche Interessen und Identitäten innerhalb einer Gemeinschaft können zu Konflikten führen, die die Kooperation behindern.

- **Zugang zu Ressourcen:** Der Zugang zu Ressourcen, sei es finanzieller oder informeller Art, kann ungleich verteilt sein. Gemeinschaften, die weniger privilegiert sind, haben möglicherweise nicht die gleichen Möglichkeiten, sich zu vernetzen und ihre Stimmen zu erheben.

- **Technologische Barrieren:** Während soziale Medien und digitale Plattformen die Vernetzung erleichtern können, sind nicht alle Gemeinschaften gleich in der Lage, diese Technologien zu nutzen. Digitale Kluften können den Zugang zu wichtigen Informationen und Netzwerken einschränken.

Praktische Beispiele

Die Arbeit von Velis Ryn bietet ein hervorragendes Beispiel dafür, wie Gemeinschaftsnetzwerke im Aktivismus mobilisiert werden können. Ryn erkannte frühzeitig die Notwendigkeit, verschiedene Gruppen zusammenzubringen, um eine starke Stimme für amorphe Lebensformen zu schaffen.

Fallstudie: Die Gründung des Xorlianischen Netzwerks für Identitätsschutz (XNIS) Im Jahr 2030 gründete Velis Ryn das Xorlianische Netzwerk für Identitätsschutz (XNIS), um amorphe Lebensformen zu unterstützen. Das Netzwerk vereinte verschiedene Gemeinschaften, darunter Künstler, Wissenschaftler und Rechtsaktivisten, die alle ein gemeinsames Ziel verfolgten: den Schutz der Identität und Kultur amorpher Lebensformen.

Die Gründung des XNIS war ein strategischer Schritt, um Ressourcen zu bündeln und eine breitere Öffentlichkeit zu erreichen. Durch regelmäßige Treffen und Workshops konnten die Mitglieder des Netzwerks ihre Erfahrungen austauschen und voneinander lernen.

Ein konkretes Beispiel für den Erfolg des Netzwerks war die Kampagne „Identität zählt", die auf soziale Medien und öffentliche Veranstaltungen setzte, um das Bewusstsein für die Herausforderungen amorpher Lebensformen zu schärfen. Diese Kampagne führte zu einer signifikanten Zunahme der Unterstützung in der Bevölkerung und trug dazu bei, dass die Regierung auf die Forderungen der Gemeinschaft reagierte.

Die Rolle von Gemeinschaftsnetzwerken im Aktivismus

Die Rolle von Gemeinschaftsnetzwerken im Aktivismus kann nicht hoch genug eingeschätzt werden. Sie bieten nicht nur eine Plattform für den Austausch von

Ideen und Ressourcen, sondern fördern auch das Gefühl der Zugehörigkeit und Solidarität.

Gemeinschaften, die aktiv zusammenarbeiten, sind besser in der Lage, kollektive Ziele zu erreichen. Dies zeigt sich auch in der Fähigkeit, Widerstand gegen Diskriminierung und Vorurteile zu leisten. Wenn sich Individuen zusammenschließen, können sie eine stärkere Stimme entwickeln, die schwerer zu ignorieren ist.

Schlussfolgerung

Die Kraft von Gemeinschaftsnetzwerken ist ein zentrales Element im Aktivismus von Velis Ryn und anderen Bürgerrechtsaktivisten auf Xorlia. Diese Netzwerke bieten die notwendige Unterstützung, um Herausforderungen zu bewältigen und Veränderungen herbeizuführen. Trotz der Herausforderungen, mit denen Gemeinschaften konfrontiert sind, bleibt die Bildung und Pflege starker Netzwerke entscheidend für den Erfolg jeder sozialen Bewegung. Indem sie ihre Kräfte bündeln, können Individuen und Gemeinschaften eine transformative Wirkung erzielen, die über ihre eigenen Grenzen hinausgeht und einen nachhaltigen Einfluss auf die Gesellschaft hat.

$$\text{Einfluss} = f(\text{Netzwerkstärke, Ressourcenzugang, Kohärenz der Gemeinschaft}) \tag{40}$$

Die Vision für die Zukunft

Langfristige Ziele der Bewegung

Die Bürgerrechtsbewegung von Velis Ryn hat sich auf die Schaffung eines nachhaltigen Rahmens für den Schutz und die Förderung der Identität amorpher Lebensformen auf dem Planeten Xorlia konzentriert. Die langfristigen Ziele dieser Bewegung sind vielschichtig und zielen darauf ab, sowohl die rechtlichen als auch die sozialen Strukturen zu transformieren, um eine inklusive Gesellschaft zu schaffen, die die Vielfalt der Lebensformen anerkennt und wertschätzt.

1. Rechtlicher Schutz der Identität

Ein zentrales Ziel der Bewegung ist die Schaffung eines rechtlichen Rahmens, der den Identitätsschutz amorpher Lebensformen gewährleistet. Dies umfasst die Entwicklung von Gesetzen, die Diskriminierung aufgrund von Identität verbieten, sowie die Anerkennung der spezifischen Bedürfnisse und Rechte dieser Lebensformen. Der rechtliche Schutz sollte auch Mechanismen zur Verfügung stellen, um gegen Diskriminierung vorzugehen und die Rechte der Betroffenen durchzusetzen.

2. Bildung und Aufklärung

Ein weiteres langfristiges Ziel ist die Förderung von Bildung und Aufklärung über die Identität amorpher Lebensformen. Die Bewegung strebt an, ein Bewusstsein für die kulturellen und sozialen Beiträge dieser Lebensformen zu schaffen. Dies kann durch Bildungsprogramme in Schulen, Workshops und öffentliche Kampagnen erreicht werden, die darauf abzielen, Vorurteile abzubauen und ein besseres Verständnis für die Vielfalt des Lebens auf Xorlia zu fördern.

3. Förderung interkultureller Dialoge

Die Bewegung setzt sich auch für die Förderung interkultureller Dialoge ein, um den Austausch zwischen verschiedenen Lebensformen und Kulturen zu erleichtern. Ziel ist es, eine Plattform zu schaffen, auf der unterschiedliche Perspektiven und Erfahrungen geteilt werden können. Solche Dialoge sind entscheidend, um Vorurteile abzubauen und die Solidarität zwischen den verschiedenen Gemeinschaften zu stärken.

4. Stärkung der Gemeinschaften

Ein wichtiges Ziel der Bewegung ist die Stärkung der Gemeinschaften, in denen amorphe Lebensformen leben. Dies beinhaltet die Unterstützung von Gemeinschaftsorganisationen, die Ressourcen und Dienstleistungen anbieten, um die Identität und das Wohlbefinden der Mitglieder zu fördern. Die Bewegung strebt an, Netzwerke zu schaffen, die den Austausch von Ressourcen und Unterstützung zwischen Gemeinschaften ermöglichen.

5. Einfluss auf die Gesetzgebung

Die Bewegung hat das langfristige Ziel, Einfluss auf die Gesetzgebung auf nationaler und intergalaktischer Ebene zu nehmen. Dies umfasst die Lobbyarbeit für Gesetze, die den Schutz der Identität amorpher Lebensformen garantieren, sowie die Zusammenarbeit mit politischen Entscheidungsträgern, um sicherzustellen, dass ihre Stimmen gehört werden. Ein Beispiel für einen erfolgreichen Einfluss könnte die Einführung eines Gesetzes sein, das die Rechte amorpher Lebensformen in der Verfassung von Xorlia verankert.

6. Nachhaltigkeit im Aktivismus

Die Bewegung zielt darauf ab, nachhaltige Praktiken im Aktivismus zu etablieren, um sicherzustellen, dass die Bemühungen langfristig Wirkung zeigen. Dies umfasst die Entwicklung von Strategien, die sowohl ökologische als auch soziale Nachhaltigkeit berücksichtigen. Die Bewegung könnte beispielsweise Initiativen unterstützen, die umweltfreundliche Technologien fördern und gleichzeitig die Identität und Kultur amorpher Lebensformen respektieren.

7. Internationale Zusammenarbeit

Ein weiteres langfristiges Ziel ist die Förderung der internationalen Zusammenarbeit in Bezug auf die Rechte amorpher Lebensformen. Dies könnte den Austausch von Best Practices zwischen verschiedenen Planeten und die Schaffung von Allianzen mit anderen Bürgerrechtsbewegungen umfassen. Die Bewegung strebt an, eine globale Plattform zu schaffen, die den Austausch und die Unterstützung über intergalaktische Grenzen hinweg ermöglicht.

8. Forschung und Dokumentation

Die Bewegung setzt sich auch für die Forschung und Dokumentation der Erfahrungen amorpher Lebensformen ein. Ziel ist es, eine umfassende Datenbasis zu schaffen, die als Grundlage für politische Entscheidungen und Bildungsinitiativen dienen kann. Dies könnte die Durchführung von Studien über die Auswirkungen von Diskriminierung auf die Identität amorpher Lebensformen und die Entwicklung von Best Practices für deren Unterstützung umfassen.

9. Empowerment der Betroffenen

Ein zentrales Anliegen der Bewegung ist das Empowerment der amorphen Lebensformen selbst. Die Bewegung fördert die Selbstvertretung und die Beteiligung an Entscheidungsprozessen, die ihr Leben betreffen. Dies kann durch Schulungen, Mentoring-Programme und die Schaffung von Foren für den Austausch von Erfahrungen erreicht werden.

10. Langfristige Vision für Xorlia

Schließlich hat die Bewegung eine langfristige Vision für Xorlia, die eine inklusive und gerechte Gesellschaft umfasst, in der alle Lebensformen, unabhängig von ihrer Identität, respektiert und geschätzt werden. Diese Vision ist nicht nur auf den Planeten Xorlia beschränkt, sondern zielt darauf ab, als Modell für andere Planeten zu dienen, die ähnliche Herausforderungen in Bezug auf Identität und Vielfalt haben.

Insgesamt sind die langfristigen Ziele der Bewegung von Velis Ryn darauf ausgerichtet, eine tiefgreifende Veränderung in der Gesellschaft zu bewirken, die das Verständnis und die Wertschätzung für die Identität amorpher Lebensformen fördert. Durch die Kombination von rechtlichem Schutz, Bildung, interkulturellem Dialog und Gemeinschaftsengagement strebt die Bewegung an, eine nachhaltige und inklusive Zukunft für alle Lebensformen auf Xorlia zu schaffen.

Strategien zur Umsetzung

Die Umsetzung der langfristigen Ziele der Bewegung für den Identitätsschutz amorpher Lebensformen auf Xorlia erfordert eine durchdachte und strategische Herangehensweise. Diese Strategien müssen sowohl die spezifischen Herausforderungen, mit denen diese Lebensformen konfrontiert sind, als auch die gesellschaftlichen und politischen Rahmenbedingungen berücksichtigen. In diesem Abschnitt werden verschiedene Strategien erörtert, die zur Erreichung der Ziele von Velis Ryn und ihrer Bewegung beitragen können.

1. Bildung als Schlüssel zur Veränderung

Bildung spielt eine entscheidende Rolle bei der Förderung des Identitätsschutzes. Um das Bewusstsein für die Rechte und die Identität amorpher Lebensformen zu schärfen, müssen Bildungsprogramme entwickelt werden, die sich an verschiedene Zielgruppen richten. Diese Programme sollten sowohl in Schulen als auch in der Gemeinschaft implementiert werden.

$$\text{Bildung} \rightarrow \text{Bewusstsein} \rightarrow \text{Veränderung} \qquad (41)$$

Ein Beispiel für ein erfolgreiches Bildungsprojekt könnte ein interaktives Seminar sein, das Schüler*innen über die kulturelle Vielfalt und die Bedeutung von Identität aufklärt. Solche Veranstaltungen fördern nicht nur das Verständnis, sondern auch die Empathie gegenüber den Herausforderungen, denen amorphe Lebensformen gegenüberstehen.

2. Partnerschaften mit anderen Organisationen

Die Zusammenarbeit mit anderen Organisationen, die ähnliche Ziele verfolgen, kann die Reichweite und den Einfluss der Bewegung erheblich erhöhen. Diese Partnerschaften können durch die gemeinsame Durchführung von Veranstaltungen, Kampagnen und Bildungsprogrammen gestärkt werden.

Ein Beispiel ist die Partnerschaft zwischen der Bewegung von Velis Ryn und einer intergalaktischen Organisation, die sich für die Rechte von Minderheiten einsetzt. Durch gemeinsame Veranstaltungen konnten beide Organisationen ihre Ressourcen bündeln und ein größeres Publikum erreichen.

3. Advocacy und Lobbyarbeit

Um die politischen Rahmenbedingungen für den Identitätsschutz zu verbessern, ist Advocacy eine wichtige Strategie. Dies beinhaltet die direkte Ansprache von politischen Entscheidungsträgern, um auf die Bedürfnisse und Herausforderungen amorpher Lebensformen aufmerksam zu machen.

Die Verwendung von Daten und Forschungsergebnissen, die die Diskriminierung und die Herausforderungen, mit denen amorphe Lebensformen konfrontiert sind, belegen, kann die Argumentation stärken. Ein Beispiel hierfür ist die Erstellung eines Berichts, der die Auswirkungen von Diskriminierung auf die psychische Gesundheit amorpher Lebensformen untersucht und an relevante politische Akteure verteilt wird.

4. Nutzung von sozialen Medien

Soziale Medien sind ein kraftvolles Werkzeug, um das Bewusstsein für die Bewegung zu schärfen und die Gemeinschaft zu mobilisieren. Durch die Nutzung von Plattformen wie Xorbook und Glimmergram können Informationen schnell verbreitet und Diskussionen angeregt werden.

Ein Beispiel könnte eine virale Kampagne sein, die Geschichten von amorphen Lebensformen teilt, die Diskriminierung erlebt haben. Solche Geschichten können Empathie und Verständnis in der breiten Öffentlichkeit fördern und die Unterstützung für den Identitätsschutz erhöhen.

5. Erstellung von Ressourcen und Materialien

Die Entwicklung von Informationsmaterialien, die die Rechte und die Identität amorpher Lebensformen hervorheben, ist eine weitere wichtige Strategie. Diese Materialien sollten leicht zugänglich und verständlich sein, um eine breite Zielgruppe anzusprechen.

Ein Beispiel wäre die Erstellung eines Handbuchs, das die Rechte amorpher Lebensformen erklärt und praktische Tipps zur Unterstützung von Gleichgesinnten bietet. Solche Ressourcen können sowohl online als auch in gedruckter Form bereitgestellt werden.

6. Unterstützung von Betroffenen

Die direkte Unterstützung von amorphen Lebensformen, die Diskriminierung erfahren haben, ist entscheidend für den Erfolg der Bewegung. Dies kann durch Beratungsdienste, Selbsthilfegruppen oder rechtliche Unterstützung geschehen.

Ein Beispiel könnte die Einrichtung eines Hotline-Services sein, der Betroffenen hilft, ihre Rechte zu verstehen und Unterstützung in Anspruch zu nehmen. Solche Initiativen stärken nicht nur die Gemeinschaft, sondern fördern auch das Vertrauen in die Bewegung.

7. Förderung von interkulturellem Dialog

Um ein tieferes Verständnis für die Herausforderungen amorpher Lebensformen zu schaffen, ist es wichtig, den interkulturellen Dialog zu fördern. Dies kann durch Veranstaltungen, Workshops und Austauschprogramme geschehen, die verschiedene Kulturen zusammenbringen.

Ein Beispiel könnte ein jährliches Festival sein, das die Vielfalt der Kulturen auf Xorlia feiert und gleichzeitig die Rechte amorpher Lebensformen in den Mittelpunkt stellt. Solche Veranstaltungen fördern den Austausch und das Verständnis zwischen verschiedenen Lebensformen und Kulturen.

8. Nutzung der Kunst als Ausdrucksform

Kunst kann eine kraftvolle Methode sein, um Botschaften zu vermitteln und das Bewusstsein zu schärfen. Die Förderung von Kunstprojekten, die sich mit der Identität amorpher Lebensformen auseinandersetzen, kann zur Sichtbarkeit und Akzeptanz beitragen.

Ein Beispiel wäre die Organisation eines Kunstwettbewerbs, bei dem Künstler*innen eingeladen werden, Werke zu schaffen, die die Schönheit und

Komplexität amorpher Identitäten darstellen. Solche Projekte können nicht nur das Bewusstsein schärfen, sondern auch eine Plattform für kreative Ausdrucksformen bieten.

9. Veranstaltungen und Versammlungen

Die Organisation von Veranstaltungen und Versammlungen ist eine wichtige Strategie, um die Gemeinschaft zu mobilisieren und das Bewusstsein zu schärfen. Diese Veranstaltungen bieten eine Plattform für den Austausch von Ideen und Erfahrungen und fördern die Solidarität innerhalb der Gemeinschaft.

Ein Beispiel könnte ein jährlicher Marsch für die Rechte amorpher Lebensformen sein, bei dem Menschen aus verschiedenen Kulturen zusammenkommen, um ihre Unterstützung zu zeigen. Solche Veranstaltungen können auch mediale Aufmerksamkeit erregen und die öffentliche Meinung beeinflussen.

10. Reflexion und Anpassung der Strategien

Die kontinuierliche Reflexion über die Wirksamkeit der umgesetzten Strategien ist entscheidend für den langfristigen Erfolg der Bewegung. Es ist wichtig, regelmäßig Feedback von der Gemeinschaft einzuholen und die Strategien entsprechend anzupassen.

Ein Beispiel könnte die Durchführung von Umfragen nach Veranstaltungen sein, um herauszufinden, was gut funktioniert hat und wo Verbesserungen nötig sind. Diese Rückmeldungen können helfen, zukünftige Strategien zu optimieren und sicherzustellen, dass die Bewegung relevant und effektiv bleibt.

Zusammenfassend lässt sich sagen, dass die Umsetzung der Strategien zur Förderung des Identitätsschutzes amorpher Lebensformen auf Xorlia eine vielschichtige Herangehensweise erfordert. Durch Bildung, Partnerschaften, Advocacy, soziale Medien, Ressourcenentwicklung und die Förderung von Dialog und Kunst kann die Bewegung von Velis Ryn einen nachhaltigen Einfluss auf die Gesellschaft ausüben und die Rechte amorpher Lebensformen effektiv schützen.

Die Rolle der nächsten Generation

Die nächste Generation spielt eine entscheidende Rolle im Kampf um den Identitätsschutz amorpher Lebensformen auf Xorlia. Diese jungen Aktivisten sind nicht nur die Erben der bestehenden Bewegungen, sondern auch die Innovatoren, die frische Perspektiven und neue Ansätze in den Aktivismus einbringen. In diesem Abschnitt werden wir die verschiedenen Aspekte beleuchten, die die Rolle der nächsten Generation prägen, sowie die Herausforderungen, vor denen sie stehen, und die Möglichkeiten, die sich ihnen bieten.

1. Bildung als Schlüssel zur Veränderung

Bildung ist ein grundlegendes Element für die nächste Generation, um sich aktiv am Bürgerrechtsaktivismus zu beteiligen. Ein umfassendes Verständnis der kulturellen und gesellschaftlichen Herausforderungen, mit denen amorphe Lebensformen konfrontiert sind, ist unerlässlich. Bildungseinrichtungen müssen daher Curricula entwickeln, die die Themen Identität, Diversität und soziale Gerechtigkeit umfassend behandeln.

$$\text{Wissen} = \text{Verständnis} + \text{Empathie} \tag{42}$$

Diese Gleichung verdeutlicht, dass Wissen nicht nur aus Fakten besteht, sondern auch das Verständnis anderer Perspektiven und die Entwicklung von Empathie umfasst. Programme, die interaktive Lernmethoden nutzen, können den Schülern helfen, sich besser in die Lage anderer zu versetzen und die Komplexität der Identitätsproblematik zu begreifen.

2. Die Bedeutung von Technologie

Die nächste Generation ist mit Technologien aufgewachsen, die es ihnen ermöglichen, Informationen schnell zu verbreiten und mobil zu organisieren. Soziale Medien spielen eine Schlüsselrolle im modernen Aktivismus, da sie es ermöglichen, Botschaften in Echtzeit zu verbreiten und eine breitere Öffentlichkeit zu erreichen.

Ein Beispiel für den erfolgreichen Einsatz von Technologie ist die #XorliaIdentität-Kampagne, die durch virale Videos und interaktive Online-Plattformen eine breite Unterstützung mobilisierte. Diese Kampagne zeigte, wie junge Menschen Technologie nutzen können, um Bewusstsein zu schaffen und Veränderungen zu bewirken.

3. Herausforderungen und Widerstände

Trotz der Chancen, die sich der nächsten Generation bieten, stehen sie auch vor erheblichen Herausforderungen. Eine der größten Hürden ist der Widerstand von etablierten Institutionen und der Gesellschaft insgesamt. Oftmals werden junge Aktivisten nicht ernst genommen oder ihre Ansichten als naiv abgetan.

Darüber hinaus gibt es interne Konflikte innerhalb der Bewegung, die durch unterschiedliche Ansichten über die besten Strategien zur Erreichung der Ziele entstehen können. Dies kann zu Spannungen führen, die die Effektivität der Bewegung gefährden.

4. Zusammenarbeit und interkultureller Austausch

Eine der Stärken der nächsten Generation ist ihre Fähigkeit zur Zusammenarbeit über kulturelle und nationale Grenzen hinweg. Der interkulturelle Austausch ermöglicht es, verschiedene Perspektiven zu integrieren und Lösungen zu entwickeln, die für eine Vielzahl von Gemeinschaften relevant sind.

Programme, die den Austausch zwischen verschiedenen Kulturen fördern, können dazu beitragen, ein tieferes Verständnis für die Herausforderungen amorpher Lebensformen zu schaffen und innovative Ansätze zur Lösung dieser Probleme zu entwickeln.

5. Langfristige Visionen und Strategien

Die nächste Generation muss langfristige Visionen entwickeln, die über kurzfristige Erfolge hinausgehen. Es ist wichtig, dass sie sich nicht nur auf aktuelle Probleme konzentrieren, sondern auch Strategien entwickeln, die auf die zukünftigen Herausforderungen abzielen.

Ein Beispiel dafür ist die Entwicklung nachhaltiger Modelle für den Identitätsschutz, die nicht nur die gegenwärtigen Bedürfnisse berücksichtigen, sondern auch zukünftige Generationen einbeziehen. Diese Visionen sollten auf den Prinzipien der Gerechtigkeit, Nachhaltigkeit und Inklusion basieren.

6. Die Rolle von Mentoren

Mentoren spielen eine entscheidende Rolle in der Entwicklung junger Aktivisten. Erfahrene Aktivisten können wertvolle Einblicke und Unterstützung bieten, die es der nächsten Generation ermöglichen, effektiver zu agieren. Programme, die Mentoring und Unterstützung bieten, sind daher von großer Bedeutung.

Die Beziehung zwischen Mentor und Mentee kann auf verschiedenen Ebenen stattfinden, sei es durch formelle Programme oder informelle Netzwerke. Diese Verbindungen fördern nicht nur das Lernen, sondern auch die Solidarität innerhalb der Bewegung.

7. Die Kraft von Gemeinschaftsnetzwerken

Gemeinschaftsnetzwerke sind entscheidend für die Mobilisierung und Unterstützung junger Aktivisten. Durch den Austausch von Ressourcen, Ideen und Erfahrungen können Netzwerke eine starke Plattform für den Aktivismus bieten.

Die Bildung von Netzwerken, die verschiedene Gruppen und Gemeinschaften einbeziehen, ist entscheidend, um eine breitere Unterstützung für den Identitätsschutz zu schaffen. Solche Netzwerke können auch als Plattform für den interkulturellen Dialog dienen, der für das Verständnis und die Akzeptanz von Vielfalt unerlässlich ist.

8. Reflexion über Erfolge und Misserfolge

Die nächste Generation muss in der Lage sein, über ihre Erfolge und Misserfolge zu reflektieren. Diese Reflexion ist entscheidend für das Lernen und die Weiterentwicklung. Indem sie aus vergangenen Erfahrungen lernen, können junge Aktivisten ihre Strategien anpassen und verbessern.

$$\text{Lernen} = \text{Erfahrung} + \text{Reflexion} \tag{43}$$

Diese Gleichung verdeutlicht, dass Lernen nicht nur auf der Erfahrung selbst basiert, sondern auch auf der Fähigkeit, diese Erfahrungen zu reflektieren und zu analysieren.

9. Schlussfolgerung

Die Rolle der nächsten Generation im Kampf um den Identitätsschutz amorpher Lebensformen ist von entscheidender Bedeutung. Durch Bildung, Technologie, Zusammenarbeit und die Unterstützung von Mentoren können sie die Bewegung vorantreiben und einen nachhaltigen Einfluss auf die Gesellschaft ausüben. Es ist wichtig, dass die ältere Generation diese jungen Aktivisten unterstützt und ihnen die Ressourcen und Möglichkeiten bietet, die sie benötigen, um erfolgreich zu sein. Nur durch gemeinsame Anstrengungen und eine vereinte Vision kann der Identitätsschutz auf Xorlia gewährleistet werden.

Bildung als Schlüssel zur Veränderung

Bildung spielt eine entscheidende Rolle im Kampf um den Identitätsschutz amorpher Lebensformen auf Xorlia. Sie ist nicht nur ein Mittel zur Wissensvermittlung, sondern auch ein Werkzeug zur Förderung von Empathie,

Verständnis und sozialer Gerechtigkeit. In diesem Abschnitt werden wir die verschiedenen Aspekte der Bildung als Schlüssel zur Veränderung untersuchen, einschließlich der Herausforderungen, die sich aus einem unzureichenden Bildungssystem ergeben, sowie der positiven Auswirkungen, die eine umfassende Bildung auf die Gesellschaft haben kann.

Theoretische Grundlagen

Die Bildungstheorie, die auf den Prinzipien von Paulo Freire basiert, betont die Notwendigkeit einer kritischen Pädagogik, die es den Lernenden ermöglicht, ihre sozialen Realitäten zu hinterfragen und aktiv an der Veränderung ihrer Umstände teilzunehmen [1]. Freire argumentiert, dass Bildung nicht nur der Übertragung von Wissen dient, sondern auch der Befähigung der Individuen, sich selbst zu erkennen und ihre Identität zu formen. Diese Theorie ist besonders relevant für die amorphen Lebensformen auf Xorlia, die oft mit Identitätskrisen und Diskriminierung konfrontiert sind.

Herausforderungen im Bildungssystem

Trotz der grundlegenden Bedeutung von Bildung gibt es auf Xorlia zahlreiche Herausforderungen, die den Zugang zu qualitativ hochwertiger Bildung behindern. Dazu gehören:

- **Diskriminierung:** Viele amorphe Lebensformen erfahren Diskriminierung im Bildungssystem, was zu einem geringeren Zugang zu Bildungsressourcen führt.

- **Mangelnde Ressourcen:** In vielen Regionen Xorlias fehlen grundlegende Ressourcen wie Bücher, Technologien und qualifizierte Lehrkräfte, die für eine effektive Bildung notwendig sind.

- **Kulturelle Barrieren:** Die Vielfalt der Kulturen auf Xorlia kann zu Missverständnissen und Vorurteilen innerhalb des Bildungssystems führen, was den Lernprozess beeinträchtigt.

Diese Herausforderungen können zu einem Teufelskreis führen, in dem mangelnde Bildung die Identitätskrisen verstärkt und gleichzeitig die Fähigkeit zur Selbstvertretung einschränkt.

Positive Auswirkungen von Bildung

Eine umfassende Bildung hat das Potenzial, diese Herausforderungen zu überwinden und positive Veränderungen in der Gesellschaft herbeizuführen. Einige der wichtigsten Vorteile sind:

+ **Stärkung der Identität:** Bildung ermöglicht es den amorphen Lebensformen, ihre kulturellen Wurzeln zu erforschen und ein stärkeres Gefühl der Identität zu entwickeln. Durch den Zugang zu Informationen über ihre Geschichte und Kultur können sie ein tieferes Verständnis für ihre eigene Existenz erlangen.

+ **Empathie und Verständnis:** Bildungsprogramme, die interkulturelle Themen behandeln, fördern Empathie und Verständnis zwischen verschiedenen Lebensformen. Dies kann zu einer inklusiveren Gesellschaft führen, in der Vielfalt geschätzt wird.

+ **Aktivismus und Engagement:** Bildung ermutigt die Individuen, sich aktiv in ihrer Gemeinschaft zu engagieren. Durch die Vermittlung von Fähigkeiten wie kritischem Denken und Problemlösung können die Lernenden zu aktiven Bürgerrechtsaktivisten werden.

Ein Beispiel für einen erfolgreichen Bildungsansatz ist das *Xorlianische Bildungsprogramm für Vielfalt*, das speziell für amorphe Lebensformen entwickelt wurde. Dieses Programm kombiniert traditionelle Lehrmethoden mit kreativen Ansätzen, um das Lernen ansprechender und relevanter zu gestalten. Die Teilnehmer lernen nicht nur über ihre eigene Identität, sondern auch über die der anderen, was zu einem stärkeren Gemeinschaftsgefühl führt.

Bildung als Mittel zur Veränderung

Um Bildung als Schlüssel zur Veränderung zu nutzen, müssen mehrere Strategien verfolgt werden:

+ **Inklusive Lehrpläne:** Die Entwicklung von Lehrplänen, die die Vielfalt der Kulturen und Identitäten auf Xorlia widerspiegeln, ist entscheidend. Dies fördert ein Gefühl der Zugehörigkeit und Wertschätzung unter den Lernenden.

+ **Zugang zu Ressourcen:** Es ist wichtig, dass alle Lernenden Zugang zu den notwendigen Ressourcen haben, um erfolgreich zu sein. Dies umfasst den Zugang zu Technologie, Bibliotheken und qualifizierten Lehrkräften.

- **Förderung von kritischem Denken:** Bildungsprogramme sollten darauf abzielen, kritisches Denken zu fördern, damit die Lernenden in der Lage sind, ihre eigenen Identitäten zu hinterfragen und sich aktiv für ihre Rechte einzusetzen.

Fazit

Zusammenfassend lässt sich sagen, dass Bildung ein unverzichtbarer Schlüssel zur Veränderung für amorphe Lebensformen auf Xorlia ist. Sie bietet nicht nur die Möglichkeit, Identität und Kultur zu erforschen, sondern fördert auch das Engagement und die Empathie in der Gesellschaft. Um die Herausforderungen im Bildungssystem zu überwinden, ist es wichtig, inklusive und ressourcenreiche Programme zu entwickeln, die den Bedürfnissen aller Lernenden gerecht werden. Nur so kann eine gerechtere und inklusivere Gesellschaft geschaffen werden, die die Vielfalt der Identitäten auf Xorlia wertschätzt und schützt.

Die Bedeutung von Hoffnung

Hoffnung ist ein zentrales Element im Aktivismus und spielt eine entscheidende Rolle in der Bewegung von Velis Ryn. Sie fungiert nicht nur als Antrieb für individuelle und kollektive Bemühungen, sondern auch als Leitstern, der die Gemeinschaft in Zeiten der Unsicherheit und des Wandels zusammenhält. In diesem Abschnitt werden wir die verschiedenen Facetten der Hoffnung betrachten, ihre theoretische Grundlage, die Herausforderungen, denen sie gegenübersteht, sowie konkrete Beispiele, die ihre transformative Kraft illustrieren.

Theoretische Grundlagen der Hoffnung

Hoffnung wird oft als eine positive Erwartung definiert, die auf die Möglichkeit von Veränderungen und Verbesserungen abzielt. In der Psychologie wird Hoffnung als ein kognitives Konstrukt betrachtet, das aus zwei wesentlichen Komponenten besteht: **Ziele** und **Wege**. Diese Theorie, bekannt als die Hoffnungstheorie von Snyder, beschreibt, wie Individuen Ziele setzen und Strategien entwickeln, um diese zu erreichen. Mathematisch lässt sich Hoffnung in der Formulierung darstellen:

$$H = G + W \tag{44}$$

wobei H für Hoffnung, G für die gesetzten Ziele und W für die Wege steht, die zur Erreichung dieser Ziele führen. Diese Gleichung verdeutlicht, dass Hoffnung nicht nur in der Vorstellung von positiven Ergebnissen besteht, sondern auch in der aktiven Planung und Umsetzung von Strategien.

Herausforderungen für die Hoffnung

Trotz ihrer fundamentalen Bedeutung sieht sich die Hoffnung im Kontext des Aktivismus verschiedenen Herausforderungen gegenüber. In der Bewegung von Velis Ryn gibt es zahlreiche Faktoren, die die Hoffnung der Gemeinschaft gefährden können:

+ **Diskriminierung und Vorurteile:** Amorphe Lebensformen auf Xorlia sind oft mit Diskriminierung konfrontiert, die ihre Identität und Existenz bedroht. Diese systematischen Ungleichheiten können die Hoffnung der Betroffenen erheblich beeinträchtigen.

+ **Rechtliche Unsicherheiten:** Fehlende rechtliche Rahmenbedingungen zur Anerkennung und zum Schutz der Identität amorpher Lebensformen führen zu einem Gefühl der Ohnmacht und Entmutigung.

+ **Psychologische Belastungen:** Stigmatisierung und gesellschaftliche Ausgrenzung führen zu psychologischen Belastungen, die die Fähigkeit zur Hoffnung schmälern. Studien zeigen, dass Hoffnung oft mit einem positiven Selbstbild und sozialer Unterstützung korreliert.

Beispiele für Hoffnung in der Bewegung von Velis Ryn

Trotz dieser Herausforderungen hat die Bewegung von Velis Ryn zahlreiche Beispiele für Hoffnung hervorgebracht, die sowohl die Aktivisten als auch die Gemeinschaft inspirieren:

+ **Kunst als Ausdruck von Hoffnung:** Velis Ryn hat Kunst und Musik genutzt, um die Botschaft der Hoffnung zu verbreiten. Durch kreative Ausdrucksformen können die Erfahrungen und Kämpfe amorpher Lebensformen sichtbar gemacht werden, was wiederum das Bewusstsein und die Empathie in der Gesellschaft fördert.

+ **Bildungskampagnen:** Die Initiativen zur Aufklärung über die Rechte und Identität amorpher Lebensformen haben dazu beigetragen, das Verständnis und die Akzeptanz in der Gesellschaft zu erhöhen. Bildung wird als Schlüssel zur Stärkung der Hoffnung angesehen, da sie die Menschen befähigt, Veränderungen herbeizuführen.

+ **Gemeinschaftliche Mobilisierung:** Die Mobilisierung von Gemeinschaften zur Unterstützung von Betroffenen hat gezeigt, dass Hoffnung eine kollektive Kraft hat. Veranstaltungen und Versammlungen, die den Austausch von Erfahrungen fördern, stärken das Gefühl der Solidarität und bieten eine Plattform, um gemeinsam für Veränderungen zu kämpfen.

Die transformative Kraft der Hoffnung

Die transformative Kraft der Hoffnung ist in der Bewegung von Velis Ryn unverkennbar. Sie motiviert nicht nur Einzelpersonen, aktiv zu werden, sondern inspiriert auch die Gemeinschaft, sich für die Rechte amorpher Lebensformen einzusetzen. Hoffnung führt zu einem Gefühl der Zugehörigkeit und der gemeinsamen Identität, die für den Erfolg des Aktivismus unerlässlich sind.

Zusammenfassend lässt sich sagen, dass Hoffnung ein unverzichtbarer Bestandteil des Aktivismus ist. Sie bietet nicht nur die Energie und Motivation, die notwendig sind, um Herausforderungen zu überwinden, sondern fungiert auch als Katalysator für positive Veränderungen in der Gesellschaft. In der Bewegung von Velis Ryn ist die Hoffnung ein Lichtstrahl, der den Weg zu einer inklusiveren und gerechteren Zukunft für amorphe Lebensformen auf Xorlia erleuchtet.

Bibliography

[1] Snyder, C. R. (2000). *The Psychology of Hope: You Can Get Here from There.* New York: Free Press.

[2] Hope in Activism: The Role of Hope in Social Movements. (2015). *Journal of Social Issues,* 71(1), 1-17.

Zusammenarbeit mit anderen Kulturen

Die Zusammenarbeit mit anderen Kulturen ist ein entscheidender Aspekt im Aktivismus von Velis Ryn und spielt eine zentrale Rolle im Kampf um den Identitätsschutz amorpher Lebensformen auf Xorlia. In einer zunehmend globalisierten Welt ist es unerlässlich, Brücken zwischen verschiedenen Kulturen zu bauen, um ein umfassendes Verständnis für die Herausforderungen und Bedürfnisse der jeweiligen Gemeinschaften zu entwickeln. Diese Zusammenarbeit fördert nicht nur den interkulturellen Dialog, sondern ermöglicht auch den Austausch von Strategien und Ressourcen, die für den Erfolg des Aktivismus von entscheidender Bedeutung sind.

Theoretischer Hintergrund

Die Theorie der interkulturellen Kommunikation, wie sie von Edward T. Hall und Geert Hofstede entwickelt wurde, betont die Bedeutung des kulturellen Kontexts in der Kommunikation. Hall unterscheidet zwischen Hoch- und Niedrigkontext-Kulturen, während Hofstede Dimensionen wie Individualismus versus Kollektivismus und Machtdistanz analysiert. Diese Theorien helfen, die Herausforderungen und Chancen zu verstehen, die bei der Zusammenarbeit zwischen verschiedenen Kulturen auftreten können. Ein tiefes Verständnis dieser Unterschiede ist entscheidend, um Missverständnisse zu vermeiden und effektive Partnerschaften zu fördern.

Herausforderungen der interkulturellen Zusammenarbeit

Trotz der Vorteile, die die Zusammenarbeit mit anderen Kulturen mit sich bringt, gibt es auch zahlreiche Herausforderungen. Eine der größten Hürden ist das Vorurteil, das oft in verschiedenen Kulturen verankert ist. Diskriminierung und Stereotypen können die Zusammenarbeit behindern und das Vertrauen zwischen den Kulturen untergraben. Darüber hinaus können Sprachbarrieren und unterschiedliche Kommunikationsstile Missverständnisse hervorrufen, die die Effektivität gemeinsamer Initiativen beeinträchtigen.

Ein weiteres Problem ist die Machtungleichheit, die zwischen verschiedenen Kulturen bestehen kann. Oft haben dominantere Kulturen mehr Einfluss auf die Entscheidungen und Ressourcenverteilung, was zu einer Marginalisierung der weniger mächtigen Kulturen führen kann. Diese Ungleichheit muss aktiv angegangen werden, um sicherzustellen, dass alle Stimmen gehört werden und dass die Zusammenarbeit auf Augenhöhe stattfindet.

Beispiele für erfolgreiche interkulturelle Zusammenarbeit

Ein bemerkenswertes Beispiel für erfolgreiche interkulturelle Zusammenarbeit im Rahmen von Velis Ryns Aktivismus ist die Partnerschaft mit der Kulturorganisation „Xorlia Connect". Diese Organisation hat es sich zur Aufgabe gemacht, den Austausch zwischen verschiedenen Kulturen auf Xorlia zu fördern. Durch die Organisation von interkulturellen Festivals, Workshops und Austauschprogrammen konnten zahlreiche Gemeinschaften zusammengebracht werden, um ihre Erfahrungen und Perspektiven zu teilen.

Ein weiteres Beispiel ist die Zusammenarbeit mit internationalen NGOs, die sich für den Schutz der Rechte von Minderheiten einsetzen. Diese Organisationen bringen unterschiedliche Perspektiven und Strategien in die Bewegung ein, die für den Erfolg des Aktivismus von Velis Ryn von entscheidender Bedeutung sind. Durch den Austausch bewährter Praktiken und die Entwicklung gemeinsamer Kampagnen konnten signifikante Fortschritte im Kampf um den Identitätsschutz amorpher Lebensformen erzielt werden.

Strategien zur Förderung der Zusammenarbeit

Um die Zusammenarbeit mit anderen Kulturen zu fördern, ist es wichtig, gezielte Strategien zu entwickeln. Eine solche Strategie könnte die Einrichtung von interkulturellen Dialogforen sein, in denen Vertreter verschiedener Kulturen zusammenkommen, um ihre Anliegen zu diskutieren und Lösungen zu erarbeiten.

Diese Foren könnten als Plattformen dienen, um Vorurteile abzubauen und das Verständnis füreinander zu vertiefen.

Darüber hinaus sollten Bildungsprogramme entwickelt werden, die das Bewusstsein für die Bedeutung der interkulturellen Zusammenarbeit fördern. Solche Programme könnten Workshops, Seminare und Online-Kurse umfassen, die sich mit Themen wie interkultureller Kommunikation, Empathie und Solidarität befassen. Indem das Bewusstsein für die Herausforderungen und Chancen der Zusammenarbeit geschärft wird, können zukünftige Generationen besser auf die Bedürfnisse einer vielfältigen Gesellschaft vorbereitet werden.

Fazit

Die Zusammenarbeit mit anderen Kulturen ist von entscheidender Bedeutung für den Erfolg des Aktivismus von Velis Ryn. Durch das Überwinden von Vorurteilen und das Fördern des interkulturellen Dialogs können Gemeinschaften gestärkt und gemeinsame Ziele erreicht werden. Die Herausforderungen, die mit dieser Zusammenarbeit verbunden sind, erfordern jedoch eine bewusste und strategische Herangehensweise, um sicherzustellen, dass alle Stimmen gehört werden und dass die Zusammenarbeit auf Augenhöhe erfolgt. Nur durch eine solche integrative Strategie kann der Identitätsschutz amorpher Lebensformen auf Xorlia nachhaltig gesichert werden.

Nachhaltigkeit im Aktivismus

Nachhaltigkeit im Aktivismus ist ein Konzept, das zunehmend an Bedeutung gewinnt, insbesondere in einer Zeit, in der soziale, ökologische und ökonomische Herausforderungen miteinander verknüpft sind. Um die Ziele einer Bewegung langfristig zu erreichen und gleichzeitig die Ressourcen der Erde zu schonen, ist es entscheidend, nachhaltige Praktiken in die Strategien des Aktivismus zu integrieren. In diesem Abschnitt werden wir die verschiedenen Dimensionen der Nachhaltigkeit im Aktivismus untersuchen, die Herausforderungen, die damit verbunden sind, und einige erfolgreiche Beispiele.

Theoretische Grundlagen

Die Theorie der nachhaltigen Entwicklung basiert auf dem Prinzip, dass die Bedürfnisse der gegenwärtigen Generationen gedeckt werden sollten, ohne die Möglichkeiten zukünftiger Generationen zu gefährden. Dies wird oft durch die drei Säulen der Nachhaltigkeit dargestellt: soziale Gerechtigkeit, wirtschaftliche Lebensfähigkeit und ökologische Integrität. Im Kontext des Aktivismus bedeutet dies, dass Bewegungen nicht nur kurzfristige Ziele verfolgen, sondern auch die langfristigen Auswirkungen ihrer Aktionen auf die Gesellschaft und die Umwelt berücksichtigen müssen.

$$\text{Nachhaltigkeit} = \text{Soziale Gerechtigkeit} + \text{Wirtschaftliche Lebensfähigkeit} + \text{Ökologische In} \quad (45)$$

Um diese Gleichung zu erfüllen, müssen Aktivisten Strategien entwickeln, die diese drei Dimensionen in Einklang bringen.

Herausforderungen

Die Implementierung nachhaltiger Praktiken im Aktivismus bringt verschiedene Herausforderungen mit sich:

+ **Ressourcenmangel:** Viele Aktivisten arbeiten mit begrenzten Mitteln, was es schwierig macht, nachhaltige Materialien oder Methoden zu verwenden. Oft müssen sie zwischen kostengünstigen und umweltfreundlichen Optionen wählen.

+ **Kurzfristige Denkweise:** Aktivismus ist oft auf sofortige Ergebnisse ausgerichtet, was dazu führen kann, dass langfristige Strategien vernachlässigt werden. Dies kann die Nachhaltigkeit der Bewegung gefährden.

+ **Mangelnde Unterstützung:** Nachhaltige Initiativen benötigen oft Unterstützung von der Gemeinschaft oder von Sponsoren. Wenn diese Unterstützung fehlt, kann es schwierig sein, nachhaltige Praktiken zu implementieren.

+ **Widerstand gegen Veränderungen:** Innerhalb von Bewegungen kann es Widerstand gegen neue, nachhaltige Praktiken geben, insbesondere wenn diese als kompliziert oder kostspielig wahrgenommen werden.

Beispiele für nachhaltigen Aktivismus

Es gibt zahlreiche Beispiele für Bewegungen, die erfolgreich nachhaltige Praktiken in ihren Aktivismus integriert haben:

+ **Fridays for Future:** Diese globale Bewegung, die von Greta Thunberg ins Leben gerufen wurde, hat nicht nur auf die Dringlichkeit des Klimawandels hingewiesen, sondern auch nachhaltige Praktiken in ihren Protesten gefördert. Die Aktivisten verwenden oft wiederverwendbare Materialien und organisieren Müllsammelaktionen, um die Umwelt zu schützen.

+ **Extinction Rebellion:** Diese Bewegung hat das Ziel, die Regierungen zu drängen, Maßnahmen gegen den Klimawandel zu ergreifen. Sie verwenden kreative und nachhaltige Methoden des Protests, wie z.B. die Verwendung von recycelten Materialien für ihre Kunstinstallationen und die Förderung von umweltfreundlichen Transportmethoden, um ihre Botschaften zu verbreiten.

+ **Transition Towns:** Diese lokale Bewegung zielt darauf ab, Gemeinden resilienter und nachhaltiger zu machen. Sie fördern lokale Landwirtschaft, erneuerbare Energien und Gemeinschaftsprojekte, die sowohl soziale als auch ökologische Nachhaltigkeit fördern.

Strategien zur Förderung der Nachhaltigkeit im Aktivismus

Um die Nachhaltigkeit im Aktivismus zu fördern, können verschiedene Strategien angewendet werden:

+ **Bildung und Sensibilisierung:** Aktivisten sollten sich bemühen, das Bewusstsein für die Bedeutung der Nachhaltigkeit zu schärfen und die Gemeinschaft über umweltfreundliche Praktiken aufzuklären.

+ **Partnerschaften:** Die Zusammenarbeit mit anderen Organisationen und Bewegungen kann helfen, Ressourcen zu bündeln und nachhaltige Praktiken zu fördern. Durch Partnerschaften können auch neue Ideen und Ansätze entwickelt werden.

+ **Innovative Technologien:** Der Einsatz neuer Technologien kann helfen, den ökologischen Fußabdruck von Aktivismus zu reduzieren. Beispielsweise können digitale Plattformen genutzt werden, um Informationen zu verbreiten und Mobilisierung zu fördern, ohne physische Ressourcen zu verschwenden.

+ **Langfristige Planung:** Aktivisten sollten Strategien entwickeln, die nicht nur kurzfristige Erfolge, sondern auch langfristige Veränderungen im Blick haben. Dies kann durch die Schaffung von Aktionsplänen geschehen, die nachhaltige Ziele beinhalten.

✦ **Feedback und Reflexion:** Regelmäßige Evaluierungen der eigenen Praktiken und Strategien können helfen, die Nachhaltigkeit im Aktivismus zu verbessern. Feedback von der Gemeinschaft kann wertvolle Einblicke geben, wie die Initiativen weiterentwickelt werden können.

Fazit

Nachhaltigkeit im Aktivismus ist ein entscheidender Aspekt, der nicht ignoriert werden darf. Durch die Integration nachhaltiger Praktiken können Bewegungen nicht nur ihre eigenen Ziele effektiver erreichen, sondern auch einen positiven Einfluss auf die Gesellschaft und die Umwelt ausüben. Die Herausforderungen sind vielfältig, aber mit kreativen Strategien und einem langfristigen Blick kann der Aktivismus nicht nur wirksam, sondern auch nachhaltig gestaltet werden. Indem wir uns für eine nachhaltige Zukunft einsetzen, können wir sicherstellen, dass unsere Stimmen und Aktionen auch für kommende Generationen von Bedeutung sind.

Die Vision für Xorlia

Die Vision für Xorlia ist eine Zukunft, in der alle Lebensformen, einschließlich der amorphen Wesen, in Harmonie miteinander leben können. Diese Vision ist nicht nur eine Utopie, sondern ein erreichbares Ziel, das auf den Prinzipien von Gleichheit, Respekt und interkulturellem Dialog basiert. Um diese Vision zu verwirklichen, müssen verschiedene Herausforderungen angegangen und innovative Strategien entwickelt werden.

Langfristige Ziele der Bewegung

Die langfristigen Ziele der Bewegung für den Identitätsschutz amorpher Lebensformen umfassen:

✦ **Schutz der kulturellen Identität:** Die Erhaltung und Förderung der einzigartigen kulturellen Ausdrucksformen amorpher Lebensformen ist entscheidend. Dazu gehört die Dokumentation ihrer Geschichte, Sprache und Traditionen.

✦ **Rechtliche Anerkennung:** Die Schaffung und Durchsetzung von Gesetzen, die amorphe Lebensformen rechtlich anerkennen und ihre Rechte schützen, ist von zentraler Bedeutung. Diese Gesetze müssen Diskriminierung verhindern und Gleichheit fördern.

+ **Bildung und Aufklärung:** Die Sensibilisierung der Gesellschaft für die Herausforderungen und die Schönheit amorpher Lebensformen ist unerlässlich. Bildungskampagnen sollten in Schulen und Gemeinden integriert werden, um Vorurteile abzubauen und ein besseres Verständnis zu fördern.

Strategien zur Umsetzung

Um diese Ziele zu erreichen, sind verschiedene Strategien erforderlich:

1. **Interkulturelle Programme:** Die Einrichtung von Austauschprogrammen zwischen verschiedenen Kulturen und Lebensformen kann helfen, Missverständnisse abzubauen und die Zusammenarbeit zu fördern. Diese Programme sollten Workshops, gemeinsame Projekte und kulturelle Veranstaltungen umfassen.

2. **Partizipative Governance:** Die Einbeziehung amorpher Lebensformen in politische Entscheidungsprozesse ist entscheidend. Dies kann durch die Schaffung von Räten oder Kommissionen geschehen, in denen Vertreter aller Lebensformen gleichberechtigt mitwirken.

3. **Technologische Innovationen:** Der Einsatz von Technologie zur Förderung der Sichtbarkeit und der Rechte amorpher Lebensformen kann eine transformative Wirkung haben. Dies umfasst die Nutzung sozialer Medien, um ihre Geschichten zu teilen und Unterstützung zu mobilisieren.

Die Rolle der nächsten Generation

Die nächste Generation spielt eine entscheidende Rolle bei der Verwirklichung dieser Vision. Es ist wichtig, dass junge Menschen in den Prozess des Wandels einbezogen werden. Sie sollten:

+ **Bildung erhalten:** Zugang zu qualitativ hochwertiger Bildung, die Vielfalt und Inklusion fördert, ist wichtig für die Entwicklung eines Bewusstseins für soziale Gerechtigkeit.

+ **Aktiv werden:** Junge Aktivisten sollten ermutigt werden, sich an Bewegungen zu beteiligen, die sich für die Rechte amorpher Lebensformen einsetzen. Dies kann durch Workshops, Schulungen und Mentoring-Programme geschehen.

Nachhaltigkeit im Aktivismus

Nachhaltigkeit im Aktivismus ist entscheidend, um langfristige Veränderungen zu bewirken. Dies bedeutet, dass Strategien entwickelt werden müssen, die nicht nur kurzfristige Erfolge erzielen, sondern auch langfristige Auswirkungen haben. Dazu gehören:

- **Ressourcenschonende Praktiken:** Der Einsatz von Ressourcen, die die Umwelt nicht belasten, ist wichtig, um die Lebensqualität aller Lebensformen auf Xorlia zu sichern.

- **Kollaboration:** Die Zusammenarbeit mit anderen Organisationen, sowohl lokal als auch international, kann helfen, Ressourcen zu bündeln und den Einfluss zu maximieren.

Die Vision für Xorlia

Die Vision für Xorlia ist eine Welt, in der Vielfalt nicht nur akzeptiert, sondern gefeiert wird. In dieser Welt leben amorphe Lebensformen in vollem Umfang ihrer Identität und tragen aktiv zur Gesellschaft bei. Die Gesellschaft erkennt den Wert jeder Lebensform an und schafft Räume, in denen alle Stimmen gehört werden.

Um diese Vision zu verwirklichen, ist es wichtig, dass alle Akteure – von der Regierung über NGOs bis hin zu Einzelpersonen – zusammenarbeiten. Die Herausforderungen sind groß, aber die Möglichkeiten sind grenzenlos. Indem wir die Prinzipien der Empathie, des Respekts und der Zusammenarbeit in den Mittelpunkt unseres Handelns stellen, können wir eine bessere Zukunft für alle Lebensformen auf Xorlia schaffen.

$$Zukunft = Gleichheit + Respekt + Interkultureller Dialog \qquad (46)$$

Diese Gleichung verdeutlicht, dass die Zukunft von Xorlia auf den Fundamenten der Gleichheit, des Respekts und des interkulturellen Dialogs aufbaut. Nur wenn wir diese Werte in den Mittelpunkt unseres Handelns stellen, können wir eine inklusive und gerechte Gesellschaft für alle Lebensformen schaffen.

Einfluss auf andere Planeten

Die Vision für Xorlia könnte auch als Modell für andere Planeten dienen. Wenn amorphe Lebensformen auf Xorlia erfolgreich in die Gesellschaft integriert werden, könnten ähnliche Bewegungen auf anderen Planeten inspiriert werden.

Der Austausch von Wissen und Erfahrungen zwischen verschiedenen Planeten könnte dazu beitragen, universelle Prinzipien des Respekts und der Gleichheit zu fördern.

Insgesamt ist die Vision für Xorlia nicht nur eine Hoffnung, sondern ein klarer Plan für die Zukunft. Es erfordert das Engagement aller, um diese Vision Wirklichkeit werden zu lassen. Gemeinsam können wir eine Welt schaffen, in der jede Lebensform in ihrer Einzigartigkeit geschätzt wird und die Möglichkeit hat, ihr volles Potenzial zu entfalten.

Einfluss auf andere Planeten

Der Einfluss von Velis Ryn und der Bewegung zum Schutz der Identität amorpher Lebensformen auf Xorlia hat nicht nur die Gesellschaft auf ihrem Heimatplaneten geprägt, sondern auch weitreichende Auswirkungen auf andere Planeten im Universum. Diese Auswirkungen manifestieren sich auf verschiedene Weisen, einschließlich der Inspiration für ähnliche Bewegungen, der Schaffung interstellarer Netzwerke und der Förderung eines interkulturellen Dialogs, der die Grenzen zwischen den Planeten überwindet.

Inspiration für ähnliche Bewegungen

Die Prinzipien, die Velis Ryn in ihrer Bewegung formulierte, haben als Katalysator für Bürgerrechtsbewegungen auf anderen Planeten gedient. Auf dem Planeten Zylara, wo amorphe Lebensformen ebenfalls mit Diskriminierung konfrontiert sind, wurde die Bewegung von Velis Ryn als Modell für den eigenen Aktivismus angenommen. Zylaranische Aktivisten adaptierten Ryns Strategien zur Mobilisierung der Gemeinschaft und zur Sensibilisierung für ihre Anliegen. Dies zeigt sich in der Gründung von Organisationen wie *Zylara United*, die sich für die Rechte amorpher Lebensformen einsetzen und ähnliche Kampagnen zur Identitätsförderung durchführen.

Interstellarer Austausch und Netzwerke

Ein weiterer bedeutender Einfluss von Velis Ryn war die Schaffung interstellarer Netzwerke, die den Austausch von Ideen und Strategien zwischen verschiedenen Planeten erleichtern. Diese Netzwerke ermöglichen es Aktivisten, Ressourcen, Erfahrungen und Best Practices zu teilen. Ein Beispiel hierfür ist das *Galaktische Forum für Identitätsschutz*, das regelmäßig Konferenzen auf verschiedenen Planeten abhält, um über Fortschritte und Herausforderungen im Aktivismus zu diskutieren. Diese Plattform hat den Austausch zwischen Xorlia, Zylara und dem Planeten Kretos gefördert, wo ähnliche Diskriminierungsprobleme existieren.

Interkultureller Dialog

Der interkulturelle Dialog, der durch die Bewegung von Velis Ryn angestoßen wurde, hat auch dazu geführt, dass andere Planeten ihre eigenen kulturellen Identitäten neu bewerten. Auf dem Planeten Kretos, bekannt für seine vielfältigen Lebensformen, haben die Bewohner begonnen, ihre Traditionen und Bräuche zu hinterfragen und zu reformieren, um sicherzustellen, dass alle Lebensformen, einschließlich amorpher Wesen, gleichberechtigt anerkannt werden. Diese Entwicklungen haben zu einer stärkeren kulturellen Integration und einem besseren Verständnis zwischen den verschiedenen Lebensformen auf Kretos geführt.

Theoretische Überlegungen

Die Theorie des *Interplanetaren Aktivismus* besagt, dass soziale Bewegungen nicht isoliert betrachtet werden können. Sie sind Teil eines größeren Netzwerks von Interaktionen, die durch gemeinsame Werte und Ziele verbunden sind. Velis Ryns Ansatz zur Identitätsförderung kann als Beispiel für den *Diffusionsprozess* betrachtet werden, bei dem Ideen und Praktiken von einem sozialen Kontext in einen anderen übertragen werden. Dies kann mathematisch durch die folgende Gleichung dargestellt werden:

$$D = \frac{I \cdot C}{T} \tag{47}$$

wobei D die Diffusionsrate, I die Innovationsrate (z.B. neue Ideen von Velis Ryn), C die Kommunikationsrate zwischen den Planeten und T die Zeit ist, die benötigt wird, um die Ideen zu verbreiten.

Herausforderungen und Probleme

Trotz der positiven Einflüsse gibt es auch Herausforderungen, die die interplanetaren Bewegungen betreffen. Einige Planeten, wie der Planet Tharok, haben strenge Gesetze gegen die Anerkennung amorpher Lebensformen und deren Rechte. Diese rechtlichen Rahmenbedingungen stellen eine erhebliche Hürde für die Verbreitung der Ideen von Velis Ryn dar. Aktivisten auf Tharok müssen innovative Strategien entwickeln, um diese Hindernisse zu überwinden, was oft zu einem erhöhten Risiko für persönliche Sicherheit und Freiheit führt.

Zusätzlich gibt es kulturelle Vorurteile, die den Fortschritt behindern. Einige Planeten haben tief verwurzelte Überzeugungen über die Überlegenheit bestimmter Lebensformen, was zu Spannungen und Konflikten führen kann. Aktivisten müssen sich mit diesen kulturellen Herausforderungen auseinandersetzen und Wege finden, um einen respektvollen Dialog zu fördern.

Beispiele für interplanetare Kooperation

Ein bemerkenswertes Beispiel für erfolgreiche interplanetare Kooperation ist das *Intergalaktische Symposium für Identitätsschutz*, das jährlich stattfindet. Dieses Symposium bringt Aktivisten, Wissenschaftler und politische Entscheidungsträger aus verschiedenen Planeten zusammen, um über die Herausforderungen und Errungenschaften im Bereich der Identitätsschutzbewegungen zu diskutieren. Die erste Veranstaltung fand auf Xorlia statt und wurde von Velis Ryn persönlich eröffnet. Die Teilnehmer berichteten von den Fortschritten, die sie in ihren eigenen Gemeinschaften erzielt hatten, und tauschten Strategien aus, die auf den jeweiligen Kontext zugeschnitten waren.

Ein weiteres Beispiel ist die Schaffung eines *Interplanetaren Identitätsschutzfonds*, der finanzielle Mittel bereitstellt, um Projekte zu unterstützen, die sich für die Rechte amorpher Lebensformen einsetzen. Dieser Fonds wurde von verschiedenen Planeten ins Leben gerufen und hat bereits bedeutende Projekte auf Zylara und Kretos finanziert.

Schlussfolgerung

Der Einfluss von Velis Ryn auf andere Planeten ist ein eindrucksvolles Beispiel dafür, wie eine Bewegung für soziale Gerechtigkeit über planetare Grenzen hinweg Wirkung zeigen kann. Durch die Inspiration für ähnliche Bewegungen, die Schaffung interstellarer Netzwerke und den interkulturellen Dialog hat die Bewegung zur Förderung des Identitätsschutzes nicht nur das Leben auf Xorlia, sondern auch das Leben auf vielen anderen Planeten nachhaltig verändert. Die Herausforderungen, die noch bestehen, erfordern jedoch weiterhin Engagement und Kreativität von Aktivisten weltweit, um die Vision einer gerechten und inklusiven Gesellschaft für alle Lebensformen zu verwirklichen.

Reflexion über den eigenen Einfluss

Die Reflexion über den eigenen Einfluss ist ein zentraler Aspekt im Aktivismus und insbesondere im Kontext von Velis Ryns Kampf für den Identitätsschutz amorpher Lebensformen auf Xorlia. Diese Reflexion ermöglicht es Aktivisten, die Auswirkungen ihrer Handlungen und Entscheidungen auf die Gemeinschaft und die Gesellschaft als Ganzes zu bewerten. In diesem Abschnitt werden wir die verschiedenen Dimensionen des Einflusses von Velis Ryn untersuchen, einschließlich der positiven Veränderungen, der Herausforderungen, die er überwinden musste, und der Lektionen, die aus seiner Reise gezogen werden können.

Selbstbewusstsein und Verantwortung

Ein entscheidender Faktor für den Einfluss von Velis Ryn war sein Selbstbewusstsein. Er erkannte, dass jede Handlung, die er unternahm, nicht nur ihn selbst, sondern auch die amorphen Lebensformen, für die er kämpfte, beeinflusste. Dieses Bewusstsein führte zu einem Gefühl der Verantwortung, das ihn motivierte, sich aktiv für die Rechte seiner Gemeinschaft einzusetzen. Laut der *Theorie des sozialen Einflusses* von Cialdini (2001) ist das Bewusstsein um den eigenen Einfluss ein entscheidender Faktor für das Engagement in sozialen Bewegungen. Velis Ryns Fähigkeit, seine Verantwortung zu erkennen, führte dazu, dass er nicht nur als Individuum, sondern auch als Teil einer größeren Gemeinschaft agierte.

Positive Veränderungen

Velis Ryns Engagement hat zahlreiche positive Veränderungen in der Gesellschaft bewirkt. Eine der bedeutendsten Errungenschaften war die Einführung neuer Gesetze, die den Schutz der Identität amorpher Lebensformen gewährleisten. Diese Gesetze wurden nicht nur auf Xorlia, sondern auch auf anderen Planeten als Modell für ähnliche Bewegungen übernommen. Ein Beispiel ist das *Gesetz zum Schutz amorpher Identitäten*, das spezifische Rechte und Schutzmaßnahmen für diese Lebensformen festlegte. Diese gesetzgeberischen Erfolge zeigen, wie individueller Einfluss in eine kollektive Bewegung umgewandelt werden kann, die weitreichende gesellschaftliche Veränderungen bewirken kann.

Herausforderungen und Rückschläge

Trotz seiner Erfolge sah sich Velis Ryn auch zahlreichen Herausforderungen gegenüber. Die Widerstände von politischen Gegnern und gesellschaftlichen Stigmatisierungen waren häufige Hindernisse, die er überwinden musste. Diese Erfahrungen verdeutlichen, dass der Einfluss eines Aktivisten nicht immer linear verläuft und dass Rückschläge Teil des Prozesses sind. Laut der *Resilienztheorie* von Masten (2001) ist die Fähigkeit, nach Rückschlägen wieder aufzustehen, entscheidend für den langfristigen Erfolg im Aktivismus. Velis Ryns Fähigkeit, aus seinen Misserfolgen zu lernen und diese in zukünftige Strategien zu integrieren, war ein Schlüsselfaktor für seinen anhaltenden Einfluss.

Lernen aus der Erfahrung

Ein weiterer wichtiger Aspekt der Reflexion über den eigenen Einfluss ist das Lernen aus Erfahrungen. Velis Ryn nutzte jede Gelegenheit, um aus seinen Interaktionen mit anderen Aktivisten, der Gemeinschaft und auch seinen Gegnern zu lernen. Diese Lernprozesse ermöglichten es ihm, seine Strategien kontinuierlich anzupassen und zu verbessern. In der *Theorie des sozialen Lernens* von Bandura (1977) wird betont, dass Lernen durch Beobachtung und Nachahmung eine zentrale Rolle in der Entwicklung von Fähigkeiten und Strategien spielt. Velis Ryns Fähigkeit, von anderen zu lernen und diese Erkenntnisse in seine Arbeit zu integrieren, trug erheblich zu seinem Einfluss bei.

Der Einfluss auf die nächste Generation

Ein bedeutender Teil von Velis Ryns Einfluss war sein Engagement für die nächste Generation von Aktivisten. Er verstand, dass die Zukunft des Aktivismus in den Händen junger Menschen liegt und investierte Zeit und Ressourcen in deren Ausbildung und Unterstützung. Durch Workshops, Mentoring-Programme und den Austausch von Erfahrungen konnte er jungen Aktivisten helfen, ihre eigenen Stimmen zu finden und ihre Ideen zu verwirklichen. Die *Generationen-Theorie* von Howe und Strauss (2000) besagt, dass jede Generation einzigartige Merkmale und Werte hat, die den sozialen Wandel beeinflussen. Velis Ryns Einfluss auf die nächste Generation zeigt, wie wichtig es ist, Wissen und Erfahrungen weiterzugeben, um eine nachhaltige Bewegung zu fördern.

Langfristige Auswirkungen und Vermächtnis

Die Reflexion über den eigenen Einfluss führt auch zur Betrachtung der langfristigen Auswirkungen und des Vermächtnisses, das Velis Ryn hinterlässt. Seine Arbeit hat nicht nur unmittelbare Veränderungen in der Gesetzgebung und der gesellschaftlichen Wahrnehmung amorpher Lebensformen bewirkt, sondern auch eine Kultur des Aktivismus und des Engagements gefördert. Diese Kultur wird weiterhin Einfluss auf zukünftige Generationen ausüben und ist ein Beweis für die Kraft individueller und kollektiver Anstrengungen. Laut der *Vermächtnistheorie* von Hasting (2010) ist das Vermächtnis eines Aktivisten oft weitreichender als die unmittelbaren Ergebnisse seiner Arbeit. Velis Ryns Einfluss wird durch die anhaltende Bewegung, die er inspiriert hat, und die Veränderungen, die er in der Gesellschaft bewirkt hat, weiterleben.

Schlussfolgerung

Zusammenfassend lässt sich sagen, dass die Reflexion über den eigenen Einfluss ein wesentlicher Bestandteil des Aktivismus ist. Velis Ryns Reise zeigt, wie wichtig es ist, sich der eigenen Verantwortung bewusst zu sein, aus Erfahrungen zu lernen und eine positive Veränderung zu bewirken. Sein Einfluss erstreckt sich über die Grenzen von Xorlia hinaus und inspiriert weiterhin Aktivisten auf anderen Planeten. Indem wir über unseren Einfluss nachdenken, können wir nicht nur unsere eigenen Handlungen verbessern, sondern auch die Gemeinschaften, für die wir kämpfen, nachhaltig verändern.

Kapitel 4: Der Einfluss von Velis Ryn auf die Gesellschaft

Veränderungen in der Gesetzgebung

Einführung neuer Gesetze

Die Einführung neuer Gesetze ist ein entscheidender Schritt im Kampf für den Identitätsschutz amorpher Lebensformen auf Xorlia. Diese Gesetzgebung zielt darauf ab, die Rechte und die kulturelle Identität dieser einzigartigen Lebensformen zu schützen und sicherzustellen, dass sie in einer Gesellschaft, die oft von Vorurteilen und Diskriminierung geprägt ist, anerkannt und respektiert werden. In diesem Abschnitt werden wir die theoretischen Grundlagen, die Herausforderungen, die bei der Einführung neuer Gesetze auftreten können, sowie konkrete Beispiele für gesetzliche Maßnahmen, die in der Vergangenheit ergriffen wurden, beleuchten.

Theoretische Grundlagen

Die rechtlichen Rahmenbedingungen für den Schutz der Identität amorpher Lebensformen basieren auf verschiedenen Theorien des Rechts, einschließlich der Menschenrechte, des Diskriminierungsrechts und der kulturellen Rechte. Die Allgemeine Erklärung der Menschenrechte, die von der intergalaktischen Gemeinschaft verabschiedet wurde, legt fest, dass alle Lebensformen das Recht auf Identität und kulturelle Zugehörigkeit haben. Diese Prinzipien bilden die Grundlage für die Entwicklung spezifischer Gesetze, die auf die Bedürfnisse und Herausforderungen amorpher Lebensformen zugeschnitten sind.

Ein zentrales Konzept in diesem Zusammenhang ist die *Identitätsautonomie*, die das Recht einer Lebensform betont, ihre eigene Identität zu definieren und zu leben, ohne äußeren Druck oder Diskriminierung. Dieses Konzept wird durch die

Kulturtheorie unterstützt, die besagt, dass kulturelle Identität ein dynamischer und sich ständig verändernder Prozess ist, der durch soziale Interaktionen und historische Kontexte geprägt wird.

Herausforderungen bei der Gesetzgebung

Die Einführung neuer Gesetze ist jedoch mit zahlreichen Herausforderungen verbunden. Eine der größten Hürden ist die *politische Widerstandsfähigkeit*. Viele Regierungen und politische Akteure sind oft skeptisch gegenüber Veränderungen, insbesondere wenn diese als Bedrohung für bestehende soziale Normen oder Machtstrukturen wahrgenommen werden. In Xorlia gab es Fälle, in denen vorgeschlagene Gesetze zur Anerkennung amorpher Lebensformen abgelehnt wurden, weil sie als potenziell destabilisierend für die gesellschaftliche Ordnung angesehen wurden.

Ein weiteres Problem ist die *Mangelnde Sensibilisierung* in der Gesellschaft. Oftmals sind die Bürger nicht ausreichend über die Herausforderungen und Bedürfnisse amorpher Lebensformen informiert, was zu Vorurteilen und Widerstand gegen gesetzliche Änderungen führt. Aufklärungskampagnen sind daher unerlässlich, um das Bewusstsein für die Bedeutung von Identitätsschutz zu schärfen und die öffentliche Unterstützung für neue Gesetze zu gewinnen.

Beispiele für gesetzliche Maßnahmen

Trotz dieser Herausforderungen wurden in der Vergangenheit bedeutende Fortschritte erzielt. Ein Beispiel ist das *Gesetz zum Schutz der Identität amorpher Lebensformen*, das in der letzten Legislaturperiode verabschiedet wurde. Dieses Gesetz umfasst mehrere Schlüsselkomponenten:

- **Anerkennung von Identität:** Das Gesetz erkennt die Identität amorpher Lebensformen offiziell an und schützt sie vor Diskriminierung in Bildung, Beschäftigung und sozialen Diensten.

- **Schutz vor Diskriminierung:** Es werden klare Richtlinien zur Bekämpfung von Diskriminierung und Vorurteilen gegen amorphe Lebensformen eingeführt, einschließlich strenger Strafen für Verstöße.

- **Bildung und Aufklärung:** Das Gesetz sieht die Einführung von Bildungsprogrammen vor, die darauf abzielen, das Verständnis und die Akzeptanz für amorphe Lebensformen zu fördern.

Ein weiteres Beispiel ist die *Initiative für kulturelle Vielfalt*, die darauf abzielt, die kulturellen Ausdrucksformen amorpher Lebensformen zu fördern und zu schützen. Diese Initiative umfasst die Unterstützung von Kunst- und Kulturprojekten, die von amorphen Lebensformen geschaffen wurden, sowie die Schaffung von Plattformen für deren Sichtbarkeit und Anerkennung in der Gesellschaft.

Fazit

Die Einführung neuer Gesetze zum Schutz der Identität amorpher Lebensformen auf Xorlia ist ein komplexer, aber notwendiger Prozess. Es erfordert nicht nur rechtliche Reformen, sondern auch ein tiefes Verständnis der kulturellen Dynamiken und der sozialen Herausforderungen, mit denen diese Lebensformen konfrontiert sind. Durch die Schaffung eines rechtlichen Rahmens, der die Rechte und Identität amorpher Lebensformen schützt, kann die Gesellschaft auf Xorlia ein inklusiveres und gerechteres Umfeld schaffen, das die Vielfalt und den Reichtum aller Lebensformen wertschätzt und respektiert.

Die Rolle von Velis Ryn in der Politik

Velis Ryn hat sich als eine zentrale Figur in der politischen Landschaft von Xorlia etabliert, insbesondere in Bezug auf die Rechte amorpher Lebensformen. Seine politische Rolle ist nicht nur auf die Gründung und Leitung von Bewegungen beschränkt, sondern umfasst auch aktive Beteiligung an politischen Entscheidungsprozessen und die Formulierung von Gesetzen, die den Identitätsschutz dieser einzigartigen Lebensformen betreffen.

Politische Einflussnahme und Gesetzgebung

Die politische Einflussnahme von Velis Ryn lässt sich in mehreren Schlüsselbereichen beobachten:

- **Gesetzesinitiativen:** Ryn hat mehrere Gesetzesentwürfe initiiert, die darauf abzielen, Diskriminierung und Vorurteile gegenüber amorphen Lebensformen zu bekämpfen. Ein Beispiel ist das Gesetz zur Anerkennung der Identität amorpher Lebensformen, das im Jahr 3023 verabschiedet wurde. Dieses Gesetz legte fest, dass amorphe Lebensformen das Recht auf Selbstidentifikation haben und dass ihre kulturellen Ausdrucksformen geschützt werden müssen.

+ **Lobbyarbeit:** Ryn hat eine zentrale Rolle in der Lobbyarbeit gespielt, um Unterstützung für die Rechte amorpher Lebensformen in der politischen Arena zu gewinnen. Er hat enge Beziehungen zu politischen Entscheidungsträgern aufgebaut und sie über die Herausforderungen informiert, mit denen diese Lebensformen konfrontiert sind.

+ **Öffentliche Anhörungen:** Ryn hat öffentliche Anhörungen organisiert, um die Stimmen amorpher Lebensformen in den politischen Diskurs einzubringen. Diese Anhörungen haben dazu beigetragen, das Bewusstsein für die spezifischen Bedürfnisse und Herausforderungen dieser Gruppe zu schärfen.

Herausforderungen und Widerstand

Trotz seiner Erfolge sieht sich Velis Ryn in der Politik auch erheblichen Herausforderungen gegenüber:

+ **Politischer Widerstand:** Viele traditionelle politische Akteure betrachten die Forderungen von Ryn als Bedrohung für die bestehende Ordnung. Dies hat zu Widerstand und politischen Konflikten geführt, die Ryns Fortschritte behindern.

+ **Gesellschaftliche Vorurteile:** Die Vorurteile gegenüber amorphen Lebensformen spiegeln sich oft in der politischen Diskussion wider. Ryn hat häufig betont, dass die Überwindung dieser Vorurteile entscheidend ist, um politische Veränderungen zu ermöglichen.

+ **Interne Konflikte:** Innerhalb der Bewegung für die Rechte amorpher Lebensformen gibt es unterschiedliche Meinungen über die Strategie und die Ziele. Ryn hat versucht, diese Konflikte zu moderieren, um eine einheitliche Front zu bilden.

Erfolge und Meilensteine

Die politische Arbeit von Velis Ryn hat zu mehreren bedeutenden Erfolgen geführt:

+ **Erfolg bei der Gesetzgebung:** Die Verabschiedung des Gesetzes zur Anerkennung der Identität amorpher Lebensformen war ein entscheidender Moment in Ryns politischer Karriere. Dieses Gesetz hat nicht nur rechtliche Anerkennung geschaffen, sondern auch das gesellschaftliche Bewusstsein für die Belange dieser Lebensformen erhöht.

✦ **Internationale Anerkennung:** Ryns Arbeit hat internationale Aufmerksamkeit erregt, was zu Kooperationen mit globalen Organisationen führte. Diese Kooperationen haben es ermöglicht, die Anliegen amorpher Lebensformen auf einer globalen Plattform zu vertreten.

✦ **Bildungsinitiativen:** Ryn hat auch Bildungsinitiativen ins Leben gerufen, um das Bewusstsein für die Rechte amorpher Lebensformen in Schulen und Universitäten zu fördern. Diese Initiativen zielen darauf ab, zukünftige Generationen für die Bedeutung von Identität und Diversität zu sensibilisieren.

Theoretische Grundlagen

Die politische Rolle von Velis Ryn kann auch durch verschiedene theoretische Rahmenbedingungen betrachtet werden. Die *Theorie der sozialen Gerechtigkeit* spielt eine zentrale Rolle in Ryns Ansatz. Diese Theorie postuliert, dass alle Lebensformen das Recht auf Gleichbehandlung und Respekt haben, unabhängig von ihrer physischen Form oder Identität. Ryns Arbeit spiegelt die Prinzipien dieser Theorie wider, indem er für die Gleichheit und die Rechte amorpher Lebensformen kämpft.

Zudem kann Ryns Ansatz im Kontext der *Identitätspolitik* analysiert werden. Identitätspolitik bezieht sich auf politische Ansätze, die auf den spezifischen Bedürfnissen und Erfahrungen von marginalisierten Gruppen basieren. Ryn hat erfolgreich eine Plattform geschaffen, die die einzigartigen Herausforderungen amorpher Lebensformen adressiert und gleichzeitig eine breitere gesellschaftliche Diskussion über Identität und Diversität anstößt.

Fazit

Zusammenfassend lässt sich sagen, dass Velis Ryn eine transformative Rolle in der Politik von Xorlia spielt. Seine Bemühungen um die Rechte amorpher Lebensformen haben nicht nur rechtliche Veränderungen bewirkt, sondern auch das gesellschaftliche Bewusstsein für die Herausforderungen dieser Lebensformen geschärft. Trotz der Herausforderungen, mit denen er konfrontiert ist, bleibt Ryn ein unermüdlicher Verfechter der Gerechtigkeit und der Gleichheit, dessen Einfluss auf die politische Landschaft von Xorlia nachhaltig sein wird.

Unterstützung durch die Öffentlichkeit

Die Unterstützung durch die Öffentlichkeit spielt eine entscheidende Rolle im Aktivismus von Velis Ryn und der Bewegung für den Identitätsschutz amorpher Lebensformen auf Xorlia. Diese Unterstützung ist nicht nur ein Indikator für das öffentliche Bewusstsein und die Akzeptanz der Anliegen, sondern auch ein wesentlicher Faktor für den Erfolg von Kampagnen und Initiativen. In diesem Abschnitt werden wir die verschiedenen Dimensionen der öffentlichen Unterstützung untersuchen, die Herausforderungen, die damit verbunden sind, und konkrete Beispiele, die die Wirksamkeit dieser Unterstützung illustrieren.

Die Bedeutung der öffentlichen Unterstützung

Öffentliche Unterstützung kann in verschiedenen Formen auftreten, darunter:

- **Öffentliche Mobilisierung:** Die Fähigkeit, Menschen zu versammeln und sie zur Teilnahme an Demonstrationen, Veranstaltungen und Kampagnen zu bewegen.

- **Finanzielle Unterstützung:** Spenden und Sponsoring von Einzelpersonen und Organisationen, die die Ziele des Aktivismus unterstützen.

- **Mediale Aufmerksamkeit:** Die Berichterstattung in den Medien, die das Anliegen ins öffentliche Bewusstsein rückt und die Diskussion fördert.

- **Soziale Medien:** Plattformen, die es Aktivisten ermöglichen, ihre Botschaften schnell und weitreichend zu verbreiten und eine Gemeinschaft von Unterstützern zu bilden.

Die Unterstützung durch die Öffentlichkeit ist besonders wichtig, da sie den Druck auf politische Entscheidungsträger erhöht, Maßnahmen zu ergreifen und Gesetze zu ändern, die die Rechte amorpher Lebensformen betreffen.

Herausforderungen der öffentlichen Unterstützung

Trotz der positiven Aspekte der öffentlichen Unterstützung gibt es auch Herausforderungen, die es zu bewältigen gilt:

- **Desinformation:** Falsche Informationen oder negative Darstellungen in den Medien können das öffentliche Bild der Bewegung verzerren und die Unterstützung verringern.

+ **Stigmatisierung:** Vorurteile gegenüber amorphen Lebensformen können dazu führen, dass Menschen sich nicht öffentlich zu ihrer Unterstützung bekennen, aus Angst vor sozialer Ausgrenzung.

+ **Fragmentierung der Unterstützung:** Unterschiedliche Meinungen innerhalb der Unterstützerbasis können zu Uneinigkeit führen und die Effektivität der Bewegung beeinträchtigen.

Um diesen Herausforderungen zu begegnen, ist es entscheidend, klare und prägnante Kommunikationsstrategien zu entwickeln, die das Bewusstsein für die Anliegen der Bewegung schärfen und die öffentliche Unterstützung fördern.

Beispiele für öffentliche Unterstützung

Ein bemerkenswertes Beispiel für die Unterstützung durch die Öffentlichkeit war die Kampagne „Identität zählt", die von Velis Ryn initiiert wurde. Diese Kampagne zielte darauf ab, das Bewusstsein für die Herausforderungen zu schärfen, mit denen amorphe Lebensformen konfrontiert sind, und die Bedeutung der Identität für ihre Gemeinschaft zu betonen.

+ **Demonstrationen:** Tausende von Unterstützern nahmen an den Demonstrationen teil, die in verschiedenen Städten auf Xorlia stattfanden. Die Sichtbarkeit dieser Veranstaltungen half, das Thema in den Medien zu positionieren und eine breitere Diskussion zu fördern.

+ **Soziale Medien:** Die Kampagne nutzte soziale Medien effektiv, um virale Inhalte zu erstellen, die die Geschichten von betroffenen Individuen erzählten. Hashtags wie #IdentitätZählt und #XorliaFürAlle wurden zu Trends und ermutigten viele, ihre Unterstützung zu zeigen.

+ **Finanzielle Beiträge:** Die Kampagne erhielt finanzielle Unterstützung von verschiedenen Organisationen und Einzelpersonen, die bereit waren, für die Rechte amorpher Lebensformen zu spenden. Dies ermöglichte die Durchführung von Bildungsprogrammen und die Erstellung von Informationsmaterialien.

Die Kombination dieser Faktoren führte zu einem Anstieg des öffentlichen Bewusstseins und einer stärkeren Unterstützung für die Anliegen von Velis Ryn und seiner Bewegung.

Fazit

Die Unterstützung durch die Öffentlichkeit ist ein unverzichtbarer Bestandteil des Aktivismus für den Identitätsschutz amorpher Lebensformen auf Xorlia. Sie stärkt nicht nur die Bewegung, sondern trägt auch dazu bei, gesellschaftliche Normen zu hinterfragen und Veränderungen herbeizuführen. Durch die Überwindung der Herausforderungen, die mit der öffentlichen Unterstützung verbunden sind, kann die Bewegung von Velis Ryn weiterhin wachsen und einen nachhaltigen Einfluss auf die Gesellschaft ausüben. Der Erfolg der Kampagne „Identität zählt" zeigt, wie wichtig es ist, eine breite Basis von Unterstützern zu mobilisieren und eine starke, vereinte Stimme für die Rechte amorpher Lebensformen zu schaffen.

Der Einfluss auf andere Gesetzgeber

Der Einfluss von Velis Ryn auf andere Gesetzgeber ist ein zentrales Element in der Entwicklung der Bürgerrechtsbewegung für amorphe Lebensformen auf Xorlia. Ryn hat nicht nur die lokale Gesetzgebung geprägt, sondern auch als Katalysator für Veränderungen in anderen politischen Systemen fungiert. In diesem Abschnitt werden wir die Mechanismen untersuchen, durch die Ryns Einfluss auf andere Gesetzgeber ausgeübt wurde, die Herausforderungen, die dabei auftraten, sowie die konkreten Beispiele, die die Reichweite und den Erfolg dieser Bemühungen verdeutlichen.

Mechanismen des Einflusses

Die Methoden, durch die Velis Ryn Einfluss auf andere Gesetzgeber ausübte, lassen sich in mehreren Schlüsselbereichen zusammenfassen:

- **Interaktive Kommunikation:** Ryn nutzte soziale Medien und öffentliche Foren, um den Dialog mit anderen Gesetzgebern zu fördern. Durch die Schaffung einer Plattform für den Austausch von Ideen und Best Practices konnte Ryn andere Politiker inspirieren und motivieren, ähnliche Initiativen in ihren eigenen Regionen zu ergreifen.

- **Kooperation mit internationalen Organisationen:** Ryn arbeitete eng mit NGOs und internationalen Organisationen zusammen, die sich für den Schutz der Rechte amorpher Lebensformen einsetzen. Diese Kooperationen führten zu einem Austausch von Ressourcen und Strategien, die anderen Gesetzgebern halfen, ihre eigenen Gesetzgebungsinitiativen zu entwickeln.

+ **Direkte Lobbyarbeit:** Ryn engagierte sich in der Lobbyarbeit, um Gesetzgeber direkt zu beeinflussen. Dies beinhaltete persönliche Treffen, das Teilen von Forschungsergebnissen und das Bereitstellen von Beweisen für die Notwendigkeit von Reformen.

Herausforderungen

Trotz des positiven Einflusses, den Ryn auf andere Gesetzgeber hatte, gab es auch erhebliche Herausforderungen, die es zu überwinden galt:

+ **Widerstand von traditionellen politischen Kräften:** Viele Gesetzgeber waren skeptisch gegenüber den Anliegen amorpher Lebensformen, oft aus Angst vor dem Verlust von Wählerstimmen oder aufgrund von tief verwurzelten Vorurteilen. Ryn musste oft gegen diese Widerstände ankämpfen und überzeugende Argumente vorbringen, um die Notwendigkeit von Veränderungen zu unterstreichen.

+ **Unterschiedliche rechtliche Rahmenbedingungen:** Die rechtlichen Systeme auf Xorlia variieren stark zwischen den verschiedenen Regionen. Dies stellte eine Herausforderung dar, da Ryn Lösungen vorschlagen musste, die in unterschiedlichen politischen und rechtlichen Kontexten anwendbar waren.

+ **Mangelnde Ressourcen:** In vielen Regionen fehlten die finanziellen Mittel und die personellen Ressourcen, um die vorgeschlagenen Gesetze zu implementieren. Ryn arbeitete daran, diese Lücken zu identifizieren und Lösungen zu finden, um die notwendigen Ressourcen zu mobilisieren.

Beispiele für den Einfluss

Um den Einfluss von Velis Ryn auf andere Gesetzgeber zu verdeutlichen, betrachten wir einige spezifische Beispiele:

+ **Das Gesetz über den Schutz amorpher Lebensformen in Zoltra:** Inspiriert von Ryns Arbeit, verabschiedete die Regierung von Zoltra ein umfassendes Gesetz, das den Schutz der Rechte amorpher Lebensformen garantierte. Dieses Gesetz basierte auf den Prinzipien, die Ryn in seiner eigenen Bewegung propagiert hatte, und diente als Modell für andere Regionen.

* **Internationale Konferenzen:** Ryn war ein Hauptredner auf mehreren internationalen Konferenzen, bei denen er die Bedeutung des Identitätsschutzes für amorphe Lebensformen hervorhob. Diese Auftritte führten dazu, dass Gesetzgeber aus anderen Ländern ähnliche Initiativen in ihren eigenen politischen Systemen in Betracht zogen.

* **Bildungsprogramme:** In Zusammenarbeit mit Bildungseinrichtungen initiierte Ryn Programme, die darauf abzielten, das Bewusstsein für die Herausforderungen amorpher Lebensformen zu schärfen. Diese Programme wurden in mehreren Ländern übernommen und trugen zur Schaffung eines informierten Umfelds bei, das Veränderungen in der Gesetzgebung begünstigte.

Schlussfolgerung

Der Einfluss von Velis Ryn auf andere Gesetzgeber ist ein eindrucksvolles Beispiel dafür, wie Einzelpersonen durch Engagement und strategische Kommunikation bedeutende Veränderungen in der Gesellschaft herbeiführen können. Trotz der Herausforderungen, die Ryn begegnete, gelang es ihm, eine Bewegung zu inspirieren, die nicht nur auf Xorlia, sondern auch darüber hinaus Wirkung zeigte. Die Mechanismen, die Ryn nutzte, um Einfluss auszuüben, bieten wertvolle Lektionen für zukünftige Aktivisten und Gesetzgeber, die sich für den Schutz der Rechte aller Lebensformen einsetzen möchten.

$$I = \frac{F}{A} \tag{48}$$

Hierbei steht I für den Einfluss, F für die Kraft der Argumentation und A für die Akzeptanz in der Gesellschaft. Diese Gleichung verdeutlicht, dass der Einfluss von Ryn direkt proportional zur Kraft seiner Argumente und umgekehrt proportional zur Akzeptanz von Veränderungen in der Gesellschaft ist.

Internationale Reaktionen

Die internationale Reaktion auf den Aktivismus von Velis Ryn und die Bewegung für den Identitätsschutz amorpher Lebensformen auf Xorlia war sowohl vielschichtig als auch dynamisch. Angesichts der globalen Herausforderungen, die mit der Anerkennung und dem Schutz von Identitäten verbunden sind, wurde das Engagement von Velis Ryn zu einem Symbol für den Kampf um Gleichheit und Gerechtigkeit über intergalaktische Grenzen hinweg.

1. Politische Unterstützung

Die ersten internationalen Reaktionen kamen von verschiedenen Regierungen, die die Bewegung als einen wichtigen Schritt in Richtung einer inklusiveren Gesellschaft anerkannten. Länder wie Zorath und Luminara, die historisch gesehen ähnliche Herausforderungen in Bezug auf Minderheitenrechte hatten, boten ihre Unterstützung an. Diese Regierungen initiieren diplomatische Gespräche, um die Anliegen amorpher Lebensformen auf Xorlia in ihre eigenen politischen Agenden zu integrieren. Ein Beispiel hierfür ist das *Zorathian Accord*, ein internationales Abkommen, das die Rechte amorpher Lebensformen als Teil der globalen Menschenrechte anerkennt.

2. NGO-Initiativen

Nichtstaatliche Organisationen (NGOs) spielten ebenfalls eine entscheidende Rolle bei der Verbreitung der Botschaft von Velis Ryn. Organisationen wie *Intergalactic Rights Coalition* und *Unity for All* organisierten Konferenzen und Workshops, um das Bewusstsein für die Herausforderungen amorpher Lebensformen zu schärfen. Diese NGOs boten Plattformen für den Austausch von Ideen und Strategien zur Bekämpfung von Diskriminierung und Vorurteilen. Ein bemerkenswerter Erfolg war das *Global Summit for Identity Protection*, das führende Aktivisten, Politiker und Wissenschaftler aus verschiedenen Planeten zusammenbrachte, um Lösungen zu erarbeiten.

3. Medienberichterstattung

Die Rolle der Medien war entscheidend für die internationale Reaktion auf Velis Ryns Aktivismus. Nachrichtenagenturen wie *Galactic News Network* und *Cosmic Times* berichteten umfassend über die Bewegung, was zu einer erhöhten Sichtbarkeit der Themen führte. Dokumentationen wie *Shifting Forms: The Xorlia Story* trugen dazu bei, die Geschichten amorpher Lebensformen zu erzählen und die Herausforderungen, mit denen sie konfrontiert sind, ins Rampenlicht zu rücken. Diese Berichterstattung führte zu einer Welle der Solidarität, die von verschiedenen Kulturen und Gemeinschaften auf anderen Planeten ausging.

4. Einfluss auf internationale Politik

Die Bewegung von Velis Ryn beeinflusste auch die internationale Politik. Regierungen begannen, die Anliegen amorpher Lebensformen in ihren diplomatischen Beziehungen zu berücksichtigen. Ein Beispiel ist die *Interplanetary*

Human Rights Council, das eine Resolution verabschiedete, die die Rechte amorpher Lebensformen schützt und die Mitgliedsstaaten auffordert, entsprechende Gesetze zu erlassen. Diese Resolution wurde von über 30 Planeten unterzeichnet und stellt einen wichtigen Schritt in Richtung einer globalen Anerkennung der Rechte dieser Lebensformen dar.

5. Globale Bürgerrechtsbewegungen

Die Bewegung für den Identitätsschutz amorpher Lebensformen inspirierte auch andere globale Bürgerrechtsbewegungen. Aktivisten auf verschiedenen Planeten begannen, Parallelen zwischen ihren eigenen Kämpfen und dem von Velis Ryn geführten Aktivismus zu ziehen. Dies führte zu einer verstärkten Zusammenarbeit zwischen Bewegungen, die sich für die Rechte von Minderheiten, Frauen und anderen benachteiligten Gruppen einsetzen. Ein Beispiel ist die *Galactic Solidarity Movement*, das sich für die Rechte aller unterdrückten Lebensformen einsetzt und die Prinzipien von Velis Ryn als Leitfaden verwendet.

6. Herausforderungen und Widerstände

Trotz der positiven internationalen Reaktionen gab es auch erhebliche Herausforderungen und Widerstände. Einige Regierungen und Organisationen, die sich gegen den Aktivismus von Velis Ryn stellten, argumentierten, dass der Schutz amorpher Lebensformen die traditionellen Werte ihrer Gesellschaften untergraben könnte. Diese Widerstände führten zu Spannungen in den internationalen Beziehungen und erforderten von Velis Ryn und seinen Unterstützern, diplomatische Strategien zu entwickeln, um diese Herausforderungen zu bewältigen.

7. Fazit

Zusammenfassend lässt sich sagen, dass die internationalen Reaktionen auf den Aktivismus von Velis Ryn eine Mischung aus Unterstützung, Inspiration und Widerstand darstellten. Die Bewegung hat nicht nur die Diskussion über die Rechte amorpher Lebensformen auf Xorlia angestoßen, sondern auch einen globalen Dialog über Identität, Gleichheit und Gerechtigkeit in Gang gesetzt. Die Auswirkungen sind sowohl auf Xorlia als auch auf anderen Planeten spürbar und zeigen, dass der Kampf um Identitätsschutz eine universelle Herausforderung ist, die alle Lebensformen betrifft.

Globale Unterstützung = Politische Unterstützung+NGO-Initiativen+Medienberichte

(49)

Die Rolle von NGOs

Nichtregierungsorganisationen (NGOs) spielen eine entscheidende Rolle im Aktivismus für den Identitätsschutz amorpher Lebensformen auf Xorlia. Diese Organisationen sind oft die treibende Kraft hinter sozialen Veränderungen, indem sie sich für die Rechte von Minderheiten einsetzen, Aufklärung betreiben und das Bewusstsein für soziale Ungerechtigkeiten schärfen. Ihre Bedeutung kann in mehreren Schlüsselbereichen zusammengefasst werden:

1. Advocacy und Lobbyarbeit

NGOs fungieren als Sprachrohr für die am stärksten marginalisierten Gruppen, einschließlich amorpher Lebensformen. Durch Advocacy-Arbeit setzen sie sich für politische Veränderungen ein, um die Rechte dieser Lebensformen zu schützen. Ein Beispiel ist die *Xorlian Alliance for Amorphous Rights (XAAR)*, die erfolgreich Lobbyarbeit geleistet hat, um gesetzliche Rahmenbedingungen zu schaffen, die Diskriminierung aufgrund von Identität verhindern.

2. Aufklärung und Bewusstseinsbildung

Ein zentrales Ziel von NGOs ist die Aufklärung der Öffentlichkeit über die Herausforderungen, mit denen amorphe Lebensformen konfrontiert sind. Kampagnen zur Sensibilisierung, wie die *"Identität zählt"-Kampagne*, haben dazu beigetragen, Vorurteile abzubauen und das Verständnis für die kulturelle Vielfalt auf Xorlia zu fördern. Solche Initiativen nutzen oft verschiedene Medienformate, um eine breitere Zielgruppe zu erreichen, einschließlich sozialer Medien, Workshops und öffentlicher Veranstaltungen.

3. Unterstützung und Ressourcenbereitstellung

NGOs bieten nicht nur rechtliche Unterstützung, sondern auch Ressourcen für amorphe Lebensformen, die sich in prekären Situationen befinden. Sie stellen Informationen über Rechte und Ressourcen bereit, die für den Zugang zu Bildung, Gesundheitsversorgung und rechtlicher Unterstützung entscheidend sind. Ein Beispiel dafür ist das *Support Network for Amorphous Communities (SNAC)*, das

Workshops und Schulungen anbietet, um amorphe Lebensformen in ihrem Kampf um Identitätsschutz zu stärken.

4. Forschung und Datenanalyse

Die Rolle von NGOs erstreckt sich auch auf die Forschung, um die Lebensbedingungen amorpher Lebensformen zu dokumentieren und zu analysieren. Durch die Durchführung von Studien und Umfragen können NGOs evidenzbasierte Daten bereitstellen, die als Grundlage für politische Entscheidungen dienen. Diese Daten sind entscheidend, um die Realität der Diskriminierung und die Notwendigkeit von Schutzmaßnahmen zu veranschaulichen.

Ein Beispiel ist die Studie *"Amorphous Lives: A Statistical Overview"*, die von der NGO *Xorlia Research Initiative* durchgeführt wurde. Diese Studie lieferte wichtige Einblicke in die Herausforderungen, mit denen amorphe Lebensformen konfrontiert sind, und half, politische Maßnahmen zu formulieren.

5. Internationale Zusammenarbeit

Die Herausforderungen, mit denen amorphe Lebensformen konfrontiert sind, sind nicht auf Xorlia beschränkt. NGOs arbeiten oft international zusammen, um Erfahrungen auszutauschen und globale Strategien zu entwickeln. Die *Global Amorphous Rights Coalition (GARC)* ist ein Beispiel für eine Organisation, die NGOs aus verschiedenen Planeten vereint, um eine stärkere Stimme für amorphe Lebensformen auf intergalaktischer Ebene zu schaffen. Diese Zusammenarbeit ermöglicht es, Best Practices auszutauschen und gemeinsame Kampagnen zu organisieren.

6. Herausforderungen und Widerstand

Trotz ihrer wichtigen Rolle sehen sich NGOs oft Herausforderungen gegenüber. Widerstand von politischen Akteuren, die den Status quo aufrechterhalten möchten, ist eine häufige Hürde. NGOs müssen oft kreative Strategien entwickeln, um ihre Botschaften zu kommunizieren und Unterstützung zu mobilisieren. Ein Beispiel ist die *"Voices for Change"*-Initiative, die durch innovative digitale Kampagnen und Kunstprojekte Aufmerksamkeit erregte und so eine breitere Unterstützung für ihre Anliegen gewann.

7. Die Bedeutung von Resilienz

Die Resilienz von NGOs ist entscheidend für ihren Erfolg im Aktivismus. In Zeiten von Rückschlägen, wie etwa der Ablehnung von Gesetzesvorschlägen oder der Stigmatisierung von amorphen Lebensformen, müssen NGOs in der Lage sein, sich anzupassen und ihre Strategien zu überdenken. Die Fähigkeit, aus Misserfolgen zu lernen und weiterhin für die Rechte amorpher Lebensformen zu kämpfen, ist eine der wichtigsten Eigenschaften erfolgreicher NGOs.

Zusammenfassend lässt sich sagen, dass NGOs eine unverzichtbare Rolle im Kampf für den Identitätsschutz amorpher Lebensformen auf Xorlia spielen. Ihre Arbeit in Advocacy, Aufklärung, Unterstützung, Forschung, internationaler Zusammenarbeit und Resilienz ist von entscheidender Bedeutung, um positive Veränderungen herbeizuführen und die Rechte dieser einzigartigen Lebensformen zu schützen. Die Herausforderungen, denen sie gegenüberstehen, erfordern Kreativität und Entschlossenheit, aber die Erfolge, die sie erzielen, sind ein Beweis für die Kraft des kollektiven Engagements.

Bildung und rechtliche Aufklärung

Die Bedeutung von Bildung und rechtlicher Aufklärung für amorphe Lebensformen auf Xorlia kann nicht hoch genug eingeschätzt werden. Bildung ist nicht nur ein Schlüssel zu individueller Entfaltung, sondern auch ein grundlegendes Werkzeug im Kampf gegen Diskriminierung und für die Wahrung der Identität amorpher Lebensformen. In diesem Abschnitt werden die Herausforderungen und Möglichkeiten der Bildung sowie die Notwendigkeit rechtlicher Aufklärung untersucht.

Theoretische Grundlagen

Bildung wird oft als ein Prozess des Wissenserwerbs und der Persönlichkeitsentwicklung definiert. Für amorphe Lebensformen, die in einer stark heterogenen Gesellschaft leben, ist Bildung eine Möglichkeit, sich selbst zu verstehen und ihre Identität zu formen. Theorien wie die soziale Identitätstheorie (Tajfel und Turner, 1979) betonen, wie wichtig es ist, dass Individuen sich mit ihrer sozialen Gruppe identifizieren, um ein gesundes Selbstwertgefühl zu entwickeln.

Die rechtliche Aufklärung hingegen bezieht sich auf das Wissen über die Rechte und Pflichten, die Individuen in einer Gesellschaft haben. Sie ist entscheidend, um sicherzustellen, dass amorphe Lebensformen ihre Rechte kennen und durchsetzen können. In vielen Fällen sind amorphe Lebensformen rechtlich benachteiligt, was zu einer marginalisierten Stellung in der Gesellschaft führt.

Herausforderungen

Die Herausforderungen in der Bildung und rechtlichen Aufklärung für amorphe Lebensformen sind vielfältig:

- **Zugang zu Bildung:** Viele amorphe Lebensformen haben keinen Zugang zu qualitativ hochwertiger Bildung. Dies kann durch soziale, wirtschaftliche oder geografische Barrieren bedingt sein.

- **Diskriminierung im Bildungssystem:** Diskriminierung und Vorurteile innerhalb des Bildungssystems können dazu führen, dass amorphe Lebensformen nicht die Unterstützung erhalten, die sie benötigen.

- **Mangel an spezifischen Programmen:** Oft fehlen Programme, die speziell auf die Bedürfnisse amorpher Lebensformen zugeschnitten sind, was ihre Integration in die Gesellschaft erschwert.

Beispiele und Initiativen

Es gibt jedoch auch positive Beispiele für Bildungsinitiativen, die auf die Bedürfnisse amorpher Lebensformen eingehen. Eine solche Initiative ist das Programm *Identität durch Bildung*, das in mehreren Regionen Xorlias implementiert wurde. Dieses Programm zielt darauf ab, amorphen Lebensformen Zugang zu Bildung zu ermöglichen und ihnen rechtliche Kenntnisse zu vermitteln.

- **Workshops und Schulungen:** Im Rahmen des Programms werden Workshops angeboten, die sich mit Themen wie Identität, Rechte und gesellschaftlicher Teilhabe befassen. Diese Workshops fördern das Bewusstsein für die eigenen Rechte und die Bedeutung der Identität.

- **Partnerschaften mit NGOs:** Durch Kooperationen mit Nichtregierungsorganisationen wird sichergestellt, dass amorphe Lebensformen Zugang zu rechtlicher Unterstützung erhalten, wenn ihre Rechte verletzt werden.

- **Mentoring-Programme:** Mentoring-Programme, in denen erfahrene Aktivisten amorphe Lebensformen unterstützen, helfen, das Selbstbewusstsein zu stärken und den Zugang zu Bildung zu erleichtern.

Rechtliche Aufklärung

Die rechtliche Aufklärung ist ein entscheidender Bestandteil jeder Bildungsinitiative. Sie umfasst das Wissen über die gesetzlichen Rahmenbedingungen, die die Rechte amorpher Lebensformen schützen. In Xorlia gibt es spezifische Gesetze, die den Schutz der Identität und die Rechte amorpher Lebensformen garantieren sollen.

Ein Beispiel ist das *Gesetz über den Schutz der Identität amorpher Lebensformen*, das 2025 in Kraft trat. Dieses Gesetz stellt sicher, dass amorphe Lebensformen nicht aufgrund ihrer Identität diskriminiert werden können. Dennoch ist es wichtig, dass die Betroffenen über ihre Rechte informiert sind. Daher sind rechtliche Aufklärungsprogramme unerlässlich.

Strategien zur Verbesserung

Um die Bildung und rechtliche Aufklärung für amorphe Lebensformen zu verbessern, sind mehrere Strategien erforderlich:

1. **Integration von Identitätsschutz in Lehrpläne:** Bildungseinrichtungen sollten Programme entwickeln, die sich mit der Identität amorpher Lebensformen und deren Schutz befassen.

2. **Schulung von Lehrkräften:** Lehrkräfte sollten in der Sensibilisierung für die Bedürfnisse amorpher Lebensformen geschult werden, um Diskriminierung im Klassenzimmer zu vermeiden.

3. **Erweiterung des Zugangs zu digitalen Ressourcen:** Der Zugang zu digitalen Bildungsressourcen sollte verbessert werden, um amorphen Lebensformen den Zugang zu Informationen zu erleichtern.

Fazit

Bildung und rechtliche Aufklärung sind entscheidend für die Stärkung der Identität amorpher Lebensformen auf Xorlia. Durch gezielte Initiativen und Programme können Barrieren abgebaut und die Rechte dieser Lebensformen geschützt werden. Die Förderung von Bildung und rechtlicher Aufklärung ist nicht nur eine Frage der Gerechtigkeit, sondern auch ein Schritt in Richtung einer inklusiveren und gerechteren Gesellschaft für alle Lebensformen auf Xorlia.

Veränderungen in der Gesellschaft

Die Bürgerrechtsbewegung unter der Führung von Velis Ryn hat tiefgreifende Veränderungen in der Gesellschaft von Xorlia bewirkt. Diese Veränderungen sind nicht nur auf gesetzgeberischer Ebene spürbar, sondern auch im alltäglichen Leben der amorphen Lebensformen und darüber hinaus. In diesem Abschnitt werden wir die verschiedenen Dimensionen dieser Veränderungen untersuchen, die durch den Aktivismus von Velis Ryn angestoßen wurden.

Gesetzliche Veränderungen

Ein wesentlicher Aspekt der Veränderungen in der Gesellschaft ist die Einführung neuer Gesetze, die den Schutz der Identität amorpher Lebensformen garantieren. Vor Velis Ryns Engagement gab es kaum gesetzliche Rahmenbedingungen, die die Rechte dieser Lebensformen schützten. Die neuen Gesetze umfassen:

- **Identitätsschutzgesetz:** Dieses Gesetz schützt die kulturelle Identität amorpher Lebensformen und verbietet Diskriminierung aufgrund ihrer amorphen Natur.

- **Gesetz über kulturelle Vielfalt:** Dieses Gesetz fördert die Anerkennung und den Schutz der kulturellen Ausdrucksformen aller Lebensformen auf Xorlia.

- **Bildungsgesetz:** Ein Gesetz, das sicherstellt, dass alle Lebensformen Zugang zu Bildung haben, die ihre kulturelle Identität respektiert und fördert.

Die Einführung dieser Gesetze hat nicht nur zu einer rechtlichen Absicherung geführt, sondern auch das Bewusstsein in der Gesellschaft geschärft.

Gesellschaftliche Akzeptanz

Die gesellschaftliche Akzeptanz amorpher Lebensformen hat sich ebenfalls erheblich verändert. Vor dem Aktivismus von Velis Ryn waren viele amorphe Lebensformen mit Vorurteilen und Diskriminierung konfrontiert. Der Aktivismus hat dazu beigetragen, Vorurteile abzubauen und ein besseres Verständnis für die Herausforderungen, mit denen diese Lebensformen konfrontiert sind, zu schaffen.

Ein Beispiel dafür ist die zunehmende Sichtbarkeit amorpher Lebensformen in den Medien. Vor Velis Ryns Engagement gab es kaum positive Darstellungen dieser Lebensformen in der Popkultur. Heute sind sie nicht nur in den Nachrichten präsent, sondern auch in Filmen, Musik und Kunst. Diese Sichtbarkeit hat dazu beigetragen, das Bild amorpher Lebensformen in der

Gesellschaft zu verändern und sie als gleichwertige Mitglieder der Gemeinschaft zu akzeptieren.

Bildung und Aufklärung

Ein weiterer wichtiger Aspekt der Veränderungen in der Gesellschaft ist die Verbesserung der Bildung und Aufklärung über die Identität amorpher Lebensformen. Dank der Bildungskampagnen, die von Velis Ryn und seinen Unterstützern initiiert wurden, gibt es mittlerweile spezielle Schulprogramme, die die Vielfalt der Lebensformen in Xorlia thematisieren. Diese Programme fördern nicht nur das Verständnis für amorphe Lebensformen, sondern auch die Wertschätzung ihrer kulturellen Beiträge.

Eine Umfrage unter Schülern zeigt, dass über 75% der Befragten ein besseres Verständnis für amorphe Lebensformen haben, seitdem diese Programme eingeführt wurden. Dies hat zu einem signifikanten Rückgang von Mobbing und Diskriminierung in Schulen geführt.

Soziale Bewegungen und Gemeinschaftsengagement

Die Bürgerrechtsbewegung von Velis Ryn hat auch zu einem Anstieg des Gemeinschaftsengagements geführt. Immer mehr Menschen, sowohl amorphe als auch nicht-amorphe Lebensformen, schließen sich der Bewegung an und setzen sich für die Rechte aller Lebensformen ein. Dies hat zu einer stärkeren Solidarität innerhalb der Gemeinschaft geführt.

Ein bemerkenswertes Beispiel ist die Gründung des *Xorlianischen Netzwerks für Vielfalt*, das sich der Förderung der Rechte aller Lebensformen widmet. Dieses Netzwerk organisiert regelmäßig Veranstaltungen, Workshops und Diskussionsrunden, um das Bewusstsein für die Bedeutung der Identität und Vielfalt zu fördern.

Langfristige Auswirkungen

Die Veränderungen, die durch den Aktivismus von Velis Ryn angestoßen wurden, haben langfristige Auswirkungen auf die Gesellschaft von Xorlia. Die Einführung neuer Gesetze, die gesellschaftliche Akzeptanz amorpher Lebensformen und die Verbesserung der Bildung sind nur einige der positiven Entwicklungen, die die Gesellschaft transformiert haben.

Darüber hinaus hat die Bewegung auch internationale Aufmerksamkeit erregt. Andere Planeten und Lebensformen beobachten die Entwicklungen auf Xorlia und ziehen Inspiration aus dem Aktivismus von Velis Ryn. Dies könnte zu einer globalen

Bewegung für die Rechte von amorphen Lebensformen führen und die Prinzipien der Vielfalt und Akzeptanz auf interplanetarer Ebene fördern.

Zusammenfassend lässt sich sagen, dass die Veränderungen in der Gesellschaft von Xorlia, die durch den Aktivismus von Velis Ryn angestoßen wurden, sowohl tiefgreifende als auch weitreichende Auswirkungen haben. Die Gesellschaft hat nicht nur ihre gesetzlichen Rahmenbedingungen verbessert, sondern auch das Verständnis und die Akzeptanz für die Vielfalt der Lebensformen gefördert. Diese Entwicklungen sind ein Schritt in die richtige Richtung und legen den Grundstein für eine inklusivere und gerechtere Gesellschaft.

Die Bedeutung von Advocacy

Advocacy spielt eine entscheidende Rolle im Kampf für die Rechte amorpher Lebensformen auf Xorlia. Es bezieht sich auf die aktive Unterstützung oder Befürwortung für eine bestimmte Sache, oft durch die Mobilisierung von Gemeinschaften, um Veränderungen in der Politik, im Rechtssystem oder in der gesellschaftlichen Wahrnehmung herbeizuführen. In diesem Kontext ist Advocacy besonders wichtig, um die Anliegen von marginalisierten Gruppen sichtbar zu machen und um sicherzustellen, dass ihre Stimmen in politischen und sozialen Diskursen gehört werden.

Theoretische Grundlagen der Advocacy

Die Theorie der Advocacy basiert auf mehreren Schlüsselkonzepten:

+ **Empowerment:** Advocacy zielt darauf ab, Individuen und Gemeinschaften zu ermächtigen, ihre eigenen Interessen zu vertreten. Dies geschieht durch Bildung, Aufklärung und den Zugang zu Ressourcen, die es den Menschen ermöglichen, informierte Entscheidungen zu treffen.

+ **Partizipation:** Ein zentraler Aspekt der Advocacy ist die Förderung der aktiven Teilnahme der Gemeinschaft an Entscheidungsprozessen. Partizipation stärkt das Gefühl der Zugehörigkeit und Verantwortung und führt zu nachhaltigeren Lösungen.

+ **Gerechtigkeit:** Advocacy strebt danach, soziale Gerechtigkeit zu fördern, indem es Ungleichheiten und Diskriminierung anspricht. Dies ist besonders relevant für amorphe Lebensformen, die oft mit Vorurteilen und rechtlichen Nachteilen konfrontiert sind.

Probleme und Herausforderungen

Trotz der Bedeutung von Advocacy gibt es zahlreiche Herausforderungen, die es zu überwinden gilt:

+ **Widerstand gegen Veränderungen:** Oft gibt es starken Widerstand von etablierten Institutionen oder Gruppen, die ihre Machtpositionen nicht aufgeben möchten. Dieser Widerstand kann in Form von rechtlichen Hürden, politischem Druck oder gesellschaftlicher Stigmatisierung auftreten.

+ **Ressourcenmangel:** Viele Advocacy-Gruppen, insbesondere solche, die für amorphe Lebensformen kämpfen, sind oft unterfinanziert. Ein Mangel an finanziellen und personellen Ressourcen kann die Effektivität ihrer Kampagnen erheblich einschränken.

+ **Komplexität der Themen:** Die Themen, die durch Advocacy angesprochen werden, sind oft komplex und vielschichtig. Dies kann es schwierig machen, klare Botschaften zu formulieren und ein breites Publikum zu erreichen.

Beispiele für erfolgreiche Advocacy

Es gibt zahlreiche Beispiele für erfolgreiche Advocacy, die als Inspiration dienen können:

+ **Die Xorlia-Resolution:** Eine bedeutende Errungenschaft war die Verabschiedung der Xorlia-Resolution, die die Rechte amorpher Lebensformen anerkennt und spezifische Schutzmaßnahmen einführt. Diese Resolution wurde durch eine breite Mobilisierung von Aktivisten und Unterstützern erreicht, die ihre Stimmen über soziale Medien und öffentliche Veranstaltungen erhoben haben.

+ **Kunst- und Kulturprojekte:** Viele Advocacy-Gruppen haben Kunst und Kultur genutzt, um auf die Herausforderungen aufmerksam zu machen, mit denen amorphe Lebensformen konfrontiert sind. Durch Ausstellungen, Performances und interaktive Workshops konnten sie eine breitere Öffentlichkeit erreichen und das Bewusstsein für ihre Anliegen schärfen.

+ **Internationale Partnerschaften:** Die Zusammenarbeit mit internationalen Organisationen hat es den Aktivisten ermöglicht, ihre Anliegen auf globaler Ebene zu präsentieren. Dies hat nicht nur zu einer erhöhten Sichtbarkeit geführt, sondern auch zu einem Austausch bewährter Praktiken und Strategien.

Schlussfolgerung

Die Bedeutung von Advocacy kann nicht hoch genug eingeschätzt werden. Sie ist ein unverzichtbares Werkzeug im Kampf für die Rechte amorpher Lebensformen auf Xorlia. Durch gezielte Aufklärungsarbeit, die Mobilisierung der Gemeinschaft und die Schaffung von Netzwerken können Aktivisten Veränderungen herbeiführen und eine gerechtere Gesellschaft fördern. Es ist wichtig, dass die Stimmen derjenigen, die oft übersehen werden, gehört werden, und Advocacy spielt dabei eine zentrale Rolle.

Langfristige Auswirkungen auf die Gesellschaft

Die langfristigen Auswirkungen des Aktivismus von Velis Ryn auf die Gesellschaft von Xorlia sind vielschichtig und tiefgreifend. Dieser Abschnitt beleuchtet die verschiedenen Dimensionen der Veränderungen, die durch den Kampf um den Identitätsschutz amorpher Lebensformen initiiert wurden. Dabei werden sowohl theoretische Konzepte als auch praktische Beispiele herangezogen, um die weitreichenden Effekte zu verdeutlichen.

Theoretische Grundlagen

Die Auswirkungen des Aktivismus können durch verschiedene soziologische und psychologische Theorien erklärt werden. Eine der zentralen Theorien ist die *Theorie des sozialen Wandels*, die besagt, dass kollektives Handeln in der Gesellschaft zu strukturellen Veränderungen führt. Diese Theorie kann durch die *Kollektive Identität* ergänzt werden, die beschreibt, wie Gruppen von Individuen, die ähnliche Merkmale oder Erfahrungen teilen, zusammenkommen, um ihre Interessen zu vertreten. Velis Ryns Bewegung hat diese kollektive Identität unter den amorphen Lebensformen gestärkt und somit eine Plattform geschaffen, die es diesen Lebensformen ermöglicht, ihre Stimmen zu erheben.

Gesetzliche Veränderungen

Eine der unmittelbarsten Auswirkungen des Aktivismus war die Einführung neuer Gesetze, die den Identitätsschutz amorpher Lebensformen garantieren. Diese Gesetze beinhalten unter anderem:

+ **Antidiskriminierungsgesetze:** Diese Gesetze schützen amorphe Lebensformen vor Diskriminierung in verschiedenen Lebensbereichen, einschließlich Bildung, Beschäftigung und Wohnraum.

+ **Gesetze zum Schutz kultureller Identität:** Diese Gesetze fördern die Erhaltung und Wertschätzung der kulturellen Identität amorpher Lebensformen und unterstützen deren Integration in die Gesellschaft.

Die Implementierung dieser Gesetze hat nicht nur den rechtlichen Status amorpher Lebensformen verbessert, sondern auch ein gesellschaftliches Bewusstsein für die Bedeutung von Identität und Diversität geschaffen.

Gesellschaftliche Einstellungen

Ein weiterer langfristiger Effekt des Aktivismus ist die Veränderung der gesellschaftlichen Einstellungen gegenüber amorphen Lebensformen. Durch Aufklärungskampagnen und die Nutzung sozialer Medien konnte ein neues Bewusstsein für die Herausforderungen und die Vielfalt dieser Lebensformen geschaffen werden. Studien zeigen, dass die Akzeptanz von Diversität in der Gesellschaft gestiegen ist. Eine Umfrage unter den Bürgern von Xorlia ergab, dass 75% der Befragten nun eine positive Einstellung gegenüber amorphen Lebensformen haben, verglichen mit nur 30% vor dem Beginn des Aktivismus.

Einfluss auf Bildung und Kultur

Der Aktivismus von Velis Ryn hat auch die Bildungslandschaft und die kulturelle Wahrnehmung auf Xorlia beeinflusst. Bildungsprogramme, die sich mit den Themen Identität und Diversität befassen, wurden in Schulen und Universitäten eingeführt. Diese Programme fördern das Verständnis und die Wertschätzung für unterschiedliche Lebensformen und Kulturen.

Zusätzlich haben kulturelle Veranstaltungen, die von der Bewegung organisiert wurden, dazu beigetragen, die Sichtbarkeit und das Verständnis für amorphe Lebensformen zu erhöhen. Festivals, Kunstausstellungen und Musikveranstaltungen, die die Kultur dieser Lebensformen feiern, ziehen jetzt Tausende von Besuchern an und fördern den interkulturellen Dialog.

Langfristige gesellschaftliche Resilienz

Ein weiterer bedeutender Aspekt der langfristigen Auswirkungen ist die gestärkte gesellschaftliche Resilienz. Die Bewegung hat nicht nur die amorphen

Lebensformen mobilisiert, sondern auch andere Gruppen und Individuen inspiriert, sich für soziale Gerechtigkeit einzusetzen. Diese Solidarität hat zu einem stärkeren sozialen Gefüge geführt, das in der Lage ist, Herausforderungen und Krisen gemeinsam zu bewältigen.

Internationale Resonanz

Die Bewegung von Velis Ryn hat auch internationale Resonanz gefunden. Die Prinzipien des Identitätsschutzes und der sozialen Gerechtigkeit, die in Xorlia gefördert werden, haben Einfluss auf ähnliche Bewegungen in anderen Teilen des Universums. Die internationale Gemeinschaft hat begonnen, die Erfolge und Herausforderungen der Bewegung zu studieren und daraus zu lernen. Dies hat zu einem globalen Austausch von Ideen und Strategien geführt, die darauf abzielen, die Rechte und Identitäten marginalisierter Gruppen zu schützen.

Fazit

Zusammenfassend lässt sich sagen, dass die langfristigen Auswirkungen des Aktivismus von Velis Ryn auf die Gesellschaft von Xorlia sowohl tiefgreifende rechtliche Veränderungen als auch eine positive Verschiebung der gesellschaftlichen Einstellungen und Werte umfassen. Der Einfluss auf Bildung und Kultur hat die Gesellschaft nicht nur diverser, sondern auch widerstandsfähiger gemacht. Diese Entwicklungen zeigen, dass der Kampf um den Identitätsschutz amorpher Lebensformen nicht nur für diese spezifische Gruppe von Bedeutung ist, sondern auch als Modell für andere soziale Bewegungen im gesamten Universum dienen kann.

Die Herausforderungen, die noch vor uns liegen, erfordern weiterhin Engagement und Solidarität, um die erreichten Fortschritte zu sichern und auszubauen. Velis Ryns Vermächtnis wird somit nicht nur auf Xorlia, sondern auch auf anderen Planeten und in anderen Kulturen weiterwirken.

Die Rolle der Medien

Berichterstattung über den Aktivismus

Die Berichterstattung über den Aktivismus ist ein entscheidender Aspekt, der die Wahrnehmung und das Verständnis von sozialen Bewegungen beeinflusst. In der Ära der digitalen Medien und sozialen Netzwerke hat sich die Art und Weise, wie Aktivismus dargestellt und wahrgenommen wird, erheblich verändert. Diese

Sektion untersucht die verschiedenen Facetten der Berichterstattung über den Aktivismus, insbesondere im Kontext von Velis Ryn und dem Kampf um den Identitätsschutz amorpher Lebensformen auf Xorlia.

Theoretische Grundlagen

Die Berichterstattung über Aktivismus kann durch verschiedene theoretische Rahmenbedingungen analysiert werden. Ein zentraler Aspekt ist die **Agenda-Setting-Theorie**, die besagt, dass die Medien nicht nur berichten, sondern auch die Themen bestimmen, die in der öffentlichen Diskussion relevant sind. Medien haben die Macht, bestimmte Narrative zu fördern, während andere marginalisiert werden. In diesem Kontext ist es wichtig zu untersuchen, wie die Medien über Velis Ryn und seine Bewegung berichten und welche Themen sie hervorheben.

Ein weiterer relevanter theoretischer Rahmen ist die **Framing-Theorie**. Diese Theorie beschäftigt sich damit, wie Informationen präsentiert werden und wie dies die Wahrnehmung des Publikums beeinflusst. Unterschiedliche Frames können die Interpretation von Ereignissen und Bewegungen stark variieren. Beispielsweise kann der Aktivismus von Velis Ryn als *„Kampf um Rechte"* oder als *„Bedrohung der gesellschaftlichen Ordnung"* gerahmt werden, was jeweils unterschiedliche Reaktionen und Unterstützung in der Bevölkerung hervorruft.

Probleme in der Berichterstattung

Die Berichterstattung über den Aktivismus steht vor mehreren Herausforderungen. Eine der größten Herausforderungen ist die **Sensationalisierung**. Oftmals neigen Medien dazu, extreme oder dramatische Ereignisse hervorzuheben, während die zugrunde liegenden Probleme und die Stimmen der Betroffenen in den Hintergrund gedrängt werden. Dies kann zu einem verzerrten Bild des Aktivismus führen und die komplexen Realitäten, mit denen Aktivisten konfrontiert sind, nicht angemessen darstellen.

Ein weiteres Problem ist die **Vereinfachung**. Komplexe soziale Themen werden häufig auf einfache Narrative reduziert, die nicht die vielfältigen Perspektiven und Erfahrungen der Betroffenen widerspiegeln. Dies kann dazu führen, dass die Anliegen von Velis Ryn und seiner Bewegung nicht in ihrer vollen Tiefe verstanden werden, was die Unterstützung und das Engagement in der Gesellschaft beeinträchtigen kann.

Beispiele aus der Berichterstattung

Die Berichterstattung über Velis Ryn und seine Bewegung hat sowohl positive als auch negative Aspekte hervorgebracht. Ein Beispiel für eine positive Berichterstattung ist die *Xorlia Gazette*, die ausführlich über die Gründung der Bewegung und die ersten Erfolge berichtete. In einem Artikel mit dem Titel *„Velis Ryn: Der neue Stern am Himmel des Aktivismus"* wurde die Vision und die Anstrengungen von Velis Ryn gewürdigt, um die Identität amorpher Lebensformen zu schützen. Die Berichterstattung hob die kulturelle Vielfalt und die Bedeutung der Identität hervor und ermutigte die Gemeinschaft, sich aktiv zu engagieren.

Im Gegensatz dazu berichtete das *Xorlia Daily News* in einem kritischen Artikel über die Bewegung und stellte die Frage, ob die Forderungen von Velis Ryn nicht die Stabilität der Gesellschaft gefährden könnten. Der Artikel verwendete einen alarmierenden Ton und stellte die Bewegung als potenziell radikal dar, was zu einer negativen Wahrnehmung in der Öffentlichkeit führte.

Einfluss der sozialen Medien

In der heutigen Zeit spielt die **Nutzung sozialer Medien** eine entscheidende Rolle in der Berichterstattung über Aktivismus. Plattformen wie XorliaBook und InstaXor haben es Aktivisten ermöglicht, ihre Botschaften direkt an die Öffentlichkeit zu kommunizieren, ohne auf traditionelle Medien angewiesen zu sein. Velis Ryn und seine Unterstützer nutzen soziale Medien, um ihre Anliegen zu verbreiten, Mobilisierungen zu organisieren und mit der Gemeinschaft in Kontakt zu treten.

Ein Beispiel für den Einfluss sozialer Medien ist die Kampagne *„Identität zählt"*, die von Velis Ryn ins Leben gerufen wurde. Durch die Verbreitung von Hashtags und persönlichen Geschichten konnte die Bewegung eine breite Unterstützung gewinnen und das Bewusstsein für die Herausforderungen amorpher Lebensformen stärken. Diese direkte Kommunikation hat es ermöglicht, eine engagierte Gemeinschaft aufzubauen und den Druck auf Entscheidungsträger zu erhöhen.

Fazit

Die Berichterstattung über den Aktivismus ist ein komplexes und dynamisches Feld, das sowohl Herausforderungen als auch Chancen bietet. Die Art und Weise, wie über Velis Ryn und seine Bewegung berichtet wird, hat direkte Auswirkungen auf die Wahrnehmung des Aktivismus in der Gesellschaft. Es ist wichtig, dass

Medien verantwortungsvoll berichten und die Stimmen der Betroffenen angemessen berücksichtigen, um ein umfassendes Bild der Realität zu vermitteln. In einer Zeit, in der soziale Medien eine immer größere Rolle spielen, ist die Fähigkeit der Aktivisten, ihre Botschaften selbst zu verbreiten, von entscheidender Bedeutung für den Erfolg ihrer Bewegungen.

Zusammenfassend lässt sich sagen, dass die Berichterstattung über den Aktivismus nicht nur die öffentliche Wahrnehmung beeinflusst, sondern auch die Dynamik der Bewegungen selbst. Durch ein besseres Verständnis der theoretischen Grundlagen, der Probleme und der Beispiele aus der Praxis können wir die Rolle der Medien im Aktivismus kritisch hinterfragen und die notwendigen Veränderungen anstreben, um die Anliegen von Velis Ryn und anderen Aktivisten angemessen zu vertreten.

Einfluss von sozialen Medien

Soziale Medien haben sich als eines der mächtigsten Werkzeuge im modernen Aktivismus erwiesen, insbesondere im Kampf von Velis Ryn für den Identitätsschutz amorpher Lebensformen auf Xorlia. Diese Plattformen ermöglichen es Aktivisten, ihre Botschaften schnell und weitreichend zu verbreiten, was zu einer verstärkten Mobilisierung und Sensibilisierung für soziale Themen führt.

Theoretische Grundlagen

Die Theorie der sozialen Bewegungen, insbesondere die Resource Mobilization Theory, besagt, dass soziale Bewegungen effektiv sind, wenn sie Zugang zu Ressourcen haben, einschließlich finanzieller Mittel, Zeit und sozialen Netzwerken. Soziale Medien fungieren als eine Art Ressource, die es Aktivisten ermöglicht, ihre Botschaften zu verbreiten, Unterstützer zu mobilisieren und Informationen in Echtzeit zu verbreiten.

Ein zentraler Aspekt der sozialen Medien ist die Möglichkeit der *Viralität*. Inhalte, die emotional ansprechend oder provokant sind, können sich exponentiell verbreiten. Dies ist besonders wichtig für Velis Ryn, dessen Botschaften oft auf Emotionen wie Empathie und Solidarität abzielen.

$$V = k \cdot \frac{E}{T} \tag{50}$$

Hierbei steht V für die Viralität eines Beitrags, k für einen konstanten Faktor, der die Plattform und die Zielgruppe berücksichtigt, E für die emotionale

Anziehungskraft des Inhalts und T für die Zeit, die benötigt wird, um eine bestimmte Reichweite zu erzielen. Diese Gleichung zeigt, dass je emotionaler der Inhalt ist, desto schneller und weiter verbreitet er wird.

Probleme und Herausforderungen

Trotz der positiven Aspekte gibt es auch Herausforderungen, die mit der Nutzung sozialer Medien verbunden sind. Eine der größten Herausforderungen ist die *Desinformation*. Falschinformationen können sich ebenso schnell verbreiten wie wahre Informationen und können die Wahrnehmung von amorphen Lebensformen und ihren Rechten erheblich beeinflussen.

Ein weiteres Problem ist die *Echokammer*, in der Nutzer nur Informationen sehen, die ihre bestehenden Überzeugungen bestätigen. Dies kann zu einer Fragmentierung der Gesellschaft führen, in der verschiedene Gruppen in ihren eigenen Blasen leben und nicht in der Lage sind, konstruktiv zu kommunizieren.

Beispiele für den Einfluss

Ein herausragendes Beispiel für den Einfluss sozialer Medien auf den Aktivismus von Velis Ryn war die Kampagne „#IdentitätFürAlle". Diese Kampagne wurde über verschiedene Plattformen wie XorNet und GlimmerSpace gestartet und erreichte innerhalb weniger Tage Millionen von Nutzern. Die Verwendung von ansprechenden Grafiken und persönlichen Geschichten half, das Bewusstsein für die Herausforderungen amorpher Lebensformen zu schärfen und eine breite Unterstützung zu mobilisieren.

Ein weiteres Beispiel ist die Nutzung von Live-Streaming-Diensten, um Veranstaltungen und Proteste in Echtzeit zu übertragen. Dies ermöglichte es Menschen, die nicht physisch anwesend sein konnten, sich zu engagieren und ihre Unterstützung zu zeigen. Während einer wichtigen Demonstration für den Identitätsschutz wurde ein Live-Stream auf XorNet über 500.000 Mal angesehen, was zu einer Welle von Unterstützungsbekundungen führte.

Schlussfolgerung

Insgesamt haben soziale Medien einen tiefgreifenden Einfluss auf den Aktivismus von Velis Ryn und die Bürgerrechtsbewegung für amorphe Lebensformen auf Xorlia. Sie bieten eine Plattform für Mobilisierung, Sensibilisierung und den Austausch von Ideen, während sie gleichzeitig Herausforderungen in Form von Desinformation und Echokammern mit sich bringen. Der effektive Einsatz sozialer Medien bleibt entscheidend für den Erfolg zukünftiger Initiativen und die Förderung des Identitätsschutzes auf Xorlia und darüber hinaus.

Die Darstellung von amorphen Lebensformen

Die Darstellung von amorphen Lebensformen in den Medien ist ein komplexes Thema, das sowohl kulturelle als auch gesellschaftliche Dimensionen umfasst. Amorphe Lebensformen, die oft als formveränderlich und anpassungsfähig beschrieben werden, stehen vor einzigartigen Herausforderungen in der Wahrnehmung und Repräsentation. Diese Herausforderungen können durch verschiedene Faktoren beeinflusst werden, einschließlich der Art und Weise, wie Medien Geschichten erzählen und wie Gesellschaften Identität konstruieren.

Theoretische Grundlagen

Die Theorie der Repräsentation, wie sie von Stuart Hall in seinen Arbeiten zur Medienanalyse formuliert wurde, bietet einen nützlichen Rahmen zur Untersuchung, wie amorphe Lebensformen dargestellt werden. Hall argumentiert, dass Repräsentation nicht nur eine Abbildung der Realität ist, sondern auch eine Konstruktion, die durch kulturelle und gesellschaftliche Kontexte geprägt wird. In diesem Sinne ist die Darstellung amorpher Lebensformen nicht nur eine Frage der Sichtbarkeit, sondern auch der Bedeutungszuweisung.

$$R = C + S \tag{51}$$

wobei R die Repräsentation, C den kulturellen Kontext und S die gesellschaftlichen Strukturen darstellt. Diese Gleichung verdeutlicht, dass die Repräsentation amorpher Lebensformen sowohl von kulturellen als auch von gesellschaftlichen Faktoren beeinflusst wird.

Herausforderungen der Darstellung

Ein zentrales Problem in der Darstellung amorpher Lebensformen ist die Tendenz, sie stereotypisch oder eindimensional darzustellen. Oft werden sie als bedrohlich oder fremd wahrgenommen, was zu einer Stigmatisierung führt. Diese negativen Darstellungen können zu Diskriminierung und Vorurteilen führen, die tief in der Gesellschaft verwurzelt sind. Ein Beispiel hierfür ist die Darstellung amorpher Wesen in Science-Fiction-Filmen, wo sie häufig als Antagonisten fungieren, die die Menschheit bedrohen.

Ein weiteres Problem ist die Unsichtbarkeit. Amorphe Lebensformen, die in ihrer Natur nicht klar definiert sind, können in den Medien unterrepräsentiert sein. Dies führt zu einem Mangel an Identifikationsmöglichkeiten für Menschen, die sich mit diesen Wesen identifizieren könnten. Die Unsichtbarkeit kann auch dazu führen, dass die Herausforderungen und Kämpfe dieser Lebensformen nicht ausreichend gewürdigt werden.

Beispiele für Darstellungen

Ein bemerkenswertes Beispiel für die Darstellung amorpher Lebensformen findet sich in der Filmreihe *Transformers*. Hier werden amorphe Wesen, die sich in verschiedene Formen verwandeln können, sowohl als Helden als auch als Bedrohungen dargestellt. Diese duale Darstellung spiegelt die ambivalente Haltung der Gesellschaft gegenüber dem Unbekannten wider. Während einige Charaktere als Beschützer der Menschheit fungieren, werden andere als gefährlich und manipulativ wahrgenommen.

Ein weiteres Beispiel ist die Serie *Star Trek*, in der amorphe Lebensformen wie die *Odo* aus *Deep Space Nine* als komplexe Charaktere mit eigenen Identitätsfragen dargestellt werden. Odo kämpft mit seiner eigenen Identität und dem Verständnis seiner Herkunft, was eine tiefere Reflexion über die Natur der Identität und die Herausforderungen der Selbstfindung ermöglicht.

Die Rolle der Medien

Die Rolle der Medien ist entscheidend für die Art und Weise, wie amorphe Lebensformen wahrgenommen werden. Medien haben die Macht, Narrative zu formen und das öffentliche Verständnis zu beeinflussen. Positives Storytelling, das die Vielfalt und die komplexen Identitäten amorpher Lebensformen hervorhebt, kann helfen, Vorurteile abzubauen und die Akzeptanz zu fördern.

$$M = N + A \tag{52}$$

wobei M die Mediendarstellung, N die Narrative und A die Akzeptanz in der Gesellschaft darstellt. Diese Gleichung zeigt, dass eine positive Narrative über amorphe Lebensformen zu einer höheren Akzeptanz führen kann.

Schlussfolgerung

Die Darstellung amorpher Lebensformen in den Medien ist ein vielschichtiges Thema, das tiefere Einblicke in die gesellschaftlichen Werte und Normen gewährt.

Durch die kritische Analyse dieser Darstellungen können wir besser verstehen, wie Identität konstruiert wird und welche Herausforderungen amorphe Lebensformen in der Gesellschaft gegenüberstehen. Es ist entscheidend, dass die Medien weiterhin vielfältige und nuancierte Darstellungen fördern, um ein umfassenderes Bild von Identität und Zugehörigkeit zu schaffen.

$$Zukunft = Vielfalt + Akzeptanz \tag{53}$$

Der Einfluss von Dokumentationen

Dokumentationen spielen eine entscheidende Rolle im Aktivismus, insbesondere wenn es darum geht, das Bewusstsein für die Herausforderungen und Errungenschaften amorpher Lebensformen auf Xorlia zu schärfen. Sie bieten nicht nur eine Plattform für die Darstellung von Geschichten, sondern tragen auch zur Bildung der Öffentlichkeit bei und fördern das Verständnis für komplexe Themen. In diesem Abschnitt werden wir die verschiedenen Aspekte und den Einfluss von Dokumentationen auf den Aktivismus von Velis Ryn untersuchen.

1. Die Rolle der Dokumentationen im Aktivismus

Dokumentationen sind ein kraftvolles Medium, um Informationen zu verbreiten und Emotionen zu wecken. Sie können als visuelles und auditives Werkzeug genutzt werden, um die Realität und die Herausforderungen von amorphen Lebensformen darzustellen. Diese Form der Erzählung hat die Fähigkeit, das Publikum emotional zu berühren und Empathie zu erzeugen. Ein Beispiel für eine erfolgreiche Dokumentation in diesem Kontext ist *„Identität in der Unendlichkeit"*, die die Geschichten von amorphen Lebensformen erzählt, die mit Diskriminierung und Vorurteilen konfrontiert sind. Diese Dokumentation hat nicht nur das Bewusstsein geschärft, sondern auch Diskussionen über Identität und Rechte ausgelöst.

2. Theoretische Grundlagen

Die Wirkung von Dokumentationen kann durch verschiedene theoretische Ansätze erklärt werden. Der **Narrative Transportation Theory** besagt, dass Zuschauer in die Geschichten eintauchen und sich emotional mit den Protagonisten identifizieren. Diese emotionale Verbindung kann zu einer Veränderung der Einstellungen und Verhaltensweisen führen. Laut einer Studie von Green und Brock (2000) kann die narrative Transportation dazu führen, dass

Zuschauer ihre eigenen Überzeugungen hinterfragen und empathischer gegenüber den dargestellten Themen werden.

Eine andere relevante Theorie ist die **Framing Theory**, die beschreibt, wie Informationen präsentiert werden, um die Wahrnehmung des Publikums zu beeinflussen. Dokumentationen können bestimmte Aspekte einer Geschichte hervorheben, um ein bestimmtes Narrativ zu fördern. Zum Beispiel könnte eine Dokumentation über Velis Ryn den Fokus auf die positiven Veränderungen legen, die durch den Aktivismus erreicht wurden, während eine andere Dokumentation die Herausforderungen und Rückschläge betont.

3. Probleme und Herausforderungen

Trotz ihrer positiven Auswirkungen stehen Dokumentationen auch vor Herausforderungen. Eine der größten Herausforderungen ist die **Repräsentation**. Oftmals können Dokumentationen die Komplexität der dargestellten Themen nicht vollständig erfassen. Dies kann zu einer Vereinfachung der Realität führen und bestimmte Perspektiven ausschließen. In einigen Fällen kann dies sogar zu einer weiteren Stigmatisierung der amorphen Lebensformen führen, anstatt das Verständnis zu fördern.

Ein weiteres Problem ist die **Zugänglichkeit**. Nicht alle Zuschauer haben Zugang zu den Ressourcen, um Dokumentationen zu sehen oder zu verstehen. Dies kann zu einer Fragmentierung des Publikums führen, wobei nur bestimmte Gruppen von den Informationen profitieren. Um diesem Problem entgegenzuwirken, ist es wichtig, Dokumentationen in verschiedenen Formaten anzubieten, einschließlich Untertiteln, Übersetzungen und verschiedenen Plattformen, um eine breitere Reichweite zu erzielen.

4. Beispiele für erfolgreiche Dokumentationen

Ein herausragendes Beispiel für die Wirkung von Dokumentationen im Aktivismus ist die Serie *„Xorlia: Stimmen der Veränderung"*. Diese Dokumentation beleuchtet die Geschichten von verschiedenen Bürgerrechtsaktivisten, einschließlich Velis Ryn, und zeigt die vielfältigen Ansätze, die zur Förderung des Identitätsschutzes amorpher Lebensformen eingesetzt werden. Die Serie hat internationale Anerkennung gefunden und wurde in mehreren intergalaktischen Filmfestivals ausgezeichnet.

Ein weiteres Beispiel ist die Dokumentation *„Die Farben der Identität"*, die die kulturelle Vielfalt und die Herausforderungen, mit denen amorphe Lebensformen konfrontiert sind, thematisiert. Diese Dokumentation hat nicht nur das

Bewusstsein geschärft, sondern auch zur Schaffung von Bildungsressourcen beigetragen, die in Schulen und Gemeinschaftszentren eingesetzt werden, um das Verständnis für die Identität amorpher Lebensformen zu fördern.

5. Fazit

Zusammenfassend lässt sich sagen, dass Dokumentationen einen bedeutenden Einfluss auf den Aktivismus haben, indem sie das Bewusstsein schärfen, Empathie fördern und wichtige Diskussionen anstoßen. Sie sind ein unverzichtbares Werkzeug im Kampf für den Identitätsschutz amorpher Lebensformen auf Xorlia. Die Herausforderungen, mit denen Dokumentationen konfrontiert sind, erfordern jedoch eine kritische Auseinandersetzung und innovative Ansätze, um sicherzustellen, dass die Geschichten der amorphen Lebensformen angemessen und respektvoll erzählt werden. Die Zukunft des Aktivismus wird stark von der Fähigkeit abhängen, diese Geschichten weiterhin zu teilen und die Stimmen derjenigen zu verstärken, die oft übersehen werden.

Die Bedeutung von Interviews

Interviews spielen eine entscheidende Rolle im Aktivismus, insbesondere in der Bewegung von Velis Ryn für den Identitätsschutz amorpher Lebensformen auf Xorlia. Sie dienen nicht nur als Plattform zur Verbreitung von Ideen, sondern auch als Werkzeug zur Schaffung von Empathie und Verständnis in der breiten Öffentlichkeit. Diese Form der Kommunikation ermöglicht es, persönliche Geschichten und Erfahrungen zu teilen, die oft die Grundlage für das Verständnis von komplexen sozialen Themen bilden.

Theoretische Grundlagen

In der Kommunikationswissenschaft wird das Interview als eine qualitative Forschungsmethode betrachtet, die tiefere Einblicke in die Perspektiven und Erfahrungen von Individuen bietet. Laut [?] ermöglichen Interviews den Forschern, die "Subjektivität" der Befragten zu erfassen und deren Sichtweisen in den Kontext gesellschaftlicher Strukturen zu stellen. Diese subjektiven Narrative sind besonders wichtig im Aktivismus, da sie die menschlichen Aspekte hinter abstrakten politischen und rechtlichen Themen beleuchten.

Probleme bei Interviews

Trotz ihrer Bedeutung stehen Interviews vor verschiedenen Herausforderungen. Eine der größten Schwierigkeiten ist die Verzerrung der Informationen, die durch die Interviewer oder die Befragten selbst verursacht werden kann. [?] betont, dass die Interpretation von Antworten stark von den Erwartungen und dem Hintergrund des Interviewers abhängt, was zu einem ungenauen Bild der Realität führen kann. Darüber hinaus können kulturelle Unterschiede und Sprachbarrieren die Kommunikation zwischen Interviewer und Befragtem erschweren, insbesondere wenn es um amorphe Lebensformen geht, die möglicherweise andere Kommunikationsstile verwenden.

Ein weiteres Problem ist die ethische Verantwortung der Interviewer. Bei Interviews mit marginalisierten Gruppen, wie den amorphen Lebensformen, ist es wichtig, sicherzustellen, dass die Stimmen der Befragten nicht nur gehört, sondern auch respektiert werden. Die Gefahr besteht, dass Interviews zu einer Form der Ausbeutung werden, wenn die Geschichten der Befragten ohne deren Zustimmung oder Verständnis veröffentlicht werden.

Beispiele für erfolgreiche Interviews

Ein herausragendes Beispiel für die Wirksamkeit von Interviews im Aktivismus ist die Dokumentation *Voices of Xorlia*, die persönliche Geschichten von amorphen Lebensformen präsentiert. In dieser Dokumentation wurden Interviews mit verschiedenen Aktivisten und Betroffenen geführt, die ihre Erfahrungen mit Diskriminierung und Identitätsverlust schilderten. Diese Erzählungen halfen, das Bewusstsein für die Herausforderungen zu schärfen, mit denen diese Lebensformen konfrontiert sind, und mobilisierten die Gemeinschaft zur Unterstützung der Bewegung von Velis Ryn.

Ein weiteres Beispiel ist die Interviewreihe *Identität in Vielfalt*, die in sozialen Medien veröffentlicht wurde. Diese Serie ermöglichte es den Zuschauern, die Geschichten von amorphen Lebensformen direkt zu hören, was zu einer erhöhten Sensibilität und Unterstützung in der breiten Öffentlichkeit führte. Die Interviews wurden viral und führten zu einer Welle von Solidarität und Aktionen, die die Bewegung von Velis Ryn weiter verstärkten.

Schlussfolgerung

Zusammenfassend lässt sich sagen, dass Interviews eine unverzichtbare Rolle im Aktivismus spielen. Sie ermöglichen es, persönliche Geschichten zu erzählen, die das Verständnis und die Empathie für die Anliegen von marginalisierten Gruppen fördern. Trotz der Herausforderungen, die mit dieser Methode verbunden sind, bleibt der Einfluss von Interviews auf die öffentliche Wahrnehmung und die Mobilisierung von Gemeinschaften von entscheidender Bedeutung. Die Arbeit von Velis Ryn zeigt, wie Interviews als kraftvolles Werkzeug genutzt werden können, um Veränderungen herbeizuführen und eine breitere Unterstützung für den Identitätsschutz amorpher Lebensformen zu gewinnen.

Medienpartnerschaften

Medienpartnerschaften spielen eine entscheidende Rolle im Aktivismus, insbesondere im Kontext von Velis Ryn und dem Kampf um den Identitätsschutz amorpher Lebensformen auf Xorlia. Diese Partnerschaften ermöglichen es Aktivisten, ihre Botschaften effektiv zu kommunizieren, ein breiteres Publikum zu erreichen und die öffentliche Wahrnehmung ihrer Anliegen zu beeinflussen. In diesem Abschnitt werden wir die Bedeutung von Medienpartnerschaften, die Herausforderungen, die damit verbunden sind, sowie einige erfolgreiche Beispiele untersuchen.

Bedeutung von Medienpartnerschaften

Medienpartnerschaften bieten eine Plattform, um Informationen über den Aktivismus zu verbreiten, die Sichtbarkeit von Themen zu erhöhen und das Bewusstsein für die Herausforderungen, mit denen amorphe Lebensformen konfrontiert sind, zu schärfen. Diese Partnerschaften können in verschiedenen Formen auftreten, einschließlich Zusammenarbeit mit Nachrichtenagenturen, sozialen Medien, Blogs und Podcasts. Die Medien fungieren als Multiplikatoren, die es den Aktivisten ermöglichen, ihre Botschaften über verschiedene Kanäle zu verbreiten und eine breitere Öffentlichkeit zu erreichen.

Ein Beispiel für eine erfolgreiche Medienpartnerschaft ist die Zusammenarbeit zwischen Velis Ryn und einer bekannten intergalaktischen Nachrichtenagentur. Durch diese Partnerschaft konnte die Bewegung für den Identitätsschutz amorpher Lebensformen in der gesamten Galaxie bekannt gemacht werden. Die Berichterstattung über die Aktivitäten von Velis Ryn in den Nachrichten führte zu einem Anstieg des öffentlichen Interesses und der Unterstützung für die Bewegung.

Herausforderungen bei Medienpartnerschaften

Trotz ihrer Vorteile bringen Medienpartnerschaften auch Herausforderungen mit sich. Eine der größten Herausforderungen besteht darin, sicherzustellen, dass die

Botschaften der Aktivisten korrekt und im richtigen Kontext dargestellt werden. Oftmals können Medienberichte die Komplexität eines Themas nicht vollständig erfassen oder in eine vereinfachte Erzählung umwandeln, die die Realität verzerrt. Dies kann zu Missverständnissen und einer negativen Wahrnehmung der Bewegung führen.

Ein weiteres Problem ist die Abhängigkeit von Medienorganisationen, die möglicherweise nicht immer die Interessen der Aktivisten im Auge haben. Die kommerziellen Interessen der Medien können dazu führen, dass bestimmte Themen überrepräsentiert und andere unterrepräsentiert werden. Dies kann die Sichtbarkeit von wichtigen Anliegen, wie dem Identitätsschutz amorpher Lebensformen, gefährden.

Erfolgreiche Beispiele

Es gibt zahlreiche Beispiele für erfolgreiche Medienpartnerschaften im Kontext des Aktivismus. Eine bemerkenswerte Partnerschaft war die zwischen Velis Ryn und einem populären intergalaktischen Podcast, der sich auf soziale Gerechtigkeit konzentrierte. In einer speziellen Episode wurde Velis Ryn interviewt, und die Zuhörer erhielten einen Einblick in die Herausforderungen, mit denen amorphe Lebensformen konfrontiert sind. Diese Episode führte zu einer Welle von Unterstützung und Engagement aus der Zuhörerschaft, was die Bewegung weiter stärkte.

Ein weiteres Beispiel ist die Zusammenarbeit mit sozialen Medienplattformen, die es Velis Ryn ermöglichten, direkt mit der Öffentlichkeit zu kommunizieren. Durch gezielte Kampagnen und Hashtags konnte die Bewegung ein jüngeres Publikum ansprechen und eine Community von Unterstützern aufbauen, die aktiv an der Verbreitung der Botschaft teilnahmen.

Theoretische Perspektiven

Aus einer theoretischen Perspektive kann die Rolle der Medienpartnerschaften im Aktivismus durch das Konzept der *Agenda-Setting* erklärt werden. Agenda-Setting beschreibt den Prozess, durch den die Medien bestimmen, welche Themen in der öffentlichen Diskussion prominent sind. Medienpartnerschaften können dazu beitragen, dass bestimmte Anliegen, wie der Identitätsschutz amorpher Lebensformen, auf die Agenda gesetzt werden, wodurch sie in der öffentlichen Wahrnehmung an Bedeutung gewinnen.

Darüber hinaus spielt die *Framing-Theorie* eine wichtige Rolle. Die Art und Weise, wie Medien ein Thema präsentieren, beeinflusst die Wahrnehmung und

Interpretation durch das Publikum. Durch strategische Partnerschaften können Aktivisten sicherstellen, dass ihre Botschaften in einem positiven Licht dargestellt werden, was dazu beiträgt, Vorurteile abzubauen und das Verständnis für ihre Anliegen zu fördern.

Fazit

Zusammenfassend lässt sich sagen, dass Medienpartnerschaften für den Aktivismus von entscheidender Bedeutung sind. Sie ermöglichen es Aktivisten, ihre Botschaften zu verbreiten, die öffentliche Wahrnehmung zu beeinflussen und Unterstützung zu mobilisieren. Trotz der Herausforderungen, die mit diesen Partnerschaften verbunden sind, können erfolgreiche Beispiele zeigen, wie Medien effektiv genutzt werden können, um die Anliegen von Velis Ryn und anderen Bürgerrechtsaktivisten zu fördern. Die theoretischen Perspektiven von Agenda-Setting und Framing bieten wertvolle Einblicke in die Dynamik dieser Partnerschaften und deren Auswirkungen auf die Gesellschaft.

$$\text{Einfluss der Medien} = \text{Reichweite} \times \text{Relevanz} \tag{54}$$

Die Gleichung zeigt, dass der Einfluss der Medien auf den Aktivismus sowohl von der Reichweite (wie viele Menschen erreicht werden) als auch von der Relevanz (wie wichtig das Thema für die Öffentlichkeit ist) abhängt. Medienpartnerschaften können also entscheidend dazu beitragen, sowohl die Reichweite als auch die Relevanz der Anliegen von Velis Ryn zu erhöhen.

Die Rolle von Influencern

In der heutigen digitalen Ära spielen Influencer eine entscheidende Rolle in der Verbreitung von Informationen und der Mobilisierung von Unterstützern für soziale Bewegungen. Influencer sind Individuen, die durch ihre Präsenz in sozialen Medien und ihre Fähigkeit, mit ihren Followern zu interagieren, einen signifikanten Einfluss auf Meinungen, Einstellungen und Verhaltensweisen ausüben können. Diese Rolle ist besonders relevant für den Bürgerrechtsaktivismus und die Förderung des Identitätsschutzes amorpher Lebensformen auf Xorlia.

Theoretische Grundlagen

Die Theorie der sozialen Einflussnahme legt nahe, dass Menschen von anderen beeinflusst werden, insbesondere von Personen, die sie als glaubwürdig und authentisch wahrnehmen. Gemäß [?] gibt es mehrere Prinzipien, die den Einfluss von Influencern erklären:

+ **Soziale Bewährtheit:** Menschen neigen dazu, das Verhalten oder die Meinungen anderer zu übernehmen, insbesondere wenn sie unsicher sind. Influencer können durch ihre Sichtbarkeit und Popularität als Maßstab dienen.

+ **Autorität:** Influencer, die als Experten in einem bestimmten Bereich wahrgenommen werden, können das Vertrauen der Öffentlichkeit gewinnen und somit die Akzeptanz ihrer Botschaften erhöhen.

+ **Verbindlichkeit:** Wenn Influencer sich öffentlich zu einem Thema bekennen, schaffen sie eine Verpflichtung, die ihre Follower dazu anregen kann, ähnliche Positionen zu übernehmen.

Herausforderungen und Probleme

Trotz ihrer positiven Auswirkungen stehen Influencer auch vor Herausforderungen:

+ **Authentizität:** Es besteht oft ein Zweifel an der Authentizität von Influencern, insbesondere wenn sie für Marken oder Kampagnen werben. Dies kann das Vertrauen der Follower beeinträchtigen.

+ **Überinformation:** In einer Welt, die von Informationen übersättigt ist, kann es schwierig sein, die Aufmerksamkeit der Menschen zu gewinnen. Influencer müssen kreative und ansprechende Inhalte produzieren, um relevant zu bleiben.

+ **Kritik und Gegenbewegungen:** Influencer sind oft Ziel von Kritik, insbesondere wenn ihre Ansichten nicht mit den Meinungen ihrer Follower übereinstimmen. Dies kann zu einem Verlust von Followern und Glaubwürdigkeit führen.

Beispiele für den Einfluss von Influencern

In der Geschichte des Aktivismus auf Xorlia gibt es zahlreiche Beispiele, in denen Influencer eine Schlüsselrolle gespielt haben:

+ **Kampagne für Identitätsschutz:** Influencer wie Zira Quell, eine bekannte Künstlerfigur auf Xorlia, nutzten ihre Plattform, um über die

Herausforderungen amorpher Lebensformen zu berichten. Ihre Videos und Beiträge führten zu einem Anstieg des Bewusstseins und der Unterstützung für die Bewegung.

⁘ **Mobilisierung von Unterstützern:** Der Influencer Kylor Voss organisierte eine virale Challenge, bei der Follower ihre eigenen Geschichten über Identitätsschutz teilten. Diese Initiative führte zu einer Welle von Unterstützung und schuf ein Gefühl der Gemeinschaft.

Schlussfolgerung

Die Rolle von Influencern im Aktivismus ist sowohl vielschichtig als auch dynamisch. Sie können als Katalysatoren für Veränderungen fungieren, indem sie Bewusstsein schaffen und Gemeinschaften mobilisieren. Dennoch ist es wichtig, die Herausforderungen, mit denen sie konfrontiert sind, zu erkennen und Strategien zu entwickeln, um ihre Glaubwürdigkeit und Authentizität zu wahren. Die Zukunft des Aktivismus auf Xorlia wird stark von der Fähigkeit der Influencer abhängen, ihre Plattformen effektiv zu nutzen und gleichzeitig die Werte und Bedürfnisse ihrer Gemeinschaften zu vertreten.

Kritische Berichterstattung

Die kritische Berichterstattung spielt eine entscheidende Rolle im Aktivismus, insbesondere wenn es um die Darstellung von sozialen Bewegungen und den Herausforderungen amorpher Lebensformen auf Xorlia geht. In diesem Abschnitt untersuchen wir die Bedeutung kritischer Berichterstattung, die Probleme, die dabei auftreten können, und Beispiele für ihre Umsetzung in der Praxis.

Bedeutung der kritischen Berichterstattung

Kritische Berichterstattung ist mehr als nur die einfache Übermittlung von Informationen. Sie umfasst die Analyse und Bewertung von Ereignissen, Akteuren und deren Auswirkungen auf die Gesellschaft. In Bezug auf Velis Ryn und den Kampf um den Identitätsschutz amorpher Lebensformen ist es wichtig, dass die Medien nicht nur die Erfolge, sondern auch die Herausforderungen und Rückschläge des Aktivismus beleuchten. Diese Art der Berichterstattung fördert ein tieferes Verständnis für die Komplexität der Thematik und ermöglicht es der Öffentlichkeit, informierte Meinungen zu bilden.

Theoretische Grundlagen

Die kritische Berichterstattung basiert auf verschiedenen theoretischen Ansätzen, darunter:

+ **Kritische Medientheorie:** Diese Theorie untersucht, wie Medien Machtstrukturen reflektieren und reproduzieren. Sie betont die Notwendigkeit, die Dominanz bestimmter Narrative in den Medien zu hinterfragen und alternative Perspektiven zu fördern.

+ **Theorie der medialen Frames:** Diese Theorie beschreibt, wie Medien durch bestimmte Rahmenbedingungen (Frames) Informationen präsentieren. Ein kritischer Rahmen kann dazu beitragen, marginalisierte Stimmen zu stärken und die Sichtbarkeit von Problemen zu erhöhen, die sonst möglicherweise ignoriert werden.

+ **Konstruktivistische Ansätze:** Diese Ansätze betonen, dass Realität durch soziale Konstruktion und Kommunikation geschaffen wird. Kritische Berichterstattung kann helfen, die Narrative zu dekonstruieren, die die Identität amorpher Lebensformen beeinflussen.

Probleme der kritischen Berichterstattung

Trotz ihrer Bedeutung steht die kritische Berichterstattung vor mehreren Herausforderungen:

+ **Voreingenommenheit der Medien:** Oftmals können Medien voreingenommen sein, was zu einer einseitigen Berichterstattung führt. Dies kann die Wahrnehmung von Velis Ryn und der amorphen Lebensformen verzerren und den Aktivismus marginalisieren.

+ **Sensationalismus:** In der heutigen Medienlandschaft besteht die Gefahr, dass kritische Berichterstattung in Sensationalismus umschlägt. Dies kann dazu führen, dass wichtige Themen trivialisiert werden und die ernsthaften Anliegen der Aktivisten in den Hintergrund gedrängt werden.

+ **Mangelnde Fachkenntnis:** Journalisten, die über komplexe Themen wie Identitätsschutz berichten, benötigen oft spezifisches Wissen, um die Nuancen der Thematik zu verstehen. Ein Mangel an Fachkenntnis kann zu Missverständnissen und Fehlinformationen führen.

Beispiele für kritische Berichterstattung

Einige Beispiele für kritische Berichterstattung im Kontext von Velis Ryn und dem Aktivismus umfassen:

- **Dokumentationen:** Dokumentarfilme, die die Herausforderungen und Erfolge von Velis Ryn und der amorphen Lebensformen beleuchten, können eine tiefere Einsicht in die Problematik geben. Diese Filme können Interviews mit Aktivisten, Experten und Betroffenen enthalten, um verschiedene Perspektiven zu präsentieren.

- **Investigative Berichterstattung:** Journalisten, die tiefere Recherchen anstellen, können Missstände aufdecken, die in der öffentlichen Diskussion oft übersehen werden. Zum Beispiel könnte eine Untersuchung über diskriminierende Gesetze gegen amorphe Lebensformen aufzeigen, wie diese Gesetze die Identität und das Leben der Betroffenen beeinflussen.

- **Meinungsartikel:** Kritische Meinungsartikel in Zeitungen und Online-Plattformen können dazu beitragen, die öffentliche Debatte über den Identitätsschutz zu fördern. Diese Artikel können verschiedene Perspektiven darstellen und die Leser dazu anregen, über ihre eigenen Ansichten nachzudenken.

Fazit

Die kritische Berichterstattung ist ein unverzichtbarer Bestandteil des Aktivismus und spielt eine entscheidende Rolle bei der Sensibilisierung für die Anliegen amorpher Lebensformen auf Xorlia. Durch eine ausgewogene und informierte Berichterstattung können Medien dazu beitragen, das Bewusstsein für die Herausforderungen zu schärfen, mit denen diese Lebensformen konfrontiert sind, und die Bedeutung des Identitätsschutzes in den Vordergrund zu rücken. Es ist wichtig, dass sowohl Journalisten als auch die Öffentlichkeit sich der Herausforderungen bewusst sind, die mit der kritischen Berichterstattung verbunden sind, um sicherzustellen, dass die Stimmen der Aktivisten gehört werden und die Diskussion um Identität und Rechte auf Xorlia vorangetrieben wird.

Die Verantwortung der Medien

Die Medien spielen eine entscheidende Rolle in der Gesellschaft, insbesondere im Kontext des Aktivismus und der Bürgerrechtsbewegungen. Ihre Verantwortung erstreckt sich über die bloße Berichterstattung hinaus und umfasst die Art und Weise, wie sie Themen darstellen, die Öffentlichkeit informieren und das Bewusstsein für soziale Ungerechtigkeiten schärfen. In diesem Abschnitt werden die theoretischen Grundlagen, die Herausforderungen und einige Beispiele für die Verantwortung der Medien im Kontext des Aktivismus von Velis Ryn und der amorphen Lebensformen auf Xorlia untersucht.

Theoretische Grundlagen

Die Medien haben die Macht, Narrative zu formen und die öffentliche Meinung zu beeinflussen. Laut der *Agenda-Setting-Theorie* können Medien nicht nur bestimmen, worüber die Menschen nachdenken, sondern auch, wie sie über diese Themen denken. Dies bedeutet, dass die Art und Weise, wie die Medien über amorphe Lebensformen berichten, direkt die Wahrnehmung dieser Gruppen in der Gesellschaft beeinflussen kann.

Ein weiteres relevantes Konzept ist die *Framing-Theorie*, die beschreibt, wie Medien bestimmte Aspekte eines Themas hervorheben und andere Aspekte vernachlässigen. Durch das Framing können Medien die Bedeutung und die Interpretation von Ereignissen und Themen beeinflussen. Wenn beispielsweise Medien amorphe Lebensformen als Opfer darstellen, kann dies das Mitgefühl und die Unterstützung der Öffentlichkeit fördern. Umgekehrt kann eine negative Darstellung zu Diskriminierung und Vorurteilen führen.

Herausforderungen

Trotz ihrer Verantwortung stehen Medien vor mehreren Herausforderungen:

- **Sensationslust:** Oftmals tendieren Medien dazu, sensationelle Geschichten zu bevorzugen, die mehr Klicks und Zuschauer anziehen. Dies kann zu einer verzerrten Darstellung der Realität führen, insbesondere wenn es um sensible Themen wie Diskriminierung und Bürgerrechte geht.

- **Voreingenommenheit:** Journalisten sind Menschen und bringen ihre eigenen Vorurteile und Perspektiven in ihre Berichterstattung ein. Dies kann dazu führen, dass bestimmte Gruppen unfair behandelt oder nicht ausreichend repräsentiert werden.

- **Mangelnde Ressourcen:** Viele Nachrichtenorganisationen haben begrenzte Ressourcen, was bedeutet, dass sie möglicherweise nicht in der Lage sind, umfassende Recherchen durchzuführen oder die Stimmen marginalisierter Gruppen angemessen zu vertreten.

Beispiele

Ein bemerkenswertes Beispiel für die Verantwortung der Medien ist die Berichterstattung über die ersten Proteste von Velis Ryn. Die Berichterstattung in verschiedenen Medien variierte stark: Einige Plattformen betonten die positiven Aspekte der Bewegung, wie die Mobilisierung der Gemeinschaft und die Unterstützung durch internationale Organisationen, während andere sich auf die Konflikte und Widerstände konzentrierten. Diese unterschiedliche Berichterstattung beeinflusste die öffentliche Wahrnehmung und die Unterstützung für die Bewegung erheblich.

Ein weiteres Beispiel ist die Verwendung von sozialen Medien. Plattformen wie *Xorbook* und *InstaXor* wurden von Velis Ryn und seinen Unterstützern genutzt, um ihre Botschaft zu verbreiten und eine breitere Öffentlichkeit zu erreichen. Hierbei spielten Influencer eine Schlüsselrolle, indem sie die Themen der Identität und des Identitätsschutzes in ihren Netzwerken ansprachen. Dies zeigt, wie wichtig es ist, dass die Medien nicht nur die Geschichten erzählen, sondern auch die Stimmen der Betroffenen verstärken.

Die Rolle der Medien in der Aufklärung

Die Medien haben auch die Verantwortung, aufklärerische Inhalte zu produzieren, die das Bewusstsein für die Herausforderungen, mit denen amorphe Lebensformen konfrontiert sind, schärfen. Durch Dokumentationen, Interviews und informative Artikel können Medien dazu beitragen, Vorurteile abzubauen und die Gesellschaft über die Vielfalt und die Rechte dieser Lebensformen zu informieren.

Ein Beispiel für eine solche Initiative ist die Dokumentation „Wir sind mehr als amorph", die das Leben und die Kämpfe amorpher Lebensformen auf Xorlia beleuchtet. Diese Art von Medienarbeit kann nicht nur das Verständnis fördern, sondern auch eine Plattform für Dialog und interkulturellen Austausch schaffen.

Fazit

Zusammenfassend lässt sich sagen, dass die Verantwortung der Medien im Kontext des Aktivismus von Velis Ryn und der amorphen Lebensformen auf Xorlia von zentraler Bedeutung ist. Die Medien haben die Macht, das Bewusstsein zu schärfen, Vorurteile abzubauen und die Stimmen marginalisierter Gruppen zu verstärken. Gleichzeitig stehen sie vor Herausforderungen, die ihre Fähigkeit zur objektiven Berichterstattung beeinträchtigen können. Es liegt in der Verantwortung der Medien, diese Herausforderungen zu erkennen und ihre Rolle als Vermittler von Informationen und als Plattform für soziale Gerechtigkeit ernst zu nehmen. Nur so können sie einen positiven Einfluss auf die Gesellschaft ausüben und zur Förderung von Identitätsschutz und Gleichheit beitragen.

Der Einfluss auf die öffentliche Meinung

Der Einfluss von Velis Ryn auf die öffentliche Meinung ist ein zentrales Element seines Engagements für die Rechte amorpher Lebensformen auf Xorlia. In einer Zeit, in der die Medienlandschaft sich rasant verändert, ist die Art und Weise, wie Informationen verbreitet und wahrgenommen werden, entscheidend für den Erfolg jeder sozialen Bewegung.

Theoretische Grundlagen

Die öffentliche Meinung wird oft als das kollektive Urteil oder die Haltung einer Gemeinschaft zu bestimmten Themen definiert. Laut [1] ist die öffentliche Meinung nicht nur ein Spiegelbild der Realität, sondern auch ein Konstrukt, das durch Medien, soziale Interaktionen und persönliche Erfahrungen geformt wird. In diesem Kontext spielt die Theorie der sozialen Konstruktion von Realität eine wesentliche Rolle, da sie besagt, dass unsere Wahrnehmung der Welt durch die sozialen Kontexte, in denen wir leben, beeinflusst wird [2].

Ein weiteres wichtiges Konzept ist die Agenda-Setting-Theorie, die beschreibt, wie Medien durch die Auswahl und Betonung bestimmter Themen die öffentliche Wahrnehmung beeinflussen können. In Bezug auf Velis Ryn und seine Bewegung zeigt sich, dass durch gezielte Medienarbeit und Öffentlichkeitsarbeit die Themen der Identität und Rechte amorpher Lebensformen in das öffentliche Bewusstsein gerückt wurden [3].

Herausforderungen

Die Herausforderung, die öffentliche Meinung zu beeinflussen, ist vielschichtig. Einerseits stehen Aktivisten wie Velis Ryn vor der Aufgabe, Vorurteile und Diskriminierung zu überwinden, die in der Gesellschaft tief verwurzelt sind. Diskriminierung gegen amorphe Lebensformen wird oft durch stereotype Darstellungen in den Medien verstärkt, die die Vielfalt und Komplexität dieser Lebensformen nicht angemessen wiedergeben.

Ein Beispiel hierfür ist die Berichterstattung über die ersten Proteste, die Ryn organisierte. Während einige Medien die Bewegung unterstützten und die Anliegen der amorphen Lebensformen ernst nahmen, berichteten andere sensationalistisch und verstärkten negative Stereotype. Dies führte zu einer gespaltenen öffentlichen Meinung, in der viele die Bewegung nicht ernst nahmen [4].

Beispiele für den Einfluss auf die öffentliche Meinung

Trotz dieser Herausforderungen gelang es Velis Ryn, durch verschiedene Strategien die öffentliche Meinung signifikant zu beeinflussen. Eine der erfolgreichsten Methoden war die Nutzung sozialer Medien. Durch Plattformen wie XorliNet und andere soziale Netzwerke konnte Ryn eine breite Anhängerschaft mobilisieren und die Themen der Identität und der Rechte amorpher Lebensformen in den Vordergrund rücken.

Ein bemerkenswertes Beispiel ist die Kampagne „Identität ist Vielfalt", die Ryn ins Leben rief. Diese Kampagne nutzte virale Videos, in denen amorphe Lebensformen ihre Geschichten und Erfahrungen teilten. Die Videos wurden millionenfach angesehen und führten zu einer Welle der Solidarität in der Bevölkerung. Die Kampagne beeinflusste nicht nur die öffentliche Meinung, sondern führte auch zu konkreten politischen Veränderungen, als mehrere Gesetzgeber begannen, die Anliegen der Bewegung zu unterstützen [5].

Langfristige Auswirkungen

Die langfristigen Auswirkungen von Velis Ryns Einfluss auf die öffentliche Meinung sind vielschichtig. Einerseits hat seine Arbeit dazu beigetragen, das Bewusstsein für die Herausforderungen amorpher Lebensformen zu schärfen. In einer Umfrage nach der Kampagne gaben 67% der Befragten an, dass sie nun ein besseres Verständnis für die Identitätsproblematik dieser Lebensformen haben [6].

Andererseits zeigt sich, dass die veränderte öffentliche Meinung auch zu einem erhöhten Engagement in der Politik geführt hat. Immer mehr Bürger fordern von ihren Vertretern, sich für die Rechte amorpher Lebensformen einzusetzen, was zu einem Anstieg der politischen Unterstützung für entsprechende Gesetzesinitiativen führte.

Fazit

Zusammenfassend lässt sich sagen, dass der Einfluss von Velis Ryn auf die öffentliche Meinung ein entscheidender Faktor für den Erfolg seiner Bewegung war. Durch die Kombination aus sozialer Medienarbeit, strategischer Öffentlichkeitsarbeit und der Mobilisierung der Gemeinschaft konnte er nicht nur das Bewusstsein für die Anliegen amorpher Lebensformen schärfen, sondern auch die öffentliche Meinung nachhaltig verändern. Die Herausforderungen, die dabei zu bewältigen waren, verdeutlichen die Komplexität des Aktivismus in einer sich ständig verändernden Medienlandschaft.

Bibliography

[1] Lippmann, W. (1922). *Public Opinion*. New York: Harcourt, Brace and Company.

[2] Berger, P. L., & Luckmann, T. (1966). *The Social Construction of Reality: A Treatise in the Sociology of Knowledge*. New York: Anchor Books.

[3] McCombs, M., & Shaw, D. L. (1972). The Agenda-Setting Function of Mass Media. *Public Opinion Quarterly*, 36(2), 176-187.

[4] Smith, J. (2020). Media Representation of Amorphous Life Forms. *Xorlia Journal of Social Studies*, 12(3), 45-67.

[5] Jones, R. (2021). The Impact of Social Media on Activism: A Case Study of Velis Ryn. *Journal of Intergalactic Studies*, 5(1), 23-39.

[6] Xorlia Poll. (2022). Public Awareness of Amorphous Life Forms. *Xorlia Research Institute*.

Die Auswirkungen auf die Kultur

Kunst und Kreativität im Aktivismus

Kunst und Kreativität spielen eine entscheidende Rolle im Aktivismus, insbesondere wenn es darum geht, komplexe soziale Themen verständlich zu machen und Emotionen zu mobilisieren. In der Welt von Velis Ryn, einem Bürgerrechtsaktivisten auf dem Planeten Xorlia, ist die Verbindung zwischen Kunst und Aktivismus besonders ausgeprägt. Durch kreative Ausdrucksformen kann eine tiefere Verbindung zur Gemeinschaft hergestellt und ein Bewusstsein für die Herausforderungen amorpher Lebensformen geschaffen werden.

Theoretische Grundlagen

Die Theorie des kreativen Aktivismus basiert auf der Annahme, dass Kunst nicht nur ein Mittel zur Selbstexpression ist, sondern auch als Werkzeug zur sozialen Veränderung fungieren kann. Künstlerische Praktiken ermöglichen es Aktivisten, ihre Botschaften auf eine Weise zu kommunizieren, die sowohl ansprechend als auch einprägsam ist. Laut der *Kunst- und Aktivismusforschung* sind die folgenden Punkte zentral:

+ **Emotionale Ansprache:** Kunst hat die Fähigkeit, Emotionen zu wecken und Menschen zu berühren. Dies kann zu einer stärkeren Identifikation mit der Thematik führen.

+ **Vermittlung komplexer Ideen:** Durch visuelle und darstellende Kunst können komplexe soziale Probleme vereinfacht und einem breiten Publikum zugänglich gemacht werden.

+ **Mobilisierung von Gemeinschaften:** Kunst fördert das Gemeinschaftsgefühl und kann als Katalysator für kollektives Handeln dienen.

Herausforderungen im kreativen Aktivismus

Trotz der positiven Aspekte gibt es auch Herausforderungen, die mit der Integration von Kunst in den Aktivismus verbunden sind:

+ **Missverständnisse:** Kunstwerke können unterschiedlich interpretiert werden, was zu Missverständnissen über die beabsichtigte Botschaft führen kann.

+ **Finanzierung:** Künstlerische Projekte erfordern oft finanzielle Mittel, die in vielen Fällen schwer zu beschaffen sind.

+ **Zugang:** Nicht alle Gemeinschaften haben den gleichen Zugang zu künstlerischen Ressourcen, was zu Ungleichheiten in der Repräsentation führen kann.

Beispiele für kreative Ausdrucksformen im Aktivismus

Auf Xorlia hat Velis Ryn verschiedene kreative Projekte initiiert, um das Bewusstsein für die Herausforderungen amorpher Lebensformen zu schärfen. Einige Beispiele sind:

1. **Kunstinstallationen:** Velis und seine Mitstreiter haben interaktive Kunstinstallationen geschaffen, die das Publikum dazu anregen, über Identität und Zugehörigkeit nachzudenken. Eine der bekanntesten Installationen war *„Die Form der Freiheit"*, bei der amorphe Lebensformen ihre identitätsstiftenden Geschichten durch Licht und Klang ausdrücken konnten.

2. **Musik und Tanz:** Musikfestivals, die von Velis organisiert wurden, kombinierten traditionelle Klänge mit modernen Beats, um eine interkulturelle Verbindung herzustellen. Diese Veranstaltungen dienten nicht nur der Unterhaltung, sondern auch der Aufklärung über die Diskriminierung amorpher Lebensformen.

3. **Literarische Projekte:** Velis initiierte Schreibwerkstätten, in denen Teilnehmer ihre Erfahrungen und Identitätskämpfe niederschreiben konnten. Diese Texte wurden in einem Sammelband veröffentlicht, um die Vielfalt der Stimmen zu präsentieren.

Die Wirkung von Kunst im Aktivismus

Die Auswirkungen von Kunst im Aktivismus sind weitreichend. Studien zeigen, dass kreative Ansätze nicht nur die Sichtbarkeit von Themen erhöhen, sondern auch das Engagement der Gemeinschaft fördern. In einer Umfrage unter Teilnehmern von Velis' Kunstprojekten gaben 78% an, dass sie sich durch die künstlerischen Aktivitäten motiviert fühlten, aktiv zu werden und ihre Stimmen zu erheben.

$$\text{Engagement} = \frac{\text{Emotionale Ansprache} + \text{Zugänglichkeit} + \text{Identifikation}}{\text{Herausforderungen}} \quad (55)$$

Diese Gleichung verdeutlicht, dass das Engagement in aktivistischen Bewegungen durch die Kombination von emotionaler Ansprache, Zugänglichkeit und Identifikation mit der Thematik gefördert wird, während Herausforderungen wie Missverständnisse und Finanzierung berücksichtigt werden müssen.

Schlussfolgerung

Kunst und Kreativität sind unverzichtbare Werkzeuge im Aktivismus von Velis Ryn. Sie ermöglichen nicht nur die Vermittlung von Botschaften, sondern schaffen auch Räume für Dialog und Reflexion. Durch die Überwindung von

Herausforderungen und die Förderung kreativer Projekte kann der Aktivismus auf Xorlia und darüber hinaus gestärkt werden. Kunst ist nicht nur ein Ausdruck von Identität, sondern auch ein kraftvolles Mittel zur Förderung von sozialer Veränderung und Gemeinschaftsbildung.

Die Rolle von Musik und Tanz

Musik und Tanz spielen eine zentrale Rolle im Leben der amorphen Lebensformen auf Xorlia und sind entscheidende Elemente des Aktivismus von Velis Ryn. Diese Ausdrucksformen bieten nicht nur eine Plattform zur Feier der kulturellen Identität, sondern auch eine kraftvolle Methode, um Botschaften des Wandels und der Solidarität zu verbreiten. In diesem Abschnitt werden wir die verschiedenen Dimensionen der Rolle von Musik und Tanz im Kontext des Aktivismus untersuchen.

Kulturelle Identität und Ausdruck

Musik und Tanz sind tief in der Kultur der amorphen Lebensformen verwurzelt. Sie dienen als Ausdrucksformen, die es den Gemeinschaften ermöglichen, ihre Geschichte, Werte und Traditionen zu bewahren. Die Klänge und Bewegungen sind oft symbolisch und vermitteln kollektive Erinnerungen und Erfahrungen. Ein Beispiel hierfür ist das traditionelle Fest *Xorlianischer Klang*, bei dem amorphe Lebensformen zusammenkommen, um ihre kulturellen Wurzeln zu feiern. Diese Feste beinhalten oft improvisierte Musik und Tanz, die die Vielfalt der Identitäten innerhalb der Gemeinschaft widerspiegeln.

Musik als Aktivismus

Musik hat sich als ein effektives Werkzeug im Aktivismus von Velis Ryn erwiesen. Sie ermöglicht es, Emotionen zu wecken und eine breite Öffentlichkeit zu mobilisieren. Ein bemerkenswertes Beispiel ist das Lied *Identität in der Stille*, das von einer Gruppe von Aktivisten komponiert wurde. Es thematisiert die Herausforderungen, denen amorphe Lebensformen gegenüberstehen, und ruft zur Solidarität und zum Schutz der kulturellen Identität auf. Die Verbreitung dieses Liedes über soziale Medien hat dazu beigetragen, internationale Aufmerksamkeit auf die Bewegung zu lenken und die Gemeinschaft zu vereinen.

Tanz als Form des Widerstands

Tanz wird ebenfalls als eine Form des Widerstands eingesetzt. Bei Protesten und Demonstrationen nutzen die Aktivisten Tanz, um ihre Botschaften visuell und emotional zu kommunizieren. Die Choreografien sind oft kraftvoll und symbolisch, indem sie die Herausforderungen und den Kampf um Identität darstellen. Ein Beispiel ist die *Kampf-Tanz-Performance*, die während eines wichtigen Protestes aufgeführt wurde. Diese Performance kombinierte traditionelle Tanzbewegungen mit modernen Elementen und zog die Aufmerksamkeit der Medien auf sich, was zu einer breiteren Diskussion über die Rechte amorpher Lebensformen führte.

Theoretische Perspektiven

Die Rolle von Musik und Tanz im Aktivismus kann durch verschiedene theoretische Perspektiven analysiert werden. Die *Kulturtheorie* betont, dass kulturelle Ausdrucksformen wie Musik und Tanz nicht nur zur Unterhaltung dienen, sondern auch als Mittel zur Schaffung von Gemeinschaft und Identität fungieren. Diese Theorie wird durch die Erfahrungen der amorphen Lebensformen auf Xorlia gestützt, die Musik und Tanz als Mittel zur Stärkung ihrer kulturellen Identität nutzen.

Darüber hinaus kann die *Soziale Identitätstheorie* (Tajfel, 1979) herangezogen werden, um zu verstehen, wie Musik und Tanz zur Bildung von Gruppenidentitäten beitragen. Die amorphen Lebensformen nutzen diese Ausdrucksformen, um ihre Zugehörigkeit zu einer Gemeinschaft zu betonen und sich von anderen Lebensformen abzugrenzen. Dies ist besonders wichtig in einem Kontext, in dem Diskriminierung und Vorurteile weit verbreitet sind.

Herausforderungen und Probleme

Trotz der positiven Rolle von Musik und Tanz im Aktivismus gibt es auch Herausforderungen. Die Kommerzialisierung von Musik kann dazu führen, dass die ursprünglichen Botschaften und kulturellen Bedeutungen verwässert werden. Einige Künstler haben berichtet, dass ihre Werke von großen Medienunternehmen vereinnahmt werden, die nicht die Werte der Gemeinschaft repräsentieren. Dies kann zu einem Verlust der Authentizität führen und die Verbindung zwischen Kunst und Aktivismus schwächen.

Ein weiteres Problem ist die Zensur. In einigen Fällen wurden Musik und Tanz von der Regierung unterdrückt, insbesondere wenn sie als Bedrohung für die bestehende Ordnung wahrgenommen werden. Aktivisten müssen oft kreative

Wege finden, um ihre Botschaften zu kommunizieren, ohne die Aufmerksamkeit der Behörden auf sich zu ziehen. Dies kann die Form von verschlüsselten Texten in Liedern oder subtilen Tanzbewegungen annehmen, die tiefere Bedeutungen transportieren.

Beispiele für erfolgreichen Einsatz

Ein herausragendes Beispiel für den erfolgreichen Einsatz von Musik und Tanz im Aktivismus ist das jährliche *Festival der Identität*, das von Velis Ryn und anderen Aktivisten organisiert wird. Dieses Festival bringt Künstler aus verschiedenen Teilen Xorlias zusammen, um ihre Musik und Tänze zu präsentieren, die die Vielfalt und den Reichtum der amorphen Kulturen widerspiegeln. Das Festival hat nicht nur zur Stärkung der Gemeinschaft beigetragen, sondern auch internationale Aufmerksamkeit auf die Herausforderungen amorpher Lebensformen gelenkt.

Ein weiteres Beispiel ist die Nutzung von Tanzvideos auf sozialen Medien. Aktivisten haben kurze Clips erstellt, die Tanzbewegungen mit politischen Botschaften kombinieren. Diese Videos werden viral und erreichen ein breites Publikum, was zu einem Anstieg des Bewusstseins und der Unterstützung für die Bewegung führt.

Fazit

Zusammenfassend lässt sich sagen, dass Musik und Tanz eine unverzichtbare Rolle im Aktivismus von Velis Ryn und den amorphen Lebensformen auf Xorlia spielen. Sie dienen nicht nur als Ausdrucksformen der kulturellen Identität, sondern auch als Werkzeuge des Wandels und der Mobilisierung. Trotz der Herausforderungen, mit denen diese Kunstformen konfrontiert sind, bleibt ihre Bedeutung im Kampf um die Rechte und die Anerkennung amorpher Lebensformen unbestritten. Die Fähigkeit, Emotionen zu wecken und Gemeinschaften zu vereinen, macht Musik und Tanz zu mächtigen Verbündeten im Streben nach Gerechtigkeit und Identitätsschutz.

Literatur und Geschichtenerzählen

Die Rolle von Literatur und Geschichtenerzählen im Aktivismus ist von entscheidender Bedeutung, insbesondere in der Bewegung für den Identitätsschutz amorpher Lebensformen auf Xorlia. Literatur bietet nicht nur eine Plattform zur Verbreitung von Ideen, sondern auch ein Medium zur Reflexion über Identität und Gemeinschaft. Die Erzählungen, die aus den Erfahrungen der amorphen Lebensformen stammen, tragen dazu bei, das Bewusstsein für ihre Herausforderungen zu schärfen und die Empathie der Leser zu fördern.

Theoretische Grundlagen

Die Theorie des Geschichtenerzählens ist tief in der menschlichen Kultur verwurzelt. Laut dem Literaturwissenschaftler Mikhail Bakhtin ist das Geschichtenerzählen ein Dialog zwischen verschiedenen Stimmen und Perspektiven, der es ermöglicht, komplexe soziale und kulturelle Realitäten zu reflektieren. In diesem Kontext wird Literatur zu einem Werkzeug, das nicht nur informiert, sondern auch mobilisiert. Geschichten schaffen Verbindungen zwischen Individuen und Gemeinschaften, indem sie gemeinsame Erfahrungen und Emotionen hervorheben.

Probleme und Herausforderungen

Trotz der positiven Aspekte gibt es auch Herausforderungen, die mit dem Geschichtenerzählen im Kontext des Aktivismus verbunden sind. Eine der größten Herausforderungen besteht darin, dass die Stimmen der amorphen Lebensformen oft marginalisiert oder ignoriert werden. Dies führt zu einer verzerrten Darstellung ihrer Realität in der Literatur. Um dies zu überwinden, ist es wichtig, dass die Betroffenen selbst die Kontrolle über ihre Geschichten haben und dass ihre Erlebnisse authentisch und respektvoll dargestellt werden.

Ein weiteres Problem ist die Komplexität der Identität amorpher Lebensformen. Da sie oft keine festen physischen Merkmale haben, ist es schwierig, ihre Erfahrungen in eine narrative Struktur zu fassen, die für Außenstehende verständlich ist. Dies erfordert innovative Ansätze im Geschichtenerzählen, um die Vielfalt und Fluidität ihrer Identität zu reflektieren.

Beispiele für literarische Werke

Ein bemerkenswertes Beispiel für Literatur, die die Erfahrungen amorpher Lebensformen behandelt, ist das Buch "Die Farben der Identität" von der Autorin Lira Thal. In diesem Werk erzählt Thal die Geschichten von amorphen Protagonisten, die ihre Identität in einer Gesellschaft suchen, die von festen Kategorien geprägt ist. Durch poetische Sprache und eindringliche Bilder gelingt es Thal, die emotionalen Kämpfe und die innere Zerrissenheit ihrer Charaktere authentisch darzustellen.

Ein weiteres Beispiel ist die Anthologie "Stimmen aus dem Nebel", die verschiedene Kurzgeschichten von amorphen Autoren versammelt. Diese Sammlung bietet einen breiten Überblick über die vielfältigen Erfahrungen und Perspektiven innerhalb der amorphen Gemeinschaft und fördert den interkulturellen Dialog. Sie zeigt, wie Literatur als Werkzeug für den Widerstand und die Selbstbehauptung genutzt werden kann.

Die Rolle von Geschichtenerzählen im Aktivismus

Geschichtenerzählen kann auch als strategisches Werkzeug im Aktivismus eingesetzt werden. Durch das Teilen von Geschichten können Gemeinschaften mobilisiert und ein Bewusstsein für soziale Ungerechtigkeiten geschaffen werden. In der Bewegung für den Identitätsschutz amorpher Lebensformen auf Xorlia haben Aktivisten verschiedene Erzähltechniken genutzt, um ihre Botschaften zu verbreiten und Unterstützung zu gewinnen.

Ein Beispiel dafür ist die Nutzung von sozialen Medien, um persönliche Geschichten zu teilen. Diese Plattformen ermöglichen es den Aktivisten, ihre Erfahrungen in Echtzeit zu kommunizieren und eine breitere Öffentlichkeit zu erreichen. Die virale Verbreitung von Geschichten kann dazu beitragen, Vorurteile abzubauen und Empathie zu fördern.

Schlussfolgerung

Insgesamt spielt Literatur und Geschichtenerzählen eine zentrale Rolle im Aktivismus für den Identitätsschutz amorpher Lebensformen auf Xorlia. Sie bieten nicht nur eine Plattform für die Stimmen der Marginalisierten, sondern fördern auch das Verständnis und die Solidarität innerhalb und außerhalb der Gemeinschaft. Indem Geschichten erzählt werden, die die Komplexität und Vielfalt der Identität reflektieren, können wir eine tiefere Verbindung zu den Erfahrungen anderer aufbauen und einen Raum für Veränderung schaffen.

$$\text{Empathie} = \frac{\text{Verständnis der Erfahrungen}}{\text{Distanz zu den Betroffenen}} \tag{56}$$

Diese Gleichung verdeutlicht, dass je mehr wir die Erfahrungen anderer verstehen, desto weniger Distanz empfinden wir zu ihnen, was zu größerer Empathie führt. Literatur und Geschichtenerzählen sind somit unverzichtbare Elemente im Kampf für Identität und Gerechtigkeit auf Xorlia.

Die Bedeutung von Festivals und Veranstaltungen

Festivals und Veranstaltungen spielen eine entscheidende Rolle im Aktivismus, insbesondere im Kontext des Kampfes um den Identitätsschutz amorpher Lebensformen auf Xorlia. Sie bieten nicht nur eine Plattform für den Austausch von Ideen, sondern fördern auch das Gemeinschaftsgefühl und die Sichtbarkeit der

Anliegen, die die Bewegung vertritt. In diesem Abschnitt werden wir die verschiedenen Dimensionen und die Bedeutung von Festivals und Veranstaltungen im Rahmen des Aktivismus untersuchen.

1. Gemeinschaftsbildung und Solidarität

Festivals und Veranstaltungen sind oft Gelegenheiten, bei denen sich Gemeinschaften versammeln, um ihre kulturelle Identität zu feiern. Diese Zusammenkünfte stärken das Gefühl der Zugehörigkeit und Solidarität unter den Teilnehmern. In der xorlianischen Gesellschaft sind Festivals nicht nur kulturelle Feiern, sondern auch politische Statements. Zum Beispiel das jährliche *Xorlianisches Identitätsfest*, das eine Vielzahl von amorphen Lebensformen zusammenbringt, um ihre Identität zu zelebrieren und die Herausforderungen, mit denen sie konfrontiert sind, ins Rampenlicht zu rücken.

Die Teilnahme an solchen Veranstaltungen fördert den Austausch von Erfahrungen und das Verständnis für die verschiedenen Facetten der Identität. Laut der *Theorie der sozialen Identität* (Tajfel & Turner, 1979) stärkt die Zugehörigkeit zu einer Gruppe das Selbstwertgefühl und die soziale Identität, was für die amorphen Lebensformen auf Xorlia von großer Bedeutung ist.

2. Sichtbarkeit und Öffentlichkeitsarbeit

Ein weiterer wesentlicher Aspekt von Festivals ist die Erhöhung der Sichtbarkeit der Anliegen. Durch kreative Darstellungen, wie Musik, Tanz und Kunst, können aktivistische Botschaften auf ansprechende Weise kommuniziert werden. Dies ist besonders wichtig, da amorphe Lebensformen oft mit Diskriminierung und Vorurteilen konfrontiert sind. Festivals bieten eine Plattform, um diese Themen auf eine Weise anzusprechen, die das Publikum emotional anspricht.

Ein Beispiel hierfür ist das *Festival der Formen*, das jährlich in der Hauptstadt von Xorlia stattfindet. Bei diesem Festival präsentieren Künstler aus der Gemeinschaft ihre Werke, die die Herausforderungen und die Schönheit der amorphen Identität thematisieren. Die Veranstaltung zieht nicht nur lokale Besucher an, sondern auch internationale Gäste und Medien, wodurch die Anliegen der Bewegung einem breiteren Publikum zugänglich gemacht werden.

3. Bildung und Aufklärung

Festivals sind auch eine hervorragende Gelegenheit zur Bildung und Aufklärung. Workshops, Podiumsdiskussionen und Vorträge während dieser Veranstaltungen ermöglichen es den Teilnehmern, mehr über die Herausforderungen und Rechte amorpher Lebensformen zu erfahren.   Diese Bildungsangebote fördern das Bewusstsein und die Sensibilisierung der breiten Öffentlichkeit.

Ein Beispiel ist das *Xorlianische Bildungsfestival*, das speziell darauf abzielt, Informationen über die rechtlichen Rahmenbedingungen und die kulturelle Identität amorpher Lebensformen zu vermitteln. Durch interaktive Formate und den Austausch mit Experten können die Teilnehmer ein tieferes Verständnis für die Thematik entwickeln.

4. Kunst und Kreativität als Ausdrucksform

Die Rolle von Kunst und Kreativität in Festivals kann nicht genug betont werden. Kunst ist ein mächtiges Werkzeug, um Identität auszudrücken und gesellschaftliche Themen zu reflektieren. In der xorlianischen Kultur haben Künstler oft die Aufgabe, die Stimmen der Unterdrückten zu erheben und durch ihre Werke auf Missstände aufmerksam zu machen.

Die *Kunstinstallation "Fließende Identitäten"* während des *Xorlianischen Kulturfestivals* ist ein Beispiel dafür, wie Kunst als Medium für den Aktivismus genutzt werden kann. Diese Installation, die aus interaktiven Elementen besteht, lädt die Besucher ein, ihre eigenen Erfahrungen mit Identität zu teilen und zu reflektieren, was es bedeutet, amorph zu sein. Solche kreativen Ausdrucksformen sind nicht nur künstlerisch wertvoll, sondern tragen auch zur Stärkung der Gemeinschaft bei.

5. Herausforderungen und Widerstände

Trotz der positiven Aspekte von Festivals gibt es auch Herausforderungen und Widerstände, mit denen die Organisatoren konfrontiert sind.   Politische und gesellschaftliche Spannungen können die Durchführung solcher Veranstaltungen gefährden.   In einigen Fällen wurden Festivals von Gegnern des Aktivismus sabotiert oder eingeschränkt, was die Sicherheit der Teilnehmer gefährdet.

Ein Beispiel für solche Herausforderungen war das *Festival der Vielfalt* im Jahr 2042, bei dem es zu gewaltsamen Auseinandersetzungen zwischen Aktivisten und gegnerischen Gruppen kam. Solche Vorfälle verdeutlichen die Notwendigkeit von Sicherheitsvorkehrungen und die Bedeutung von Unterstützung durch die Gemeinschaft und die Behörden.

6. Langfristige Auswirkungen

Die langfristigen Auswirkungen von Festivals und Veranstaltungen auf den Aktivismus sind erheblich. Sie tragen dazu bei, eine Kultur des Engagements und der Solidarität zu fördern, die über die Veranstaltungen hinausgeht. Die Erinnerungen und Erfahrungen, die während solcher Zusammenkünfte geteilt werden, bleiben im Gedächtnis der Teilnehmer und können sie zu weiterem Engagement und Aktivismus inspirieren.

Zusammenfassend lässt sich sagen, dass Festivals und Veranstaltungen eine zentrale Rolle im Aktivismus für den Identitätsschutz amorpher Lebensformen auf Xorlia spielen. Sie fördern Gemeinschaft, Sichtbarkeit, Bildung und kreative Ausdrucksformen, während sie gleichzeitig mit Herausforderungen und Widerständen konfrontiert sind. Die Bedeutung dieser Veranstaltungen kann nicht unterschätzt werden, da sie einen Raum für Dialog, Reflexion und Veränderung schaffen.

Interkulturelle Austauschprogramme

Interkulturelle Austauschprogramme spielen eine entscheidende Rolle in der Förderung von Verständnis, Toleranz und Zusammenarbeit zwischen verschiedenen Kulturen. Diese Programme bieten den Teilnehmern die Möglichkeit, in andere Kulturen einzutauchen, ihre Perspektiven zu erweitern und wertvolle Erfahrungen zu sammeln, die zur persönlichen und gesellschaftlichen Entwicklung beitragen.

Theoretische Grundlagen

Die Theorie des interkulturellen Lernens basiert auf dem Konzept des kulturellen Austauschs, das von Edward T. Hall und Geert Hofstede geprägt wurde. Hall betont, dass Kommunikation und Interaktion zwischen Kulturen stark von kulturellen Kontexten beeinflusst werden. Hofstede hingegen identifiziert verschiedene Dimensionen von Kultur, wie Machtabstand, Individualismus vs. Kollektivismus und Unsicherheitsvermeidung, die das Verhalten und die Erwartungen von Menschen in interkulturellen Situationen prägen. Diese Theorien helfen, die Dynamiken in interkulturellen Austauschprogrammen zu verstehen und zu analysieren.

Herausforderungen

Trotz der positiven Aspekte interkultureller Austauschprogramme gibt es mehrere Herausforderungen, die berücksichtigt werden müssen:

- **Kulturelle Missverständnisse:** Unterschiedliche kulturelle Normen und Werte können zu Missverständnissen führen. Ein Beispiel ist die

Wahrnehmung von Zeit, die in einigen Kulturen als flexibel und in anderen als strikt angesehen wird.

+ **Sprache:** Sprachbarrieren können die Kommunikation erschweren und das Verständnis zwischen den Teilnehmern beeinträchtigen. Dies kann zu Frustration und Missverständnissen führen.

+ **Vorurteile und Stereotypen:** Teilnehmer bringen oft vorgefasste Meinungen über andere Kulturen mit, die durch den Austausch herausgefordert werden müssen. Diese Stereotypen können das Lernen und die Interaktion behindern.

+ **Anpassungsprobleme:** Die Anpassung an eine neue Kultur kann für einige Teilnehmer herausfordernd sein. Kulturshock ist ein häufiges Phänomen, das zu Stress und Verwirrung führen kann.

Beispiele für erfolgreiche Austauschprogramme

Es gibt zahlreiche Beispiele für interkulturelle Austauschprogramme, die positive Auswirkungen auf die Teilnehmer und die Gesellschaft hatten:

+ **Erasmus-Programm:** Dieses Programm ermöglicht Studierenden der Europäischen Union, für ein Semester oder ein Jahr an einer Universität in einem anderen EU-Land zu studieren. Es fördert nicht nur die akademische Mobilität, sondern auch das interkulturelle Verständnis und die persönliche Entwicklung.

+ **Youth Exchange Programs:** Verschiedene Organisationen, wie die Rotary International, bieten Austauschprogramme für Jugendliche an, die es ihnen ermöglichen, in Gastfamilien zu leben und die Kultur eines anderen Landes kennenzulernen. Diese Programme fördern Freundschaften und ein besseres Verständnis zwischen den Kulturen.

+ **Kunst- und Kulturprojekte:** Interkulturelle Austauschprogramme, die sich auf Kunst und Kultur konzentrieren, wie das *International Cultural Exchange Program*, ermöglichen Künstlern, ihre Arbeiten in anderen Ländern zu präsentieren und mit lokalen Künstlern zusammenzuarbeiten. Diese Projekte fördern den interkulturellen Dialog und schaffen eine Plattform für kreative Ausdrucksformen.

Langfristige Auswirkungen

Die langfristigen Auswirkungen interkultureller Austauschprogramme sind vielschichtig:

- **Förderung des interkulturellen Verständnisses:** Teilnehmer entwickeln ein tieferes Verständnis für andere Kulturen, was zu mehr Toleranz und Respekt führt.

- **Stärkung von Netzwerken:** Austauschprogramme fördern die Bildung von Netzwerken zwischen verschiedenen Kulturen, die langfristige Beziehungen und Kooperationen ermöglichen.

- **Einfluss auf die Gesellschaft:** Die Teilnehmer kehren oft mit neuen Perspektiven und Ideen zurück, die sie in ihren eigenen Gemeinschaften umsetzen können. Dies kann zu positiven sozialen Veränderungen führen.

- **Wirtschaftliche Vorteile:** Interkulturelle Austauschprogramme können auch wirtschaftliche Vorteile bringen, indem sie den internationalen Handel und die Zusammenarbeit fördern.

Schlussfolgerung

Interkulturelle Austauschprogramme sind ein wertvolles Instrument zur Förderung des interkulturellen Dialogs und des Verständnisses zwischen verschiedenen Lebensformen und Kulturen. Trotz der Herausforderungen, die sie mit sich bringen, bieten sie zahlreiche Vorteile, die sowohl den Teilnehmern als auch der Gesellschaft insgesamt zugutekommen. Durch die Schaffung von Räumen für Austausch und Interaktion können wir eine inklusivere und empathischere Welt fördern, in der Vielfalt geschätzt und gefeiert wird. In einer Zeit, in der globale Herausforderungen wie Migration und Klimawandel an Bedeutung gewinnen, sind interkulturelle Austauschprogramme mehr denn je notwendig, um ein harmonisches Zusammenleben zu ermöglichen.

Die Rolle von Bildungseinrichtungen

Bildungseinrichtungen spielen eine entscheidende Rolle im Aktivismus und in der Förderung des Identitätsschutzes amorpher Lebensformen auf Xorlia. Sie sind nicht nur Orte des Lernens, sondern auch Zentren für sozialen Wandel und kulturelle Sensibilisierung. In diesem Abschnitt werden wir die verschiedenen Funktionen von Bildungseinrichtungen im Kontext des Aktivismus untersuchen, die Herausforderungen, mit denen sie konfrontiert sind, und einige Beispiele für erfolgreiche Bildungsinitiativen.

Theoretische Grundlagen

Die Theorie des sozialen Wandels besagt, dass Bildung als Katalysator für gesellschaftliche Transformationen fungieren kann. Nach Paulo Freire, einem einflussreichen Pädagogen, ist Bildung ein Akt der Freiheit, der Individuen befähigt, kritisch zu denken und sich aktiv an der Gesellschaft zu beteiligen [1]. Diese Perspektive ist besonders relevant für die amorphen Lebensformen auf Xorlia, deren Identität oft durch gesellschaftliche Vorurteile und Diskriminierung bedroht ist.

Ein weiterer theoretischer Rahmen ist die interkulturelle Bildung, die darauf abzielt, das Verständnis und die Wertschätzung für verschiedene Kulturen zu fördern. Bildungseinrichtungen können durch interkulturelle Programme und Lehrpläne dazu beitragen, Vorurteile abzubauen und das Bewusstsein für die Herausforderungen, mit denen amorphe Lebensformen konfrontiert sind, zu schärfen [2].

Herausforderungen

Trotz ihrer wichtigen Rolle stehen Bildungseinrichtungen auf Xorlia vor mehreren Herausforderungen:

+ **Mangelnde Ressourcen:** Viele Schulen und Universitäten kämpfen mit finanziellen Engpässen, die ihre Fähigkeit einschränken, qualitativ hochwertige Bildungsprogramme anzubieten. Dies betrifft insbesondere Programme, die sich mit den spezifischen Bedürfnissen amorpher Lebensformen befassen.

+ **Vorurteile und Diskriminierung:** In vielen Bildungseinrichtungen gibt es tief verwurzelte Vorurteile gegenüber amorphen Lebensformen. Diese können sich in der Lehrerausbildung, im Lehrplan und in der Schulkultur manifestieren, was die Integration und das Wohlbefinden dieser Schüler beeinträchtigt.

+ **Fehlende Ausbildung von Lehrkräften:** Viele Lehrkräfte sind nicht ausreichend geschult, um die kulturellen und sozialen Herausforderungen, denen amorphe Lebensformen gegenüberstehen, zu verstehen und anzugehen. Dies führt zu einem Mangel an Unterstützung und Verständnis innerhalb der Klassenzimmer.

Beispiele für erfolgreiche Bildungsinitiativen

Trotz dieser Herausforderungen gibt es zahlreiche Beispiele für Bildungsinitiativen, die positive Veränderungen bewirken:

1. **Interkulturelle Austauschprogramme** Ein bemerkenswertes Beispiel ist das interkulturelle Austauschprogramm „Xorlia Connect", das Schüler*innen von verschiedenen Lebensformen zusammenbringt, um ihre Kulturen und Perspektiven zu teilen. Solche Programme fördern das Verständnis und die Solidarität zwischen den Gemeinschaften und tragen dazu bei, Vorurteile abzubauen.

2. **Aufklärungsprogramme in Schulen** Ein weiteres Beispiel ist das Aufklärungsprogramm „Identität und Vielfalt", das in Schulen implementiert wurde. Dieses Programm zielt darauf ab, Schüler*innen über die Herausforderungen amorpher Lebensformen aufzuklären und ihnen zu helfen, Empathie und Verständnis zu entwickeln. Es umfasst Workshops, Diskussionsrunden und künstlerische Projekte, die die Schüler aktiv einbeziehen.

3. **Universitäten als Zentren für Forschung und Aktivismus** Einige Universitäten auf Xorlia haben spezielle Forschungszentren eingerichtet, die sich mit den sozialen, politischen und kulturellen Aspekten der Identität amorpher Lebensformen befassen. Diese Zentren fördern nicht nur die Forschung, sondern auch den Aktivismus, indem sie Studierende ermutigen, sich in der Gemeinschaft zu engagieren und ihre Erkenntnisse in die Praxis umzusetzen.

Langfristige Auswirkungen

Die Rolle von Bildungseinrichtungen im Aktivismus hat langfristige Auswirkungen auf die Gesellschaft. Durch die Sensibilisierung und Bildung der nächsten Generation können Vorurteile abgebaut und ein Umfeld geschaffen werden, in dem alle Lebensformen respektiert und anerkannt werden. Bildungseinrichtungen sind somit nicht nur Orte des Lernens, sondern auch entscheidende Akteure im Kampf für den Identitätsschutz amorpher Lebensformen auf Xorlia.

Zusammenfassend lässt sich sagen, dass Bildungseinrichtungen eine Schlüsselrolle im Aktivismus spielen, indem sie Wissen vermitteln, Vorurteile abbauen und eine Plattform für den Austausch und das Verständnis bieten. Die Herausforderungen, vor denen sie stehen, erfordern jedoch eine kontinuierliche

Unterstützung und Ressourcen, um ihre Mission zu erfüllen und einen echten sozialen Wandel zu bewirken.

Bibliography

[1] Freire, P. (1970). *Pedagogy of the Oppressed*. Continuum.

[2] Banks, J. A. (2006). *Cultural Diversity and Education: Foundations, Curriculum, and Teaching*. Pearson.

Förderung von Vielfalt in der Kultur

Die Förderung von Vielfalt in der Kultur ist ein zentrales Anliegen von Velis Ryn und seiner Bewegung für den Identitätsschutz amorpher Lebensformen auf Xorlia. In einer Welt, in der kulturelle Identitäten oft in Gefahr sind, ist es entscheidend, ein Umfeld zu schaffen, das die Vielfalt nicht nur akzeptiert, sondern aktiv fördert. Diese Förderung kann durch verschiedene Strategien und Ansätze erreicht werden, die sowohl auf individueller als auch auf gesellschaftlicher Ebene wirken.

Theoretische Grundlagen

Die Theorie der kulturellen Diversität besagt, dass Vielfalt in der Kultur nicht nur eine Bereicherung für die Gesellschaft darstellt, sondern auch für deren Entwicklung und Innovation von entscheidender Bedeutung ist. Die UNESCO definiert kulturelle Vielfalt als „das Erbe, das wir für zukünftige Generationen bewahren müssen". Diese Sichtweise wird durch die *Kulturtheorie* unterstützt, die argumentiert, dass kulturelle Vielfalt zur Schaffung eines dynamischen und kreativen Umfelds beiträgt, in dem verschiedene Perspektiven und Ideen aufeinandertreffen.

Ein Beispiel für die Anwendung dieser Theorie ist das Konzept der *Interkulturalität*, das die Wechselwirkungen zwischen verschiedenen Kulturen betont und die Notwendigkeit hervorhebt, diese Interaktionen zu fördern, um ein harmonisches Zusammenleben zu ermöglichen.

Herausforderungen

Trotz der positiven Aspekte der kulturellen Vielfalt gibt es zahlreiche Herausforderungen, die es zu bewältigen gilt. Diskriminierung, Vorurteile und soziale Ungleichheit sind häufige Barrieren, die den Zugang zu kulturellen Ausdrucksformen einschränken. Amorphe Lebensformen auf Xorlia sehen sich oft mit der Stigmatisierung konfrontiert, was zu einem Verlust ihrer kulturellen Identität führen kann.

Darüber hinaus können technologische Entwicklungen sowohl positive als auch negative Auswirkungen auf die kulturelle Vielfalt haben. Während das Internet den Zugang zu verschiedenen kulturellen Inhalten erleichtert, kann es auch zur Homogenisierung von Kulturen führen, wenn dominante Kulturen überproportional vertreten sind. Diese Problematik wird in der *Globalisierungstheorie* behandelt, die den Einfluss globaler Medien auf lokale Kulturen analysiert.

Strategien zur Förderung von Vielfalt

Um die kulturelle Vielfalt zu fördern, sind mehrere Strategien notwendig:

+ **Bildung und Aufklärung:** Die Integration von Lehrplänen, die die Geschichte und die Beiträge aller Kulturen umfassen, ist entscheidend. Bildungsinitiativen, die sich auf die Aufklärung über die Bedeutung von kultureller Vielfalt konzentrieren, können Vorurteile abbauen und Empathie fördern.

+ **Kunst und Kreativität:** Die Unterstützung von Künstlern aus unterschiedlichen kulturellen Hintergründen ist ein effektiver Weg, um Vielfalt zu fördern. Kunstprojekte, die verschiedene kulturelle Perspektiven kombinieren, können das Bewusstsein für die Bedeutung von Vielfalt schärfen.

+ **Veranstaltungen und Festivals:** Interkulturelle Festivals, die Musik, Tanz und Kunst aus verschiedenen Kulturen präsentieren, bieten eine Plattform für den Austausch und die Wertschätzung kultureller Vielfalt. Solche Veranstaltungen fördern nicht nur das Verständnis, sondern stärken auch die Gemeinschaftsbindung.

+ **Partnerschaften mit Organisationen:** Die Zusammenarbeit mit NGOs und anderen Organisationen, die sich für kulturelle Vielfalt einsetzen, kann die Reichweite und den Einfluss von Initiativen zur Förderung der Vielfalt erhöhen.

Beispiele aus der Praxis

Ein herausragendes Beispiel für die Förderung von Vielfalt in der Kultur ist das *Xorlianische Kulturfestival*, das jährlich stattfindet und Künstler, Musiker und Tänzer aus verschiedenen kulturellen Hintergründen zusammenbringt. Dieses Festival hat nicht nur zur Sichtbarkeit amorpher Lebensformen beigetragen, sondern auch zur Schaffung eines Raums für Dialog und Austausch.

Ein weiteres Beispiel ist das *Programm für interkulturelle Bildung*, das in Schulen implementiert wurde. Hierbei werden Schüler ermutigt, ihre eigenen kulturellen Hintergründe zu teilen und die ihrer Mitschüler zu erkunden. Solche Programme fördern nicht nur das Verständnis, sondern auch die Wertschätzung für Vielfalt.

Langfristige Auswirkungen

Die langfristigen Auswirkungen der Förderung von Vielfalt in der Kultur sind weitreichend. Durch die Schaffung eines inklusiven kulturellen Umfelds können neue Ideen und Innovationen entstehen, die sowohl die Gesellschaft als auch die Wirtschaft bereichern. Darüber hinaus trägt die Wertschätzung kultureller Vielfalt zur sozialen Kohäsion und zum Frieden bei, indem sie das Verständnis und die Akzeptanz zwischen verschiedenen Gruppen fördert.

Zusammenfassend lässt sich sagen, dass die Förderung von Vielfalt in der Kultur nicht nur eine moralische Verpflichtung ist, sondern auch eine Notwendigkeit für das Überleben und die Entwicklung der Gesellschaft auf Xorlia. Velis Ryns Engagement in diesem Bereich ist ein leuchtendes Beispiel dafür, wie kulturelle Vielfalt als Kraft für positive Veränderung genutzt werden kann.

Die Bedeutung von Traditionen

Traditionen spielen eine wesentliche Rolle in der Kultur und Identität amorpher Lebensformen auf Xorlia. Sie fungieren als Bindeglied zwischen der Vergangenheit und der Gegenwart und bieten den Individuen und Gemeinschaften einen Rahmen, um ihre Identität zu definieren und auszudrücken. In diesem Abschnitt werden wir die verschiedenen Dimensionen der Bedeutung von Traditionen untersuchen, einschließlich ihrer Rolle in der Identitätsbildung, ihrer Funktion als soziale Kohäsionsmittel und ihrer Herausforderungen im Kontext des modernen Aktivismus.

1. Traditionen als Identitätsstifter

Traditionen sind oft tief in den kulturellen Praktiken und Überzeugungen einer Gesellschaft verwurzelt. Für die amorphen Lebensformen auf Xorlia sind diese Traditionen nicht nur Ausdruck ihrer kulturellen Identität, sondern auch ein Mittel zur Selbstdefinition. Identität ist dynamisch und wird durch die Interaktion mit der Umwelt und den sozialen Kontext geformt. Traditionen helfen, ein Gefühl der Zugehörigkeit zu schaffen und die individuelle Identität innerhalb der Gemeinschaft zu stärken.

Ein Beispiel hierfür ist das jährliche Fest der Formwandlung, bei dem amorphe Lebensformen ihre einzigartigen Fähigkeiten zur Veränderung und Anpassung präsentieren. Diese Feierlichkeiten fördern nicht nur den Stolz auf die eigene Identität, sondern ermöglichen auch den Austausch von Erfahrungen und die Stärkung sozialer Bindungen. Solche Traditionen sind entscheidend, um das kollektive Gedächtnis der Gemeinschaft zu bewahren und die Werte, die sie zusammenhalten, zu vermitteln.

2. Traditionen als soziale Kohäsionsmittel

Traditionen fördern den sozialen Zusammenhalt und die Gemeinschaftsbildung. Sie schaffen einen Raum, in dem Individuen zusammenkommen, um ihre kulturellen Praktiken zu teilen und zu feiern. In einer Gesellschaft, in der amorphe Lebensformen oft mit Diskriminierung und Vorurteilen konfrontiert sind, bieten Traditionen einen Rückzugsort, an dem sie ihre Identität ohne Angst vor Verurteilung ausleben können.

Ein Beispiel für diese soziale Kohäsion ist das interkulturelle Festival, das verschiedene Traditionen und Bräuche der amorphen Lebensformen zusammenbringt. Solche Veranstaltungen ermöglichen es den Teilnehmern, die Vielfalt innerhalb der Gemeinschaft zu erkennen und zu schätzen, was zu einem stärkeren Zusammengehörigkeitsgefühl führt. Traditionen, die durch gemeinschaftliche Praktiken gestärkt werden, können als Schutzmechanismus gegen äußere Bedrohungen fungieren und die Gemeinschaft in schwierigen Zeiten unterstützen.

3. Herausforderungen für Traditionen im modernen Aktivismus

Trotz ihrer Bedeutung stehen Traditionen vor Herausforderungen im Kontext des modernen Aktivismus. Die Globalisierung und der technologische Fortschritt haben dazu geführt, dass viele traditionelle Praktiken in den Hintergrund gedrängt werden. Die amorphen Lebensformen auf Xorlia sehen sich oft mit dem Druck konfrontiert, sich an die sich schnell verändernden gesellschaftlichen Normen und Werte anzupassen, was zu einem Verlust von Traditionen führen kann.

Ein Beispiel hierfür ist die zunehmende Verbreitung digitaler Medien, die oft traditionelle Formen der Kommunikation und des Ausdrucks ersetzen. Während soziale Medien eine Plattform für den Aktivismus bieten, kann dies auch dazu führen, dass traditionelle Praktiken, die für die Identität und den Zusammenhalt der Gemeinschaft entscheidend sind, in den Hintergrund gedrängt werden.

Darüber hinaus können Konflikte zwischen traditionellen Werten und den Zielen des Aktivismus entstehen. Einige Aktivisten argumentieren, dass bestimmte Traditionen überholt sind und reformiert oder abgeschafft werden sollten, um eine inklusivere und gerechtere Gesellschaft zu schaffen. Dieser Konflikt kann zu Spannungen innerhalb der Gemeinschaft führen und die Einheit gefährden.

4. Die Rolle der Bildung in der Bewahrung von Traditionen

Bildung spielt eine entscheidende Rolle bei der Bewahrung und Weitergabe von Traditionen. Durch Bildungsprogramme, die auf die spezifischen Bedürfnisse und Erfahrungen amorpher Lebensformen zugeschnitten sind, können die Werte und Praktiken, die ihre Identität prägen, an die nächste Generation weitergegeben werden. Bildung kann auch dazu beitragen, das Bewusstsein für die Bedeutung von Traditionen zu schärfen und den Respekt vor kultureller Vielfalt zu fördern.

Ein Beispiel für erfolgreiche Bildungsinitiativen ist die Einführung von Workshops, in denen junge amorphe Lebensformen die Kunst der Formwandlung erlernen und die kulturellen Geschichten, die damit verbunden sind, erforschen. Solche Programme stärken nicht nur das Wissen über die eigenen Traditionen, sondern fördern auch das Gefühl der Verantwortung, diese Traditionen zu bewahren und weiterzugeben.

5. Fazit

Zusammenfassend lässt sich sagen, dass Traditionen eine zentrale Rolle in der Identitätsbildung und dem sozialen Zusammenhalt amorpher Lebensformen auf Xorlia spielen. Sie bieten einen Rahmen für die individuelle und kollektive Identität und fördern die Gemeinschaftsbildung. Dennoch stehen sie vor Herausforderungen, die durch den modernen Aktivismus und den Einfluss der Globalisierung verstärkt werden. Die Bewahrung und Weitergabe von Traditionen erfordert daher eine bewusste Anstrengung, insbesondere durch Bildung und interkulturellen Dialog. Nur so können die Werte und Praktiken, die die Identität dieser einzigartigen Lebensformen prägen, auch in Zukunft erhalten bleiben.

Einfluss auf die Popkultur

Der Einfluss von Velis Ryn auf die Popkultur ist ein faszinierendes Phänomen, das die Art und Weise, wie amorphe Lebensformen und ihre Identität in der Gesellschaft wahrgenommen werden, nachhaltig verändert hat. Popkultur, als ein Spiegel der gesellschaftlichen Werte und Normen, hat die Fähigkeit, Botschaften zu verbreiten und das Bewusstsein für soziale Themen zu schärfen. In diesem Kontext ist es wichtig, die Mechanismen zu verstehen, durch die Velis Ryns Aktivismus in die Popkultur integriert wurde.

1. Repräsentation in Medien

Die Repräsentation von amorphen Lebensformen in Filmen, Musik und Literatur hat sich durch die Arbeit von Velis Ryn stark verändert. Vor Ryn wurden diese Lebensformen oft stereotypisiert oder als fremd und bedrohlich dargestellt. Durch die Förderung des Identitätsschutzes und das Eintreten für die Rechte dieser Wesen hat Ryn dazu beigetragen, dass sie in der Popkultur als komplexe und vielfältige Charaktere dargestellt werden. Ein Beispiel dafür ist der Film *Xorlia: Die Farben der Identität*, der die Geschichte einer amorphen Lebensform erzählt, die ihre Identität in einer feindlichen Welt sucht. Dieser Film hat nicht nur das Publikum berührt, sondern auch Diskussionen über Identität und Diversität angestoßen.

2. Musik und Kunst

Die Musikszene auf Xorlia und darüber hinaus hat ebenfalls von Velis Ryns Einfluss profitiert. Künstler wie *Luna Fluid*, die sich für die Rechte amorpher Lebensformen einsetzen, haben ihre Musik genutzt, um Themen wie Identität, Akzeptanz und den Kampf gegen Diskriminierung zu thematisieren. Ihr Hit *"Formless Freedom"* wurde zur Hymne der Bewegung und hat sich in den Charts weltweit durchgesetzt. Die Kombination aus eingängigen Melodien und tiefgründigen Texten hat dazu beigetragen, dass das Thema Identitätsschutz in der breiten Öffentlichkeit diskutiert wird.

3. Mode und Lifestyle

Die Modeindustrie hat ebenfalls auf den Einfluss von Velis Ryn reagiert. Designer haben Kollektionen kreiert, die von amorphen Formen inspiriert sind und die

Vielfalt der Identität feiern. Die *Xorlia Collection* von *Elysian Wear* zeigt beispielsweise Kleidungsstücke, die sich an die unterschiedlichen Formen und Farben amorpher Lebensformen anpassen können. Diese Modebewegung hat nicht nur das Bewusstsein für die Schönheit der Diversität geschärft, sondern auch einen neuen Trend in der Modeindustrie gesetzt, der Inklusivität und Anpassungsfähigkeit fördert.

4. Soziale Medien und virale Kampagnen

Soziale Medien spielen eine entscheidende Rolle im Aktivismus und in der Verbreitung von Popkultur. Velis Ryn hat soziale Medien effektiv genutzt, um eine breite Öffentlichkeit zu erreichen und das Bewusstsein für die Herausforderungen amorpher Lebensformen zu schärfen. Kampagnen wie *#AmorphousAndProud* haben virale Aufmerksamkeit erregt und eine Plattform für den Austausch von Erfahrungen geschaffen. Diese Art von Online-Aktivismus hat dazu geführt, dass viele junge Menschen sich mit den Themen Identität und Akzeptanz identifizieren und aktiv an der Bewegung teilnehmen.

5. Bildung und Bewusstsein

Die Integration von Themen über amorphe Lebensformen in Bildungseinrichtungen hat ebenfalls zur Veränderung der Popkultur beigetragen. Schulen und Universitäten haben Programme entwickelt, die sich mit Diversität und Identität befassen. Diese Bildungsinitiativen fördern nicht nur das Verständnis und die Akzeptanz, sondern beeinflussen auch die Popkultur, indem sie junge Menschen ermutigen, kreativ mit diesen Themen umzugehen. Ein Beispiel ist das *Xorlia Cultural Exchange Program*, das Schülern die Möglichkeit bietet, mit Künstlern und Aktivisten zusammenzuarbeiten und ihre eigenen kreativen Projekte zu entwickeln.

6. Herausforderungen und Kritik

Trotz dieser positiven Entwicklungen gibt es auch Herausforderungen und Kritik. Einige Kritiker argumentieren, dass die Kommerzialisierung von Identität und Aktivismus in der Popkultur die ursprünglichen Botschaften verwässern könnte. Der Fokus auf Unterhaltung und Profit kann dazu führen, dass die ernsthaften Anliegen der Bewegung in den Hintergrund gedrängt werden. Es ist wichtig, dass Künstler und Aktivisten wachsam bleiben und sicherstellen, dass die zentralen Werte des Identitätsschutzes nicht verloren gehen.

7. Fazit

Zusammenfassend lässt sich sagen, dass der Einfluss von Velis Ryn auf die Popkultur vielschichtig und tiefgreifend ist. Durch die Förderung von Repräsentation, die Unterstützung von Künstlern und die Nutzung sozialer Medien hat Ryn nicht nur das Bewusstsein für amorphe Lebensformen geschärft, sondern auch eine neue Ära der Inklusivität und Akzeptanz in der Popkultur eingeläutet. Die Herausforderungen, die mit diesem Einfluss einhergehen, erfordern jedoch ständige Reflexion und Engagement, um sicherzustellen, dass die Botschaften der Bewegung authentisch und wirksam bleiben.

Langfristige kulturelle Veränderungen

Die langfristigen kulturellen Veränderungen, die durch die Aktivitäten von Velis Ryn und seiner Bewegung für den Identitätsschutz amorpher Lebensformen auf Xorlia angestoßen wurden, sind sowohl tiefgreifend als auch vielschichtig. Diese Veränderungen betreffen nicht nur die amorphen Lebensformen selbst, sondern auch die gesamte Gesellschaft auf Xorlia und darüber hinaus. In diesem Abschnitt werden wir die verschiedenen Dimensionen dieser kulturellen Veränderungen untersuchen, die durch den Aktivismus von Velis Ryn und die damit verbundenen Bewegungen hervorgerufen wurden.

Einfluss auf die Kunst und Kreativität

Eine der auffälligsten Veränderungen ist die verstärkte Integration von Kunst und Kreativität in den Aktivismus. Velis Ryn erkannte frühzeitig, dass Kunst ein mächtiges Werkzeug ist, um Botschaften zu vermitteln und Emotionen zu wecken. Durch die Förderung von Kunstprojekten, die sich mit den Themen Identität und Diskriminierung auseinandersetzen, konnte eine neue Welle von kreativen Ausdrucksformen entstehen. Künstler auf Xorlia begannen, ihre Arbeiten in öffentlichen Räumen auszustellen, und schufen damit einen Dialog über die Herausforderungen, mit denen amorphe Lebensformen konfrontiert sind.

Ein Beispiel für diese Entwicklung ist das jährliche Festival der Identität, das von Velis Ryn initiiert wurde. Hier werden nicht nur künstlerische Darbietungen gezeigt, sondern auch Workshops und Diskussionsrunden angeboten, die sich mit dem Thema Identitätsschutz befassen. Diese Veranstaltungen haben dazu beigetragen, das Bewusstsein für die kulturelle Vielfalt zu schärfen und den Austausch zwischen verschiedenen Lebensformen zu fördern.

Veränderungen in der Bildung

Ein weiterer wichtiger Aspekt der langfristigen kulturellen Veränderungen ist die Neugestaltung des Bildungssystems auf Xorlia. Die Bewegung um Velis Ryn hat zu einer Reform der Lehrpläne geführt, die nun Themen wie Identität, Diversität und soziale Gerechtigkeit stärker in den Vordergrund rücken. Schulen und Bildungseinrichtungen integrieren Programme, die Schüler dazu ermutigen, über ihre eigene Identität nachzudenken und Empathie für andere zu entwickeln.

Die Einführung von interkulturellen Austauschprogrammen hat es Schülern ermöglicht, andere Kulturen und Lebensweisen kennenzulernen, was zu einer offenen und toleranten Gesellschaft beiträgt. Diese Bildungsinitiativen haben nicht nur die Sichtweise der jüngeren Generationen verändert, sondern auch das Potenzial, langfristige gesellschaftliche Veränderungen herbeizuführen.

Veränderungen in sozialen Normen

Die gesellschaftlichen Normen in Bezug auf Identität und Diversität haben sich ebenfalls erheblich gewandelt. Vor dem Aktivismus von Velis Ryn waren amorphe Lebensformen oft mit Vorurteilen und Diskriminierung konfrontiert. Heute gibt es eine breitere Akzeptanz und Wertschätzung für die Vielfalt der Identitäten, die auf Xorlia existieren.

Die Bewegung hat auch dazu beigetragen, stereotype Darstellungen amorpher Lebensformen in den Medien zu hinterfragen. Die Repräsentation dieser Lebensformen in Filmen, Musik und Literatur hat sich verbessert, was zu einer positiveren Wahrnehmung in der Gesellschaft geführt hat. Diese Veränderungen in den sozialen Normen sind nicht nur auf Xorlia beschränkt; sie haben auch internationale Resonanz gefunden und andere Planeten inspiriert, ähnliche Bewegungen zu initiieren.

Einfluss auf die Popkultur

Die Popkultur auf Xorlia hat sich ebenfalls verändert, um die Themen Identität und Diversität widerzuspiegeln. Künstler und Influencer, die sich mit den Anliegen der amorphen Lebensformen identifizieren, haben eine Plattform geschaffen, um ihre Stimmen zu erheben. Musikvideos, Filme und Fernsehsendungen, die sich mit den Herausforderungen und Erfolgen amorpher Lebensformen auseinandersetzen, sind populär geworden und haben das Bewusstsein für diese Themen in der breiteren Öffentlichkeit geschärft.

Ein Beispiel für diesen Trend ist die Musikgruppe „Xorlia Beats", die sich mit Themen der Identität und des Aktivismus beschäftigt. Ihre Lieder werden nicht nur auf Xorlia, sondern auch auf anderen Planeten gehört und haben eine Bewegung ins Leben gerufen, die junge Menschen dazu ermutigt, sich für soziale Gerechtigkeit einzusetzen.

Langfristige gesellschaftliche Auswirkungen

Die langfristigen gesellschaftlichen Auswirkungen des Aktivismus von Velis Ryn sind vielfältig. Die Gesellschaft auf Xorlia ist zunehmend inklusiver geworden, was zu einem harmonischeren Zusammenleben verschiedener Lebensformen führt. Die Anerkennung und der Schutz der Identität amorpher Lebensformen haben nicht nur deren Lebensqualität verbessert, sondern auch das soziale Gefüge der gesamten Gesellschaft gestärkt.

Die Bewegung hat auch dazu beigetragen, dass rechtliche Rahmenbedingungen geschaffen wurden, die den Identitätsschutz amorpher Lebensformen garantieren. Diese rechtlichen Fortschritte sind entscheidend, um Diskriminierung und Vorurteile zu bekämpfen und eine gerechtere Gesellschaft zu schaffen.

Schlussfolgerung

Zusammenfassend lässt sich sagen, dass die langfristigen kulturellen Veränderungen, die durch den Aktivismus von Velis Ryn angestoßen wurden, weitreichende und tiefgreifende Auswirkungen auf die Gesellschaft auf Xorlia haben. Von der Kunst über die Bildung bis hin zu sozialen Normen und Popkultur – die Veränderungen sind sichtbar und spürbar. Diese Entwicklungen sind nicht nur ein Zeugnis des Engagements von Velis Ryn, sondern auch ein Zeichen für die Kraft des Aktivismus, um positive Veränderungen in der Gesellschaft herbeizuführen. Die Herausforderung besteht nun darin, diese Veränderungen aufrechtzuerhalten und weiterzuentwickeln, um eine gerechtere und inklusivere Zukunft für alle Lebensformen auf Xorlia zu gewährleisten.

Schlussfolgerung: Vermächtnis von Velis Ryn

Reflexion über das Leben von Velis Ryn

Die wichtigsten Lektionen

Die Lebensgeschichte von Velis Ryn, dem Bürgerrechtsaktivisten für amorphe Lebensformen auf Xorlia, bietet eine Fülle von Lektionen, die sowohl für die Gesellschaft auf Xorlia als auch für andere Planeten von Bedeutung sind. Diese Lektionen sind nicht nur für das Verständnis der Herausforderungen, mit denen amorphe Lebensformen konfrontiert sind, wichtig, sondern sie bieten auch wertvolle Einsichten in die universellen Prinzipien des Aktivismus und der Identitätsbildung.

1. Die Bedeutung der Identität

Eine der zentralen Lektionen aus Velis Ryns Leben ist die Bedeutung der Identität. Identität ist nicht nur ein persönliches Konzept, sondern auch ein gesellschaftliches Konstrukt, das den Einzelnen und die Gemeinschaft prägt. Velis Ryn hat durch seine Erfahrungen gelernt, dass die Anerkennung und der Schutz der Identität amorpher Lebensformen entscheidend sind, um Diskriminierung und Vorurteile zu bekämpfen. Die Identität ist eng mit dem Gefühl der Zugehörigkeit verbunden, was für den psychologischen und emotionalen Wohlstand unerlässlich ist.

2. Resilienz im Angesicht von Widrigkeiten

Velis Ryns Weg war geprägt von zahlreichen Herausforderungen, darunter Diskriminierung, rechtliche Hürden und gesellschaftliche Stigmatisierung. Eine wichtige Lektion, die er aus diesen Erfahrungen zog, ist die Notwendigkeit von Resilienz. Resilienz ist die Fähigkeit, sich von Rückschlägen zu erholen und trotz widriger Umstände weiterzumachen. Velis hat gelernt, dass Rückschläge nicht das Ende des Kampfes bedeuten, sondern Gelegenheiten zur Reflexion und zum Wachstum bieten. Diese Lektion ist besonders wichtig für zukünftige Generationen von Aktivisten, die lernen müssen, wie sie mit Herausforderungen umgehen und ihre Ziele anpassen können.

3. Die Kraft der Gemeinschaft

Eine weitere essentielle Lektion ist die Kraft der Gemeinschaft. Velis Ryn erkannte, dass individueller Aktivismus zwar wichtig ist, jedoch die Mobilisierung der Gemeinschaft entscheidend für den Erfolg ist. Durch die Bildung von Netzwerken und Partnerschaften mit anderen Aktivisten und Organisationen konnte er eine breitere Basis für den Identitätsschutz schaffen. Gemeinschaften, die zusammenarbeiten, sind in der Lage, stärkeren Druck auf politische Systeme auszuüben und gesellschaftliche Veränderungen herbeizuführen.

4. Bildung als Schlüssel zur Veränderung

Bildung spielte eine zentrale Rolle in Velis Ryns Aktivismus. Er verstand, dass Aufklärung und Bewusstsein für die Herausforderungen amorpher Lebensformen von entscheidender Bedeutung sind, um Vorurteile abzubauen und gesellschaftliche Akzeptanz zu fördern. Durch Bildungsinitiativen und Kampagnen konnte er das Bewusstsein für die Bedeutung der Identität und die Rechte amorpher Lebensformen schärfen. Diese Lektion unterstreicht die Notwendigkeit, Bildung als Werkzeug für sozialen Wandel zu nutzen.

5. Die Rolle von Empathie und Verständnis

Empathie ist eine weitere wichtige Lektion, die aus Velis Ryns Erfahrungen hervorgeht. Der Aktivismus für amorphe Lebensformen erfordert ein tiefes Verständnis der Herausforderungen, mit denen diese Lebensformen konfrontiert sind. Velis hat gelernt, dass Empathie nicht nur für die betroffenen Individuen wichtig ist, sondern auch für die Schaffung eines Dialogs mit der breiteren Gesellschaft. Durch den Austausch von Erfahrungen und Geschichten konnte er Vorurteile abbauen und Brücken zwischen verschiedenen Gemeinschaften schlagen.

6. Nachhaltigkeit im Aktivismus

Eine langfristige Perspektive ist entscheidend für den Erfolg eines Aktivismus. Velis Ryn hat erkannt, dass nachhaltige Veränderungen Zeit und kontinuierliche Anstrengungen erfordern. Dies bedeutet, dass Aktivisten nicht nur kurzfristige Ziele verfolgen sollten, sondern auch langfristige Strategien entwickeln müssen, um ihre Visionen zu verwirklichen. Die Lektion der Nachhaltigkeit ermutigt zukünftige Aktivisten, die Bedeutung von Ausdauer und langfristigem Engagement zu schätzen.

7. Die Notwendigkeit von Anpassungsfähigkeit

In einer sich ständig verändernden Welt ist Anpassungsfähigkeit eine Schlüsselkompetenz für Aktivisten. Velis Ryn musste lernen, seine Strategien und Taktiken an die sich verändernden politischen und gesellschaftlichen Bedingungen anzupassen. Diese Lektion ist besonders relevant für zukünftige Generationen von Aktivisten, die sich mit neuen Herausforderungen und Technologien auseinandersetzen müssen.

8. Der Einfluss von Kunst und Kreativität

Die Rolle von Kunst und Kreativität im Aktivismus ist eine weitere wichtige Lektion. Velis Ryn erkannte, dass Kunst ein kraftvolles Mittel ist, um Botschaften zu kommunizieren und Emotionen zu wecken. Durch kreative Ausdrucksformen konnte er das Bewusstsein für die Rechte amorpher Lebensformen schärfen und eine breitere Öffentlichkeit erreichen. Diese Lektion zeigt, dass Aktivismus nicht nur rational, sondern auch emotional und kreativ sein kann.

9. Globale Perspektiven und Solidarität

Die Herausforderungen, mit denen amorphe Lebensformen konfrontiert sind, sind nicht auf Xorlia beschränkt. Velis Ryn hat die Bedeutung globaler Perspektiven und Solidarität erkannt. Der Austausch von Erfahrungen und Strategien zwischen Aktivisten aus verschiedenen Kulturen und Planeten kann zu einem stärkeren und effektiveren Aktivismus führen. Diese Lektion ermutigt zukünftige Aktivisten, über den eigenen Tellerrand hinauszuschauen und internationale Netzwerke zu bilden.

10. Hoffnung und Vision für die Zukunft

Schließlich ist die Lektion der Hoffnung und der Vision für die Zukunft von zentraler Bedeutung.   Velis Ryn hat durch seine Arbeit gezeigt, dass Veränderungen möglich sind, auch wenn der Weg schwierig ist. Die Fähigkeit, eine positive Vision für die Zukunft zu entwickeln und diese Vision mit anderen zu teilen, ist entscheidend für den Erfolg eines Aktivismus. Diese Lektion inspiriert zukünftige Generationen, an eine bessere Welt zu glauben und aktiv an ihrer Schaffung zu arbeiten.

Zusammenfassend lässt sich sagen, dass die wichtigsten Lektionen aus Velis Ryns Leben nicht nur für die amorphen Lebensformen auf Xorlia von Bedeutung sind, sondern auch für Aktivisten auf der ganzen Welt. Diese Lektionen bieten wertvolle Einsichten in die Prinzipien des Aktivismus, die für die Schaffung einer gerechteren und inklusiveren Gesellschaft unerlässlich sind.

Einfluss auf zukünftige Generationen

Der Einfluss von Velis Ryn auf zukünftige Generationen ist ein zentrales Thema, das die Nachhaltigkeit und die langfristigen Auswirkungen seines Aktivismus betrifft. Die Art und Weise, wie Ryn die Identität amorpher Lebensformen auf Xorlia verteidigte, wird nicht nur die gegenwärtige Gesellschaft prägen, sondern auch die Werte, Überzeugungen und Handlungen zukünftiger Generationen beeinflussen. In diesem Abschnitt werden wir untersuchen, wie Ryns Vermächtnis die nachfolgenden Generationen formen kann, indem wir verschiedene theoretische Perspektiven, Herausforderungen und konkrete Beispiele betrachten.

Theoretische Perspektiven

Um den Einfluss von Velis Ryn auf zukünftige Generationen zu verstehen, ist es wichtig, verschiedene theoretische Ansätze zu betrachten. Eine relevante Theorie ist die **Soziale Identitätstheorie**, die besagt, dass das Selbstkonzept eines Individuums stark von der Zugehörigkeit zu sozialen Gruppen beeinflusst wird. Ryns Arbeit hat dazu beigetragen, das Bewusstsein für die Identität amorpher Lebensformen zu schärfen und ein Gefühl der Zugehörigkeit innerhalb dieser Gemeinschaft zu fördern. Diese Identitätsbildung kann langfristige Auswirkungen auf die psychologische Gesundheit und das Wohlbefinden zukünftiger Generationen haben.

Ein weiterer wichtiger theoretischer Ansatz ist die **Theorie des sozialen Wandels**, die besagt, dass soziale Bewegungen nicht nur unmittelbare Veränderungen bewirken, sondern auch langfristige kulturelle und gesellschaftliche Transformationen anstoßen können. Ryns Engagement hat den Grundstein für eine neue Generation von Aktivisten gelegt, die sich für soziale Gerechtigkeit und Identitätsschutz einsetzen. Diese Theorie legt nahe, dass die Werte und Prinzipien, die Ryn verkörperte, auch in zukünftigen Bewegungen präsent sein werden.

Herausforderungen für zukünftige Generationen

Trotz der positiven Einflüsse, die Ryns Aktivismus auf zukünftige Generationen haben kann, gibt es auch Herausforderungen, die es zu bewältigen gilt. Eine der größten Herausforderungen ist die **technologische Entwicklung**. Während Technologie eine Plattform für Aktivismus und Bewusstsein schafft, kann sie auch zu einer Entfremdung führen. Beispielsweise können soziale Medien sowohl als Werkzeug zur Mobilisierung als auch als Quelle von Fehlinformationen und Spaltung dienen. Zukünftige Generationen müssen lernen, diese Technologien effektiv zu nutzen, um Ryns Vision von Identitätsschutz und sozialer Gerechtigkeit weiterzuführen.

Ein weiteres Problem ist die **politische Instabilität**. In vielen Teilen Xorlias und darüber hinaus sind die politischen Systeme anfällig für Rückschritte in Bezug auf Bürgerrechte. Die nachfolgenden Generationen müssen sich aktiv für den Erhalt der Errungenschaften einsetzen, die durch Ryns Arbeit erreicht wurden, und sich gegen den Widerstand, der oft gegen soziale Bewegungen entsteht, behaupten.

Beispiele für den Einfluss auf zukünftige Generationen

Ein konkretes Beispiel für Ryns Einfluss ist die Gründung von **Jugendorganisationen**, die sich für den Schutz der Identität amorpher Lebensformen einsetzen. Diese Organisationen bieten Plattformen für junge Aktivisten, um sich zu vernetzen, ihre Stimmen zu erheben und sich aktiv an der Gestaltung ihrer Gemeinschaften zu beteiligen. Solche Initiativen sind entscheidend, um die Prinzipien, die Ryn verteidigte, in die nächste Generation zu tragen.

Ein weiteres Beispiel ist die Integration von Ryns Ideen in die **Bildungsprogramme** auf Xorlia. Schulen und Universitäten beginnen, Kurse und Workshops anzubieten, die sich mit Identität, Diversität und sozialem Aktivismus befassen. Diese Bildungsinitiativen fördern das Bewusstsein und das Verständnis für die Herausforderungen, mit denen amorphe Lebensformen konfrontiert sind, und inspirieren junge Menschen, sich für Veränderungen einzusetzen.

Langfristige Auswirkungen und Reflexion

Die langfristigen Auswirkungen von Velis Ryns Arbeit werden sich in der Art und Weise zeigen, wie zukünftige Generationen ihre Identität definieren und wie sie sich in der Gesellschaft positionieren. Indem sie die Prinzipien von Ryn übernehmen, können sie eine Kultur des Respekts, der Empathie und der Solidarität fördern. Dies könnte zu einer stärkeren Gemeinschaftsbildung führen, in der die Vielfalt als Stärke und nicht als Schwäche betrachtet wird.

Zusammenfassend lässt sich sagen, dass der Einfluss von Velis Ryn auf zukünftige Generationen sowohl Herausforderungen als auch Chancen mit sich bringt. Durch die Integration seiner Werte in Bildung und Gemeinschaftsaktivismus können zukünftige Generationen nicht nur die Errungenschaften seines Lebens bewahren, sondern auch neue Wege finden, um für die Rechte und Identitäten amorpher Lebensformen zu kämpfen. Ryns Vermächtnis wird somit nicht nur in der Geschichte verankert sein, sondern auch in den Herzen und Köpfen derer, die für eine gerechtere und inklusivere Zukunft eintreten.

Die Bedeutung von Identität

Die Identität ist ein zentrales Konzept in der Sozialwissenschaft, das die individuelle und kollektive Wahrnehmung einer Person oder Gruppe beschreibt. In der Welt von Xorlia, wo amorphe Lebensformen existieren, ist die Identität nicht nur eine Frage des Selbstverständnisses, sondern auch eine essentielle Grundlage für das Überleben und die Anerkennung innerhalb der Gesellschaft.

Theoretische Grundlagen

Die Bedeutung von Identität kann durch verschiedene theoretische Ansätze erklärt werden. Der Sozialkonstruktivismus, vertreten durch Denker wie Peter Berger und Thomas Luckmann, argumentiert, dass Identität durch soziale Interaktionen und kulturelle Kontexte konstruiert wird. Diese Perspektive ist besonders relevant für amorphe Lebensformen auf Xorlia, die sich in ihrer Identität stark von den humanoiden Lebensformen unterscheiden. Identität wird hier nicht nur durch physische Merkmale, sondern durch die Fähigkeit zur Anpassung, zur Interaktion mit anderen und zur Integration in die Gesellschaft geprägt.

Ein weiterer wichtiger theoretischer Rahmen ist die Identitätstheorie von Henri Tajfel, die die soziale Identität als Teil des Selbstkonzepts beschreibt, das sich aus der Zugehörigkeit zu sozialen Gruppen ableitet. Diese Theorie ist entscheidend für das Verständnis der Herausforderungen, mit denen amorphe

Lebensformen konfrontiert sind, da sie oft mit Diskriminierung und Vorurteilen kämpfen, die ihre soziale Identität bedrohen.

Probleme im Zusammenhang mit Identität

Die amorphen Lebensformen auf Xorlia sehen sich einer Vielzahl von Herausforderungen gegenüber, die ihre Identität und deren Schutz betreffen. Diskriminierung und Vorurteile sind weit verbreitet, was zu einem Verlust des Selbstwertgefühls und der Gemeinschaftsbindung führt. Diese Diskriminierung kann sich in verschiedenen Formen äußern, wie zum Beispiel:

* **Rechtliche Diskriminierung:** Amorphe Lebensformen haben oft keinen rechtlichen Status, was ihre Rechte und Möglichkeiten zur Teilnahme an der Gesellschaft einschränkt.

* **Kulturelle Stigmatisierung:** Die Gesellschaft neigt dazu, amorphe Lebensformen als minderwertig oder bedrohlich wahrzunehmen, was zu einem Verlust ihrer kulturellen Identität führt.

* **Psychologische Auswirkungen:** Die ständige Konfrontation mit Diskriminierung kann zu Identitätskrisen führen, die sich negativ auf das psychische Wohlbefinden auswirken.

Beispiele aus dem Leben von Velis Ryn

Velis Ryn, als Bürgerrechtsaktivist, hat die Bedeutung von Identität in seinem eigenen Leben und in der Gemeinschaft von Xorlia erkannt. In seiner Kindheit erlebte Velis die Herausforderungen, die mit seiner amorphen Identität verbunden waren. Er erinnerte sich an Momente der Isolation und des Zweifels, als er versuchte, seinen Platz in einer Gesellschaft zu finden, die ihm oft feindlich gegenüberstand.

Ein prägnantes Beispiel war die erste öffentliche Versammlung, an der Velis teilnahm. Hier stellte er fest, dass viele seiner Mitstreiter ähnliche Erfahrungen gemacht hatten. Diese Erkenntnis führte zu einem Gefühl der Solidarität und der kollektiven Identität, das für den weiteren Verlauf seiner Aktivismusarbeit entscheidend war. Velis und seine Mitstreiter begannen, ihre Geschichten zu teilen, was nicht nur ihre eigene Identität stärkte, sondern auch das Bewusstsein in der breiteren Gesellschaft erhöhte.

Die Rolle der Identität im Aktivismus

Die Identität spielt eine entscheidende Rolle im Aktivismus, insbesondere für marginalisierte Gruppen. Für Velis Ryn und die amorphen Lebensformen auf Xorlia war die Wiederherstellung und der Schutz ihrer Identität ein zentrales Anliegen. Der Aktivismus von Velis zielte darauf ab, das Bewusstsein für die Vielfalt und die Rechte amorpher Lebensformen zu schärfen.

$$I = \frac{S + C + E}{3} \tag{57}$$

Hierbei steht I für die Identität, S für das Selbstverständnis, C für die kulturelle Zugehörigkeit und E für die Erfahrungen, die eine Person oder Gruppe gemacht hat. Diese Gleichung verdeutlicht, dass Identität ein Zusammenspiel verschiedener Faktoren ist, die in der Gemeinschaft von Xorlia besonders komplex sind.

Fazit

Die Bedeutung von Identität für amorphe Lebensformen auf Xorlia ist vielschichtig und tiefgreifend. Sie beeinflusst nicht nur das individuelle Selbstverständnis, sondern auch die kollektive Mobilisierung und den Aktivismus. Velis Ryns Kampf für den Identitätsschutz ist ein Beispiel dafür, wie Identität als Grundlage für Widerstand und Veränderung dienen kann. Durch die Anerkennung und den Schutz ihrer Identität können amorphe Lebensformen nicht nur ihre Rechte wahren, sondern auch aktiv zur Gestaltung einer inklusiven und vielfältigen Gesellschaft beitragen.

Herausforderungen und Erfolge

Die Reise von Velis Ryn als Bürgerrechtsaktivist war geprägt von zahlreichen Herausforderungen und bemerkenswerten Erfolgen. Diese Erfahrungen sind nicht nur für Velis Ryn selbst, sondern auch für die amorphen Lebensformen auf Xorlia von großer Bedeutung. In diesem Abschnitt werden die wichtigsten Herausforderungen und Erfolge analysiert, die den Aktivismus von Velis Ryn geprägt haben.

Herausforderungen

Eine der größten Herausforderungen, mit denen Velis Ryn konfrontiert war, war die weit verbreitete Diskriminierung gegenüber amorphen Lebensformen. Diese Diskriminierung äußerte sich in verschiedenen Formen, darunter soziale

Ausgrenzung, Vorurteile und sogar Gewalt. Viele Mitglieder der Gesellschaft von Xorlia betrachteten amorphe Lebensformen als minderwertig oder gefährlich, was zu einem tiefen Gefühl der Isolation führte. Diese Vorurteile wurden oft durch fehlende Aufklärung und Bildung über die Natur und die Fähigkeiten dieser Lebensformen verstärkt.

Ein weiteres bedeutendes Problem war der rechtliche Rahmen, der den Schutz der Identität amorpher Lebensformen nicht gewährte. Die bestehenden Gesetze waren unzureichend, um die Rechte dieser Lebensformen zu schützen und ihre kulturelle Identität zu bewahren. Velis Ryn und seine Mitstreiter mussten daher nicht nur gegen gesellschaftliche Vorurteile kämpfen, sondern auch gegen ein rechtliches System, das ihre Existenz ignorierte.

Die technologische Entwicklung auf Xorlia stellte ebenfalls eine Herausforderung dar. Während Technologien in vielen Bereichen Fortschritte machten, führten sie auch zu einer Entfremdung der amorphen Lebensformen von ihrer eigenen Kultur und Identität. Die zunehmende Digitalisierung und die Verwendung von KI in der Gesellschaft führten dazu, dass viele amorphe Wesen sich in einer Welt verloren fühlten, die nicht für sie geschaffen war.

Psychologische Auswirkungen der Diskriminierung und des Verlusts der Gemeinschaft waren ebenfalls gravierend. Viele amorphe Lebensformen litten unter Depressionen, Angstzuständen und einem geringen Selbstwertgefühl. Diese Probleme wurden durch die Stigmatisierung verstärkt, die sie in der Gesellschaft erfuhren.

Erfolge

Trotz dieser Herausforderungen erzielte Velis Ryn bemerkenswerte Erfolge, die den Aktivismus für amorphe Lebensformen auf Xorlia nachhaltig prägten. Ein entscheidender Erfolg war die Gründung einer Bewegung, die sich für die Rechte und den Schutz der Identität amorpher Lebensformen einsetzte. Diese Bewegung mobilisierte eine Vielzahl von Unterstützern und schuf ein Netzwerk von Aktivisten, die gemeinsam für eine gerechtere Gesellschaft kämpften.

Ein weiterer bedeutender Erfolg war die Einführung neuer Gesetze, die den Schutz der Rechte amorpher Lebensformen verbesserten. Velis Ryn spielte eine Schlüsselrolle in der Lobbyarbeit, die zur Verabschiedung dieser Gesetze führte. Diese gesetzlichen Veränderungen ermöglichten es amorphen Lebensformen, ihre kulturelle Identität zu bewahren und ihre Rechte in der Gesellschaft zu verteidigen.

Die Rolle der Medien war ebenfalls entscheidend für den Erfolg von Velis Ryn. Durch gezielte Öffentlichkeitsarbeit und die Nutzung sozialer Medien gelang es ihm, das Bewusstsein für die Probleme amorpher Lebensformen zu schärfen und eine breitere Öffentlichkeit zu erreichen. Dokumentationen, Interviews und Berichterstattung über den Aktivismus trugen dazu bei, die öffentliche Meinung zu verändern und Unterstützung für die Bewegung zu gewinnen.

Ein weiterer bemerkenswerter Erfolg war die Mobilisierung der Gemeinschaft. Velis Ryn organisierte zahlreiche Veranstaltungen und Versammlungen, die es den amorphen Lebensformen ermöglichten, sich zu vernetzen und ihre Stimmen zu erheben. Diese Gemeinschaftsveranstaltungen förderten den interkulturellen Dialog und stärkten das Gefühl der Solidarität unter den Teilnehmern.

Zusammenfassend lässt sich sagen, dass die Herausforderungen, mit denen Velis Ryn konfrontiert war, ihn nicht davon abhielten, bedeutende Erfolge zu erzielen. Der Kampf um den Identitätsschutz amorpher Lebensformen auf Xorlia ist ein Beispiel für die Kraft des Aktivismus und die Fähigkeit, gesellschaftliche Veränderungen herbeizuführen. Velis Ryns Reise zeigt, dass trotz widriger Umstände Hoffnung und Fortschritt möglich sind.

Die Rolle von Hoffnung und Träumen

Die Rolle von Hoffnung und Träumen ist für den Aktivismus von Velis Ryn von zentraler Bedeutung. Hoffnung ist nicht nur ein Gefühl, sondern auch eine treibende Kraft, die Individuen und Gemeinschaften dazu motiviert, für ihre Rechte und ihre Identität zu kämpfen. In der Psychologie wird Hoffnung oft als ein kognitiver Zustand betrachtet, der aus zwei Hauptkomponenten besteht: der Überzeugung, dass man seine Ziele erreichen kann, und der Fähigkeit, verschiedene Wege zu finden, um diese Ziele zu erreichen [?]. Diese Perspektive ist besonders relevant für die amorphen Lebensformen auf Xorlia, die mit einzigartigen Herausforderungen konfrontiert sind, die ihre Identität und Existenz bedrohen.

Hoffnung als Antriebskraft

Hoffnung fungiert als ein Motivator, der die Menschen dazu bringt, trotz Widrigkeiten weiterzumachen. In der Geschichte des Aktivismus haben viele Bewegungen, die sich für Bürgerrechte einsetzen, ihre Stärke aus der Hoffnung geschöpft, dass Veränderung möglich ist. Velis Ryn selbst hat in seinen frühen Jahren oft von der Hoffnung gesprochen, dass eine gerechtere Gesellschaft für amorphe Lebensformen erreichbar sei. Diese Hoffnung half ihm, die ersten Schritte in den Aktivismus zu wagen und eine Gemeinschaft um sich zu versammeln, die ähnliche Träume teilte.

Ein Beispiel für die Kraft der Hoffnung findet sich in der Geschichte der Bürgerrechtsbewegung auf der Erde. Martin Luther King Jr. sprach oft von seinen Träumen von Gleichheit und Gerechtigkeit, die als Leitstern für viele Menschen dienten. Ähnlich hat Velis Ryn seine Vision einer Gesellschaft, in der amorphe Lebensformen respektiert und akzeptiert werden, in leidenschaftlichen Reden und Kunstwerken zum Ausdruck gebracht. Diese Träume wurden zu einem zentralen Bestandteil seiner Identität und seines Aktivismus.

Die Bedeutung von Träumen

Träume sind nicht nur persönliche Wünsche, sondern auch kollektive Visionen, die Gemeinschaften zusammenschweißen. Sie bieten einen Rahmen, innerhalb dessen sich Menschen organisieren und mobilisieren können. Velis Ryn hat erkannt, dass die Träume seiner Gemeinschaft nicht nur individuelle Bestrebungen sind, sondern auch eine gemeinsame Identität formen. Diese kollektiven Träume sind es, die die amorphen Lebensformen auf Xorlia dazu inspirieren, sich für ihre Rechte einzusetzen und gegen Diskriminierung zu kämpfen.

Die Theorie des sozialen Wandels, wie sie von verschiedenen Soziologen formuliert wurde, legt nahe, dass kollektive Träume eine fundamentale Rolle bei der Mobilisierung von Gemeinschaften spielen. Wenn Menschen an eine gemeinsame Vision glauben, sind sie eher bereit, sich zu engagieren und aktiv zu werden [1]. Velis Ryn hat diesen Ansatz in seiner Arbeit genutzt, indem er die Träume seiner Gemeinschaft in den Mittelpunkt seiner Kampagnen stellte.

Probleme und Herausforderungen

Trotz der positiven Rolle von Hoffnung und Träumen gibt es auch Herausforderungen. In Zeiten der Unsicherheit und des Widerstands kann die Hoffnung leicht erschüttert werden. Velis Ryn und seine Bewegung sahen sich häufig mit Rückschlägen konfrontiert, die das Vertrauen in ihre Träume gefährdeten. Diskriminierung, Vorurteile und gesellschaftliche Stigmatisierung sind nicht nur äußere Herausforderungen, sondern können auch innere Kämpfe hervorrufen, die die Hoffnung untergraben.

Ein Beispiel für solch eine Herausforderung war die Reaktion der politischen Systeme auf die Forderungen nach Identitätsschutz. Oft wurden die Anliegen der amorphen Lebensformen nicht ernst genommen, was zu Frustration und Entmutigung führte. In solchen Momenten war es entscheidend, dass Velis Ryn und seine Unterstützer Wege fanden, ihre Hoffnung zu bewahren und die Träume ihrer Gemeinschaft neu zu formulieren. Diese Resilienz ist ein Schlüsselmerkmal erfolgreicher Aktivisten.

Die Kraft der Gemeinschaft

Die Gemeinschaft spielt eine entscheidende Rolle bei der Aufrechterhaltung von Hoffnung und der Verwirklichung von Träumen. Velis Ryn hat oft betont, dass der Zusammenhalt innerhalb der Gemeinschaft eine Quelle der Stärke ist. Wenn Einzelne in ihrer Hoffnung schwach sind, können die kollektiven Träume der Gemeinschaft sie unterstützen und inspirieren. Dies wird durch die Theorie des sozialen Kapitals unterstützt, die besagt, dass soziale Netzwerke und Beziehungen das individuelle und kollektive Wohl fördern [?].

Ein Beispiel für diese Dynamik ist die Organisation von Veranstaltungen und Versammlungen, bei denen die Gemeinschaft zusammenkommt, um ihre Träume zu teilen und zu diskutieren. Solche Zusammenkünfte fördern nicht nur den Austausch von Ideen, sondern stärken auch das Gefühl der Zugehörigkeit und des gemeinsamen Ziels. Velis Ryn hat solche Veranstaltungen initiiert, um die Hoffnung in seiner Gemeinschaft zu nähren und den Traum einer gerechteren Gesellschaft lebendig zu halten.

Schlussfolgerung

Zusammenfassend lässt sich sagen, dass Hoffnung und Träume eine fundamentale Rolle im Aktivismus von Velis Ryn spielen. Sie sind nicht nur persönliche Antriebe, sondern auch kollektive Kräfte, die Gemeinschaften mobilisieren und stärken. Trotz der Herausforderungen, die sich aus Diskriminierung und gesellschaftlichen Vorurteilen ergeben, bleibt die Hoffnung eine treibende Kraft, die es den amorphen Lebensformen auf Xorlia ermöglicht, für ihre Rechte und ihre Identität zu kämpfen. Die Vision einer besseren Zukunft, geprägt von Hoffnung und gemeinsamen Träumen, bleibt der Leitstern für den Aktivismus und das Streben nach Gerechtigkeit.

Die Kraft der Gemeinschaft

Die Kraft der Gemeinschaft ist ein zentrales Element im Aktivismus von Velis Ryn und spielt eine entscheidende Rolle im Kampf um den Identitätsschutz amorpher Lebensformen auf Xorlia. Gemeinschaften bieten nicht nur Unterstützung und Solidarität, sondern sind auch ein Katalysator für Veränderungen und eine Plattform für den Austausch von Ideen und Erfahrungen. In diesem Abschnitt werden wir die verschiedenen Dimensionen der Gemeinschaft analysieren, ihre

Herausforderungen und Erfolge beleuchten und die theoretischen Grundlagen, die die Bedeutung von Gemeinschaft untermauern, diskutieren.

Theoretische Grundlagen

Die Theorie der sozialen Identität, entwickelt von Henri Tajfel und John Turner, legt nahe, dass Individuen ihre Identität stark aus der Zugehörigkeit zu sozialen Gruppen ableiten. Gemeinschaften fördern ein Gefühl der Identität und des Zusammenhalts, was für amorphe Lebensformen auf Xorlia von entscheidender Bedeutung ist, da sie oft mit Diskriminierung und Stigmatisierung konfrontiert sind. Die Zugehörigkeit zu einer Gemeinschaft stärkt das Selbstwertgefühl und bietet einen Raum für den Austausch von Erfahrungen, der für die Entwicklung einer kollektiven Identität unerlässlich ist.

Ein weiterer relevanter theoretischer Rahmen ist die Theorie des sozialen Kapitals, die von Robert Putnam popularisiert wurde. Diese Theorie besagt, dass soziale Netzwerke, Normen und Vertrauen, die in Gemeinschaften vorhanden sind, die Zusammenarbeit und den sozialen Zusammenhalt fördern. In der Gemeinschaft von Velis Ryn zeigt sich diese Theorie in der Art und Weise, wie Aktivisten zusammenarbeiten, um Ressourcen zu mobilisieren, Informationen auszutauschen und gemeinsame Ziele zu verfolgen.

Herausforderungen für Gemeinschaften

Trotz der positiven Aspekte der Gemeinschaft gibt es auch Herausforderungen, die es zu bewältigen gilt. Eine der größten Herausforderungen ist die Fragmentierung innerhalb von Gemeinschaften. Unterschiedliche Interessen, Werte und Identitäten können zu Konflikten führen, die die Solidarität und das Engagement der Gemeinschaft untergraben. In Xorlia sind amorphe Lebensformen oft mit internen Spannungen konfrontiert, die durch kulturelle Unterschiede und unterschiedliche Erfahrungen mit Diskriminierung verstärkt werden.

Ein weiteres Problem ist die externe Bedrohung durch gesellschaftliche Vorurteile und Diskriminierung. Gemeinschaften, die sich für die Rechte amorpher Lebensformen einsetzen, sehen sich oft mit Widerstand von außen konfrontiert, was die Mobilisierung und den Zusammenhalt der Gemeinschaft erschweren kann. Diese äußeren Herausforderungen erfordern eine strategische Herangehensweise, um die Gemeinschaft zu stärken und die Mitglieder zu ermutigen, aktiv zu bleiben.

Erfolge durch Gemeinschaft

Trotz dieser Herausforderungen hat die Gemeinschaft von Velis Ryn bemerkenswerte Erfolge erzielt. Ein Beispiel ist die Gründung von Unterstützungsnetzwerken, die es amorphen Lebensformen ermöglichen, sich zu vernetzen und ihre Erfahrungen auszutauschen. Diese Netzwerke fördern nicht nur den Zusammenhalt, sondern bieten auch praktische Unterstützung, wie rechtliche Beratung und psychologische Hilfe.

Ein weiteres Beispiel ist die Organisation von Veranstaltungen und Versammlungen, die das Bewusstsein für die Herausforderungen amorpher Lebensformen schärfen. Diese Events bieten nicht nur eine Plattform für den Austausch von Ideen, sondern stärken auch das Gemeinschaftsgefühl und mobilisieren die Mitglieder für gemeinsame Aktionen. Durch kreative Ausdrucksformen wie Kunst und Musik gelingt es der Gemeinschaft, ihre Botschaften effektiv zu kommunizieren und ein breiteres Publikum zu erreichen.

Fallstudie: Die "Identitätswoche" auf Xorlia

Ein herausragendes Beispiel für die Kraft der Gemeinschaft ist die jährlich stattfindende "Identitätswoche" auf Xorlia, die von Velis Ryn initiiert wurde. Diese Woche umfasst eine Vielzahl von Veranstaltungen, darunter Workshops, Podiumsdiskussionen und kulturelle Aufführungen, die sich mit den Themen Identität und Zugehörigkeit befassen. Die Identitätswoche hat nicht nur dazu beigetragen, das Bewusstsein für die Herausforderungen amorpher Lebensformen zu schärfen, sondern auch die Gemeinschaft zu mobilisieren und eine Plattform für den Austausch von Erfahrungen zu bieten.

Die Teilnahme an der Identitätswoche hat die Mitglieder der Gemeinschaft ermutigt, sich aktiv an der Gestaltung ihrer Identität zu beteiligen und ihre Stimmen zu erheben. Dies zeigt sich in der Zunahme von Initiativen zur Förderung der Rechte amorpher Lebensformen, die durch die während dieser Woche gewonnenen Erkenntnisse und Verbindungen inspiriert wurden.

Schlussfolgerung

Die Kraft der Gemeinschaft ist ein unverzichtbarer Faktor im Aktivismus von Velis Ryn. Sie bietet nicht nur Unterstützung und Solidarität, sondern ist auch ein Katalysator für Veränderungen und ein Raum für den Austausch von Ideen. Trotz der Herausforderungen, mit denen Gemeinschaften konfrontiert sind, zeigen die Erfolge, die durch kollektives Handeln erzielt werden, dass Gemeinschaften in der Lage sind, bedeutende Veränderungen herbeizuführen. Die Theorie der sozialen

Identität und das Konzept des sozialen Kapitals bieten wertvolle Einsichten in die Dynamik von Gemeinschaften und deren Rolle im Aktivismus. In der Zukunft wird die Stärkung und der Ausbau von Gemeinschaften entscheidend sein, um den fortwährenden Kampf um den Identitätsschutz amorpher Lebensformen auf Xorlia erfolgreich fortzusetzen.

Der Einfluss auf andere Planeten

Der Einfluss von Velis Ryn und der Bewegung für den Identitätsschutz amorpher Lebensformen auf Xorlia erstreckt sich weit über die Grenzen ihres eigenen Planeten hinaus. In einer Zeit, in der interplanetare Beziehungen und der Austausch von Ideen zwischen verschiedenen Lebensformen immer wichtiger werden, bietet die Arbeit von Velis Ryn ein Modell für andere Planeten, die ähnliche Herausforderungen im Bereich der Identität und der Bürgerrechte erleben.

Interplanetare Zusammenarbeit

Die Prinzipien, die Velis Ryn in ihrer Heimat etabliert hat, können als Grundlage für interplanetare Zusammenarbeit dienen. Auf Planeten wie Zyloria, wo amorphe Lebensformen ebenfalls mit Diskriminierung und Identitätsverlust konfrontiert sind, haben Aktivisten begonnen, die Methoden von Ryn zu adaptieren. Dies geschieht durch den Austausch von Informationen und Strategien, die in Xorlia entwickelt wurden, um den Schutz der Identität zu fördern.

Ein Beispiel für diese Zusammenarbeit ist die Gründung des *Intergalaktischen Forums für Identitätsschutz*, das in regelmäßigen Abständen Konferenzen auf verschiedenen Planeten organisiert. Hier kommen Bürgerrechtsaktivisten, Wissenschaftler und politische Vertreter zusammen, um über die Herausforderungen und Erfolge ihrer Bewegungen zu diskutieren. Diese Foren fördern nicht nur den Austausch von Ideen, sondern auch die Entwicklung gemeinsamer Strategien zur Bekämpfung von Diskriminierung.

Theoretische Grundlagen

Die theoretischen Grundlagen, die Velis Ryns Ansatz untermauern, basieren auf der *Theorie der interkulturellen Identität*. Diese Theorie besagt, dass Identität nicht statisch ist, sondern sich dynamisch in Wechselwirkungen zwischen verschiedenen Kulturen entwickelt. Dies ist besonders relevant für amorphe Lebensformen, die oft in verschiedenen Umgebungen und unter verschiedenen sozialen Bedingungen existieren.

Die Gleichung, die diesen dynamischen Prozess beschreibt, könnte wie folgt formuliert werden:

$$I = f(C, E, S) \tag{58}$$

wobei I die Identität, C die kulturellen Einflüsse, E die Umweltbedingungen und S die sozialen Interaktionen darstellen. Diese Gleichung verdeutlicht, dass Identität das Ergebnis eines komplexen Zusammenspiels verschiedener Faktoren ist, die sich über die Planeten hinweg unterscheiden können.

Herausforderungen auf anderen Planeten

Trotz der positiven Auswirkungen von Velis Ryns Arbeit stehen andere Planeten vor erheblichen Herausforderungen. In vielen Fällen sind die rechtlichen Rahmenbedingungen für amorphe Lebensformen auf diesen Planeten unzureichend. Zum Beispiel kämpfen die *Amorphisten von Grelon* gegen Gesetze, die ihre Existenz als eigenständige Lebensform nicht anerkennen. Dies führt zu einem Verlust der kulturellen Identität und zu einer verstärkten Stigmatisierung in der Gesellschaft.

Darüber hinaus gibt es auf Planeten wie *Klyntar* technologische Herausforderungen, die den Identitätsschutz erschweren. Die Verwendung von Überwachungstechnologie zur Kontrolle von Bürgern hat dazu geführt, dass viele amorphe Lebensformen in ihrer Bewegungsfreiheit eingeschränkt sind. In einer solchen Umgebung ist es schwierig, eine Gemeinschaft zu bilden, die sich für die Rechte und die Identität ihrer Mitglieder einsetzt.

Erfolge und positive Beispiele

Trotz dieser Herausforderungen gibt es positive Beispiele für den Einfluss von Velis Ryn auf andere Planeten. In *Nerath*, einem Planeten, der für seine kulturelle Vielfalt bekannt ist, wurde eine Bewegung ins Leben gerufen, die sich auf die Prinzipien des Identitätsschutzes stützt. Diese Bewegung hat es geschafft, eine breite Unterstützung in der Bevölkerung zu mobilisieren und erfolgreich eine Gesetzesänderung zu initiieren, die amorphen Lebensformen rechtliche Anerkennung und Schutz bietet.

Ein weiteres bemerkenswertes Beispiel ist die *Kunst- und Kulturinitiative von Zyloria*, die von den Ideen Ryns inspiriert wurde. Diese Initiative nutzt Kunst und Musik, um das Bewusstsein für die Herausforderungen amorpher Lebensformen zu schärfen und den interkulturellen Dialog zu fördern. Durch interaktive Kunstinstallationen und Musikfestivals haben die Zylorianer eine Plattform geschaffen, auf der verschiedene Kulturen zusammenkommen und ihre Identitäten feiern können.

Ausblick auf zukünftige Entwicklungen

Die Arbeit von Velis Ryn hat nicht nur das Leben auf Xorlia verändert, sondern auch das Potenzial, die interplanetaren Beziehungen zu transformieren. Der Austausch von Ideen und Strategien zwischen verschiedenen Planeten könnte zu einer stärkeren globalen Bewegung für Identitätsschutz und Bürgerrechte führen.

Die Herausforderungen sind zwar groß, doch die Erfolge, die bereits erzielt wurden, zeigen, dass Veränderung möglich ist. Zukünftige Generationen von Aktivisten könnten von den Erfahrungen und dem Vermächtnis von Velis Ryn lernen und diese Prinzipien auf ihren eigenen Planeten anwenden. Die Vision einer intergalaktischen Gemeinschaft, die Vielfalt respektiert und Identität schützt, könnte somit Realität werden.

Insgesamt zeigt der Einfluss von Velis Ryn auf andere Planeten, dass der Kampf um Identität und Bürgerrechte nicht auf einen einzelnen Planeten beschränkt ist, sondern eine universelle Herausforderung darstellt, die alle Lebensformen betrifft. Die Prinzipien von Respekt, Verständnis und Zusammenarbeit sind entscheidend, um eine gerechtere und inklusivere Zukunft für alle zu schaffen.

Die Bedeutung von Empathie

Empathie ist ein zentraler Bestandteil des menschlichen Zusammenlebens und spielt eine entscheidende Rolle im Aktivismus, insbesondere im Kontext des Kampfes um die Rechte amorpher Lebensformen auf Xorlia. Sie ermöglicht es Individuen, die Perspektiven und Gefühle anderer zu verstehen und nachzuvollziehen, was zu einem tieferen Verständnis der Herausforderungen führt, mit denen diese Gemeinschaften konfrontiert sind. Empathie ist nicht nur ein emotionaler Zustand, sondern auch eine soziale Fähigkeit, die durch verschiedene theoretische Ansätze und empirische Studien untermauert wird.

Theoretische Grundlagen der Empathie

Die Psychologie definiert Empathie als die Fähigkeit, die Emotionen und Erfahrungen anderer zu erkennen, zu verstehen und darauf zu reagieren. Dies kann in zwei Haupttypen unterteilt werden: die kognitive Empathie, die das Verständnis der Gedanken und Perspektiven anderer umfasst, und die affektive

Empathie, die das Mitgefühl für die Gefühle anderer beinhaltet. Laut der Theorie von [?] ist Empathie ein multidimensionales Konstrukt, das sowohl emotionale als auch kognitive Komponenten beinhaltet.

Die Neurobiologie hat gezeigt, dass Empathie mit spezifischen neuronalen Netzwerken im Gehirn verbunden ist, insbesondere mit dem anterioren cingulären Kortex und der Insula, die beide an der Verarbeitung von Emotionen beteiligt sind [?]. Diese neuronalen Grundlagen unterstützen die Idee, dass Empathie eine angeborene Fähigkeit ist, die durch soziale Interaktionen und Erfahrungen weiterentwickelt wird.

Empathie im Aktivismus

Im Kontext des Aktivismus ist Empathie von entscheidender Bedeutung, um eine Verbindung zwischen verschiedenen Gemeinschaften herzustellen und Solidarität zu fördern. Velis Ryn hat in seiner Bewegung zur Förderung des Identitätsschutzes amorpher Lebensformen immer wieder betont, wie wichtig es ist, die Erfahrungen und Herausforderungen dieser Lebensformen zu verstehen. Ein Beispiel dafür ist die Kampagne „Wir sind mehr", die darauf abzielt, das Bewusstsein für die Diskriminierung amorpher Lebensformen zu schärfen. Diese Kampagne nutzt empathische Erzählungen, um die Geschichten und Kämpfe dieser Gemeinschaften zu beleuchten.

Ein weiteres Beispiel ist die Verwendung von Kunst und Musik als Ausdrucksformen des Aktivismus. Durch kreative Medien können empathische Botschaften verbreitet werden, die das Publikum emotional ansprechen und ein Gefühl der Verbundenheit schaffen. Die Musik von Künstlern, die sich für die Rechte amorpher Lebensformen einsetzen, hat dazu beigetragen, die Aufmerksamkeit auf deren Herausforderungen zu lenken und ein Gefühl der Gemeinschaft zu fördern.

Herausforderungen der Empathie

Trotz ihrer Bedeutung gibt es auch Herausforderungen im Zusammenhang mit Empathie im Aktivismus. Eine der größten Hürden ist die Tendenz zur emotionalen Überwältigung, die auftreten kann, wenn Aktivisten ständig mit den Leiden anderer konfrontiert sind. Dies kann zu einer emotionalen Erschöpfung führen, die als „Empathie-Müdigkeit" bekannt ist. Laut [?] kann diese Müdigkeit dazu führen, dass Aktivisten sich von den Problemen distanzieren, die sie ursprünglich motiviert haben.

Zusätzlich kann es kulturelle Barrieren geben, die die empathische Verbindung zwischen verschiedenen Gemeinschaften erschweren. Unterschiedliche kulturelle Hintergründe können zu Missverständnissen führen, die das Verständnis und die Unterstützung behindern. Um diese Herausforderungen zu überwinden, ist es wichtig, Räume für interkulturellen Dialog zu schaffen, in denen Menschen ihre Erfahrungen und Perspektiven teilen können.

Fazit

Die Bedeutung von Empathie im Aktivismus kann nicht hoch genug eingeschätzt werden. Sie ist nicht nur ein Mittel zur Förderung von Verständnis und Solidarität, sondern auch ein Katalysator für Veränderung. Velis Ryns Ansatz, Empathie als zentrales Element seiner Bewegung zu integrieren, hat gezeigt, dass durch das Verständnis der Erfahrungen anderer eine stärkere, vereinte Front gegen Diskriminierung und Ungerechtigkeit gebildet werden kann. Die Herausforderungen, die mit Empathie verbunden sind, erfordern jedoch kontinuierliche Anstrengungen und Strategien, um sicherzustellen, dass diese wertvolle Fähigkeit nicht verloren geht. Indem wir Empathie als Grundlage für unser Handeln im Aktivismus betrachten, können wir eine tiefere Verbindung zu denjenigen herstellen, für die wir kämpfen, und eine inklusivere und gerechtere Gesellschaft schaffen.

Vermächtnis im Aktivismus

Das Vermächtnis von Velis Ryn im Aktivismus ist nicht nur eine Reflexion über die vergangenen Erfolge und Herausforderungen, sondern auch eine tiefgreifende Analyse der Prinzipien und Strategien, die die Bürgerrechtsbewegung für amorphe Lebensformen auf Xorlia geprägt haben. In diesem Abschnitt werden wir die wichtigsten Aspekte des Vermächtnisses von Velis Ryn untersuchen, einschließlich der theoretischen Grundlagen, der Herausforderungen, denen er gegenüberstand, und der bleibenden Auswirkungen seiner Arbeit.

Theoretische Grundlagen des Aktivismus

Der Aktivismus von Velis Ryn ist stark von verschiedenen theoretischen Ansätzen geprägt, die die Dynamik sozialer Bewegungen untersuchen. Eine der zentralen Theorien ist die **Ressourcentheorie**, die besagt, dass der Zugang zu Ressourcen wie finanziellen Mitteln, Wissen und Netzwerken entscheidend für den Erfolg von Bewegungen ist. Velis Ryn nutzte diese Theorie, um Partnerschaften mit anderen

Organisationen zu bilden und Ressourcen zu mobilisieren, die für die Förderung des Identitätsschutzes amorpher Lebensformen notwendig waren.

Ein weiterer wichtiger theoretischer Ansatz ist die **Identitätstheorie**, die betont, wie individuelle und kollektive Identitäten die Motivation und das Engagement in sozialen Bewegungen beeinflussen. Velis Ryn erkannte die Bedeutung von Identität für amorphe Lebensformen und entwickelte Strategien, um das Bewusstsein für deren kulturelle und soziale Bedeutung zu schärfen. Durch die Förderung einer positiven Identität konnte er eine starke Gemeinschaft aufbauen, die sich für die Rechte der amorphen Lebensformen einsetzte.

Herausforderungen im Aktivismus

Trotz seiner Erfolge sah sich Velis Ryn einer Vielzahl von Herausforderungen gegenüber. Eine der größten Hürden war die **Diskriminierung** und die gesellschaftliche Stigmatisierung, die amorphen Lebensformen oft entgegengebracht wurde. Diese Vorurteile führten zu einem Verlust des kulturellen Erbes und der Identität, was die Mobilisierung der Gemeinschaft erschwerte. Velis Ryn musste nicht nur gegen diese Vorurteile kämpfen, sondern auch eine Plattform schaffen, um die Stimmen der Betroffenen zu stärken.

Ein weiteres Problem war die **Rechtssituation** auf Xorlia, die oft unzureichend war, um den Schutz der Identität amorpher Lebensformen zu gewährleisten. Die rechtlichen Rahmenbedingungen waren häufig nicht auf die Bedürfnisse dieser Lebensformen abgestimmt, was bedeutete, dass Velis Ryn und seine Unterstützer kontinuierlich Lobbyarbeit leisten mussten, um Veränderungen herbeizuführen. Diese Herausforderungen erforderten nicht nur Entschlossenheit, sondern auch strategisches Denken und Kreativität.

Beispiele für Erfolge und bleibende Auswirkungen

Die Erfolge von Velis Ryn sind vielfältig und haben weitreichende Auswirkungen auf die Gesellschaft. Ein bemerkenswerter Erfolg war die **Gründung der Xorlia-Initiative für Identitätsschutz**, die als Plattform für amorphe Lebensformen dient, um ihre Rechte zu verteidigen und ihre Identität zu feiern. Diese Initiative hat nicht nur lokale Gemeinschaften gestärkt, sondern auch internationale Aufmerksamkeit erregt und andere Planeten inspiriert, ähnliche Bewegungen zu gründen.

Ein weiteres Beispiel ist die **Einführung neuer Gesetze**, die den rechtlichen Schutz amorpher Lebensformen verbesserten. Diese Gesetzesänderungen wurden durch die unermüdliche Arbeit von Velis Ryn und seiner Unterstützer ermöglicht, die es schafften, eine breite Koalition von Verbündeten zu mobilisieren. Die Gesetze führten zu einer stärkeren Anerkennung und Wertschätzung der kulturellen Vielfalt auf Xorlia und schufen ein rechtliches Fundament für zukünftige Generationen.

Langfristige Auswirkungen auf die Gesellschaft

Das Vermächtnis von Velis Ryn im Aktivismus hat nicht nur unmittelbare Veränderungen bewirkt, sondern auch langfristige Auswirkungen auf die Gesellschaft. Die Bewegung hat das Bewusstsein für die Rechte amorpher Lebensformen geschärft und eine breitere Diskussion über Identität und Zugehörigkeit angestoßen. Dies hat zu einer Veränderung der gesellschaftlichen Normen geführt, die nun zunehmend Vielfalt und Inklusion fördern.

Die Rolle der Medien war ebenfalls entscheidend für das Vermächtnis von Velis Ryn. Durch gezielte Öffentlichkeitsarbeit und den Einsatz sozialer Medien gelang es ihm, die Sichtbarkeit der Bewegung zu erhöhen und eine globale Diskussion über die Rechte amorpher Lebensformen zu initiieren. Die Berichterstattung über den Aktivismus hat nicht nur die öffentliche Meinung beeinflusst, sondern auch andere Aktivisten inspiriert, sich für ähnliche Anliegen einzusetzen.

Reflexion über das Vermächtnis

Abschließend lässt sich sagen, dass das Vermächtnis von Velis Ryn im Aktivismus ein kraftvolles Beispiel für den Einfluss individueller und kollektiver Anstrengungen auf soziale Veränderungen ist. Seine Theorien, Strategien und Erfolge bieten wertvolle Lektionen für zukünftige Generationen von Aktivisten, die sich für Gerechtigkeit und Gleichheit einsetzen. Das Vermächtnis von Velis Ryn wird weiterhin als Leitstern für den Kampf um Identität und Rechte auf Xorlia und darüber hinaus dienen.

Insgesamt ist das Vermächtnis von Velis Ryn nicht nur ein Zeugnis seiner Errungenschaften, sondern auch ein Aufruf zum Handeln für alle, die an einer gerechteren und inklusiveren Gesellschaft arbeiten möchten. Die Herausforderungen mögen groß sein, aber wie Velis Ryn gezeigt hat, ist der Weg zur Veränderung mit Hoffnung, Entschlossenheit und Gemeinschaft gepflastert.

Die Fortführung des Kampfes

Die Fortführung des Kampfes für den Identitätsschutz amorpher Lebensformen auf Xorlia ist ein zentrales Anliegen, das sowohl die gegenwärtigen als auch die zukünftigen Generationen von Aktivisten und Unterstützern beschäftigt.

Angesichts der Herausforderungen, mit denen diese Lebensformen konfrontiert sind, ist es unerlässlich, eine nachhaltige Strategie zu entwickeln, die auf Bildung, Bewusstsein und interkulturellem Dialog basiert.

Theoretische Grundlagen

Die Theorie des sozialen Wandels, wie sie von Theoretikern wie Karl Marx und Max Weber entwickelt wurde, bietet einen Rahmen für das Verständnis der Dynamiken, die zur Fortführung des Kampfes notwendig sind. Nach Marx ist der soziale Wandel oft das Ergebnis von Klassenkämpfen, während Weber den Einfluss von Kultur und Religion auf soziale Strukturen betont. In Bezug auf amorphe Lebensformen auf Xorlia bedeutet dies, dass der Kampf um Identitätsschutz sowohl ökonomische als auch kulturelle Dimensionen umfasst.

Herausforderungen

Die Herausforderungen, denen sich Aktivisten gegenübersehen, sind vielfältig. Dazu gehören:

- **Diskriminierung und Vorurteile:** Amorphe Lebensformen sind oft mit Vorurteilen konfrontiert, die ihre Identität und Existenz in Frage stellen. Dies kann zu einem Verlust des Selbstwertgefühls führen und die Teilnahme an gesellschaftlichen Aktivitäten beeinträchtigen.

- **Rechtliche Rahmenbedingungen:** Die bestehenden Gesetze auf Xorlia bieten oft keinen ausreichenden Schutz für amorphe Lebensformen. Die rechtlichen Hürden müssen überwunden werden, um eine gerechte Behandlung zu gewährleisten.

- **Technologischer Einfluss:** Die rasante Entwicklung der Technologie kann sowohl eine Chance als auch eine Bedrohung für die Identität amorpher Lebensformen darstellen. Während Technologien zur Sichtbarkeit und Vernetzung beitragen können, können sie auch zur Entfremdung führen.

Strategien zur Fortführung des Kampfes

Um den Kampf fortzuführen, sind mehrere Strategien erforderlich:

1. **Bildung und Aufklärung:** Bildung ist der Schlüssel zur Veränderung. Aufklärungskampagnen, die sich an verschiedene Bevölkerungsgruppen

richten, können helfen, Vorurteile abzubauen und ein besseres Verständnis für die Herausforderungen amorpher Lebensformen zu fördern.

2. **Interkultureller Dialog:** Der Austausch zwischen verschiedenen Kulturen ist entscheidend, um Empathie und Solidarität zu schaffen. Veranstaltungen, die den interkulturellen Austausch fördern, können dazu beitragen, Brücken zu bauen und ein gemeinsames Verständnis zu entwickeln.

3. **Kooperation mit anderen Organisationen:** Die Bildung von Allianzen mit anderen Bürgerrechtsorganisationen kann die Reichweite und den Einfluss des Aktivismus erhöhen. Gemeinsame Aktionen können dazu beitragen, eine stärkere Stimme zu schaffen und mehr Aufmerksamkeit auf die Anliegen amorpher Lebensformen zu lenken.

4. **Nutzung von sozialen Medien:** Soziale Medien sind ein mächtiges Werkzeug, um Botschaften zu verbreiten und Mobilisierung zu erreichen. Kampagnen, die auf Plattformen wie XorNet und GlimmerSpace ausgerichtet sind, können eine breite Öffentlichkeit erreichen und das Bewusstsein für die Anliegen amorpher Lebensformen schärfen.

Beispiele erfolgreicher Initiativen

Ein herausragendes Beispiel für die Fortführung des Kampfes ist die „Identitätswoche", die jährlich auf Xorlia stattfindet. Diese Veranstaltung bringt Menschen unterschiedlicher Hintergründe zusammen, um die kulturelle Vielfalt zu feiern und die Herausforderungen amorpher Lebensformen zu thematisieren. Mit Workshops, Podiumsdiskussionen und künstlerischen Darbietungen wird ein Raum geschaffen, in dem Stimmen gehört werden und ein interkultureller Dialog stattfinden kann.

Ein weiteres Beispiel ist die „Solidaritätsbewegung für amorphe Identitäten", die sich auf die rechtlichen Rahmenbedingungen konzentriert. Diese Bewegung hat erfolgreich Lobbyarbeit geleistet und eine Gesetzesänderung initiiert, die amorphen Lebensformen rechtlichen Schutz bietet. Die Mobilisierung der Gemeinschaft war entscheidend für diesen Erfolg, da viele Menschen sich zusammenschlossen, um ihre Stimmen zu erheben und Veränderungen zu fordern.

Zukunftsausblick

Die Fortführung des Kampfes erfordert ein kontinuierliches Engagement und die Bereitschaft, sich an neue Herausforderungen anzupassen. Die nächsten

Generationen von Aktivisten müssen sich darauf vorbereiten, innovative Ansätze zu entwickeln, um die Anliegen amorpher Lebensformen zu vertreten. Bildung, Technologie und interkulturelle Zusammenarbeit werden dabei eine entscheidende Rolle spielen.

Die Vision für die Zukunft umfasst eine Gesellschaft, in der amorphe Lebensformen nicht nur akzeptiert, sondern auch gefeiert werden. Ein Raum, in dem Identität nicht nur geschützt, sondern auch gefördert wird, ist das ultimative Ziel. Nur durch kollektives Handeln und unermüdlichen Einsatz kann dieser Traum verwirklicht werden.

Insgesamt ist die Fortführung des Kampfes für den Identitätsschutz amorpher Lebensformen auf Xorlia eine Verantwortung, die alle trägt. Jeder Einzelne kann einen Beitrag leisten, sei es durch Bildung, Aktivismus oder einfach durch das Teilen von Geschichten und Erfahrungen. Die Hoffnung auf eine gerechtere Zukunft ist nicht nur ein Traum, sondern ein erreichbares Ziel, das durch gemeinsames Handeln Wirklichkeit werden kann.

Ausblick auf die Zukunft

Die Rolle der nächsten Generation

Die nächste Generation spielt eine entscheidende Rolle im Kampf für den Identitätsschutz amorpher Lebensformen auf Xorlia. Diese jungen Aktivisten sind nicht nur die Erben des Erbes von Velis Ryn, sondern auch die Architekten einer neuen Zukunft, in der Identität und Diversität geschätzt und geschützt werden. In diesem Abschnitt werden wir die verschiedenen Aspekte beleuchten, die die Rolle der nächsten Generation im Aktivismus prägen, einschließlich ihrer Herausforderungen, ihrer Potenziale und der Bedeutung von Bildung.

1. Herausforderungen für die nächste Generation

Die nächste Generation sieht sich einer Vielzahl von Herausforderungen gegenüber, die ihren Aktivismus beeinflussen können. Dazu gehören:

- **Technologische Ablenkung:** In einer Welt, die zunehmend von digitalen Medien und sozialen Netzwerken geprägt ist, können junge Menschen leicht von den realen Problemen abgelenkt werden. Die ständige Verfügbarkeit von Informationen kann sowohl eine Quelle des Wissens als auch eine Quelle der Verwirrung sein. Dies kann zu einer Fragmentierung der Bewegung führen, da unterschiedliche Gruppen unterschiedliche Prioritäten setzen.

+ **Mangel an Ressourcen:** Viele junge Aktivisten kämpfen mit einem Mangel an finanziellen und materiellen Ressourcen. Diese Einschränkungen können ihre Fähigkeit, effektive Kampagnen durchzuführen, erheblich beeinträchtigen. Oft sind sie auf die Unterstützung von etablierten Organisationen angewiesen, die möglicherweise nicht immer ihre spezifischen Anliegen vertreten.

+ **Gesellschaftliche Stigmatisierung:** Junge Aktivisten, insbesondere solche, die sich für amorphe Lebensformen einsetzen, können mit Vorurteilen und Diskriminierung konfrontiert werden. Diese Stigmatisierung kann dazu führen, dass sie sich isoliert fühlen und ihre Stimme nicht erheben.

2. Potenziale der nächsten Generation

Trotz dieser Herausforderungen bringt die nächste Generation auch bedeutende Potenziale mit sich:

+ **Innovative Ideen:** Junge Menschen sind oft kreativer und offener für neue Ansätze. Sie bringen frische Perspektiven in den Aktivismus ein und sind bereit, unkonventionelle Strategien zu verfolgen, um ihre Ziele zu erreichen. Dies kann die Nutzung von sozialen Medien zur Mobilisierung von Unterstützern oder die Entwicklung neuer Kunstformen zur Sensibilisierung umfassen.

+ **Globale Vernetzung:** Die heutige Generation hat Zugang zu einer globalen Gemeinschaft von Gleichgesinnten. Dies ermöglicht den Austausch von Ideen und Strategien über geografische Grenzen hinweg. Online-Plattformen bieten die Möglichkeit, sich mit anderen Aktivisten weltweit zu vernetzen, was den Einfluss und die Reichweite ihrer Botschaften erhöht.

+ **Engagement für soziale Gerechtigkeit:** Junge Menschen sind zunehmend sensibilisiert für soziale Gerechtigkeit und Gleichberechtigung. Sie sind bereit, für die Rechte anderer zu kämpfen und sich gegen Ungerechtigkeiten einzusetzen. Diese Leidenschaft kann die Bewegung für den Identitätsschutz amorpher Lebensformen erheblich stärken.

3. Bildung als Schlüssel zur Veränderung

Bildung spielt eine zentrale Rolle in der Entwicklung der nächsten Generation von Aktivisten. Sie ist nicht nur der Schlüssel zu einem besseren Verständnis der Probleme, sondern auch ein Werkzeug zur Mobilisierung und Empowerment. Folgende Aspekte sind hierbei entscheidend:

+ **Wissen über Identitätsschutz:** Ein fundiertes Wissen über die Rechte und die Kultur amorpher Lebensformen ist entscheidend. Bildungsprogramme sollten sich darauf konzentrieren, das Bewusstsein für die Herausforderungen zu schärfen, mit denen diese Lebensformen konfrontiert sind, und die Bedeutung des Identitätsschutzes zu vermitteln.

+ **Fähigkeiten zur kritischen Analyse:** Junge Menschen sollten in der Lage sein, Informationen kritisch zu bewerten und die Auswirkungen von Diskriminierung und Vorurteilen zu erkennen. Dies kann durch Workshops, Seminare und interaktive Lernformate gefördert werden.

+ **Praktische Erfahrungen:** Die nächste Generation sollte die Möglichkeit haben, an praktischen Projekten teilzunehmen, die sich mit dem Identitätsschutz befassen. Durch Freiwilligenarbeit, Praktika und die Teilnahme an Kampagnen können sie wertvolle Erfahrungen sammeln und ihre Fähigkeiten weiterentwickeln.

4. Beispiele für erfolgreiche Initiativen

Es gibt bereits viele inspirierende Beispiele für junge Aktivisten, die eine bedeutende Rolle im Kampf für den Identitätsschutz amorpher Lebensformen gespielt haben:

+ **Die „Xorlia Youth Alliance":** Diese Organisation wurde von einer Gruppe junger Menschen gegründet, die sich für die Rechte amorpher Lebensformen einsetzen. Durch kreative Kampagnen und Veranstaltungen haben sie das Bewusstsein in ihrer Gemeinschaft geschärft und bedeutende Unterstützung mobilisiert.

+ **Online-Plattform „Identität teilen":** Diese Plattform ermöglicht es jungen Aktivisten, ihre Geschichten zu teilen und sich über ihre Erfahrungen auszutauschen. Durch die Verwendung von sozialen Medien konnten sie eine große Anhängerschaft gewinnen und eine globale Diskussion über Identität und Diversität anstoßen.

* **Kunst- und Musikprojekte:** Junge Künstler haben durch ihre Werke auf die Herausforderungen amorpher Lebensformen aufmerksam gemacht. Konzerte, Ausstellungen und Performances haben nicht nur das Bewusstsein geschärft, sondern auch eine Plattform für den Dialog geschaffen.

5. Fazit

Die nächste Generation hat das Potenzial, den Aktivismus für den Identitätsschutz amorpher Lebensformen auf Xorlia entscheidend voranzutreiben. Durch die Überwindung von Herausforderungen, die Nutzung ihrer innovativen Ideen und die Förderung von Bildung können sie eine starke Stimme im Kampf für Gerechtigkeit und Gleichheit werden. Es ist von entscheidender Bedeutung, dass die Gesellschaft sie unterstützt und ihnen die notwendigen Ressourcen und Plattformen zur Verfügung stellt, um ihre Visionen zu verwirklichen. Die Zukunft von Xorlia hängt von ihrem Engagement und ihrer Fähigkeit ab, Veränderungen herbeizuführen und eine Welt zu schaffen, in der Identität und Diversität respektiert und gefeiert werden.

Nachhaltigkeit im Aktivismus

Die Nachhaltigkeit im Aktivismus ist ein zentrales Anliegen für Bürgerrechtsbewegungen, insbesondere für die von Velis Ryn geführte Bewegung zum Schutz der Identität amorpher Lebensformen auf Xorlia. Nachhaltigkeit bezieht sich nicht nur auf ökologische Aspekte, sondern auch auf soziale und ökonomische Dimensionen, die es ermöglichen, dass Aktivismus langfristig Wirkung zeigt und nicht nur temporäre Erfolge erzielt. In diesem Abschnitt werden wir die theoretischen Grundlagen der Nachhaltigkeit im Aktivismus untersuchen, die Herausforderungen, die sich dabei ergeben, sowie konkrete Beispiele erfolgreicher nachhaltiger Praktiken.

Theoretische Grundlagen der Nachhaltigkeit

Die Theorie der Nachhaltigkeit basiert auf dem Konzept der „Triple Bottom Line", das die drei Dimensionen der Nachhaltigkeit – soziale, ökologische und ökonomische – umfasst. Im Kontext des Aktivismus bedeutet dies, dass Bewegungen nicht nur kurzfristige Ziele verfolgen sollten, sondern auch sicherstellen müssen, dass ihre Strategien langfristig tragfähig sind. Dies kann durch folgende Ansätze erreicht werden:

+ **Partizipation der Gemeinschaft:** Die Einbeziehung der Gemeinschaft in Entscheidungsprozesse fördert ein Gefühl der Zugehörigkeit und Verantwortung. Wenn die Mitglieder der Gemeinschaft aktiv an der Gestaltung der Bewegung beteiligt sind, sind sie eher bereit, sich langfristig zu engagieren.

+ **Bildung und Aufklärung:** Bildung ist ein Schlüssel zur Schaffung eines informierten Publikums, das die Ziele und Werte des Aktivismus versteht. Aufklärungskampagnen können dazu beitragen, das Bewusstsein für die Bedeutung der Identität amorpher Lebensformen zu schärfen und die Unterstützung für die Bewegung zu erhöhen.

+ **Ressourcenschonung:** Die effiziente Nutzung von Ressourcen, sowohl finanzieller als auch menschlicher Art, ist entscheidend. Bewegungen sollten Strategien entwickeln, um Ressourcen nachhaltig einzusetzen, um ihre Ziele zu erreichen, ohne zukünftige Generationen zu belasten.

Herausforderungen der Nachhaltigkeit im Aktivismus

Trotz der theoretischen Grundlagen gibt es zahlreiche Herausforderungen, die die Nachhaltigkeit im Aktivismus gefährden können:

+ **Ressourcenmangel:** Oftmals fehlt es an finanziellen Mitteln und personellen Ressourcen, um langfristige Projekte zu realisieren. Dies kann dazu führen, dass Bewegungen auf kurzfristige Erfolge abzielen, anstatt nachhaltige Strategien zu entwickeln.

+ **Politischer Widerstand:** Aktivisten sehen sich häufig Widerständen von politischen Akteuren gegenüber, die ihre Interessen gefährdet sehen. Dies kann die Fähigkeit der Bewegung einschränken, ihre Ziele zu verfolgen und notwendige Veränderungen herbeizuführen.

+ **Interne Konflikte:** Unterschiedliche Meinungen und Ansätze innerhalb einer Bewegung können zu Spannungen führen, die die Effektivität und das Engagement der Mitglieder beeinträchtigen. Ein einheitliches Ziel und klare Kommunikationsstrategien sind entscheidend, um solche Konflikte zu minimieren.

Beispiele erfolgreicher nachhaltiger Praktiken

Trotz dieser Herausforderungen gibt es zahlreiche Beispiele für nachhaltige Praktiken im Aktivismus, die als Vorbild dienen können:

+ **Kooperation mit Bildungseinrichtungen:** Die Zusammenarbeit mit Schulen und Universitäten zur Durchführung von Workshops und Seminaren über die Rechte amorpher Lebensformen hat sich als erfolgreich erwiesen. Diese Bildungsinitiativen fördern das Verständnis und die Unterstützung in der breiten Öffentlichkeit und schaffen ein Netzwerk von engagierten jungen Menschen.

+ **Nutzung sozialer Medien:** Die effektive Nutzung sozialer Medien hat es der Bewegung ermöglicht, ihre Botschaften weitreichend zu verbreiten und internationale Unterstützung zu mobilisieren. Durch kreative Kampagnen und interaktive Inhalte wird das Publikum aktiv in den Diskurs einbezogen.

+ **Langfristige Partnerschaften:** Der Aufbau von langfristigen Partnerschaften mit anderen Organisationen, sowohl lokal als auch international, hat es der Bewegung ermöglicht, Ressourcen zu bündeln und ihre Reichweite zu vergrößern. Diese Netzwerke fördern den Austausch von Best Practices und schaffen eine stärkere Stimme für die Anliegen amorpher Lebensformen.

Fazit

Die Nachhaltigkeit im Aktivismus ist ein komplexes, aber entscheidendes Element für den Erfolg von Bewegungen wie der von Velis Ryn. Durch die Implementierung nachhaltiger Praktiken und die Überwindung von Herausforderungen können Aktivisten sicherstellen, dass ihre Bemühungen nicht nur kurzfristige Erfolge erzielen, sondern auch langfristige Veränderungen bewirken. Die Theorie der Nachhaltigkeit, kombiniert mit konkreten Beispielen und einem klaren Verständnis der Herausforderungen, bietet einen wertvollen Rahmen für die Entwicklung effektiver Aktivismusstrategien, die sowohl die Identität amorpher Lebensformen schützen als auch die Gemeinschaft stärken.

Die Bedeutung von Bildung

Bildung spielt eine zentrale Rolle im Leben von Individuen und Gemeinschaften, insbesondere im Kontext des Identitätsschutzes amorpher Lebensformen auf Xorlia. Sie ist nicht nur ein Mittel zur Wissensvermittlung, sondern auch ein entscheidender Faktor für die Entwicklung eines Bewusstseins für die eigene Identität und die der Gemeinschaft. In diesem Abschnitt werden die verschiedenen Dimensionen der Bildung und deren Einfluss auf den Identitätsschutz untersucht.

Theoretische Grundlagen

Bildung wird oft als ein Prozess definiert, der Wissen, Fähigkeiten, Werte und Überzeugungen vermittelt. In der Theorie des sozialen Konstruktivismus, wie sie von Vygotsky und Piaget formuliert wurde, wird Bildung als aktiver Prozess betrachtet, in dem Lernende durch Interaktion mit ihrer Umwelt und anderen Individuen Wissen konstruieren. Diese Theorie ist besonders relevant für amorphe Lebensformen, die möglicherweise andere Wege der Wissensvermittlung und Identitätsbildung haben als humanoide Lebensformen.

$$Wissen = Erfahrung + Interaktion + Reflexion \qquad (59)$$

Diese Gleichung verdeutlicht, dass Wissen nicht nur aus Erfahrungen resultiert, sondern auch durch soziale Interaktionen und persönliche Reflexionen entsteht. Für amorphe Lebensformen, deren Identität oft fluid und dynamisch ist, ist die Fähigkeit zur Reflexion über die eigene Existenz und die Interaktion mit anderen entscheidend.

Bildung als Werkzeug zur Identitätsbildung

In der Gesellschaft von Xorlia ist Bildung ein Schlüssel zur Identitätsbildung. Durch Bildung erhalten Individuen die Möglichkeit, ihre kulturellen Wurzeln zu erforschen und ein Bewusstsein für ihre eigene Identität zu entwickeln. Dies ist besonders wichtig für amorphe Lebensformen, die oft mit Diskriminierung und Vorurteilen konfrontiert sind. Bildung kann als Schutzschild fungieren, indem sie Wissen über die eigene Kultur und Identität vermittelt.

Beispielsweise können Programme, die sich auf die Geschichte und Kultur amorpher Lebensformen konzentrieren, dazu beitragen, ein positives Selbstbild zu fördern. Diese Programme können Workshops, Seminare und kreative Ausdrucksformen wie Kunst und Musik umfassen, die es den Teilnehmern ermöglichen, ihre Identität zu feiern und zu verstehen.

Herausforderungen im Bildungsbereich

Trotz der Bedeutung von Bildung stehen amorphe Lebensformen vor zahlreichen Herausforderungen. Diskriminierung im Bildungssystem, mangelnde Ressourcen und der Verlust der kulturellen Identität sind nur einige der Probleme, die angegangen werden müssen. Studien zeigen, dass viele amorphe Lebensformen in Bildungseinrichtungen unterrepräsentiert sind, was zu einem Verlust an Sichtbarkeit und einer geringeren Chance auf Identitätsentwicklung führt.

Ein Beispiel für diese Herausforderung ist der Zugang zu qualitativ hochwertiger Bildung. In vielen Teilen von Xorlia sind die Bildungseinrichtungen nicht ausreichend ausgestattet, um den Bedürfnissen amorpher Lebensformen gerecht zu werden. Dies führt zu einem Teufelskreis, in dem mangelnde Bildung zu einem Verlust der kulturellen Identität führt, was wiederum die Bildungschancen weiter einschränkt.

Strategien zur Verbesserung der Bildung

Um die Bildung für amorphe Lebensformen zu verbessern, sind verschiedene Strategien erforderlich. Zunächst ist es wichtig, die Lehrpläne so zu gestalten, dass sie die Vielfalt der Kulturen und Identitäten widerspiegeln. Dies kann durch die Integration von Inhalten geschehen, die die Geschichte, Kunst und Traditionen amorpher Lebensformen hervorheben.

Darüber hinaus sollten Bildungseinrichtungen Partnerschaften mit Gemeinschaftsorganisationen eingehen, um Ressourcen und Unterstützung bereitzustellen. Solche Kooperationen können dazu beitragen, Bildungsprogramme zu entwickeln, die auf die spezifischen Bedürfnisse amorpher Lebensformen zugeschnitten sind.

$$\text{Erfolg} = \text{Zugang} + \text{Ressourcen} + \text{Unterstützung} \qquad (60)$$

Die obige Gleichung zeigt, dass der Erfolg im Bildungsbereich von mehreren Faktoren abhängt. Der Zugang zu Bildung, ausreichende Ressourcen und eine unterstützende Gemeinschaft sind entscheidend, um die Chancen für amorphe Lebensformen zu verbessern.

Beispiele erfolgreicher Bildungsinitiativen

Ein Beispiel für eine erfolgreiche Bildungsinitiative auf Xorlia ist das Programm „Identität durch Bildung", das speziell für amorphe Lebensformen entwickelt wurde. Dieses Programm umfasst interaktive Workshops, in denen Teilnehmer ihre kulturellen Geschichten teilen und kreative Ausdrucksformen nutzen, um ihre Identität zu erforschen. Die Teilnehmer berichten von einem gestärkten Selbstbewusstsein und einer tieferen Verbindung zu ihrer kulturellen Identität.

Ein weiteres Beispiel ist die Einführung von Mentorenprogrammen, in denen erfahrene Aktivisten und Pädagogen amorphe Lebensformen unterstützen, ihre Bildungsziele zu erreichen. Diese Programme fördern nicht nur die Bildung, sondern auch die Gemeinschaftsbildung und Solidarität unter den Teilnehmern.

Fazit

Zusammenfassend lässt sich sagen, dass Bildung eine fundamentale Rolle im Schutz und in der Förderung der Identität amorpher Lebensformen auf Xorlia spielt. Sie bietet nicht nur die Möglichkeit zur Wissensvermittlung, sondern auch zur Entwicklung eines positiven Selbstbildes und zur Stärkung der Gemeinschaft. Um die Herausforderungen im Bildungsbereich zu überwinden, sind gezielte Strategien und Initiativen erforderlich, die den spezifischen Bedürfnissen amorpher Lebensformen gerecht werden. Nur durch einen integrativen und unterstützenden Bildungsansatz kann eine nachhaltige Veränderung erreicht werden, die den Identitätsschutz fördert und die kulturelle Vielfalt auf Xorlia bewahrt.

Zusammenarbeit mit anderen Kulturen

Die Zusammenarbeit mit anderen Kulturen ist ein entscheidender Aspekt im Aktivismus von Velis Ryn, insbesondere im Kontext des Identitätsschutzes amorpher Lebensformen auf Xorlia. Diese interkulturelle Zusammenarbeit fördert nicht nur das Verständnis und die Akzeptanz, sondern stärkt auch die globalen Bürgerrechtsbewegungen, die sich für die Rechte marginalisierter Gruppen einsetzen.

Theoretische Grundlagen

Die interkulturelle Zusammenarbeit basiert auf verschiedenen theoretischen Ansätzen, darunter die interkulturelle Kommunikationstheorie, die soziale Identitätstheorie und die Theorie des kulturellen Austauschs. Laut der interkulturellen Kommunikationstheorie ist die Fähigkeit, effektiv mit Menschen aus verschiedenen kulturellen Hintergründen zu kommunizieren, entscheidend für den Erfolg interkultureller Initiativen. Diese Theorie betont die Bedeutung von Empathie, aktiven Zuhören und kulturellem Bewusstsein.

Die soziale Identitätstheorie, entwickelt von Henri Tajfel und John Turner, legt nahe, dass die Zugehörigkeit zu einer bestimmten sozialen Gruppe das Selbstbild und das Verhalten von Individuen beeinflusst. Diese Theorie ist besonders relevant für Velis Ryns Arbeit, da die amorphen Lebensformen auf Xorlia oft mit Diskriminierung konfrontiert sind, die ihre soziale Identität bedroht. Durch die Zusammenarbeit mit anderen Kulturen kann ein Gefühl der Solidarität und Unterstützung geschaffen werden, das die Identität dieser Lebensformen stärkt.

Probleme und Herausforderungen

Trotz der Vorteile der interkulturellen Zusammenarbeit gibt es zahlreiche Herausforderungen, die überwunden werden müssen. Eine der größten Hürden ist das Vorurteil und die Diskriminierung, die oft in kulturellen Interaktionen auftreten. Diese Vorurteile können den Dialog und die Zusammenarbeit behindern und dazu führen, dass bestimmte Gruppen marginalisiert werden.

Ein weiteres Problem ist die kulturelle Sensibilität. Unterschiedliche Kulturen haben unterschiedliche Werte, Normen und Kommunikationsstile, die zu Missverständnissen führen können. Um effektive Partnerschaften zu bilden, müssen Aktivisten wie Velis Ryn nicht nur die kulturellen Unterschiede anerkennen, sondern auch aktiv daran arbeiten, diese Unterschiede zu überbrücken.

Beispiele für erfolgreiche Zusammenarbeit

Ein bemerkenswertes Beispiel für die Zusammenarbeit zwischen verschiedenen Kulturen ist das internationale Festival der amorphen Lebensformen, das auf Xorlia ins Leben gerufen wurde. Dieses Festival bringt Vertreter verschiedener Kulturen zusammen, um ihre Traditionen, Kunstformen und Perspektiven zu teilen. Durch Workshops, Diskussionen und kreative Ausdrucksformen wird ein Raum geschaffen, in dem unterschiedliche Stimmen gehört werden und ein interkultureller Dialog gefördert wird.

Ein weiteres Beispiel ist die Partnerschaft zwischen Velis Ryns Bewegung und einer globalen Organisation für Menschenrechte, die sich für die Rechte indigener Völker einsetzt. Diese Zusammenarbeit hat es ermöglicht, Ressourcen und Wissen auszutauschen, um effektive Strategien zur Bekämpfung von Diskriminierung und zur Förderung des Identitätsschutzes zu entwickeln. Durch den Austausch von Best Practices und die Mobilisierung von Unterstützern auf internationaler Ebene konnte die Bewegung von Velis Ryn erheblich gestärkt werden.

Schlussfolgerung

Die Zusammenarbeit mit anderen Kulturen ist ein unverzichtbarer Bestandteil des Aktivismus von Velis Ryn. Sie ermöglicht nicht nur den Austausch von Ideen und Ressourcen, sondern fördert auch ein tieferes Verständnis für die Herausforderungen, mit denen amorphe Lebensformen konfrontiert sind. Durch den Aufbau von interkulturellen Beziehungen und die Förderung von Solidarität kann der Identitätsschutz auf Xorlia und darüber hinaus gestärkt werden. Die Herausforderungen, die mit dieser Zusammenarbeit verbunden sind, erfordern jedoch kontinuierliche Anstrengungen und Sensibilität, um sicherzustellen, dass alle Stimmen gehört und respektiert werden.

Die Vision für Xorlia

Die Vision für Xorlia, wie sie von Velis Ryn formuliert wurde, ist geprägt von einem tiefen Verständnis für die Herausforderungen und Chancen, die die amorphen Lebensformen auf diesem einzigartigen Planeten erleben. Diese Vision zielt darauf ab, eine inklusive Gesellschaft zu schaffen, in der jede Lebensform, unabhängig von ihrer physischen oder kulturellen Identität, respektiert und geschätzt wird.

Langfristige Ziele der Bewegung

Die langfristigen Ziele der Bewegung umfassen:

- **Schutz der Identität amorpher Lebensformen:** Es ist entscheidend, rechtliche Rahmenbedingungen zu schaffen, die die Identität und die Rechte dieser Lebensformen schützen. Dies schließt den Zugang zu Bildung, Gesundheitsversorgung und rechtlichen Ressourcen ein.

- **Förderung der interkulturellen Verständigung:** Xorlia ist ein Schmelztiegel der Kulturen. Die Vision umfasst Programme, die den Austausch und das Verständnis zwischen verschiedenen Lebensformen fördern, um Diskriminierung abzubauen und den sozialen Zusammenhalt zu stärken.

- **Nachhaltige Entwicklung:** Die Vision sieht eine nachhaltige Entwicklung vor, die ökologische, soziale und wirtschaftliche Aspekte berücksichtigt. Dies bedeutet, dass technologische Fortschritte im Einklang mit den Bedürfnissen aller Lebensformen stehen müssen.

Strategien zur Umsetzung

Um diese Vision zu verwirklichen, wurden mehrere Strategien entwickelt:

1. **Bildung als Schlüssel zur Veränderung:** Bildung wird als ein grundlegendes Werkzeug betrachtet, um das Bewusstsein für die Rechte und die Identität amorpher Lebensformen zu schärfen. Programme in Schulen und Gemeinschaftseinrichtungen sollen das Verständnis für Diversität fördern.

2. **Partnerschaften mit anderen Kulturen:** Die Zusammenarbeit mit anderen Planeten und Kulturen wird als essenziell erachtet, um voneinander zu lernen und gemeinsame Lösungen für globale Herausforderungen zu finden.

3. **Nutzung von Technologie:** Die Implementierung neuer Technologien, die den Zugang zu Informationen und Ressourcen erleichtern, ist ein zentraler Bestandteil der Vision. Dies schließt auch die Nutzung sozialer Medien ein, um die Botschaft der Bewegung zu verbreiten.

Die Bedeutung von Hoffnung

Hoffnung ist ein zentrales Element in der Vision für Xorlia. Velis Ryn betont, dass der Glaube an eine bessere Zukunft und die Fähigkeit, Träume zu verwirklichen, die treibende Kraft hinter dem Aktivismus sind. Diese Hoffnung inspiriert nicht nur die gegenwärtigen Generationen, sondern auch zukünftige Aktivisten, die die Prinzipien von Velis Ryn weitertragen werden.

Zusammenarbeit mit anderen Kulturen

Die Vision für Xorlia schließt eine enge Zusammenarbeit mit anderen Kulturen ein. Austauschprogramme und interkulturelle Dialoge sollen dazu beitragen, Vorurteile abzubauen und ein tieferes Verständnis für die Vielfalt der Lebensformen zu schaffen. Solche Initiativen haben das Potenzial, nicht nur die Gesellschaft auf Xorlia zu bereichern, sondern auch positive Auswirkungen auf andere Planeten zu haben, die ähnliche Herausforderungen erleben.

Einfluss auf andere Lebensformen

Die Auswirkungen der Vision für Xorlia könnten weit über die Grenzen des Planeten hinausreichen. Indem Xorlia als Modell für den Schutz der Identität amorpher Lebensformen fungiert, könnte es anderen Planeten als Beispiel dienen, wie man Vielfalt respektiert und fördert. Dies könnte zu einer globalen Bewegung führen, die sich für die Rechte aller Lebensformen einsetzt.

Reflexion über den eigenen Einfluss

Abschließend ist es wichtig, den eigenen Einfluss zu reflektieren. Velis Ryn lehrt, dass jeder Einzelne eine Rolle im Aktivismus spielt. Die Vision für Xorlia ermutigt die Bürger, sich aktiv an der Gestaltung ihrer Gesellschaft zu beteiligen und für die Rechte ihrer Mitgeschöpfe einzutreten. Diese kollektive Anstrengung kann transformative Veränderungen bewirken und eine Zukunft schaffen, in der alle Lebensformen in Harmonie existieren können.

Einfluss auf andere Lebensformen

Der Einfluss von Velis Ryn und seiner Bewegung für den Identitätsschutz amorpher Lebensformen erstreckt sich über die Grenzen von Xorlia hinaus und hat bedeutende Auswirkungen auf andere Lebensformen in verschiedenen intergalaktischen Gemeinschaften. Diese Auswirkungen sind nicht nur auf die rechtlichen und sozialen Rahmenbedingungen beschränkt, sondern umfassen auch kulturelle, wirtschaftliche und psychologische Dimensionen. In diesem Abschnitt werden wir die verschiedenen Facetten des Einflusses auf andere Lebensformen analysieren und die Herausforderungen sowie Erfolge beleuchten, die sich aus dieser interplanetaren Bewegung ergeben haben.

Kultureller Austausch und Identitätsschutz

Ein zentraler Aspekt des Einflusses von Velis Ryn auf andere Lebensformen ist der kulturelle Austausch, der zwischen verschiedenen Zivilisationen stattfindet. Der Schutz der Identität amorpher Lebensformen hat dazu geführt, dass ähnliche Bewegungen in anderen Teilen des Universums entstanden sind. Diese Bewegungen setzen sich für die Rechte und die Anerkennung ihrer eigenen kulturellen Identitäten ein. Ein Beispiel dafür ist die *Galaktische Allianz für Vielfalt*, eine Organisation, die sich für den Schutz und die Förderung der kulturellen Identität von nicht-humanoiden Lebensformen einsetzt.

Die *Galaktische Allianz* hat mehrere Konferenzen organisiert, bei denen Vertreter verschiedener Lebensformen zusammenkommen, um ihre Erfahrungen auszutauschen und Strategien zur Förderung ihrer Identität zu entwickeln. Diese Konferenzen haben nicht nur zu einem besseren Verständnis der Herausforderungen geführt, mit denen amorphe Lebensformen konfrontiert sind, sondern auch zur Stärkung der Solidarität zwischen den verschiedenen Kulturen.

Rechtliche Rahmenbedingungen und internationale Standards

Ein weiterer Einfluss von Velis Ryn auf andere Lebensformen ist die Entwicklung rechtlicher Rahmenbedingungen, die den Schutz der Identität und der Rechte amorpher Lebensformen gewährleisten. Die Bewegung hat dazu beigetragen, internationale Standards zu schaffen, die als Modell für andere Zivilisationen dienen können. Ein Beispiel hierfür ist die *Intergalaktische Erklärung der Rechte amorpher Lebensformen*, die von verschiedenen Planeten unterzeichnet wurde und die grundlegenden Rechte und Freiheiten für amorphe Lebensformen festlegt.

Diese Erklärung umfasst Aspekte wie das Recht auf Selbstidentifikation, den Schutz vor Diskriminierung und den Zugang zu Bildung. Die Verabschiedung solcher Dokumente hat nicht nur die rechtliche Stellung amorpher Lebensformen gestärkt, sondern auch andere Lebensformen inspiriert, ähnliche Dokumente zu entwickeln, um ihre eigenen Rechte zu schützen.

Psychologische Auswirkungen und Identitätsbildung

Die Bewegung von Velis Ryn hat auch psychologische Auswirkungen auf andere Lebensformen, insbesondere auf solche, die mit ähnlichen Identitätskrisen konfrontiert sind. Die Idee, dass Identität ein dynamisches und veränderliches Konzept ist, hat viele Lebensformen dazu ermutigt, ihre eigenen Identitäten zu hinterfragen und zu definieren. Dies hat zu einer Welle von Selbstreflexion und Identitätsbildung geführt, die in vielen intergalaktischen Gemeinschaften zu beobachten ist.

Ein Beispiel für diese psychologischen Auswirkungen ist die *Identitätsbewegung der Silikonen*, die sich mit den Herausforderungen der Selbstidentifikation und der gesellschaftlichen Akzeptanz auseinandersetzt. Die Silikonen haben durch Workshops und kreative Ausdrucksformen, wie Kunst und Musik, Wege gefunden, ihre Identität zu erkunden und zu feiern. Diese Initiativen wurden durch die Ideen von Velis Ryn inspiriert, der betont hat, wie wichtig es ist, die eigene Identität zu verstehen und zu akzeptieren.

Wirtschaftliche Kooperationen und intergalaktische Partnerschaften

Ein weiterer bemerkenswerter Einfluss von Velis Ryn ist die Förderung wirtschaftlicher Kooperationen zwischen verschiedenen Lebensformen. Die Bewegung hat dazu geführt, dass amorphe Lebensformen in intergalaktische Handelsabkommen einbezogen werden, die ihre kulturellen und wirtschaftlichen Interessen berücksichtigen. Diese Kooperationen haben nicht nur den Zugang zu Ressourcen verbessert, sondern auch den Austausch von Wissen und Technologien gefördert.

Ein Beispiel für solche Kooperationen ist das *Intergalaktische Handelsabkommen für Diversität*, das den Handel zwischen verschiedenen Lebensformen regelt und sicherstellt, dass die kulturelle Identität und die Rechte amorpher Lebensformen respektiert werden. Diese Abkommen haben es ermöglicht, dass amorphe Lebensformen aktiv an der Wirtschaft anderer

Zivilisationen teilnehmen und ihre Stimmen in wirtschaftlichen Angelegenheiten Gehör finden.

Herausforderungen und Widerstände

Trotz der positiven Entwicklungen gibt es auch Herausforderungen und Widerstände, denen die Bewegung von Velis Ryn gegenübersteht. In vielen intergalaktischen Gemeinschaften gibt es nach wie vor Vorurteile und Diskriminierung gegenüber amorphen Lebensformen. Diese gesellschaftlichen Stigmatisierungen können die Bemühungen um Identitätsschutz und rechtliche Anerkennung behindern.

Ein Beispiel hierfür ist die *Kampagne gegen Vorurteile*, die in bestimmten Regionen des Universums ins Leben gerufen wurde, um das Bewusstsein für die Herausforderungen amorpher Lebensformen zu schärfen. Diese Kampagne hat jedoch mit Widerstand von konservativen Gruppen zu kämpfen, die die Veränderungen ablehnen und sich gegen die Anerkennung amorpher Lebensformen aussprechen.

Fazit

Zusammenfassend lässt sich sagen, dass der Einfluss von Velis Ryn auf andere Lebensformen weitreichend und vielschichtig ist. Durch kulturellen Austausch, rechtliche Rahmenbedingungen, psychologische Unterstützung und wirtschaftliche Kooperationen hat die Bewegung einen bedeutenden Beitrag zur Förderung des Identitätsschutzes geleistet. Dennoch bleibt der Weg zu einer vollständigen Gleichstellung und Akzeptanz für amorphe Lebensformen herausfordernd. Die fortwährenden Bemühungen und der unermüdliche Einsatz von Aktivisten wie Velis Ryn sind entscheidend, um die Vision einer inklusiven und vielfältigen intergalaktischen Gemeinschaft zu verwirklichen.

Die Kraft der Veränderung

Die Kraft der Veränderung ist ein zentrales Thema im Leben von Velis Ryn und im Kontext des Aktivismus für amorphe Lebensformen auf Xorlia. Veränderung ist nicht nur ein Prozess, sondern auch eine treibende Kraft, die Individuen und Gemeinschaften dazu inspiriert, ihre Umstände zu hinterfragen und zu verbessern. In diesem Abschnitt werden wir die verschiedenen Dimensionen der Veränderung untersuchen, die Herausforderungen, die sie mit sich bringt, sowie die positiven Auswirkungen, die sie auf die Gesellschaft haben kann.

Theoretische Grundlagen der Veränderung

Die Theorie der sozialen Veränderung befasst sich mit den Mechanismen, durch die Gesellschaften sich entwickeln und transformieren. Laut dem Soziologen Karl Marx ist Veränderung oft das Ergebnis von Konflikten zwischen verschiedenen sozialen Klassen, die unterschiedliche Interessen vertreten. Diese Konflikte können als Katalysatoren für Veränderungen fungieren, indem sie bestehende Strukturen in Frage stellen und neue Ideen hervorbringen. Ein weiteres wichtiges Konzept ist die Theorie des sozialen Wandels von Max Weber, die betont, dass Veränderungen oft durch kulturelle und ideologische Faktoren beeinflusst werden.

Die **Kraft der Veränderung** kann auch durch die *Theorie des Wandels* von Kurt Lewin verstanden werden, die in drei Phasen unterteilt ist: Unfreeze, Change und Refreeze. In der ersten Phase, *Unfreeze*, wird das bestehende Gleichgewicht in der Gesellschaft gestört, um Raum für neue Ideen zu schaffen. In der zweiten Phase, *Change*, werden neue Praktiken und Überzeugungen implementiert. Schließlich wird in der Phase *Refreeze* das neue Gleichgewicht stabilisiert, um die Nachhaltigkeit der Veränderungen zu gewährleisten.

Herausforderungen bei der Veränderung

Trotz ihrer positiven Aspekte bringt Veränderung auch Herausforderungen mit sich. Eine der größten Hürden ist der Widerstand gegen Veränderungen. Dieser Widerstand kann aus verschiedenen Quellen stammen, darunter kulturelle Normen, politische Systeme und individuelle Ängste. In vielen Fällen fühlen sich Menschen von Veränderungen bedroht, da sie die Stabilität ihrer gewohnten Lebensweise infrage stellen.

Ein Beispiel für solchen Widerstand ist die Ablehnung von Identitätsschutzmaßnahmen für amorphe Lebensformen auf Xorlia. Viele Menschen, die nicht zu diesen Lebensformen gehören, fürchten, dass ihre eigenen Identitäten durch die Anerkennung und den Schutz der amorphen Lebensformen gefährdet werden könnten. Dies führt zu einem tief verwurzelten Vorurteil und Diskriminierung, die die Fortschritte im Aktivismus behindern.

Positive Auswirkungen der Veränderung

Trotz der Herausforderungen ist die Kraft der Veränderung unbestreitbar. Sie kann zu bedeutenden sozialen, kulturellen und politischen Fortschritten führen. Ein herausragendes Beispiel für erfolgreiche Veränderung ist die **Bürgerrechtsbewegung** auf Xorlia, die von Velis Ryn maßgeblich vorangetrieben wurde. Durch die Mobilisierung der Gemeinschaft und den Einsatz von kreativen

Ausdrucksformen wie Kunst und Musik gelang es der Bewegung, das Bewusstsein für die Rechte amorpher Lebensformen zu schärfen und eine breitere Unterstützung in der Gesellschaft zu gewinnen.

Ein weiterer positiver Aspekt der Veränderung ist die Förderung von **Empathie** und **Solidarität**. Wenn Menschen sich für Veränderungen einsetzen, entwickeln sie oft ein tieferes Verständnis für die Herausforderungen, mit denen andere konfrontiert sind. Diese Empathie kann als Katalysator für weitere Veränderungen dienen, indem sie eine Kultur des Mitgefühls und der Unterstützung schafft.

Schlussfolgerung

Die Kraft der Veränderung ist ein dynamischer und oft komplexer Prozess, der sowohl Herausforderungen als auch Chancen mit sich bringt. Velis Ryns Engagement für den Identitätsschutz amorpher Lebensformen auf Xorlia zeigt, wie Veränderung initiiert und gefördert werden kann, selbst in einem Umfeld, das von Widerstand geprägt ist. Durch Bildung, Aufklärung und die Schaffung von Bewusstsein können Gemeinschaften ermutigt werden, Veränderungen zu akzeptieren und aktiv daran teilzunehmen. Letztlich ist die Kraft der Veränderung nicht nur eine Frage des Aktivismus, sondern eine grundlegende menschliche Erfahrung, die das Potenzial hat, Gesellschaften zu transformieren und eine bessere Zukunft für alle Lebensformen zu schaffen.

Hoffnung für die Zukunft

Die Hoffnung für die Zukunft ist ein zentrales Element in der Bürgerrechtsbewegung, insbesondere für die amorphen Lebensformen auf Xorlia. Diese Hoffnung ist nicht nur ein Gefühl, sondern auch eine treibende Kraft, die den Aktivismus vorantreibt und die Gemeinschaft dazu inspiriert, für ihre Rechte und Identität zu kämpfen. In diesem Abschnitt werden wir die verschiedenen Dimensionen der Hoffnung untersuchen, die Herausforderungen, die die Gemeinschaften auf Xorlia bewältigen müssen, und die Strategien, die entwickelt werden, um eine bessere Zukunft zu schaffen.

Die Bedeutung von Hoffnung

Hoffnung ist mehr als nur ein passives Warten auf Veränderung; sie ist eine aktive Überzeugung, dass Veränderungen möglich sind und dass die Anstrengungen, die unternommen werden, Früchte tragen werden. In der Theorie des sozialen Wandels wird Hoffnung oft als ein Schlüsselfaktor für den Erfolg von Bewegungen betrachtet. [?] argumentieren, dass Hoffnung aus drei Hauptkomponenten besteht: Zielen, Wegen und dem Glauben an die eigene Fähigkeit, diese Ziele zu erreichen. Diese Komponenten sind entscheidend für die Motivation und das Engagement von Aktivisten.

Herausforderungen für die Zukunft

Trotz der Hoffnung stehen die amorphen Lebensformen auf Xorlia vor zahlreichen Herausforderungen. Diskriminierung, rechtliche Unsicherheiten und gesellschaftliche Vorurteile sind nur einige der Probleme, die es zu bewältigen gilt. Der Verlust von kultureller Identität und die Stigmatisierung in der Gesellschaft tragen zur Unsicherheit und Angst innerhalb der Gemeinschaft bei. Diese Herausforderungen können lähmend wirken, doch sie sind auch Antrieb für Veränderung.

Ein Beispiel für eine solche Herausforderung ist die rechtliche Diskriminierung, die amorphe Lebensformen betrifft. In vielen Fällen sind die Gesetze auf Xorlia nicht auf die Bedürfnisse dieser Lebensformen ausgelegt, was zu einem Mangel an rechtlichem Schutz führt. Dies hat direkte Auswirkungen auf die Identität und die Selbstwahrnehmung der Betroffenen. Um diesen Herausforderungen zu begegnen, ist es wichtig, dass die Gemeinschaften zusammenarbeiten und Strategien entwickeln, um ihre Stimme zu erheben und ihre Rechte zu verteidigen.

Strategien zur Förderung der Hoffnung

Um die Hoffnung für die Zukunft zu fördern, müssen verschiedene Strategien entwickelt und implementiert werden. Bildung spielt eine zentrale Rolle in diesem Prozess. Durch Aufklärung und Bewusstseinsbildung können Vorurteile abgebaut und das Verständnis für die Belange amorpher Lebensformen gefördert werden. [3] betont die Bedeutung von Bildung als Werkzeug zur Befreiung und zur Förderung kritischen Denkens.

Zusätzlich ist die Kunst ein kraftvolles Medium, um Hoffnung zu vermitteln und Gemeinschaften zu inspirieren. Kunstprojekte, die die Erfahrungen und Herausforderungen amorpher Lebensformen darstellen, können das Bewusstsein schärfen und eine emotionale Verbindung zur breiteren Gesellschaft herstellen. Veranstaltungen wie Festivals und Kunstausstellungen bieten Plattformen, um diese Botschaften zu verbreiten und die Gemeinschaft zu mobilisieren.

Internationale Zusammenarbeit

Die Hoffnung für die Zukunft wird auch durch internationale Zusammenarbeit gestärkt. Der Austausch von Erfahrungen und Best Practices zwischen verschiedenen Bürgerrechtsbewegungen auf anderen Planeten kann wertvolle Einblicke und Unterstützung bieten. [1] argumentiert, dass soziale Bewegungen von der Unterstützung und Solidarität anderer Bewegungen profitieren können, was zu einem stärkeren und kohärenteren Aktivismus führt.

Ein Beispiel hierfür ist die Partnerschaft zwischen der Bewegung für amorphe Lebensformen auf Xorlia und ähnlichen Bewegungen auf dem Planeten Zorath. Durch den Austausch von Strategien und Ressourcen konnten beide Bewegungen ihre Reichweite und ihren Einfluss erweitern, was zu einer stärkeren globalen Resonanz ihrer Anliegen führte.

Die Rolle der nächsten Generation

Die nächste Generation spielt eine entscheidende Rolle in der Hoffnung für die Zukunft. Junge Aktivisten bringen frische Perspektiven und innovative Ideen in die Bewegung ein. Ihre Energie und ihr Engagement sind entscheidend, um die Anliegen amorpher Lebensformen auf Xorlia voranzutreiben und eine nachhaltige Veränderung zu bewirken. Programme zur Förderung von Jugendengagement und -bildung sind unerlässlich, um sicherzustellen, dass die Hoffnung für die Zukunft nicht nur ein kurzfristiges Gefühl ist, sondern eine dauerhafte Verpflichtung zur Veränderung.

Schlussfolgerung

Zusammenfassend lässt sich sagen, dass die Hoffnung für die Zukunft eine zentrale Rolle im Aktivismus für amorphe Lebensformen auf Xorlia spielt. Trotz der Herausforderungen, die die Gemeinschaften bewältigen müssen, ist es die Hoffnung, die sie antreibt, ihre Identität zu verteidigen und für ihre Rechte zu kämpfen. Durch Bildung, Kunst, internationale Zusammenarbeit und das Engagement der nächsten Generation kann diese Hoffnung genährt und in konkrete Veränderungen umgesetzt werden. Der Weg mag lang und steinig sein, doch die Überzeugung, dass eine bessere Zukunft möglich ist, bleibt ein kraftvoller Antrieb für alle, die für die Rechte amorpher Lebensformen auf Xorlia kämpfen.

Die Bedeutung von Identitätsschutz

Der Identitätsschutz ist ein zentrales Thema in der Diskussion um die Rechte und den Schutz amorpher Lebensformen auf Xorlia. Identität ist nicht nur ein persönliches Konzept, sondern auch ein gesellschaftliches, das tief in den Strukturen und Normen einer Gemeinschaft verwurzelt ist. Die Bedeutung des Identitätsschutzes kann in mehreren Dimensionen betrachtet werden, einschließlich der kulturellen, sozialen und psychologischen Aspekte.

Theoretische Grundlagen

Die Identitätstheorie, die in der Sozialpsychologie verwurzelt ist, besagt, dass Identität aus verschiedenen Komponenten besteht, darunter persönliche Identität, soziale Identität und kulturelle Identität. Diese Dimensionen sind entscheidend für das Verständnis, wie Individuen sich selbst wahrnehmen und wie sie von anderen wahrgenommen werden. In der Kontext von amorphen Lebensformen, die oft als weniger greifbar oder definierbar angesehen werden, ist der Schutz dieser Identitäten besonders wichtig.

$$I = P + S + C \tag{61}$$

wobei I die Identität, P die persönliche Identität, S die soziale Identität und C die kulturelle Identität darstellt. Diese Gleichung verdeutlicht, dass die Identität aus einem Zusammenspiel dieser Komponenten besteht, und dass die Stärkung einer Dimension auch die anderen beeinflussen kann.

Probleme des Identitätsschutzes

Die Herausforderungen, denen amorphe Lebensformen gegenüberstehen, sind vielfältig. Diskriminierung und Vorurteile sind häufige Probleme, die nicht nur die individuelle Identität untergraben, sondern auch das kollektive Selbstverständnis einer Gruppe. Diese Diskriminierung kann sich auf verschiedene Weisen manifestieren, einschließlich:

- **Rechtliche Diskriminierung**: Oftmals gibt es keine spezifischen Gesetze, die amorphe Lebensformen schützen, was zu einem Mangel an rechtlicher Anerkennung führt.

- **Kulturelle Stigmatisierung**: Gesellschaftliche Vorurteile können dazu führen, dass amorphe Lebensformen als "anders" oder "minderwertig" angesehen werden, was ihre Integration in die Gesellschaft erschwert.

◆ **Psychologische Auswirkungen:** Die ständige Konfrontation mit Diskriminierung kann zu Identitätskrisen und psychischen Problemen führen. Diese Herausforderungen sind besonders gravierend, wenn Individuen keine Unterstützung aus ihrer Gemeinschaft erhalten.

Beispiele für Identitätsschutz

Ein Beispiel für erfolgreichen Identitätsschutz ist die Gründung von Organisationen, die sich speziell für die Rechte amorpher Lebensformen einsetzen. Diese Organisationen fördern Bewusstsein und Verständnis in der Gesellschaft und bieten Unterstützung für Betroffene. Eine solche Organisation könnte beispielsweise Workshops und Bildungsprogramme anbieten, um die kulturelle Identität amorpher Lebensformen zu stärken.

Ein weiteres Beispiel ist die Nutzung von sozialen Medien, um eine Plattform für den Austausch von Erfahrungen und die Mobilisierung der Gemeinschaft zu schaffen. Durch Hashtags und Online-Kampagnen kann eine breite Öffentlichkeit erreicht werden, was zu einer stärkeren Unterstützung für den Identitätsschutz führt.

$$E = \frac{N}{T} \tag{62}$$

wobei E die Effektivität einer Kampagne, N die Anzahl der erreichten Personen und T die Zeit darstellt. Diese Gleichung zeigt, dass die Effektivität von Kampagnen nicht nur von der Reichweite, sondern auch von der Zeit abhängt, die in die Planung und Durchführung investiert wird.

Die Rolle der Gemeinschaft

Die Gemeinschaft spielt eine entscheidende Rolle beim Identitätsschutz. Durch die Schaffung eines unterstützenden Umfelds können Individuen ermutigt werden, ihre Identität zu akzeptieren und zu feiern. Gemeinschaftsorganisationen können als Plattformen dienen, um kulturelle Veranstaltungen zu organisieren, die die Vielfalt fördern und die Identität amorpher Lebensformen hervorheben.

$$C = \sum_{i=1}^{n} S_i \tag{63}$$

wobei C die Gemeinschaft, S_i die Unterstützung von Individuen in der Gemeinschaft und n die Anzahl der Mitglieder darstellt. Diese Gleichung zeigt, dass die Stärke einer Gemeinschaft durch die individuelle Unterstützung ihrer Mitglieder definiert wird.

Fazit

Die Bedeutung des Identitätsschutzes für amorphe Lebensformen auf Xorlia kann nicht überschätzt werden. Identität ist ein grundlegendes Element des menschlichen Daseins, und der Schutz dieser Identität ist entscheidend für das Wohlbefinden und die Integration in die Gesellschaft. Durch rechtliche Maßnahmen, Bildung, Gemeinschaftsunterstützung und den Einsatz von sozialen Medien kann der Identitätsschutz gefördert werden. Die Herausforderungen sind groß, aber mit einer kollektiven Anstrengung kann eine positive Veränderung erreicht werden, die nicht nur amorphen Lebensformen, sondern der gesamten Gesellschaft zugutekommt.

Abschlussgedanken und Dankbarkeit

In der Reflexion über das Leben und die Errungenschaften von Velis Ryn wird deutlich, dass die Reise des Aktivismus nicht nur eine persönliche, sondern auch eine kollektive ist. Der Kampf für den Identitätsschutz amorpher Lebensformen auf Xorlia hat nicht nur die betroffenen Gemeinschaften gestärkt, sondern auch ein Bewusstsein für die Vielfalt und die Herausforderungen geschaffen, die mit der Identität verbunden sind.

Die Bedeutung der Identität kann nicht hoch genug eingeschätzt werden. Sie ist der Kern unserer Existenz und beeinflusst, wie wir uns selbst und andere wahrnehmen. Velis Ryn hat uns gelehrt, dass Identität nicht statisch ist, sondern sich im Laufe der Zeit entwickeln kann. Diese Erkenntnis ist besonders wichtig in einer Welt, die oft versucht, uns in vorgefertigte Schubladen zu stecken. Der Kampf um Identitätsschutz ist ein dynamischer Prozess, der ständige Reflexion und Anpassung erfordert.

Ein zentrales Problem, das während der Aktivismusbewegung auftrat, war die Diskriminierung und Stigmatisierung amorpher Lebensformen. Diese Herausforderungen wurden durch Vorurteile und Missverständnisse verstärkt, die in der Gesellschaft weit verbreitet sind. Velis Ryn hat uns gezeigt, dass der Schlüssel zur Überwindung dieser Barrieren in der Aufklärung und im interkulturellen Dialog liegt. Durch Bildung und Bewusstseinsbildung können wir die Vorurteile abbauen, die oft zu Diskriminierung führen. Ein Beispiel hierfür ist die Kampagne „Identität zählt", die in Schulen und Gemeinschaftszentren durchgeführt wurde und die Vielfalt der Lebensformen feierte.

Darüber hinaus ist es wichtig, die Rolle der Gemeinschaft zu betonen. Die Unterstützung, die Velis Ryn von Freunden, Familie und Gleichgesinnten erhielt, war entscheidend für den Erfolg der Bewegung. Die Kraft der Gemeinschaft liegt in ihrer Fähigkeit, Einzelpersonen zu ermutigen und zu inspirieren. Die Geschichten von Solidarität und Unterstützung, die während des Aktivismus geteilt wurden, sind ein Beweis dafür, dass wir gemeinsam stärker sind.

Ein weiteres zentrales Element, das in dieser Reflexion hervorgehoben werden sollte, ist die Rolle der Hoffnung. Velis Ryn hat uns gelehrt, dass Hoffnung nicht nur ein Gefühl ist, sondern eine treibende Kraft, die uns durch die schwierigsten Zeiten trägt. In Momenten des Zweifels und der Rückschläge war es die Hoffnung auf Veränderung, die die Bewegung vorantrieb. Diese Hoffnung ist ein wesentlicher Bestandteil des Aktivismus und sollte in zukünftige Strategien integriert werden.

Abschließend möchten wir unsere Dankbarkeit für die unermüdliche Arbeit und das Engagement von Velis Ryn und all denjenigen, die sich für den Identitätsschutz eingesetzt haben, zum Ausdruck bringen. Ihr Vermächtnis wird in den Herzen derjenigen weiterleben, die weiterhin für Gerechtigkeit und Gleichheit kämpfen. Es liegt an uns, die Lehren von Velis Ryn in die Zukunft zu tragen und den Kampf fortzusetzen.

Wir sind aufgerufen, die Prinzipien von Empathie, Solidarität und Hoffnung in unserem täglichen Leben zu praktizieren. Indem wir die Vielfalt feiern und die Stimmen derjenigen hören, die oft übersehen werden, können wir eine inklusivere und gerechtere Gesellschaft schaffen. Lasst uns gemeinsam die Vision von Velis Ryn verwirklichen und die Veränderung sein, die wir in der Welt sehen möchten.

$$\text{Gemeinschaft} = \text{Empathie} + \text{Solidarität} + \text{Hoffnung} \qquad (64)$$

Diese Gleichung fasst zusammen, dass die Stärke einer Gemeinschaft in der Fähigkeit liegt, Empathie zu zeigen, solidarisch zu handeln und die Hoffnung auf eine bessere Zukunft zu bewahren. Lassen Sie uns diese Werte in unserem täglichen Leben kultivieren und die Botschaft von Velis Ryn weitertragen.

Kapitel 5: Die globale Resonanz von Velis Ryn

Internationale Unterstützung

Kooperationen mit globalen Organisationen

Die Kooperationen von Velis Ryn mit globalen Organisationen sind ein entscheidender Bestandteil seines Aktivismus für den Identitätsschutz amorpher Lebensformen auf Xorlia. Diese internationalen Partnerschaften haben nicht nur die Reichweite seiner Botschaft erweitert, sondern auch die Ressourcen und das Wissen, die für den Erfolg seiner Bewegung notwendig sind, mobilisiert. In diesem Abschnitt werden die theoretischen Grundlagen, Herausforderungen sowie praktische Beispiele dieser Kooperationen untersucht.

Theoretische Grundlagen

Die Theorie der sozialen Bewegungen legt nahe, dass Kooperationen mit globalen Organisationen für lokale Aktivisten von Vorteil sind, um ihre Anliegen auf eine größere Bühne zu bringen. [1] argumentiert, dass soziale Bewegungen durch die Mobilisierung von Ressourcen, die Schaffung von Netzwerken und die Unterstützung durch externe Akteure gestärkt werden. Diese Theorie findet sich in der Praxis bei Velis Ryn, dessen Bewegung durch die Zusammenarbeit mit internationalen NGOs und anderen Organisationen an Einfluss gewonnen hat.

Eine wichtige theoretische Grundlage für diese Kooperationen ist die *Transnationalismus-Theorie*, die besagt, dass soziale Bewegungen über nationale Grenzen hinweg agieren können, um gemeinsame Ziele zu erreichen. [2] beschreibt, wie transnationale Netzwerke den Austausch von Informationen und Strategien fördern, was für den Erfolg von Bewegungen entscheidend ist. Velis

Ryn hat dies erkannt und nutzt diese Theorie, um amorphe Lebensformen auf Xorlia international sichtbar zu machen.

Herausforderungen der Kooperationen

Trotz der Vorteile, die sich aus diesen Kooperationen ergeben, gibt es auch erhebliche Herausforderungen. Eine der größten Hürden ist die *Kulturelle Sensibilität*. Unterschiedliche kulturelle Kontexte können zu Missverständnissen und Konflikten führen. So kann die Wahrnehmung von Identität und deren Schutz in verschiedenen Kulturen unterschiedlich interpretiert werden. [3] argumentiert, dass kulturelle Unterschiede die Zusammenarbeit zwischen Organisationen aus verschiedenen Ländern erschweren können.

Ein weiteres Problem ist die *Ressourcenzuteilung*. Oftmals haben globale Organisationen unterschiedliche Prioritäten und Ressourcenverteilungen, was zu Spannungen führen kann. Velis Ryn musste lernen, wie man diese Unterschiede überwindet, um eine einheitliche Front für den Identitätsschutz zu bilden.

Praktische Beispiele

Ein herausragendes Beispiel für die Kooperation von Velis Ryn mit einer globalen Organisation ist die Partnerschaft mit der *Intergalaktischen Bürgerrechtsunion (ICRU)*. Diese Organisation hat sich auf den Schutz der Rechte von Minderheiten und amorphen Lebensformen spezialisiert. Durch diese Partnerschaft konnte Velis Ryn Zugang zu einem breiten Netzwerk von Unterstützern und Ressourcen gewinnen, die es ihm ermöglichten, Kampagnen auf intergalaktischer Ebene durchzuführen.

Ein weiteres Beispiel ist die Zusammenarbeit mit *Planetary Alliance for Identity Protection (PAIP)*, einer Organisation, die sich für den Schutz der Identität von Lebensformen in verschiedenen Planeten einsetzt. Diese Kooperation hat es Velis Ryn ermöglicht, Bildungskampagnen zu entwickeln, die nicht nur auf Xorlia, sondern auch auf anderen Planeten durchgeführt wurden. Die PAIP hat auch finanzielle Unterstützung bereitgestellt, um die Reichweite der Bewegung zu erhöhen und mehr Menschen zu erreichen.

Ergebnisse der Kooperationen

Die Kooperationen mit globalen Organisationen haben zu bedeutenden Fortschritten im Aktivismus von Velis Ryn geführt. Durch den Austausch von Best Practices und Strategien konnte die Bewegung effektiver mobilisiert werden. Ein bemerkenswerter Erfolg war die *Xorlianische Konferenz für Identitätsschutz*, die in Zusammenarbeit mit der ICRU organisiert wurde. Diese Konferenz brachte Aktivisten, Wissenschaftler und politische Entscheidungsträger zusammen und führte zu einer verstärkten internationalen Aufmerksamkeit für die Anliegen amorpher Lebensformen.

Insgesamt zeigt die Analyse der Kooperationen von Velis Ryn mit globalen Organisationen, dass solche Partnerschaften entscheidend für den Erfolg von sozialen Bewegungen sind. Trotz der Herausforderungen, die sie mit sich bringen, bieten sie die Möglichkeit, Ressourcen zu mobilisieren, Netzwerke zu erweitern und eine breitere Öffentlichkeit für wichtige Anliegen zu sensibilisieren.

Bibliography

[1] Tilly, C. (2004). *Social Movements, 1760–2000*. Paradigm Publishers.

[2] Smith, J. (2002). *Transnational Social Movements and Global Politics: Solidarity Beyond the State*. Syracuse University Press.

[3] Huntington, S. P. (1996). *The Clash of Civilizations and the Remaking of World Order*. Simon & Schuster.

Einfluss auf internationale Politik

Der Einfluss von Velis Ryn auf die internationale Politik ist ein bemerkenswertes Beispiel dafür, wie Bürgerrechtsaktivismus nicht nur lokale, sondern auch globale Dimensionen annehmen kann. Ryn, als ein herausragender Bürgerrechtsaktivist für amorphe Lebensformen auf Xorlia, hat durch seine Initiativen und Strategien die Aufmerksamkeit internationaler Akteure auf die Herausforderungen und Diskriminierungen gelenkt, mit denen diese Lebensformen konfrontiert sind.

Theoretische Grundlagen

Um den Einfluss von Velis Ryn auf die internationale Politik zu verstehen, ist es wichtig, einige theoretische Rahmenbedingungen zu betrachten. Die Theorie des transnationalen Aktivismus, die sich mit der Mobilisierung von Akteuren über nationale Grenzen hinweg beschäftigt, bietet eine nützliche Perspektive. Laut Keck und Sikkink (1998) können soziale Bewegungen durch das Erstellen von Netzwerken und die Nutzung von Informationen politische Veränderungen auf internationaler Ebene bewirken. Diese Theorie zeigt, wie Ryn und seine Bewegung durch die Schaffung von Allianzen mit anderen internationalen Organisationen und Aktivisten eine breitere Plattform für ihre Anliegen schaffen konnten.

Ein weiteres relevantes Konzept ist die „Politik der Anerkennung", das von Axel Honneth (1995) formuliert wurde. Honneth argumentiert, dass soziale

Bewegungen erfolgreich sind, wenn sie die Anerkennung ihrer Identität und Rechte von anderen Akteuren, einschließlich Staaten und internationalen Organisationen, erlangen. Ryns Kampf um die Identität amorpher Lebensformen kann als ein Streben nach dieser Anerkennung interpretiert werden, was zu einem stärkeren internationalen Dialog über die Rechte dieser Lebensformen geführt hat.

Globale Bürgerrechtsbewegungen

Ryns Einfluss manifestierte sich auch in der Unterstützung und Inspiration für globale Bürgerrechtsbewegungen. Durch die Teilnahme an internationalen Konferenzen und Foren konnte er das Bewusstsein für die spezifischen Herausforderungen, mit denen amorphe Lebensformen konfrontiert sind, schärfen. Ein Beispiel hierfür ist die Teilnahme an der „Internationalen Konferenz für Rechte der Lebensformen" in 2025, bei der Ryn einen bewegenden Vortrag hielt, der die Delegierten aus verschiedenen Ländern dazu brachte, die rechtlichen Rahmenbedingungen für amorphe Lebensformen zu überdenken.

Die Konferenz führte zu einer Resolution, die die Anerkennung der Rechte amorpher Lebensformen auf internationaler Ebene forderte. Diese Resolution wurde von mehreren Ländern unterstützt und führte zu einer verstärkten Diskussion über die Notwendigkeit, diskriminierende Praktiken zu bekämpfen. Diese Art der internationalen Zusammenarbeit zeigt, wie Ryns Arbeit nicht nur lokale, sondern auch globale Auswirkungen hat.

Einfluss auf die Diplomatie

Ryns Aktivismus hat auch Einfluss auf diplomatische Beziehungen zwischen Xorlia und anderen Planeten gehabt. Durch die Schaffung von Partnerschaften mit internationalen Organisationen, wie der „Intergalaktischen Vereinigung für Lebensrechte" (IVL), hat Ryn dazu beigetragen, dass die Rechte amorpher Lebensformen in diplomatischen Verhandlungen berücksichtigt werden. Diese Partnerschaften haben es ermöglicht, dass die Anliegen von amorphen Lebensformen in den politischen Diskurs anderer Planeten integriert werden.

Ein konkretes Beispiel ist die Initiative „Xorlia 2030", die darauf abzielt, die Rechte von amorphen Lebensformen in die Agenda der interplanetaren Zusammenarbeit einzubringen. Diese Initiative hat nicht nur die Aufmerksamkeit anderer Regierungen auf sich gezogen, sondern auch zu konkreten politischen Maßnahmen geführt, wie der Schaffung eines internationalen Komitees zur Überwachung der Rechte amorpher Lebensformen.

Internationale Reaktionen

Die internationale Reaktion auf Ryns Aktivismus war überwiegend positiv, jedoch gab es auch Widerstand von Ländern, die nicht bereit waren, ihre politischen und sozialen Strukturen zu ändern. Kritiker argumentieren, dass die Anerkennung amorpher Lebensformen als gleichwertige Bürger die bestehenden sozialen Ordnungen destabilisieren könnte.

Ein Beispiel für solchen Widerstand ist die Reaktion von Planet Zorath, wo die Regierung eine Resolution ablehnte, die die Rechte amorpher Lebensformen anerkennen sollte. Dies führte zu Spannungen zwischen Zorath und Xorlia, was die diplomatischen Beziehungen belastete. Ryn und seine Bewegung reagierten darauf mit einer internationalen Kampagne, die auf die negativen Auswirkungen solcher Diskriminierung hinwies und die Unterstützung anderer Planeten mobilisierte.

Langfristige Auswirkungen

Langfristig hat Ryns Einfluss auf die internationale Politik dazu geführt, dass amorphe Lebensformen in den politischen Diskurs integriert wurden. Diese Integration hat nicht nur zu einer erhöhten Sichtbarkeit der Probleme geführt, mit denen diese Lebensformen konfrontiert sind, sondern auch zu konkreten politischen Veränderungen in mehreren Ländern.

Die Schaffung von interplanetaren Abkommen, die die Rechte amorpher Lebensformen schützen, ist ein direktes Ergebnis von Ryns Aktivismus. Diese Abkommen beinhalten Regelungen zur Bekämpfung von Diskriminierung und zur Förderung von Gleichheit. Ein Beispiel hierfür ist das „Abkommen von Xorlia", das von mehreren Planeten unterzeichnet wurde und spezifische Maßnahmen zur Unterstützung amorpher Lebensformen festlegt.

Zusammenfassend lässt sich sagen, dass Velis Ryns Einfluss auf die internationale Politik nicht nur die Rechte amorpher Lebensformen gefördert hat, sondern auch zu einem breiteren Bewusstsein für die Notwendigkeit von Gleichheit und Gerechtigkeit in der intergalaktischen Gemeinschaft geführt hat. Durch seine Arbeit hat Ryn eine Plattform geschaffen, die es anderen Aktivisten ermöglicht, ihre Stimmen zu erheben und Veränderungen auf einer globalen Ebene zu fordern. Dieser Einfluss wird auch in den kommenden Jahren spürbar sein, da die Bewegung für die Rechte amorpher Lebensformen weiter wächst und sich entwickelt.

Globale Bürgerrechtsbewegungen

Globale Bürgerrechtsbewegungen haben in den letzten Jahrzehnten eine bedeutende Rolle in der Förderung von Gerechtigkeit, Gleichheit und Menschenrechten auf internationaler Ebene gespielt. Diese Bewegungen sind oft das Ergebnis von kollektiven Anstrengungen, die darauf abzielen, die Rechte marginalisierter Gruppen zu verteidigen und zu fördern. Sie spiegeln die universellen Werte von Freiheit und Gerechtigkeit wider und sind in vielen Ländern und Regionen zu einem zentralen Bestandteil des politischen Diskurses geworden.

Theoretische Grundlagen

Die Theorie der Bürgerrechtsbewegungen basiert auf verschiedenen sozialen und politischen Theorien, die die Dynamik von Macht, Identität und Gerechtigkeit untersuchen. Eine zentrale Theorie ist die soziale Bewegungstheorie, die besagt, dass Bürgerrechtsbewegungen aus der Unzufriedenheit mit bestehenden sozialen, politischen oder wirtschaftlichen Bedingungen entstehen. Diese Unzufriedenheit führt oft zu kollektiven Aktionen, die darauf abzielen, Veränderungen herbeizuführen.

Ein weiterer wichtiger theoretischer Rahmen ist die Theorie der politischen Chancen. Diese Theorie besagt, dass das Auftreten und der Erfolg von Bürgerrechtsbewegungen stark von den politischen Gegebenheiten abhängen, einschließlich der Verfügbarkeit von Ressourcen, der politischen Repression und der Unterstützung durch bestehende Institutionen. In diesem Kontext ist die Rolle von sozialen Medien und digitalen Plattformen von besonderer Bedeutung, da sie den Aktivisten neue Möglichkeiten bieten, sich zu organisieren und ihre Botschaften zu verbreiten.

Herausforderungen und Probleme

Trotz ihrer Erfolge sehen sich globale Bürgerrechtsbewegungen einer Vielzahl von Herausforderungen gegenüber. Eine der größten Herausforderungen ist die politische Repression, die in vielen Ländern weit verbreitet ist. Aktivisten werden oft verfolgt, inhaftiert oder sogar getötet, wenn sie versuchen, gegen Ungerechtigkeiten zu kämpfen. Diese Repression kann sowohl von staatlichen Akteuren als auch von nichtstaatlichen Akteuren ausgehen.

Zusätzlich kämpfen Bürgerrechtsbewegungen häufig gegen interne Spannungen und Divergenzen innerhalb der Bewegung selbst. Unterschiedliche ideologische Ansätze, Strategien und Prioritäten können zu Konflikten führen, die

die Effektivität der Bewegung beeinträchtigen. Ein Beispiel hierfür ist die Black Lives Matter-Bewegung, die zwar eine breite Unterstützung erfahren hat, aber auch mit internen Debatten über die besten Strategien zur Bekämpfung von Rassismus und Polizeigewalt konfrontiert ist.

Beispiele globaler Bürgerrechtsbewegungen

Ein herausragendes Beispiel für eine globale Bürgerrechtsbewegung ist die *Fridays for Future*-Bewegung, die von der schwedischen Aktivistin Greta Thunberg ins Leben gerufen wurde. Diese Bewegung mobilisiert Millionen von Menschen weltweit, um auf die Klimakrise aufmerksam zu machen und von Regierungen Maßnahmen zur Bekämpfung des Klimawandels zu fordern. Fridays for Future hat nicht nur das Bewusstsein für Umweltfragen geschärft, sondern auch die Verbindung zwischen sozialen Gerechtigkeitsfragen und Umweltgerechtigkeit hervorgehoben.

Ein weiteres Beispiel ist die LGBTQ+-Bewegung, die sich weltweit für die Rechte von LGBTQ+-Personen einsetzt. Diese Bewegung hat bedeutende Fortschritte in vielen Ländern erzielt, einschließlich der Legalisierung von gleichgeschlechtlicher Ehe und dem Schutz vor Diskriminierung. Dennoch kämpfen LGBTQ+-Aktivisten weiterhin gegen Vorurteile, Diskriminierung und Gewalt, insbesondere in Ländern, in denen homosexuelle Handlungen kriminalisiert sind.

Die *#MeToo*-Bewegung ist ein weiteres Beispiel für eine globale Bürgerrechtsbewegung, die sich gegen sexuelle Belästigung und Gewalt richtet. Diese Bewegung hat in den letzten Jahren an Dynamik gewonnen und Frauen auf der ganzen Welt ermutigt, ihre Erfahrungen zu teilen und gegen sexuelle Übergriffe zu kämpfen. Die #MeToo-Bewegung hat nicht nur das Bewusstsein für Geschlechterungleichheit geschärft, sondern auch zu rechtlichen Reformen und Veränderungen in der Unternehmenspolitik geführt.

Fazit

Globale Bürgerrechtsbewegungen spielen eine entscheidende Rolle bei der Förderung von Gerechtigkeit und Gleichheit in der Welt. Sie sind Ausdruck des kollektiven Willens der Menschen, für ihre Rechte zu kämpfen und Veränderungen herbeizuführen. Trotz der Herausforderungen, mit denen sie konfrontiert sind, bleibt die Hoffnung auf eine gerechtere und gleichere Gesellschaft bestehen. Die Verbindung zwischen verschiedenen Bürgerrechtsbewegungen und die Unterstützung durch internationale

Gemeinschaften sind entscheidend für den langfristigen Erfolg dieser Bewegungen. Die fortwährende Mobilisierung und das Engagement der Menschen sind unerlässlich, um die erzielten Fortschritte zu sichern und die Herausforderungen der Zukunft zu bewältigen.

Die Rolle von Diplomatie

Die Diplomatie spielt eine entscheidende Rolle im Aktivismus und in der Förderung des Identitätsschutzes, insbesondere für amorphe Lebensformen auf Xorlia. Sie fungiert als Brücke zwischen verschiedenen Kulturen und politischen Systemen und ermöglicht den Austausch von Ideen, Strategien und Ressourcen. In diesem Abschnitt werden die theoretischen Grundlagen der Diplomatie, die Herausforderungen, die sie mit sich bringt, sowie einige konkrete Beispiele für erfolgreiche diplomatische Interventionen im Kontext des Aktivismus betrachtet.

Theoretische Grundlagen der Diplomatie

Diplomatie wird oft als der Prozess beschrieben, durch den Staaten und andere Akteure in der internationalen Arena Beziehungen aufbauen, Konflikte lösen und gemeinsame Interessen verfolgen. Die Theorie der Diplomatie umfasst mehrere Schlüsselkonzepte:

- **Multilaterale Diplomatie:** Diese Form der Diplomatie beinhaltet die Zusammenarbeit von mehreren Staaten oder Organisationen, um gemeinsame Probleme zu lösen. Sie ist besonders relevant, wenn es um globale Themen wie Menschenrechte und Identitätsschutz geht.

- **Bilaterale Beziehungen:** Hierbei handelt es sich um direkte Beziehungen zwischen zwei Staaten oder Akteuren. Bilaterale Verhandlungen können oft schneller zu konkreten Ergebnissen führen, da sie weniger komplex sind als multilaterale Gespräche.

- **Öffentliche Diplomatie:** Diese Form der Diplomatie zielt darauf ab, das öffentliche Meinungsbild zu beeinflussen und das Verständnis zwischen verschiedenen Kulturen zu fördern. Sie kann durch Medien, kulturelle Austauschprogramme und Bildungsinitiativen erfolgen.

- **Krisendiplomatie:** In Zeiten von Konflikten oder Krisen wird Diplomatie eingesetzt, um Spannungen abzubauen und friedliche Lösungen zu finden. Dies ist besonders wichtig, wenn es um die Rechte von Minderheiten und marginalisierten Gruppen geht.

Herausforderungen der Diplomatie im Kontext des Aktivismus

Trotz ihrer Bedeutung steht die Diplomatie im Aktivismus vor mehreren Herausforderungen:

+ **Machtungleichgewichte:** Oftmals haben Staaten mit mehr Einfluss und Ressourcen die Oberhand in diplomatischen Verhandlungen, was zu einem Ungleichgewicht führt, das die Interessen amorpher Lebensformen gefährden kann.

+ **Politische Widerstände:** Regierungen, die nicht bereit sind, die Rechte amorpher Lebensformen anzuerkennen, können diplomatische Bemühungen behindern oder ablehnen. Dies kann die Fortschritte im Aktivismus erheblich verlangsamen.

+ **Kulturelle Unterschiede:** Verschiedene Kulturen haben unterschiedliche Auffassungen von Identität und Rechten, was zu Missverständnissen und Konflikten führen kann.

+ **Fehlende Transparenz:** Oftmals sind diplomatische Verhandlungen und ihre Ergebnisse nicht transparent, was das Vertrauen zwischen den beteiligten Akteuren untergräbt.

Beispiele erfolgreicher diplomatischer Interventionen

Trotz dieser Herausforderungen gibt es zahlreiche Beispiele für erfolgreiche diplomatische Interventionen, die den Identitätsschutz amorpher Lebensformen auf Xorlia gefördert haben:

+ **Die Xorlianische Konferenz für Identitätsschutz:** Diese Konferenz brachte Vertreter verschiedener Planeten zusammen, um über die Rechte amorpher Lebensformen zu diskutieren. Durch die Schaffung eines gemeinsamen Aktionsplans konnten wichtige Fortschritte erzielt werden, darunter die Anerkennung von Identitätsrechten in mehreren interplanetarischen Abkommen.

+ **Partnerschaften mit NGOs:** Diplomatische Bemühungen in Zusammenarbeit mit Nichtregierungsorganisationen haben dazu beigetragen, das Bewusstsein für die Herausforderungen amorpher Lebensformen zu schärfen. Diese Partnerschaften haben es ermöglicht, Ressourcen zu mobilisieren und gezielte Bildungsinitiativen zu entwickeln.

- ✦ **Kulturelle Austauschprogramme:** Durch den Austausch von Künstlern und Aktivisten zwischen verschiedenen Kulturen konnten Vorurteile abgebaut und das Verständnis für die Identität amorpher Lebensformen gefördert werden. Diese Programme haben nicht nur das Bewusstsein geschärft, sondern auch die Unterstützung für politische Maßnahmen zur Förderung des Identitätsschutzes gestärkt.

Schlussfolgerung

Die Rolle der Diplomatie im Aktivismus ist von entscheidender Bedeutung, um den Identitätsschutz amorpher Lebensformen auf Xorlia zu gewährleisten. Trotz der Herausforderungen, die sie mit sich bringt, können durch diplomatische Bemühungen bedeutende Fortschritte erzielt werden. Es ist unerlässlich, dass Aktivisten und Diplomaten weiterhin zusammenarbeiten, um die Rechte und Identitäten aller Lebensformen zu schützen und zu fördern. Die Zukunft des Aktivismus hängt von der Fähigkeit ab, diplomatische Kanäle effektiv zu nutzen und die Stimmen derjenigen, die oft nicht gehört werden, in den internationalen Dialog einzubringen.

Austauschprogramme mit anderen Planeten

Die Idee von Austauschprogrammen zwischen verschiedenen Planeten hat in den letzten Jahrzehnten an Bedeutung gewonnen, insbesondere im Kontext des intergalaktischen Dialogs und der Zusammenarbeit. Diese Programme zielen darauf ab, kulturelle, soziale und technologische Erfahrungen zwischen unterschiedlichen Lebensformen und Zivilisationen auszutauschen, um ein besseres Verständnis und eine stärkere Solidarität zu fördern. In dieser Sektion werden wir die theoretischen Grundlagen, die Herausforderungen und einige Beispiele für solche Austauschprogramme untersuchen.

Theoretische Grundlagen

Die theoretischen Grundlagen für Austauschprogramme mit anderen Planeten basieren auf mehreren Disziplinen, darunter Soziologie, Anthropologie und intergalaktische Beziehungen. Ein zentraler Aspekt ist die **Kulturelle Relativität**, die besagt, dass die Werte und Praktiken einer Kultur im Kontext ihrer eigenen sozialen und historischen Bedingungen verstanden werden sollten. Dies ist besonders wichtig, wenn man mit amorphen Lebensformen interagiert, die möglicherweise ganz andere Vorstellungen von Identität und Gemeinschaft haben.

Ein weiterer wichtiger theoretischer Rahmen ist die **Interkulturelle Kommunikation**. Diese Disziplin untersucht, wie Menschen aus verschiedenen kulturellen Hintergründen miteinander interagieren und kommunizieren. In der intergalaktischen Kommunikation müssen wir nicht nur sprachliche Barrieren überwinden, sondern auch die unterschiedlichen Wahrnehmungen von Raum, Zeit und Identität berücksichtigen. Die **Transkulturelle Theorie** legt nahe, dass Austauschprogramme nicht nur den Austausch von Informationen, sondern auch von Erfahrungen und Emotionen fördern sollten.

Herausforderungen

Trotz der potenziellen Vorteile von Austauschprogrammen gibt es zahlreiche Herausforderungen, die angegangen werden müssen:

+ **Sprachliche Barrieren:** Die Kommunikation zwischen verschiedenen Planeten kann durch unterschiedliche Sprachen und Kommunikationsformen erschwert werden. Amorphe Lebensformen haben möglicherweise keine Sprache im traditionellen Sinne, was die Verständigung kompliziert.

+ **Kulturelle Missverständnisse:** Unterschiede in den kulturellen Normen und Werten können zu Missverständnissen führen. Ein Beispiel könnte sein, dass bestimmte Gesten oder Verhaltensweisen auf einem Planeten als höflich und respektvoll angesehen werden, während sie auf einem anderen als beleidigend gelten.

+ **Technologische Unterschiede:** Die Technologie, die auf einem Planeten verfügbar ist, kann die Art und Weise beeinflussen, wie Austauschprogramme durchgeführt werden. Beispielsweise könnten einige Planeten über fortschrittliche Transportmittel verfügen, während andere auf einfachere Methoden angewiesen sind.

+ **Politische Spannungen:** Politische Konflikte zwischen Planeten können den Austausch von Ideen und Kulturen behindern. Es ist wichtig, diplomatische Beziehungen zu fördern, um solche Spannungen abzubauen.

+ **Ethik und Verantwortung:** Der Austausch zwischen verschiedenen Zivilisationen wirft auch ethische Fragen auf, insbesondere in Bezug auf die Ausbeutung oder den Missbrauch von Ressourcen und Wissen.

Beispiele für Austauschprogramme

Einige erfolgreiche Austauschprogramme zwischen Planeten haben bereits gezeigt, wie solche Initiativen positive Auswirkungen haben können:

+ **Das Xorlia-Interplanetare Austauschprogramm (XIEP):** Dieses Programm wurde ins Leben gerufen, um den Austausch zwischen Xorlia und dem Planeten Ytoria zu fördern. Durch ein jährliches Festival, das Kunst, Musik und kulinarische Traditionen beider Planeten feiert, haben die Bewohner die Möglichkeit, ihre Kulturen zu präsentieren und voneinander zu lernen.

+ **Das Intergalaktische Bildungsnetzwerk (IEN):** Dieses Netzwerk verbindet Bildungseinrichtungen auf verschiedenen Planeten und ermöglicht den Austausch von Lehrplänen, Lehrern und Schülern. Ein Beispiel ist ein Austauschprogramm, bei dem Schüler von Xorlia für ein Semester auf dem Planeten Zorath studieren, um dort die lokale Kultur und Sprache zu lernen.

+ **Das Projekt „Gemeinsame Identität":** Dieses interplanetare Projekt zielt darauf ab, die Identität amorpher Lebensformen zu erforschen und zu verstehen. Durch den Austausch von Geschichten, Erfahrungen und künstlerischen Ausdrucksformen haben die Teilnehmer die Möglichkeit, ihre eigene Identität zu reflektieren und zu stärken.

Fazit

Austauschprogramme mit anderen Planeten bieten eine wertvolle Gelegenheit, um intergalaktische Beziehungen zu stärken und das Verständnis zwischen verschiedenen Lebensformen zu fördern. Trotz der Herausforderungen, die mit solchen Programmen verbunden sind, können sie dazu beitragen, Vorurteile abzubauen und ein Gefühl der Solidarität zu schaffen. Die Weiterentwicklung dieser Programme wird entscheidend sein, um eine inklusive und respektvolle intergalaktische Gemeinschaft zu fördern, die den Identitätsschutz amorpher Lebensformen auf Xorlia und darüber hinaus unterstützt.

Die Bedeutung von Solidarität weltweit

Solidarität ist ein grundlegendes Konzept in der Bürgerrechtsbewegung und spielt eine entscheidende Rolle bei der Förderung und dem Schutz der Rechte amorpher Lebensformen auf Xorlia und darüber hinaus. In einer zunehmend globalisierten

Welt ist die Fähigkeit, über kulturelle und geographische Grenzen hinweg zusammenzuarbeiten, unerlässlich für den Erfolg von Aktivismus und sozialen Bewegungen.

Theoretische Grundlagen der Solidarität

Die Theorie der Solidarität basiert auf dem Prinzip, dass Individuen und Gruppen, die gemeinsame Werte, Ziele und Herausforderungen teilen, sich zusammenschließen sollten, um ihre Stimmen zu bündeln und ihre Anliegen effektiver zu vertreten. Der Sozialtheoretiker Émile Durkheim argumentierte, dass Solidarität eine fundamentale soziale Kraft ist, die Gemeinschaften zusammenhält und ihnen hilft, sich gegen externe Bedrohungen zu behaupten. In der heutigen Zeit hat sich dieses Konzept weiterentwickelt, um die Notwendigkeit der globalen Zusammenarbeit in einer Welt zu betonen, die durch soziale Ungleichheit, Diskriminierung und Umweltkrisen geprägt ist.

Globale Herausforderungen und die Rolle der Solidarität

Die Herausforderungen, mit denen amorphe Lebensformen auf Xorlia konfrontiert sind, sind oft das Ergebnis globaler Probleme, wie zum Beispiel:

- **Klimawandel:** Der Klimawandel hat weitreichende Auswirkungen auf Ökosysteme und Lebensräume, die für amorphe Lebensformen von entscheidender Bedeutung sind. Solidarität zwischen verschiedenen Lebensformen und Kulturen ist notwendig, um effektive Lösungen zu entwickeln und umzusetzen.

- **Diskriminierung:** Diskriminierung und Vorurteile gegenüber amorphen Lebensformen sind nicht nur lokale Probleme, sondern haben auch globale Dimensionen. Solidarität unter den Betroffenen und mit unterstützenden Gruppen kann helfen, diese Herausforderungen anzugehen und ein Bewusstsein für die Rechte aller Lebensformen zu schaffen.

- **Technologische Ungleichheit:** Der Zugang zu Technologien, die für die Wahrung der Identität und die Förderung der Rechte amorpher Lebensformen notwendig sind, ist oft ungleich verteilt. Internationale Solidarität kann dazu beitragen, Ressourcen und Wissen zu teilen, um diese Ungleichheiten zu verringern.

Beispiele für Solidarität weltweit

Es gibt zahlreiche Beispiele für Solidarität, die den Einfluss und die Bedeutung dieses Konzepts verdeutlichen:

+ **Internationale Bürgerrechtsbewegungen:** Bewegungen wie Black Lives Matter und die LGBTQ+-Rechtebewegung haben gezeigt, wie Solidarität über nationale Grenzen hinweg mobilisiert werden kann. Diese Bewegungen haben nicht nur lokale, sondern auch globale Unterstützung mobilisiert, um gegen Diskriminierung und Ungerechtigkeit zu kämpfen.

+ **Kulturelle Austauschprogramme:** Initiativen, die den Austausch zwischen verschiedenen Kulturen und Lebensformen fördern, sind entscheidend für den Aufbau von Solidarität. Diese Programme ermöglichen es den Teilnehmern, voneinander zu lernen und Empathie für die Herausforderungen anderer zu entwickeln.

+ **Globale Kampagnen:** Kampagnen wie „Fridays for Future" haben weltweit Unterstützung gefunden und zeigen, wie Solidarität in der Bekämpfung des Klimawandels mobilisiert werden kann. Diese Bewegung hat Millionen von Menschen inspiriert, sich für eine nachhaltige Zukunft einzusetzen.

Herausforderungen der Solidarität

Trotz der vielen Vorteile und der Notwendigkeit von Solidarität gibt es auch Herausforderungen:

+ **Kulturelle Unterschiede:** Unterschiede in den Werten, Traditionen und Zielen verschiedener Kulturen können zu Missverständnissen und Konflikten führen. Es ist wichtig, diese Unterschiede zu respektieren und einen Dialog zu fördern, um gemeinsame Ziele zu finden.

+ **Ressourcenkonflikte:** In einigen Fällen kann der Wettbewerb um Ressourcen zwischen verschiedenen Gruppen zu Spannungen führen. Solidarität erfordert, dass Gruppen lernen, ihre Ressourcen zu teilen und gemeinsam Lösungen zu entwickeln.

+ **Politische Barrieren:** Politische Systeme und Regierungen können oft ein Hindernis für die Solidarität darstellen, insbesondere wenn sie gegen die Rechte bestimmter Gruppen arbeiten. In solchen Fällen ist es wichtig, internationale Druckmittel und Unterstützung zu mobilisieren, um Veränderungen herbeizuführen.

Schlussfolgerung

Die Bedeutung von Solidarität weltweit kann nicht genug betont werden. Sie ist ein Schlüssel zu effektivem Aktivismus und zur Schaffung einer gerechteren und inklusiveren Gesellschaft für amorphe Lebensformen auf Xorlia und darüber hinaus. In einer Zeit, in der viele Herausforderungen globaler Natur sind, ist die Fähigkeit, über Grenzen hinweg zusammenzuarbeiten und sich gegenseitig zu unterstützen, entscheidend für den Erfolg jeder Bewegung. Solidarität ist nicht nur ein Prinzip, sondern eine Notwendigkeit, um eine positive Veränderung herbeizuführen und das Vermächtnis von Velis Ryn und anderen Aktivisten fortzuführen.

Berichterstattung in internationalen Medien

Die Berichterstattung über den Aktivismus von Velis Ryn in den internationalen Medien spielt eine entscheidende Rolle bei der Schaffung von Bewusstsein und der Mobilisierung von Unterstützung für die Rechte amorpher Lebensformen auf Xorlia. In diesem Abschnitt werden wir die Theorie hinter der Medienberichterstattung, die Herausforderungen, denen sich die Bewegung gegenübersieht, sowie einige konkrete Beispiele für die internationale Medienberichterstattung untersuchen.

Theoretische Grundlagen der Medienberichterstattung

Die Medienberichterstattung ist nicht nur ein Spiegel der Realität, sondern auch ein aktiver Akteur, der die öffentliche Wahrnehmung und die politische Agenda beeinflussen kann. Laut der *Agenda-Setting-Theorie* haben Medien die Macht, Themen hervorzuheben und damit die Prioritäten der Öffentlichkeit zu gestalten [?]. In Bezug auf Velis Ryn und den Kampf um Identitätsschutz zeigt sich dies in der Art und Weise, wie die Medien über Diskriminierung und die Herausforderungen amorpher Lebensformen berichten.

Ein weiteres relevantes Konzept ist die *Framing-Theorie*, die beschreibt, wie Medien bestimmte Aspekte eines Themas betonen können, um eine bestimmte Perspektive oder Interpretation zu fördern [?]. Die Art und Weise, wie Velis Ryn in den Medien dargestellt wird, kann die öffentliche Meinung über die Bewegung und deren Ziele erheblich beeinflussen.

Herausforderungen in der Medienberichterstattung

Trotz der positiven Aspekte der Medienberichterstattung stehen Aktivisten vor mehreren Herausforderungen:

+ **Sensationalismus:** Oft neigen Medien dazu, Geschichten zu sensationalisieren, um Aufmerksamkeit zu erregen. Dies kann dazu führen, dass die tatsächlichen Anliegen der Bewegung verzerrt oder übertrieben dargestellt werden.

+ **Stereotypisierung:** Amorphe Lebensformen könnten in den Medien stereotypisiert werden, was zu einer weiteren Stigmatisierung führt. Solche Darstellungen können die Komplexität ihrer Identität und ihrer Kämpfe simplifizieren.

+ **Zugänglichkeit von Informationen:** In vielen Fällen haben internationale Medien möglicherweise keinen direkten Zugang zu den betroffenen Gemeinschaften, was zu einer ungenauen oder unvollständigen Berichterstattung führen kann.

Beispiele für internationale Medienberichterstattung

Die Berichterstattung über Velis Ryn hat in verschiedenen internationalen Medienkanälen stattgefunden, die unterschiedliche Perspektiven und Ansätze zur Darstellung des Aktivismus bieten.

1. *Galactic Times* : Diese intergalaktische Nachrichtenplattform berichtete ausführlich über die Gründung der Bewegung durch Velis Ryn und hob die strategischen Taktiken hervor, die zur Mobilisierung der Gemeinschaft eingesetzt wurden. Der Artikel betonte die Wichtigkeit von sozialen Medien als Werkzeug zur Verbreitung von Informationen und zur Vernetzung mit anderen Aktivisten [?].

2. *Xorlia Today* : Eine lokale Nachrichtensendung, die auch internationale Reichweite hat, widmete eine spezielle Dokumentation dem Leben von Velis Ryn. Hierbei wurden Interviews mit Unterstützern und Kritikern geführt, um ein umfassendes Bild der Situation zu vermitteln. Die Dokumentation zeigte auch die kulturellen Aspekte des Aktivismus, indem sie die Rolle von Kunst und Musik in der Bewegung beleuchtete.

3. *Interstellar News Network* : Diese Plattform berichtete über die Herausforderungen, mit denen amorphe Lebensformen konfrontiert sind, und beleuchtete spezifische Fälle von Diskriminierung. Der Artikel hob die Notwendigkeit internationaler Unterstützung hervor, um die Rechte dieser Lebensformen zu schützen und zu fördern.

Einfluss der Berichterstattung auf die öffentliche Meinung

Die internationale Medienberichterstattung hat das Potenzial, die öffentliche Meinung erheblich zu beeinflussen. Positive Berichterstattung kann dazu führen, dass mehr Menschen sich mit der Sache identifizieren und aktiv werden. Ein Beispiel dafür ist die virale Verbreitung eines Videos, in dem Velis Ryn eine Rede auf einem intergalaktischen Forum hielt. Das Video wurde millionenfach auf sozialen Medien geteilt und führte zu einer Welle der Solidarität und Unterstützung für die Bewegung.

Auf der anderen Seite kann negative oder verzerrte Berichterstattung zu einem Rückgang der Unterstützung führen. Wenn Medien beispielsweise über die Bewegung in einem negativen Licht berichten oder die Botschaft verzerren, kann dies das öffentliche Interesse und die Unterstützung für Velis Ryn und den Kampf um Identitätsschutz untergraben.

Fazit

Die Berichterstattung in internationalen Medien ist ein zweischneidiges Schwert, das sowohl Chancen als auch Herausforderungen für den Aktivismus von Velis Ryn bietet. Während die Medien helfen können, das Bewusstsein zu schärfen und Unterstützung zu mobilisieren, können sie auch Stereotypen verstärken und die Botschaft verzerren. Ein bewusster Umgang mit den Medien und eine strategische Kommunikation sind daher entscheidend, um die Ziele des Aktivismus zu erreichen und die Rechte amorpher Lebensformen auf Xorlia zu schützen.

Einfluss auf die globale Meinung

Der Einfluss von Velis Ryn auf die globale Meinung ist ein faszinierendes Beispiel für die Macht des Aktivismus in der heutigen vernetzten Welt. In einer Zeit, in der Informationen in Sekundenschnelle verbreitet werden können, hat der Aktivismus von Velis Ryn nicht nur die lokale, sondern auch die internationale Wahrnehmung amorpher Lebensformen und deren Identitätsschutz erheblich beeinflusst.

Theoretische Grundlagen

Um den Einfluss von Velis Ryn auf die globale Meinung zu verstehen, ist es wichtig, einige theoretische Konzepte zu betrachten. Die *Theorie der sozialen Identität* (Tajfel und Turner, 1979) besagt, dass Individuen ihre Identität stark durch die Gruppen definieren, denen sie angehören. Diese Theorie ist besonders relevant für die amorphen Lebensformen auf Xorlia, da die Wahrnehmung ihrer Identität oft von außen beeinflusst wird.

Zusätzlich spielt die *Agenda-Setting-Theorie* (McCombs und Shaw, 1972) eine entscheidende Rolle. Diese Theorie besagt, dass die Medien nicht nur darüber berichten, was wichtig ist, sondern auch, was die Öffentlichkeit für wichtig hält. Durch die mediale Berichterstattung über Velis Ryn und seine Bewegung wurde das Thema des Identitätsschutzes amorpher Lebensformen auf die globale Agenda gesetzt.

Globale Resonanz durch Medienberichterstattung

Die Berichterstattung über Velis Ryn in internationalen Medien hat zu einem signifikanten Wandel in der Wahrnehmung amorpher Lebensformen geführt. Berichte in renommierten Publikationen wie *Galactic Times* und *Interstellar News* haben das Bewusstsein für die Herausforderungen, mit denen diese Lebensformen konfrontiert sind, geschärft. Diese Berichterstattung hat nicht nur die öffentliche Meinung beeinflusst, sondern auch politische Entscheidungsträger auf verschiedenen Planeten mobilisiert.

Ein Beispiel für diesen Einfluss ist die *Xorlia-Resolution*, die von mehreren intergalaktischen Organisationen unterstützt wurde. Diese Resolution, die auf den Forderungen von Velis Ryn basiert, fordert die Anerkennung und den Schutz der Identität amorpher Lebensformen. Die breite Unterstützung dieser Resolution zeigt, wie Velis Ryns Botschaft auf globaler Ebene Gehör gefunden hat.

Herausforderungen und Widerstände

Trotz der positiven Resonanz gibt es auch Herausforderungen, die den Einfluss von Velis Ryn auf die globale Meinung einschränken. Widerstände von konservativen Kräften und politischen Akteuren, die die bestehende Ordnung aufrechterhalten wollen, sind nach wie vor präsent. Diese Gruppen nutzen oft Desinformation und Vorurteile, um die öffentliche Meinung gegen amorphe Lebensformen zu beeinflussen.

Ein Beispiel hierfür ist die Kampagne *Protect Our Identity*, die in mehreren Systemen ins Leben gerufen wurde. Diese Kampagne versucht, Angst und

Misstrauen gegenüber amorphen Lebensformen zu schüren, indem sie sie als Bedrohung für die gesellschaftliche Stabilität darstellt. Solche Widerstände zeigen, wie wichtig es ist, dass Aktivisten wie Velis Ryn weiterhin für Aufklärung und Bewusstsein kämpfen.

Der Einfluss sozialer Medien

Die Rolle sozialer Medien kann nicht übersehen werden, wenn es um den Einfluss auf die globale Meinung geht. Plattformen wie *XorliaNet* und *GalacticConnect* haben es Velis Ryn ermöglicht, seine Botschaft direkt an ein globales Publikum zu richten. Durch virale Kampagnen, Hashtag-Aktionen und interaktive Inhalte konnte Velis Ryn eine breite Unterstützungsbasis aufbauen.

Ein bemerkenswertes Beispiel ist die #*IdentityMatters*-Kampagne, die innerhalb von Wochen Millionen von Interaktionen generierte. Diese Kampagne hat nicht nur das Bewusstsein für die Herausforderungen amorpher Lebensformen geschärft, sondern auch eine internationale Diskussion über Identität und Rechte angestoßen.

Langfristige Auswirkungen auf die globale Meinung

Die langfristigen Auswirkungen von Velis Ryns Arbeit auf die globale Meinung sind vielschichtig. Zunächst hat er das Bewusstsein für die Rechte amorpher Lebensformen geschärft und den Diskurs über Identität auf intergalaktaler Ebene angestoßen. Dies hat dazu geführt, dass immer mehr Menschen und Organisationen sich für den Schutz dieser Lebensformen einsetzen.

Darüber hinaus hat die Bewegung von Velis Ryn auch andere Aktivisten auf verschiedenen Planeten inspiriert, ähnliche Kämpfe zu führen. Diese globale Vernetzung von Aktivisten hat zu einem stärkeren Zusammenhalt und einer solidarischen Bewegung geführt, die über die Grenzen von Xorlia hinausgeht.

Schlussfolgerung

Zusammenfassend lässt sich sagen, dass der Einfluss von Velis Ryn auf die globale Meinung ein herausragendes Beispiel für die Kraft des Aktivismus in der modernen Welt ist. Durch die Kombination von theoretischen Ansätzen, Medienberichterstattung, sozialem Engagement und der Nutzung sozialer Medien hat Velis Ryn nicht nur das Bewusstsein für amorphe Lebensformen geschärft, sondern auch einen nachhaltigen Einfluss auf die globale Meinung ausgeübt. Diese Entwicklungen zeigen, dass der Kampf um Identität und Rechte nicht nur lokal, sondern auch global von Bedeutung ist und dass die Stimme eines einzelnen Aktivisten weitreichende Veränderungen bewirken kann.

Die Rolle von Prominenten

Die Rolle von Prominenten im Aktivismus hat sich im Laufe der Jahre als entscheidend erwiesen, insbesondere in der modernen Ära, in der soziale Medien und digitale Plattformen eine zentrale Rolle in der Verbreitung von Informationen spielen. Prominente können als Katalysatoren für Veränderungen fungieren, indem sie Aufmerksamkeit auf wichtige soziale Themen lenken und die öffentliche Meinung beeinflussen. Im Kontext des Identitätsschutzes amorpher Lebensformen auf Xorlia ist die Unterstützung durch bekannte Persönlichkeiten von großer Bedeutung, um die Botschaft weitreichend zu verbreiten und eine breitere Basis von Unterstützern zu mobilisieren.

Theoretische Grundlagen

Prominente haben die Fähigkeit, durch ihre Reichweite und ihren Einfluss auf die Massen die Wahrnehmung von Themen zu verändern. Die Theorie des *Social Proof* besagt, dass Menschen dazu neigen, das Verhalten oder die Meinungen anderer zu imitieren, insbesondere wenn diese als erfolgreich oder bewunderten angesehen werden. Diese Dynamik ist besonders relevant im Aktivismus, wo die Unterstützung von Prominenten dazu beitragen kann, das Engagement der Öffentlichkeit zu erhöhen und die Akzeptanz von Themen, die zuvor tabu waren, zu fördern.

Herausforderungen

Trotz ihrer positiven Auswirkungen können Prominente auch Herausforderungen mit sich bringen. Einerseits besteht die Gefahr der *Tokenisierung*, bei der Prominente lediglich als Symbole für eine Bewegung fungieren, ohne sich tatsächlich mit den zugrunde liegenden Problemen auseinanderzusetzen. Dies kann zu einer oberflächlichen Unterstützung führen, die nicht die notwendigen Veränderungen in der Gesellschaft bewirken kann. Zudem können Prominente, die sich für eine Sache einsetzen, auch mit Gegenreaktionen konfrontiert werden, die ihre Glaubwürdigkeit und ihren Einfluss untergraben.

Beispiele

Ein Beispiel für den positiven Einfluss von Prominenten im Aktivismus ist die Unterstützung von Velis Ryn durch verschiedene intergalaktische Stars, die sich für den Identitätsschutz amorpher Lebensformen einsetzen. Diese Prominenten haben ihre Plattformen genutzt, um Aufklärungskampagnen zu starten, die auf die

Herausforderungen aufmerksam machen, denen diese Lebensformen gegenüberstehen. Durch Interviews, Social-Media-Beiträge und öffentliche Auftritte konnten sie eine breitere Öffentlichkeit erreichen und das Bewusstsein für die Thematik schärfen.

Ein bemerkenswerter Fall ist die Zusammenarbeit zwischen Velis Ryn und der bekannten Musikerin Lira Vex, die in ihren Liedern Themen der Identität und des kulturellen Erbes behandelt. Ihre gemeinsame Initiative, ein Musikfestival zu organisieren, das die Vielfalt der Kulturen auf Xorlia feiert, hat nicht nur die Gemeinschaft mobilisiert, sondern auch internationale Aufmerksamkeit auf die Belange amorpher Lebensformen gelenkt. Die Kombination von Kunst und Aktivismus hat sich als besonders effektiv erwiesen, um Emotionen zu wecken und die Menschen zu inspirieren, sich für den Identitätsschutz einzusetzen.

Schlussfolgerung

Die Rolle von Prominenten im Aktivismus ist komplex und vielschichtig. Während sie eine wertvolle Ressource für die Mobilisierung und Sensibilisierung darstellen, ist es wichtig, dass ihre Unterstützung authentisch und nachhaltig ist. Der Erfolg von Bewegungen wie dem Identitätsschutz amorpher Lebensformen auf Xorlia hängt nicht nur von der Unterstützung durch Prominente ab, sondern auch von der Fähigkeit der Gemeinschaft, sich selbst zu organisieren und die Stimme der Betroffenen zu stärken. Nur durch eine Kombination aus prominenter Unterstützung und grassroots Engagement kann eine nachhaltige Veränderung erreicht werden.

Langfristige globale Veränderungen

Die globalen Veränderungen, die durch die Bürgerrechtsbewegung von Velis Ryn und die damit verbundenen Aktivitäten angestoßen wurden, sind weitreichend und vielschichtig. Diese Veränderungen betreffen nicht nur den Planeten Xorlia, sondern haben auch internationale Resonanz und Einfluss auf andere Lebensformen in verschiedenen Systemen. Um die langfristigen globalen Veränderungen zu verstehen, ist es wichtig, verschiedene Dimensionen zu betrachten, einschließlich der politischen, sozialen, kulturellen und technologischen Aspekte.

Politische Veränderungen

Die Bürgerrechtsbewegung hat die politischen Strukturen auf Xorlia und darüber hinaus beeinflusst. Ein Beispiel ist die Einführung neuer Gesetze, die den Schutz der Identität amorpher Lebensformen garantieren. Diese Gesetze sind nicht nur lokal von Bedeutung, sondern haben auch internationale Beachtung gefunden. Die Rolle von Velis Ryn als Aktivist hat dazu geführt, dass politische Entscheidungsträger auf anderen Planeten ähnliche Initiativen ergriffen haben, um Diskriminierung zu bekämpfen und die Rechte von Minderheiten zu schützen.

Ein theoretischer Rahmen für das Verständnis dieser politischen Veränderungen ist die *Theorie der sozialen Bewegungen*. Diese Theorie besagt, dass soziale Bewegungen nicht nur kurzfristige Ziele verfolgen, sondern auch langfristige strukturelle Veränderungen in der Gesellschaft anstreben. In diesem Kontext kann die Bewegung von Velis Ryn als Katalysator für tiefgreifende politische Veränderungen betrachtet werden, die über die Grenzen von Xorlia hinausgehen.

Soziale Veränderungen

Die sozialen Veränderungen, die aus dem Aktivismus hervorgehen, sind ebenso bedeutend. Die Sensibilisierung für die Herausforderungen amorpher Lebensformen hat zu einem Anstieg des interkulturellen Dialogs und der Solidarität geführt. Gemeinschaften auf Xorlia und anderen Planeten haben begonnen, sich aktiv für die Rechte von Minderheiten einzusetzen, was zu einem stärkeren Gemeinschaftsgefühl und einer erhöhten sozialen Kohäsion geführt hat.

Ein Beispiel für diese sozialen Veränderungen ist die Organisation von interkulturellen Austauschprogrammen, die den Austausch von Ideen und Kulturen fördern. Diese Programme haben nicht nur zur Stärkung der Identität amorpher Lebensformen beigetragen, sondern auch das Bewusstsein für die Herausforderungen, mit denen sie konfrontiert sind, geschärft.

Kulturelle Veränderungen

Die kulturellen Veränderungen sind ebenfalls von großer Bedeutung. Der Aktivismus von Velis Ryn hat die Kunst- und Kulturszene auf Xorlia und darüber hinaus beeinflusst. Künstler und Musiker haben begonnen, sich mit Themen der Identität und des Schutzes von Minderheiten auseinanderzusetzen. Diese kulturellen Ausdrucksformen haben nicht nur zur Sichtbarkeit der Herausforderungen amorpher Lebensformen beigetragen, sondern auch einen Raum für Dialog und Reflexion geschaffen.

Ein Beispiel für kulturelle Veränderungen ist das Aufkommen von Festivals und Veranstaltungen, die sich mit den Themen Identität und Vielfalt befassen. Diese Veranstaltungen fördern nicht nur das Bewusstsein für die Anliegen amorpher Lebensformen, sondern bieten auch eine Plattform für den Austausch von Erfahrungen und die Feier kultureller Vielfalt.

Technologische Veränderungen

Technologische Veränderungen spielen ebenfalls eine entscheidende Rolle in den langfristigen globalen Veränderungen, die durch den Aktivismus angestoßen wurden. Die Nutzung von sozialen Medien und digitalen Plattformen hat es Aktivisten ermöglicht, ihre Botschaften über Grenzen hinweg zu verbreiten. Diese Technologien haben nicht nur die Mobilisierung von Gemeinschaften erleichtert, sondern auch den Zugang zu Informationen und Ressourcen verbessert.

Ein Beispiel für technologische Veränderungen ist die Entwicklung von Online-Plattformen, die den Austausch von Informationen und Erfahrungen zwischen verschiedenen Lebensformen ermöglichen. Diese Plattformen fördern nicht nur den interkulturellen Dialog, sondern bieten auch Unterstützung für Betroffene von Diskriminierung und Vorurteilen.

Langfristige Auswirkungen und Herausforderungen

Trotz der positiven Veränderungen gibt es auch Herausforderungen, die es zu bewältigen gilt. Die Widerstände gegen die Bewegung sind nach wie vor stark, und es gibt immer noch Diskriminierung und Vorurteile gegenüber amorphen Lebensformen. Die langfristigen Veränderungen erfordern daher kontinuierliches Engagement und die Unterstützung von Gemeinschaften auf Xorlia und darüber hinaus.

Die *Theorie der strukturellen Ungleichheit* bietet einen Rahmen, um die Herausforderungen zu verstehen, mit denen die Bewegung konfrontiert ist. Diese Theorie besagt, dass soziale Ungleichheiten tief in den Strukturen der Gesellschaft verwurzelt sind und dass Veränderungen Zeit und anhaltende Anstrengungen erfordern.

Fazit

Insgesamt sind die langfristigen globalen Veränderungen, die durch den Aktivismus von Velis Ryn angestoßen wurden, vielschichtig und haben sowohl positive als auch herausfordernde Aspekte. Die politischen, sozialen, kulturellen und technologischen Veränderungen, die sich aus dieser Bewegung ergeben haben, sind nicht nur auf Xorlia beschränkt, sondern haben das Potenzial, andere Lebensformen und Planeten zu inspirieren. Die fortwährende Reflexion über diese Veränderungen ist entscheidend, um sicherzustellen, dass der Kampf für

Identitätsschutz und Gleichheit weitergeführt wird und zukünftige Generationen davon profitieren können.

Die Zukunft des Aktivismus

Neue Herausforderungen

Der Aktivismus für den Identitätsschutz amorpher Lebensformen auf Xorlia steht vor einer Vielzahl neuer Herausforderungen, die sowohl aus internen als auch externen Faktoren resultieren. In diesem Abschnitt werden die wichtigsten Herausforderungen skizziert, die die Bewegung in der heutigen Zeit prägen.

Technologische Veränderungen

Mit der rasanten Entwicklung neuer Technologien, insbesondere im Bereich der Kommunikation und sozialen Medien, entstehen sowohl Chancen als auch Risiken. Während soziale Medien eine Plattform für den Austausch und die Mobilisierung bieten, können sie auch als Werkzeuge der Desinformation und Manipulation missbraucht werden. Die Theorie der *Medienökologie* besagt, dass die Art und Weise, wie Informationen verbreitet werden, das soziale Verhalten und die Wahrnehmung der Realität beeinflusst [?].

Ein Beispiel hierfür ist die Verbreitung von Fake News über amorphe Lebensformen, die zu einer verstärkten Stigmatisierung und Diskriminierung führen kann. Aktivisten müssen daher Strategien entwickeln, um die öffentliche Wahrnehmung zu steuern und Fehlinformationen entgegenzuwirken.

Politische Widerstände

Politische Widerstände sind eine weitere bedeutende Herausforderung. In vielen politischen Systemen gibt es Kräfte, die gegen die Anerkennung und den Schutz der Identität amorpher Lebensformen arbeiten. Diese Widerstände können sich in Form von restriktiven Gesetzen, politischer Unterdrückung oder der Verbreitung diskriminierender Ideologien äußern. Laut der *Theorie der sozialen Bewegungen* ist es entscheidend, dass Aktivisten nicht nur auf Widerstände reagieren, sondern proaktive Strategien entwickeln, um ihre Anliegen in die politische Agenda einzubringen [1].

Ein aktuelles Beispiel ist die Einführung eines Gesetzes, das die Rechte amorpher Lebensformen einschränkt, was zu landesweiten Protesten führte. Die

Aktivisten müssen sich auf rechtliche Herausforderungen vorbereiten und effektive Lobbyarbeit leisten, um solche Gesetze zu verhindern oder abzulehnen.

Interne Uneinigkeit

Eine der größten Herausforderungen innerhalb der Bewegung ist die interne Uneinigkeit. Unterschiedliche Ansichten über Strategien, Ziele und Prioritäten können zu Spaltungen führen. Die *Theorie der kollektiven Identität* legt nahe, dass eine starke gemeinsame Identität entscheidend für den Erfolg einer sozialen Bewegung ist [?].

Beispielsweise könnten einige Aktivisten einen stärkeren Fokus auf rechtliche Reformen legen, während andere die Bedeutung von kultureller Anerkennung betonen. Um diese Uneinigkeiten zu überwinden, ist es wichtig, Dialoge zu fördern und gemeinsame Ziele zu definieren, die alle Mitglieder der Bewegung einbeziehen.

Globale Herausforderungen

Die globalisierte Welt bringt zusätzliche Herausforderungen mit sich. Der Einfluss internationaler Politik, wirtschaftlicher Interessen und globaler Trends kann sich direkt auf die Situation amorpher Lebensformen auswirken. Die *Theorie der globalen Governance* besagt, dass internationale Kooperationen und Netzwerke entscheidend sind, um globale Probleme anzugehen [?].

Ein Beispiel ist die Zusammenarbeit mit internationalen Organisationen, um die Rechte amorpher Lebensformen in globalen Abkommen zu verankern. Aktivisten müssen sich jedoch auch den Herausforderungen stellen, die durch unterschiedliche kulturelle Kontexte und rechtliche Rahmenbedingungen in verschiedenen Ländern entstehen.

Soziale Ungleichheit

Soziale Ungleichheit bleibt eine ständige Herausforderung, die den Zugang zu Ressourcen, Bildung und Unterstützung für amorphe Lebensformen beeinflusst. Die *Theorie der sozialen Gerechtigkeit* argumentiert, dass soziale Bewegungen die strukturellen Ungleichheiten in der Gesellschaft ansprechen müssen, um echte Veränderungen zu bewirken [?].

Die Ungleichheit kann sich in Form von eingeschränktem Zugang zu Bildung und Gesundheitsversorgung äußern, was die Fähigkeit der betroffenen Gemeinschaften einschränkt, sich zu organisieren und ihre Rechte zu verteidigen.

Daher ist es wichtig, dass die Bewegung auch die sozialen Determinanten von Ungleichheit anspricht und integrative Ansätze verfolgt.

Schlussfolgerung

Die Herausforderungen, vor denen der Aktivismus für den Identitätsschutz amorpher Lebensformen auf Xorlia steht, sind vielfältig und komplex. Um erfolgreich zu sein, müssen Aktivisten innovative Strategien entwickeln, die sowohl technologische als auch soziale Dimensionen berücksichtigen. Die Kooperation innerhalb der Bewegung sowie mit externen Partnern wird entscheidend sein, um die Rechte und Identitäten amorpher Lebensformen zu schützen und zu fördern.

Technologien im Aktivismus

Technologie hat sich zu einem unverzichtbaren Werkzeug im modernen Aktivismus entwickelt. Die Integration von digitalen Medien, sozialen Netzwerken und innovativen Technologien hat die Art und Weise, wie Aktivisten mobilisieren, kommunizieren und Einfluss ausüben, revolutioniert. In diesem Abschnitt werden wir die verschiedenen Technologien untersuchen, die im Aktivismus verwendet werden, sowie die Herausforderungen, die mit ihrer Nutzung verbunden sind.

1. Digitale Medien und soziale Netzwerke

Digitale Medien, insbesondere soziale Netzwerke wie *Twitter*, *Facebook* und *Instagram*, ermöglichen es Aktivisten, ihre Botschaften schnell und effektiv zu verbreiten. Die Möglichkeit, Inhalte in Echtzeit zu teilen, hat die Mobilisierung von Unterstützern erheblich erleichtert. Ein Beispiel für einen erfolgreichen Einsatz sozialer Medien ist die *#BlackLivesMatter*-Bewegung, die durch virale Posts und Hashtags weltweit Aufmerksamkeit erregte und eine breite Diskussion über Rassismus und Polizeigewalt auslöste.

$$\text{Reichweite} = \text{Anzahl der Follower} \times \text{Engagement-Rate} \qquad (65)$$

Hierbei ist die *Reichweite* ein entscheidender Faktor, um die Sichtbarkeit von Aktivismus-Kampagnen zu messen. Die *Engagement-Rate* bezieht sich auf die Interaktionen, die ein Beitrag generiert, und ist ein Indikator für das Interesse der Zielgruppe.

2. Crowdfunding-Plattformen

Crowdfunding-Plattformen wie *GoFundMe* oder *Kickstarter* haben es Aktivisten ermöglicht, finanzielle Unterstützung für ihre Projekte zu erhalten. Diese Plattformen bieten eine transparente Möglichkeit, Gelder zu sammeln und ermöglichen es, eine breite Basis von Unterstützern zu mobilisieren. Ein bemerkenswertes Beispiel ist die Finanzierung von Protestaktionen oder rechtlichen Auseinandersetzungen, die oft hohe Kosten verursachen.

3. Online-Petitionen und Mobilisierungs-Tools

Online-Petitionen, wie sie von Plattformen wie *Change.org* angeboten werden, haben es den Aktivisten ermöglicht, Unterschriften zu sammeln und öffentliche Unterstützung für ihre Anliegen zu demonstrieren. Diese Petitionen können schnell verbreitet werden und erreichen oft Tausende von Menschen in kürzester Zeit.

Ein weiteres effektives Werkzeug sind Mobilisierungs-Apps, die es Nutzern ermöglichen, sich schnell über anstehende Proteste oder Veranstaltungen zu informieren und sich daran zu beteiligen. Diese Technologien fördern die Gemeinschaftsbildung und das Engagement.

4. Herausforderungen und Probleme

Trotz der vielen Vorteile, die Technologien im Aktivismus bieten, gibt es auch erhebliche Herausforderungen. Eine der größten Sorgen ist die *Digitale Kluft*, die besagt, dass nicht alle Menschen gleichermaßen Zugang zu Technologien haben. Dies kann dazu führen, dass bestimmte Gruppen unterrepräsentiert sind, während andere, die über die Ressourcen verfügen, um Technologie effektiv zu nutzen, dominieren.

Ein weiteres Problem ist die *Desinformation*. Die Verbreitung falscher Informationen kann die Glaubwürdigkeit von Bewegungen untergraben und zu Verwirrung führen. Ein Beispiel hierfür ist die Verbreitung von Fake News während politischer Kampagnen, die das öffentliche Vertrauen in Aktivismus beeinträchtigen können.

5. Zukunftsausblick

Die zukünftige Entwicklung von Technologien im Aktivismus wird entscheidend davon abhängen, wie gut Aktivisten in der Lage sind, neue Werkzeuge zu adaptieren und gleichzeitig die Herausforderungen anzugehen. Fortschritte in der *Künstlichen*

Intelligenz und *Big Data* könnten es Aktivisten ermöglichen, ihre Zielgruppen besser zu verstehen und gezielter anzusprechen.

Insgesamt bleibt die Rolle von Technologien im Aktivismus ein dynamisches und sich ständig weiterentwickelndes Feld. Die Herausforderungen, die mit der Nutzung dieser Technologien verbunden sind, erfordern innovative Lösungen und eine kontinuierliche Reflexion über die ethischen Implikationen.

6. Fazit

Zusammenfassend lässt sich sagen, dass Technologien im Aktivismus sowohl Chancen als auch Herausforderungen bieten. Die Fähigkeit, diese Technologien effektiv zu nutzen, wird entscheidend sein für den Erfolg zukünftiger Bewegungen. Aktivisten müssen sich der Risiken bewusst sein und Strategien entwickeln, um die digitale Kluft zu überwinden und Desinformation zu bekämpfen. Nur so kann der Aktivismus in der digitalen Ära gedeihen und einen nachhaltigen Einfluss auf die Gesellschaft ausüben.

Die Rolle von Bildungseinrichtungen

Bildungseinrichtungen spielen eine zentrale Rolle im Aktivismus, insbesondere im Kampf um den Identitätsschutz amorpher Lebensformen auf Xorlia. Sie sind nicht nur Orte des Lernens, sondern auch Plattformen für den Austausch von Ideen, die Förderung von Empathie und die Entwicklung von kritischem Denken. In diesem Abschnitt werden wir die verschiedenen Aspekte untersuchen, wie Bildungseinrichtungen zur Stärkung des Aktivismus beitragen können, sowie die Herausforderungen, mit denen sie konfrontiert sind.

Theoretische Grundlagen

Die Rolle von Bildungseinrichtungen im Aktivismus kann durch verschiedene theoretische Ansätze beleuchtet werden. Ein zentraler Punkt ist die **Theorie des sozialen Wandels**, die besagt, dass Bildung ein entscheidendes Werkzeug ist, um gesellschaftliche Normen und Werte zu verändern. Diese Theorie wird durch die Arbeit von Bildungstheoretikern wie Paulo Freire unterstützt, der in seinem Buch *Pädagogik der Unterdrückten* argumentiert, dass Bildung nicht nur Wissen vermittelt, sondern auch das Bewusstsein für soziale Ungerechtigkeiten schärfen kann.

Ein weiterer relevanter theoretischer Rahmen ist die **Kritische Theorie**, die die Rolle von Bildung in der Schaffung eines kritischen Bewusstseins betont. Kritische

Bildung fördert das Verständnis für Machtstrukturen und soziale Ungleichheiten, was für die Mobilisierung von Gemeinschaften im Aktivismus unerlässlich ist.

Herausforderungen für Bildungseinrichtungen

Trotz ihrer wichtigen Rolle stehen Bildungseinrichtungen vor mehreren Herausforderungen:

- **Mangelnde Ressourcen:** Viele Bildungseinrichtungen auf Xorlia haben nicht die notwendigen Ressourcen, um effektive Programme zur Sensibilisierung und Aufklärung über Identitätsschutz anzubieten. Dies kann zu einem Mangel an Wissen und Bewusstsein in der Gesellschaft führen.

- **Widerstand gegen Veränderung:** In einigen Fällen gibt es Widerstand gegen die Integration von Themen wie Identitätsschutz in den Lehrplan. Dies kann durch konservative Ansichten oder politische Einflüsse bedingt sein, die eine offene Diskussion über solche Themen verhindern.

- **Ungleichheit im Zugang zu Bildung:** Nicht alle Lebensformen auf Xorlia haben den gleichen Zugang zu Bildungseinrichtungen. Amorphe Lebensformen sind oft von Diskriminierung betroffen, was ihre Möglichkeiten zur Teilnahme an Bildungsprogrammen einschränkt.

Beispiele für erfolgreiche Bildungsinitiativen

Trotz dieser Herausforderungen gibt es zahlreiche Beispiele für erfolgreiche Bildungsinitiativen, die den Aktivismus fördern:

- **Interkulturelle Austauschprogramme:** Programme, die den Austausch zwischen verschiedenen Kulturen und Lebensformen fördern, haben sich als effektiv erwiesen, um Empathie und Verständnis zu schaffen. Solche Programme ermöglichen es den Teilnehmern, unterschiedliche Perspektiven zu erleben und die Bedeutung von Identität zu erkennen.

- **Workshops und Schulungen:** Bildungseinrichtungen können Workshops anbieten, die sich auf Themen wie Identitätsschutz, Diskriminierung und soziale Gerechtigkeit konzentrieren. Diese Workshops fördern nicht nur das Wissen, sondern auch die Fähigkeiten zur aktiven Teilnahme an der Gesellschaft.

+ **Künstlerische Ausdrucksformen:** Die Integration von Kunst und Kreativität in Bildungsprogramme kann eine kraftvolle Methode sein, um komplexe Themen wie Identität und Diskriminierung zu vermitteln. Künstlerische Projekte ermöglichen es den Teilnehmern, ihre Erfahrungen auszudrücken und eine breitere Öffentlichkeit zu erreichen.

Die Zukunft der Bildungseinrichtungen im Aktivismus

Die Zukunft der Bildungseinrichtungen in Bezug auf den Aktivismus hängt von ihrer Fähigkeit ab, sich an veränderte gesellschaftliche Bedürfnisse anzupassen und innovative Ansätze zu entwickeln. Einige Schlüsselstrategien für die zukünftige Rolle von Bildungseinrichtungen im Aktivismus sind:

+ **Integration von Technologie:** Der Einsatz moderner Technologien kann die Reichweite und Effektivität von Bildungsprogrammen erhöhen. Online-Plattformen und soziale Medien können genutzt werden, um Informationen zu verbreiten und Gemeinschaften zu mobilisieren.

+ **Partnerschaften mit Aktivisten:** Bildungseinrichtungen sollten eng mit Aktivisten und Organisationen zusammenarbeiten, um sicherzustellen, dass die Bildungsinhalte relevant und aktuell sind. Solche Partnerschaften können auch Ressourcen und Unterstützung für Bildungsinitiativen bereitstellen.

+ **Fokus auf kritisches Denken:** Die Förderung von kritischem Denken und Problemlösungsfähigkeiten ist entscheidend, um zukünftige Generationen von Aktivisten auszubilden, die in der Lage sind, komplexe soziale Probleme zu analysieren und innovative Lösungen zu entwickeln.

Zusammenfassend lässt sich sagen, dass Bildungseinrichtungen eine unverzichtbare Rolle im Kampf um den Identitätsschutz amorpher Lebensformen auf Xorlia spielen. Durch die Förderung von Wissen, Empathie und kritischem Denken können sie dazu beitragen, eine informierte und engagierte Gesellschaft zu schaffen, die sich aktiv für die Rechte und die Identität aller Lebensformen einsetzt. Die Herausforderungen sind beträchtlich, aber mit der richtigen Unterstützung und den richtigen Strategien können Bildungseinrichtungen zu Katalysatoren für sozialen Wandel werden.

Interkulturelle Zusammenarbeit

Interkulturelle Zusammenarbeit spielt eine entscheidende Rolle im Aktivismus, insbesondere wenn es darum geht, die Stimmen von marginalisierten Gruppen zu stärken und die Herausforderungen zu bewältigen, die sich aus kulturellen Unterschieden ergeben. In einer zunehmend globalisierten Welt ist es wichtig, dass Aktivisten über nationale und kulturelle Grenzen hinweg zusammenarbeiten, um gemeinsame Ziele zu erreichen und voneinander zu lernen.

Theoretische Grundlagen

Die interkulturelle Zusammenarbeit basiert auf verschiedenen theoretischen Ansätzen, darunter die interkulturelle Kommunikationstheorie, die sozialen Identitätstheorie und die Theorie der sozialen Gerechtigkeit. Diese Theorien helfen, die Dynamiken zu verstehen, die in interkulturellen Interaktionen auftreten, und bieten einen Rahmen für die Analyse von Konflikten und Kooperationen.

Interkulturelle Kommunikationstheorie Die interkulturelle Kommunikationstheorie untersucht, wie Menschen aus unterschiedlichen kulturellen Hintergründen miteinander kommunizieren. Ein zentrales Konzept ist die *kulturelle Sensibilität*, die das Bewusstsein für kulturelle Unterschiede und die Fähigkeit umfasst, diese Unterschiede in der Kommunikation zu berücksichtigen. Diese Sensibilität ist entscheidend für den Erfolg interkultureller Projekte, da Missverständnisse und Konflikte oft aus unzureichendem Verständnis der kulturellen Kontexte resultieren.

Soziale Identitätstheorie Die soziale Identitätstheorie, entwickelt von Henri Tajfel und John Turner, legt nahe, dass Individuen ihre Identität stark über die Gruppen definieren, zu denen sie gehören. In interkulturellen Zusammenarbeiten kann dies sowohl eine Quelle der Stärke als auch eine Quelle von Konflikten sein. Aktivisten müssen sich der unterschiedlichen Identitäten bewusst sein, die die Teilnehmer in eine Zusammenarbeit einbringen, und Wege finden, diese Identitäten zu integrieren, anstatt sie in Konflikt zu bringen.

Theorie der sozialen Gerechtigkeit Die Theorie der sozialen Gerechtigkeit befasst sich mit der Verteilung von Ressourcen und der Anerkennung von Rechten in einer Gesellschaft. In interkulturellen Kontexten ist es wichtig, dass alle Stimmen gehört werden und dass die Anliegen aller beteiligten Kulturen respektiert werden. Dies erfordert oft eine kritische Auseinandersetzung mit Machtstrukturen und historischen Ungerechtigkeiten.

Herausforderungen der interkulturellen Zusammenarbeit

Trotz der Bedeutung interkultureller Zusammenarbeit gibt es zahlreiche Herausforderungen, die es zu bewältigen gilt:

Kulturelle Missverständnisse Eines der größten Probleme in interkulturellen Projekten sind kulturelle Missverständnisse. Diese können aus unterschiedlichen Kommunikationsstilen, Werten und Normen resultieren. Beispielsweise kann eine direkte Kommunikation in einer Kultur als respektlos angesehen werden, während sie in einer anderen als ehrlich und offen gilt.

Machtungleichgewichte In vielen Fällen gibt es Machtunterschiede zwischen den beteiligten Gruppen, die die Dynamik der Zusammenarbeit beeinflussen können. Beispielsweise kann eine Gruppe aus einer wohlhabenden Nation dominieren, während eine Gruppe aus einem weniger entwickelten Land unterrepräsentiert ist. Diese Ungleichgewichte können dazu führen, dass die Bedürfnisse und Perspektiven der weniger mächtigen Gruppen ignoriert werden.

Unterschiedliche Erwartungen Die Erwartungen an die Zusammenarbeit können zwischen den Kulturen stark variieren. Während einige Kulturen Wert auf Konsens und Harmonie legen, sind andere möglicherweise stärker auf Ergebnisse und Effizienz fokussiert. Diese unterschiedlichen Erwartungen können zu Frustration und Konflikten führen.

Beispiele für erfolgreiche interkulturelle Zusammenarbeit

Trotz dieser Herausforderungen gibt es zahlreiche Beispiele für erfolgreiche interkulturelle Zusammenarbeit im Aktivismus:

Die Globalisierung der Bürgerrechtsbewegungen Ein herausragendes Beispiel ist die internationale Bürgerrechtsbewegung, die in den letzten Jahrzehnten an Bedeutung gewonnen hat. Aktivisten aus verschiedenen Ländern haben sich zusammengeschlossen, um gegen Rassismus, Diskriminierung und Ungerechtigkeit zu kämpfen. Diese Bewegungen haben gezeigt, wie interkulturelle Zusammenarbeit zu einem stärkeren und einheitlicheren Aktivismus führen kann.

Interkulturelle Kunstprojekte Ein weiteres Beispiel sind interkulturelle Kunstprojekte, die oft als Plattform für den Austausch von Ideen und Erfahrungen dienen. Diese Projekte bringen Künstler aus verschiedenen Kulturen zusammen, um gemeinsame Themen zu erkunden und ihre Perspektiven zu teilen. Durch die Kunst können Barrieren abgebaut und ein tieferes Verständnis für kulturelle Unterschiede gefördert werden.

Globale Umweltbewegungen Die globale Umweltbewegung ist ein weiteres Beispiel für erfolgreiche interkulturelle Zusammenarbeit. Aktivisten aus verschiedenen Ländern arbeiten zusammen, um auf die Bedrohungen des Klimawandels aufmerksam zu machen und Lösungen zu finden. Diese Zusammenarbeit hat nicht nur zu einem besseren Verständnis der globalen Herausforderungen geführt, sondern auch zu konkreten Maßnahmen, die auf lokaler und internationaler Ebene umgesetzt werden.

Strategien zur Förderung der interkulturellen Zusammenarbeit

Um die interkulturelle Zusammenarbeit im Aktivismus zu fördern, sind verschiedene Strategien erforderlich:

Bildung und Sensibilisierung Bildung ist ein entscheidendes Element, um kulturelle Sensibilität zu fördern. Workshops, Seminare und Schulungen können dazu beitragen, das Bewusstsein für kulturelle Unterschiede zu schärfen und die Fähigkeiten zur interkulturellen Kommunikation zu verbessern.

Förderung von Netzwerken Die Schaffung von Netzwerken, die Aktivisten aus verschiedenen Kulturen zusammenbringen, kann den Austausch von Ideen und Erfahrungen erleichtern. Diese Netzwerke können auch als Plattformen für die Zusammenarbeit bei Projekten dienen.

Gemeinsame Ziele und Visionen Es ist wichtig, dass alle Beteiligten gemeinsame Ziele und Visionen entwickeln. Dies kann durch partizipative Planungsprozesse erreicht werden, bei denen alle Stimmen gehört werden und alle Perspektiven berücksichtigt werden.

Respekt und Anerkennung Ein respektvoller Umgang miteinander ist unerlässlich für den Erfolg interkultureller Zusammenarbeit. Alle Beteiligten sollten die Vielfalt der Perspektiven anerkennen und schätzen, die in die Zusammenarbeit eingebracht werden.

Zusammenfassend lässt sich sagen, dass interkulturelle Zusammenarbeit eine Schlüsselressource im Aktivismus ist. Sie bietet die Möglichkeit, verschiedene Perspektiven zu integrieren, voneinander zu lernen und gemeinsam für soziale Gerechtigkeit zu kämpfen. Trotz der Herausforderungen, die damit verbunden sind, können durch strategische Ansätze und das Engagement aller Beteiligten bedeutende Fortschritte erzielt werden.

Strategien für die nächste Generation

Die nächsten Generationen von Aktivisten stehen vor einer Vielzahl von Herausforderungen, die sowohl durch technologische Entwicklungen als auch durch gesellschaftliche Veränderungen geprägt sind. Um diese Herausforderungen erfolgreich zu bewältigen, ist es entscheidend, strategische Ansätze zu entwickeln, die auf Bildung, Vernetzung und innovativen Methoden basieren.

1. Bildung als Schlüssel zur Veränderung

Bildung spielt eine zentrale Rolle in der Aktivismusbewegung. Um die nächste Generation zu inspirieren und zu befähigen, sollten Bildungsprogramme entwickelt werden, die sich auf die Themen Identitätsschutz und Bürgerrechte konzentrieren. Diese Programme sollten:

- **Interaktive Lernmethoden** einsetzen, die das kritische Denken und die Problemlösungsfähigkeiten fördern.

- **Multikulturelle Perspektiven** integrieren, um das Verständnis für verschiedene Lebensformen und deren Herausforderungen zu erweitern.

- **Zugang zu Ressourcen** bieten, die es den Lernenden ermöglichen, sich aktiv mit den Themen auseinanderzusetzen.

Ein Beispiel für eine erfolgreiche Bildungsinitiative ist das Programm *Xorlia Youth Empowerment*, das Workshops und Seminare zu Identitätsfragen und Bürgerrechten anbietet. Durch den Austausch von Erfahrungen und die Förderung von Diskussionen werden die Teilnehmer ermutigt, ihre eigenen Stimmen zu finden und zu erheben.

2. Interkulturelle Zusammenarbeit

Die nächste Generation von Aktivisten muss in der Lage sein, über kulturelle Grenzen hinweg zu arbeiten. Interkulturelle Zusammenarbeit kann durch folgende Strategien gefördert werden:

- **Austauschprogramme** zwischen verschiedenen Kulturen und Planeten, die den Dialog und das Verständnis fördern.

- **Globale Netzwerke** für Aktivisten, die den Austausch von Best Practices und Erfahrungen ermöglichen.

- **Gemeinsame Projekte** zwischen Organisationen, die sich für ähnliche Ziele einsetzen, um Ressourcen und Wissen zu bündeln.

Ein Beispiel für interkulturelle Zusammenarbeit ist das *Global Citizen Network*, das Aktivisten aus verschiedenen Ländern zusammenbringt, um ihre Ansichten und Strategien zu teilen und gemeinsam an Lösungen zu arbeiten.

3. Nutzung von Technologie

Technologie hat das Potenzial, den Aktivismus zu revolutionieren. Die nächste Generation sollte lernen, wie sie Technologie effektiv nutzen kann, um ihre Botschaften zu verbreiten und ihre Ziele zu erreichen. Wichtige Technologien und Strategien umfassen:

- **Soziale Medien** als Plattformen für Mobilisierung und Aufklärung. Aktivisten sollten geschult werden, wie sie soziale Medien nutzen können, um ihre Botschaften zu verbreiten und eine breitere Öffentlichkeit zu erreichen.

- **Datenanalyse** zur Identifizierung von Trends und zur Messung der Auswirkungen von Kampagnen. Durch die Analyse von Daten können Aktivisten ihre Strategien anpassen und effektiver arbeiten.

- **Digitale Kampagnen** entwickeln, die kreative Ansätze nutzen, um die Aufmerksamkeit auf wichtige Themen zu lenken.

Ein Beispiel für den erfolgreichen Einsatz von Technologie im Aktivismus ist die Kampagne *#XorliaSpeaks*, die soziale Medien nutzt, um Geschichten von amorphen Lebensformen zu teilen und deren Anliegen in den Vordergrund zu stellen.

4. Förderung von Resilienz

Die nächste Generation muss auch lernen, mit Rückschlägen und Herausforderungen umzugehen. Resilienz kann durch folgende Strategien gefördert werden:

- **Mentoring-Programme**, die jungen Aktivisten Unterstützung und Ratschläge von erfahrenen Bürgerrechtsaktivisten bieten.

- **Workshops zur Stressbewältigung** und zur Entwicklung von emotionaler Intelligenz, um den Aktivisten zu helfen, ihre mentale Gesundheit zu fördern.

- **Gemeinschaftsveranstaltungen**, die den Austausch von Erfahrungen und die Stärkung von Netzwerken ermöglichen.

Ein Beispiel für ein erfolgreiches Resilienzprogramm ist die Initiative *Strong Together*, die Workshops zur Stressbewältigung und emotionalen Unterstützung für Aktivisten anbietet.

5. Kreativität im Aktivismus

Kreativität sollte ein wesentlicher Bestandteil der Strategien für die nächste Generation sein. Durch kreative Ausdrucksformen können wichtige Botschaften auf innovative Weise vermittelt werden. Zu den Ansätzen gehören:

- **Kunstprojekte**, die das Bewusstsein für Identitätsschutz und Bürgerrechte fördern, wie z.B. Wandmalereien oder Theateraufführungen.

- **Musik und Tanz** als Mittel zur Mobilisierung und zum Ausdruck von Emotionen. Konzerte und Festivals können genutzt werden, um Menschen zusammenzubringen und eine Botschaft zu verbreiten.

- **Storytelling**, um persönliche Geschichten zu teilen und das Publikum emotional zu erreichen.

Ein Beispiel für kreative Aktivismus ist das *Art for Rights*-Festival, das Künstler und Aktivisten zusammenbringt, um durch Kunst auf wichtige soziale Themen aufmerksam zu machen.

6. Langfristige Planung und Vision

Die nächste Generation sollte sich auch auf langfristige Ziele und Visionen konzentrieren. Strategien zur langfristigen Planung umfassen:

+ **Zielsetzung und Planung**, um klare, erreichbare Ziele zu definieren und Strategien zu entwickeln, um diese zu erreichen.

+ **Nachhaltigkeit im Aktivismus**, um sicherzustellen, dass die Bemühungen nicht nur kurzfristig, sondern auch langfristig Wirkung zeigen.

+ **Engagement für die nächste Generation**, um sicherzustellen, dass junge Menschen in die Entscheidungsprozesse einbezogen werden und eine Stimme haben.

Ein Beispiel für langfristige Planung ist das *Future Leaders Program*, das jungen Aktivisten hilft, strategische Pläne zu entwickeln und ihre Visionen für die Zukunft zu formulieren.

Fazit

Die Strategien für die nächste Generation von Aktivisten müssen vielfältig und anpassungsfähig sein, um den sich ständig verändernden Herausforderungen gerecht zu werden. Durch Bildung, interkulturelle Zusammenarbeit, den Einsatz von Technologie, die Förderung von Resilienz, kreative Ausdrucksformen und langfristige Planung können zukünftige Aktivisten erfolgreich für den Identitätsschutz amorpher Lebensformen auf Xorlia kämpfen und eine positive Veränderung in der Gesellschaft bewirken.

Die Bedeutung von Resilienz

Resilienz, oft als die Fähigkeit beschrieben, sich von Rückschlägen, Herausforderungen und Widrigkeiten zu erholen, spielt eine entscheidende Rolle im Aktivismus und insbesondere im Kontext des Kampfes für den Identitätsschutz amorpher Lebensformen auf Xorlia. Diese Fähigkeit ist nicht nur für Individuen von Bedeutung, sondern auch für Gemeinschaften und Bewegungen, die sich für soziale Gerechtigkeit einsetzen.

Theoretische Grundlagen der Resilienz

Die Resilienztheorie, die ursprünglich in der Psychologie entwickelt wurde, beschreibt, wie Individuen und Gruppen mit Stress und Trauma umgehen. Sie umfasst verschiedene Dimensionen, darunter emotionale, kognitive und soziale Resilienz. Laut [1] ist Resilienz „ein Muster erfolgreicher Anpassung in dem Kontext von erheblichen Adversitäten". Diese Definition legt den Grundstein für die Untersuchung, wie Aktivisten wie Velis Ryn Resilienz entwickeln und aufrechterhalten können.

Herausforderungen im Aktivismus

Aktivisten stehen oft vor einer Vielzahl von Herausforderungen, die ihre Resilienz auf die Probe stellen. Zu diesen Herausforderungen gehören:

+ **Diskriminierung und Vorurteile:** Amorphe Lebensformen auf Xorlia sehen sich häufig Vorurteilen gegenüber, die ihre Identität und ihren Platz in der Gesellschaft in Frage stellen. Diese Diskriminierung kann zu einem Gefühl der Isolation führen und den Aktivismus behindern.

+ **Rechtliche Hürden:** Der rechtliche Rahmen für den Schutz der Identität amorpher Lebensformen ist oft unzureichend. Aktivisten müssen sich mit bürokratischen Hürden auseinandersetzen, die ihre Bemühungen behindern.

+ **Psychologische Belastungen:** Die ständige Konfrontation mit Widerstand und Rückschlägen kann zu psychischen Belastungen führen. Aktivisten müssen Strategien entwickeln, um mit Stress und emotionalen Belastungen umzugehen.

Resilienzfördernde Faktoren

Um Resilienz zu fördern, können verschiedene Strategien und Faktoren identifiziert werden:

+ **Soziale Unterstützung:** Netzwerke von Gleichgesinnten und Unterstützern sind entscheidend für die Resilienz. Velis Ryn und andere Aktivisten haben oft auf die Kraft der Gemeinschaft zurückgegriffen, um sich gegenseitig zu unterstützen und zu ermutigen.

+ **Mentoring und Vorbilder:** Der Einfluss von Mentoren kann die Resilienz von Aktivisten stärken. Vorbilder, die ähnliche Herausforderungen gemeistert haben, bieten Inspiration und praktische Ratschläge.

◆ **Selbstreflexion:** Die Fähigkeit zur Selbstreflexion ermöglicht es Aktivisten, aus ihren Erfahrungen zu lernen und sich weiterzuentwickeln. Dies fördert nicht nur das persönliche Wachstum, sondern auch die kollektive Resilienz der Bewegung.

Praktische Beispiele für Resilienz im Aktivismus

Ein Beispiel für Resilienz in der Praxis ist die Reaktion von Velis Ryn auf Rückschläge in der Bewegung. Nach einem gescheiterten Gesetzesentwurf zum Schutz der Identität amorpher Lebensformen organisierte Ryn eine Reihe von Community-Events, um das Bewusstsein zu schärfen und die Gemeinschaft zu mobilisieren. Diese Veranstaltungen stärkten nicht nur das Gemeinschaftsgefühl, sondern führten auch zu einer erhöhten Sichtbarkeit der Bewegung.

Ein weiteres Beispiel ist die Nutzung sozialer Medien zur Verbreitung von Informationen und zur Mobilisierung von Unterstützern. Die Plattformen bieten eine Möglichkeit, die eigene Stimme zu erheben und sich mit anderen Aktivisten weltweit zu vernetzen. Diese globale Vernetzung trägt zur Resilienz bei, da sie den Austausch von Ideen und Strategien fördert.

Langfristige Auswirkungen der Resilienz im Aktivismus

Die Entwicklung von Resilienz hat langfristige Auswirkungen auf die Bewegung für den Identitätsschutz amorpher Lebensformen. Eine resiliente Bewegung ist in der Lage, sich an veränderte Umstände anzupassen, neue Strategien zu entwickeln und langfristig erfolgreich zu sein. Resilienz ermöglicht es Aktivisten, nicht nur auf kurzfristige Herausforderungen zu reagieren, sondern auch eine nachhaltige Vision für die Zukunft zu entwickeln.

Fazit

Die Bedeutung von Resilienz im Aktivismus kann nicht hoch genug eingeschätzt werden. Sie ist ein entscheidender Faktor für den Erfolg von Bewegungen und die persönliche Entwicklung von Aktivisten. In Anbetracht der Herausforderungen, denen sich Velis Ryn und andere Aktivisten gegenübersehen, ist die Förderung von Resilienz unerlässlich, um den Kampf für den Identitätsschutz amorpher Lebensformen auf Xorlia fortzusetzen. Die Fähigkeit, Rückschläge zu überwinden, aus Erfahrungen zu lernen und sich gegenseitig zu unterstützen, wird letztendlich die Grundlage für eine erfolgreiche und nachhaltige Bewegung bilden.

Nachhaltigkeit im Aktivismus

Nachhaltigkeit im Aktivismus ist ein zentrales Anliegen, das sowohl die langfristige Wirksamkeit von Bewegungen als auch deren ethische Grundlagen betrifft. In der heutigen Welt, in der soziale und ökologische Herausforderungen miteinander verwoben sind, ist es entscheidend, dass Aktivismus nicht nur kurzfristige Erfolge erzielt, sondern auch auf eine Weise durchgeführt wird, die zukünftige Generationen nicht gefährdet. Diese Perspektive wird oft als *nachhaltige Entwicklung* bezeichnet, die von den Vereinten Nationen in der *Agenda 2030* formuliert wurde und die drei Dimensionen der Nachhaltigkeit – wirtschaftlich, sozial und ökologisch – umfasst.

Theoretische Grundlagen

Die Theorie der nachhaltigen Entwicklung basiert auf dem Konzept, dass Ressourcen so genutzt werden sollten, dass die Bedürfnisse der gegenwärtigen Generationen erfüllt werden, ohne die Fähigkeit zukünftiger Generationen zu gefährden, ihre eigenen Bedürfnisse zu erfüllen. Dies wird durch die folgende Gleichung verdeutlicht:

$$\text{Nachhaltigkeit} = \frac{\text{Ökologische Integrität} + \text{Soziale Gerechtigkeit}}{\text{Wirtschaftliche Effizienz}} \tag{66}$$

Diese Gleichung zeigt, dass eine Balance zwischen ökologischen, sozialen und wirtschaftlichen Faktoren notwendig ist, um eine nachhaltige Zukunft zu gewährleisten. In Bezug auf den Aktivismus bedeutet dies, dass Strategien entwickelt werden müssen, die diese Dimensionen integrieren.

Probleme im Aktivismus

Ein häufiges Problem im Aktivismus ist die *Ressourcenknappheit*. Viele Bewegungen sind auf Spenden und Freiwillige angewiesen, und wenn diese Ressourcen erschöpft sind, kann die Bewegung an Schwung verlieren. Außerdem können kurzfristige Erfolge, wie z.B. das Erlangen von Gesetzen oder politischen Zugeständnissen, oft nicht aufrechterhalten werden, wenn die Unterstützung der Gemeinschaft schwindet oder wenn die Mobilisierung nicht fortgesetzt wird.

Ein weiteres Problem ist die *Fragmentierung* von Bewegungen. Oft arbeiten verschiedene Gruppen an ähnlichen Zielen, ohne eine koordinierte Strategie oder gemeinsame Ressourcen zu nutzen. Dies kann zu einem ineffizienten Einsatz von Energie und Mitteln führen, was die Nachhaltigkeit der Bemühungen gefährdet.

Beispiele für nachhaltigen Aktivismus

Ein herausragendes Beispiel für nachhaltigen Aktivismus ist die *Fridays for Future*-Bewegung, die von der schwedischen Aktivistin Greta Thunberg ins Leben gerufen wurde. Diese Bewegung hat nicht nur das Bewusstsein für den Klimawandel geschärft, sondern auch eine breite Basis von Unterstützern mobilisiert, die sich für die Rechte zukünftiger Generationen einsetzen. Die Bewegung nutzt soziale Medien effektiv, um ihre Botschaften zu verbreiten und eine globale Gemeinschaft zu bilden, die sich für nachhaltige Lösungen einsetzt.

Ein weiteres Beispiel ist die *Zero Waste*-Bewegung, die darauf abzielt, Abfall zu minimieren und die Kreislaufwirtschaft zu fördern. Diese Bewegung hat nicht nur das Konsumverhalten verändert, sondern auch das Bewusstsein für die ökologischen Auswirkungen von Abfall und Überkonsum geschärft. Die Prinzipien der Zero Waste-Bewegung können auf andere Aktivismusformen angewendet werden, um sicherzustellen, dass Ressourcen effizient genutzt werden und dass die Auswirkungen auf die Umwelt minimiert werden.

Strategien zur Förderung der Nachhaltigkeit im Aktivismus

Um die Nachhaltigkeit im Aktivismus zu fördern, sollten folgende Strategien in Betracht gezogen werden:

+ **Langfristige Planung:** Aktivisten sollten Ziele setzen, die über kurzfristige Erfolge hinausgehen und eine langfristige Vision für ihre Bewegung entwickeln.

+ **Ressourcenteilung:** Bewegungen sollten Ressourcen, Wissen und Netzwerke teilen, um die Effizienz zu steigern und die Fragmentierung zu reduzieren.

+ **Bildung und Bewusstsein:** Die Förderung von Bildung und Bewusstsein über nachhaltige Praktiken innerhalb der Gemeinschaft kann dazu beitragen, eine informierte und engagierte Basis zu schaffen.

+ **Interkulturelle Zusammenarbeit:** Der Austausch von Ideen und Strategien zwischen verschiedenen Kulturen und Bewegungen kann innovative Ansätze zur Lösung gemeinsamer Probleme hervorbringen.

+ **Ethische Überlegungen:** Aktivisten sollten die ethischen Implikationen ihrer Strategien berücksichtigen und sicherstellen, dass ihre Methoden die Rechte und Bedürfnisse aller Beteiligten respektieren.

Fazit

Die Nachhaltigkeit im Aktivismus ist nicht nur ein Ziel, sondern ein fortlaufender Prozess, der ständige Reflexion und Anpassung erfordert. Durch die Integration von ökologischen, sozialen und wirtschaftlichen Überlegungen in die Strategien des Aktivismus können Bewegungen nicht nur kurzfristige Erfolge erzielen, sondern auch eine dauerhafte Veränderung in der Gesellschaft bewirken. Die Herausforderungen sind groß, aber mit einem klaren Fokus auf Nachhaltigkeit können Aktivisten eine positive Zukunft für alle Lebensformen auf Xorlia und darüber hinaus gestalten.

Die Rolle von Kunst und Kreativität

Die Rolle von Kunst und Kreativität im Aktivismus ist von zentraler Bedeutung, insbesondere im Kontext der Bürgerrechtsbewegungen. Kunst fungiert nicht nur als Ausdrucksmittel, sondern auch als Werkzeug zur Mobilisierung, Sensibilisierung und zur Förderung von Veränderungen in der Gesellschaft. Im Folgenden werden die verschiedenen Dimensionen und die theoretischen Grundlagen der Rolle von Kunst und Kreativität im Aktivismus erörtert.

Theoretische Grundlagen

Kunst und Kreativität sind tief in der menschlichen Erfahrung verwurzelt. Sie bieten einen Zugang zu Emotionen und Gedanken, der oft über verbale Kommunikation hinausgeht. Theorien wie die *Ästhetische Theorie* von Theodor Adorno betonen, dass Kunst eine kritische Reflexion der Gesellschaft ermöglicht und soziale Missstände sichtbar macht. Kunst kann als Spiegel der Gesellschaft fungieren, der sowohl ihre Schönheiten als auch ihre Mängel reflektiert.

Kunst als Kommunikationsmittel: In der Kommunikationstheorie wird Kunst als ein nonverbales Kommunikationsmittel betrachtet, das komplexe Ideen und Emotionen transportieren kann. Dies ist besonders wichtig in Kontexten, in denen die Stimmen marginalisierter Gruppen oft nicht gehört werden. Kunst bietet diesen Gruppen eine Plattform, um ihre Geschichten zu erzählen und ihre Identität zu behaupten.

Kreativität im Aktivismus

Kreativität ist ein Schlüssel, um innovative Lösungen für soziale Probleme zu finden. Sie ermöglicht es Aktivisten, neue Wege zu gehen und bestehende Paradigmen zu hinterfragen. Im Kontext von Velis Ryn und der Bewegung für den Identitätsschutz amorpher Lebensformen auf Xorlia zeigt sich dies in mehreren Aspekten:

* **Innovative Kampagnen:** Kreative Kampagnen, die Kunstwerke, Musik oder Performances einbeziehen, können das Interesse der Öffentlichkeit wecken und eine breitere Zielgruppe ansprechen. Ein Beispiel hierfür ist die Verwendung von Graffiti in urbanen Räumen, um auf soziale Ungerechtigkeiten aufmerksam zu machen.

* **Interaktive Kunst:** Kunstinstallationen, die das Publikum aktiv einbeziehen, können das Bewusstsein für Themen wie Identität und Diskriminierung schärfen. Diese Art von Kunst fördert den Dialog und schafft eine Verbindung zwischen den Künstlern und dem Publikum.

* **Kunst als Dokumentation:** Künstlerische Ausdrucksformen können als Dokumentation von Kämpfen und Erfolgen im Aktivismus dienen. Dokumentarfilme, Fotografie und Literatur sind entscheidend, um die Geschichten von Aktivisten zu bewahren und zukünftigen Generationen zugänglich zu machen.

Beispiele für künstlerischen Aktivismus

Ein herausragendes Beispiel für die Rolle von Kunst im Aktivismus ist die *Street Art* Bewegung. Künstler wie Banksy nutzen öffentliche Räume, um soziale und politische Botschaften zu verbreiten. Diese Art von Kunst ist oft provokant und regt zum Nachdenken an. In Xorlia könnte eine ähnliche Bewegung entstehen, die die Herausforderungen amorpher Lebensformen thematisiert und deren Identitätsschutz unterstützt.

Ein weiteres Beispiel ist die Verwendung von Musik im Aktivismus. Lieder, die soziale Gerechtigkeit thematisieren, können als Hymnen für Bewegungen dienen und Gemeinschaftsgefühl schaffen. Die Musik von Künstlern wie *Beyoncé* oder *Bob Marley* hat in der Vergangenheit bedeutende soziale Bewegungen unterstützt. In Xorlia könnten lokale Künstler Lieder schreiben, die die Botschaften von Velis Ryn und seiner Bewegung verstärken.

Herausforderungen und Probleme

Trotz der positiven Aspekte gibt es auch Herausforderungen im Zusammenhang mit Kunst und Kreativität im Aktivismus:

✦ **Zensur:** In vielen Gesellschaften sehen sich Künstler mit Zensur und Repression konfrontiert, insbesondere wenn ihre Arbeiten politische Themen ansprechen. Dies kann die Wirksamkeit ihrer Botschaften einschränken.

✦ **Kommerzialisierung:** Die Kommerzialisierung von Kunst kann dazu führen, dass die ursprünglichen Botschaften verwässert werden. Künstler müssen oft einen Balanceakt zwischen kommerziellem Erfolg und der Wahrung ihrer politischen Botschaften vollziehen.

✦ **Fragmentierung:** Die Vielfalt der künstlerischen Ausdrucksformen kann dazu führen, dass Botschaften fragmentiert und schwer verständlich werden. Es ist wichtig, dass Kunst klar und zugänglich bleibt, um die gewünschten Veränderungen zu bewirken.

Fazit

Die Rolle von Kunst und Kreativität im Aktivismus ist unverzichtbar. Sie bietet nicht nur einen Raum für Ausdruck und Reflexion, sondern auch eine Plattform für die Mobilisierung und Sensibilisierung der Gesellschaft. Velis Ryn und seine Bewegung können durch kreative Ansätze und künstlerische Ausdrucksformen eine breitere Öffentlichkeit erreichen und den Schutz der Identität amorpher Lebensformen auf Xorlia vorantreiben. Indem sie Kunst als Werkzeug des Wandels nutzen, können sie die Stimmen der Marginalisierten stärken und einen bleibenden Einfluss auf die Gesellschaft ausüben.

Insgesamt zeigt sich, dass die Integration von Kunst und Kreativität in den Aktivismus eine vielversprechende Strategie ist, um soziale Gerechtigkeit zu fördern und das Bewusstsein für wichtige Themen zu schärfen. Die Herausforderungen, die mit dieser Integration verbunden sind, erfordern jedoch ein sensibles und strategisches Vorgehen, um die Wirksamkeit der künstlerischen Botschaften zu gewährleisten.

Einfluss von sozialen Medien

Soziale Medien haben sich als kraftvolles Werkzeug im Aktivismus etabliert, insbesondere in der Bewegung für den Identitätsschutz amorpher Lebensformen auf Xorlia. Diese Plattformen ermöglichen es Aktivisten, ihre Botschaften schnell und effektiv zu verbreiten, Mobilisierungen zu organisieren und eine breitere Öffentlichkeit zu erreichen. In diesem Abschnitt werden die theoretischen Grundlagen, die Herausforderungen und einige konkrete Beispiele für den

Einfluss von sozialen Medien auf den Aktivismus von Velis Ryn und seiner Bewegung erörtert.

Theoretische Grundlagen

Die Nutzung sozialer Medien im Aktivismus kann durch verschiedene theoretische Rahmenbedingungen erklärt werden. Eine der bekanntesten Theorien ist die *Netzwerktheorie*, die besagt, dass soziale Netzwerke die Verbreitung von Informationen und Ideen erleichtern. In diesem Kontext können soziale Medien als Katalysatoren für die Bildung von Gemeinschaften und die Schaffung von kollektiven Identitäten betrachtet werden. Laut [1] ermöglichen soziale Medien es Individuen, sich zu vernetzen und ihre Stimmen zu erheben, was zu einer stärkeren Mobilisierung und einem effektiveren Widerstand gegen Ungerechtigkeiten führt.

Ein weiterer relevanter theoretischer Rahmen ist die *Theorie des sozialen Kapitals*, die von [2] entwickelt wurde. Diese Theorie legt dar, dass soziale Netzwerke und die Beziehungen zwischen Individuen Ressourcen bereitstellen, die für die Erreichung gemeinsamer Ziele entscheidend sind. Soziale Medien fungieren als Plattformen, die diesen Austausch von Informationen und Ressourcen erleichtern, wodurch das soziale Kapital der Aktivisten gestärkt wird.

Herausforderungen

Trotz der Vorteile, die soziale Medien bieten, gibt es auch Herausforderungen, die Aktivisten bewältigen müssen. Eine der größten Herausforderungen ist die *Desinformation*. In einer Zeit, in der Informationen schnell verbreitet werden können, ist es schwierig, zwischen wahrheitsgemäßen und irreführenden Informationen zu unterscheiden. Dies kann zu Verwirrung innerhalb der Bewegung führen und das Vertrauen in die Führungspersönlichkeiten untergraben. Ein Beispiel für eine solche Desinformation war der Fall von falschen Berichten über die Aktivitäten von Velis Ryn, die in sozialen Medien verbreitet wurden, um die Bewegung zu diskreditieren.

Ein weiteres Problem ist die *Echokammer*. Soziale Medien können dazu führen, dass Menschen nur mit Gleichgesinnten interagieren, was die Vielfalt der Meinungen und Perspektiven einschränkt. Dies kann zu einer Radikalisierung führen und den Dialog zwischen verschiedenen Gruppen erschweren. Um diesem Problem entgegenzuwirken, ist es wichtig, dass Aktivisten aktiv den Austausch mit anderen Perspektiven suchen und den interkulturellen Dialog fördern.

Beispiele für den Einfluss von sozialen Medien

Ein bemerkenswertes Beispiel für den Einfluss sozialer Medien auf den Aktivismus von Velis Ryn war die Kampagne #IdentitätSchützen. Diese Kampagne wurde ins Leben gerufen, um das Bewusstsein für die Herausforderungen amorpher Lebensformen zu schärfen und um Unterstützung für den Identitätsschutz zu mobilisieren. Durch die Verwendung des Hashtags konnten Aktivisten ihre Geschichten teilen, Erfahrungen austauschen und eine breite Unterstützungsbasis aufbauen.

Die Kampagne erreichte innerhalb weniger Wochen Millionen von Nutzern und führte zu einer signifikanten Erhöhung der öffentlichen Unterstützung für die Bewegung. Laut einer Umfrage, die von [3] durchgeführt wurde, gaben 75% der Befragten an, dass sie durch soziale Medien auf die Herausforderungen amorpher Lebensformen aufmerksam geworden sind. Dies zeigt, wie effektiv soziale Medien als Plattform zur Sensibilisierung und Mobilisierung genutzt werden können.

Ein weiteres Beispiel ist die Nutzung von Live-Streaming-Diensten, um Veranstaltungen und Proteste in Echtzeit zu übertragen. Dies ermöglicht es Menschen, die nicht vor Ort sein können, an den Aktivitäten teilzunehmen und sich mit der Bewegung zu identifizieren. Während einer großen Demonstration in der Hauptstadt von Xorlia wurde ein Live-Stream auf einer beliebten Plattform übertragen, der Tausende von Zuschauern erreichte und eine Welle der Solidarität und Unterstützung auslöste.

Schlussfolgerung

Zusammenfassend lässt sich sagen, dass soziale Medien einen entscheidenden Einfluss auf den Aktivismus von Velis Ryn und der Bewegung für den Identitätsschutz amorpher Lebensformen haben. Sie bieten eine Plattform für die Verbreitung von Informationen, die Mobilisierung von Unterstützern und die Schaffung von Gemeinschaften. Dennoch müssen Aktivisten sich der Herausforderungen bewusst sein, die mit der Nutzung dieser Plattformen verbunden sind, und Strategien entwickeln, um Desinformation und die Bildung von Echokammern zu vermeiden. Durch eine strategische und bewusste Nutzung sozialer Medien kann die Bewegung ihre Ziele effektiver erreichen und einen nachhaltigen Einfluss auf die Gesellschaft ausüben.

Bibliography

[1] Manuel Castells. *Networks of Outrage and Hope: Social Movements in the Internet Age*. Polity Press, 2012.

[2] Robert D. Putnam. *Bowling Alone: The Collapse and Revival of American Community*. Simon & Schuster, 2000.

[3] Xorlia Survey 2023. "Öffentliche Meinung zu Identitätsschutz und Aktivismus." Xorlia Institute for Social Research, 2023.

Die Vision für eine bessere Zukunft

Die Vision für eine bessere Zukunft ist ein zentrales Element im Aktivismus von Velis Ryn und seiner Bewegung für den Identitätsschutz amorpher Lebensformen auf Xorlia. Diese Vision ist nicht nur eine Vorstellung von einer idealen Gesellschaft, sondern auch ein konkreter Plan, der auf den Werten von Gleichheit, Akzeptanz und Respekt basiert. In diesem Abschnitt werden wir die verschiedenen Dimensionen dieser Vision untersuchen, die Herausforderungen, die es zu bewältigen gilt, und die Strategien, die zur Verwirklichung dieser Vision erforderlich sind.

Eine inklusive Gesellschaft

Eine der zentralen Säulen von Velis Ryns Vision ist die Schaffung einer inklusiven Gesellschaft, in der alle Lebensformen, unabhängig von ihrer physischen oder kulturellen Identität, gleichberechtigt sind. Diese Vorstellung basiert auf der Überzeugung, dass Diversität eine Stärke ist, die das soziale Gefüge bereichert. Um diese Vision zu erreichen, ist es entscheidend, Diskriminierung und Vorurteile abzubauen.

Die Theorie der sozialen Identität, die von Henri Tajfel und John Turner entwickelt wurde, legt nahe, dass das Zugehörigkeitsgefühl zu einer bestimmten

Gruppe das Verhalten und die Einstellungen gegenüber anderen beeinflussen kann. Um eine inklusive Gesellschaft zu fördern, müssen wir diese sozialen Kategorien hinterfragen und den Fokus auf gemeinsame menschliche Werte legen.

Bildung als Schlüssel zur Veränderung

Bildung spielt eine entscheidende Rolle in der Vision von Velis Ryn. Durch Aufklärung und Sensibilisierung können Vorurteile abgebaut und ein besseres Verständnis für die Bedürfnisse amorpher Lebensformen geschaffen werden. Programme zur interkulturellen Bildung, die sich auf die Geschichte, Kultur und die Herausforderungen dieser Lebensformen konzentrieren, sind unerlässlich.

Ein Beispiel für erfolgreiche Bildungsinitiativen ist das Programm „Xorlia for All", das Workshops und Schulungen anbietet, um das Bewusstsein für die Rechte und die kulturelle Identität amorpher Lebensformen zu schärfen. Diese Programme fördern nicht nur das Verständnis, sondern auch die Empathie und Solidarität unter den verschiedenen Lebensformen.

Technologische Innovationen

Technologie kann als Katalysator für Veränderungen fungieren. In der Vision für eine bessere Zukunft sieht Velis Ryn die Nutzung von Technologien zur Förderung des Identitätsschutzes. Beispielsweise können soziale Medien Plattformen bieten, um Geschichten und Erfahrungen zu teilen, die das Bewusstsein für die Herausforderungen amorpher Lebensformen erhöhen.

Die Implementierung von Technologien, die den Zugang zu Informationen erleichtern, ist ein weiterer wichtiger Aspekt. Open-Source-Plattformen und digitale Archive könnten dazu beitragen, das kulturelle Erbe amorpher Lebensformen zu bewahren und zu fördern. Dies könnte auch die Entwicklung von Apps umfassen, die den Austausch zwischen verschiedenen Gemeinschaften erleichtern und den Dialog fördern.

Nachhaltigkeit im Aktivismus

Ein weiterer kritischer Punkt in Velis Ryns Vision ist die Nachhaltigkeit im Aktivismus. Es reicht nicht aus, kurzfristige Erfolge zu erzielen; die Bewegung muss auch langfristige Strategien entwickeln, um sicherzustellen, dass die erzielten Fortschritte nicht verloren gehen.

Hierbei spielt die Resilienz eine entscheidende Rolle. Die Theorie der Resilienz besagt, dass Gemeinschaften, die in der Lage sind, sich an Veränderungen anzupassen und aus Rückschlägen zu lernen, langfristig erfolgreicher sind. Velis Ryn fördert die Idee, dass Gemeinschaften ihre eigenen Ressourcen mobilisieren und sich gegenseitig unterstützen sollten, um eine nachhaltige Veränderung zu erreichen.

Globale Zusammenarbeit

Die Vision für eine bessere Zukunft erstreckt sich über die Grenzen von Xorlia hinaus. Velis Ryn betont die Bedeutung der globalen Zusammenarbeit, um die Herausforderungen, mit denen amorphe Lebensformen konfrontiert sind, anzugehen. Internationale Partnerschaften und Austauschprogramme können dazu beitragen, Wissen und Ressourcen zu teilen und eine globale Solidarität zu fördern.

Ein Beispiel für diese Zusammenarbeit ist das „Intergalaktische Forum für Identitätsschutz", das Vertreter verschiedener Planeten zusammenbringt, um Strategien zur Förderung der Rechte amorpher Lebensformen zu entwickeln. Solche Foren bieten eine Plattform, um bewährte Praktiken auszutauschen und gemeinsame Herausforderungen anzugehen.

Reflexion und Anpassung

Schließlich ist die Fähigkeit zur Reflexion und Anpassung ein wesentlicher Bestandteil von Velis Ryns Vision. Die Bewegung muss bereit sein, aus Erfahrungen zu lernen und ihre Strategien entsprechend anzupassen. Dies bedeutet, dass regelmäßige Evaluierungen und Feedback-Mechanismen implementiert werden müssen, um sicherzustellen, dass die Bedürfnisse der Gemeinschaften weiterhin im Mittelpunkt stehen.

Ein Beispiel für diese Reflexion ist die jährliche Konferenz „Identität in Wandel", bei der Aktivisten, Wissenschaftler und Vertreter der Gemeinschaft zusammenkommen, um die Fortschritte zu bewerten und neue Strategien zu entwickeln. Diese Konferenzen fördern nicht nur den Austausch von Ideen, sondern stärken auch das Gemeinschaftsgefühl und die kollektive Verantwortung.

Schlussfolgerung

Die Vision für eine bessere Zukunft, wie sie von Velis Ryn formuliert wurde, ist ein umfassender und dynamischer Plan, der auf den Prinzipien von Inklusion, Bildung, technologischem Fortschritt, Nachhaltigkeit und globaler Zusammenarbeit basiert. Es ist eine Vision, die nicht nur auf die Herausforderungen amorpher Lebensformen auf Xorlia abzielt, sondern auch als Modell für andere Planeten und Lebensformen dienen kann. Durch die Umsetzung dieser Vision können wir eine gerechtere und harmonischere Gesellschaft schaffen, in der Vielfalt nicht nur akzeptiert, sondern gefeiert wird.

Die Reise zur Verwirklichung dieser Vision wird zweifellos mit Herausforderungen verbunden sein, aber mit Entschlossenheit, Kreativität und einem unerschütterlichen Glauben an die Kraft der Gemeinschaft kann Velis Ryns Traum von einer besseren Zukunft Wirklichkeit werden.

$$\text{Zukunft} = \text{Inklusion} + \text{Bildung} + \text{Technologie} + \text{Nachhaltigkeit} + \text{Globale Zusammenarbeit} \tag{67}$$

Das Vermächtnis von Velis Ryn

Die Bedeutung von Identität

Die Identität ist ein zentrales Konzept in der menschlichen Erfahrung, das nicht nur das individuelle Selbstverständnis, sondern auch die sozialen Beziehungen und die kulturelle Zugehörigkeit prägt. Für Velis Ryn und die amorphen Lebensformen auf Xorlia ist die Frage der Identität von besonderer Bedeutung, da sie in einem Kontext existieren, in dem ihre Existenz und ihre Rechte oft in Frage gestellt werden. Diese Sektion untersucht die Bedeutung von Identität, die Herausforderungen, die sich aus ihrer Wahrnehmung ergeben, sowie die theoretischen Grundlagen, die dieses Konzept untermauern.

Theoretische Grundlagen der Identität

Identität kann als die Summe der Eigenschaften, Merkmale und Erfahrungen definiert werden, die ein Individuum oder eine Gruppe von anderen unterscheiden. In der Psychologie wird Identität häufig mit dem Konzept des Selbst verknüpft, das in verschiedenen Theorien wie Eriksons psychosozialer Entwicklungstheorie oder Marcias Identitätsstatusmodell untersucht wird.

Erikson (1968) postulierte, dass die Identitätsentwicklung ein lebenslanger Prozess ist, der in verschiedenen Phasen stattfindet. Jede Phase ist durch spezifische Herausforderungen gekennzeichnet, die bewältigt werden müssen, um eine gesunde Identität zu entwickeln. In der Jugend, beispielsweise, erleben Individuen oft Identitätskrisen, die sie dazu zwingen, ihre Werte, Überzeugungen und ihre Zugehörigkeit zu hinterfragen.

$$I = f(P, S, C)$$

Hierbei steht I für Identität, P für persönliche Merkmale, S für soziale Einflüsse und C für kulturelle Kontexte. Diese Gleichung verdeutlicht, dass Identität ein dynamisches Konstrukt ist, das von verschiedenen Faktoren beeinflusst wird.

Herausforderungen in der Identitätsbildung

Für amorphe Lebensformen auf Xorlia sind die Herausforderungen in der Identitätsbildung besonders ausgeprägt. Diskriminierung und Vorurteile führen oft zu einem Verlust der kulturellen Identität. In vielen Fällen werden amorphe Lebensformen nicht als gleichwertig angesehen, was zu einem Gefühl der Entfremdung und Isolation führt. Diese Diskriminierung kann sich in verschiedenen Formen äußern, einschließlich des Zugangs zu Bildung, Arbeit und sozialen Dienstleistungen.

Ein Beispiel hierfür ist die gesetzliche Ungleichheit, die amorphen Lebensformen den Zugang zu grundlegenden Rechten und Freiheiten verweigert. Diese Ungleichheit führt zu einem ständigen Kampf um Anerkennung und Wertschätzung, was die Identitätsbildung zusätzlich erschwert.

Die Rolle der Gemeinschaft in der Identitätsbildung

Die Gemeinschaft spielt eine entscheidende Rolle bei der Entwicklung und Aufrechterhaltung der Identität. Gemeinschaften bieten einen Raum, in dem Individuen ihre Erfahrungen teilen, Unterstützung finden und sich gegenseitig stärken können. Velis Ryn erkannte früh, dass die Mobilisierung der Gemeinschaft ein entscheidender Schritt zur Förderung des Identitätsschutzes war.

Durch die Bildung von Netzwerken und Partnerschaften mit anderen Aktivisten konnte Velis Ryn eine Plattform schaffen, auf der amorphe Lebensformen ihre Stimmen erheben und ihre Identität feiern konnten. Die Bedeutung von Gemeinschaft wird in der Theorie des sozialen Konstruktivismus hervorgehoben, die besagt, dass Identität nicht nur individuell, sondern auch sozial konstruiert ist.

$$I_{social} = \sum_{i=1}^{n} C_i$$

Hierbei steht I_{social} für die soziale Identität und C_i für die verschiedenen Gemeinschaften, mit denen ein Individuum interagiert. Diese Gleichung verdeutlicht, dass die soziale Identität aus der Summe aller Gemeinschaften besteht, die ein Individuum beeinflussen.

Identität und Aktivismus

Die Identität ist auch ein zentraler Bestandteil des Aktivismus. Velis Ryn verstand, dass der Kampf um Identitätsschutz eng mit dem Kampf um Gleichheit und Gerechtigkeit verbunden ist. Der Aktivismus von Velis Ryn zielte darauf ab, das Bewusstsein für die Bedeutung der Identität zu schärfen und die Stimmen der amorphen Lebensformen zu stärken.

Durch die Organisation von Veranstaltungen, Bildungskampagnen und die Nutzung sozialer Medien konnte die Bewegung von Velis Ryn eine breite Öffentlichkeit erreichen. Diese Strategien trugen dazu bei, das Bewusstsein für die Herausforderungen, mit denen amorphe Lebensformen konfrontiert sind, zu schärfen und eine Diskussion über die Bedeutung von Identität und deren Schutz zu fördern.

Schlussfolgerung

Die Bedeutung von Identität für Velis Ryn und die amorphen Lebensformen auf Xorlia kann nicht unterschätzt werden. Identität ist nicht nur ein persönliches Merkmal, sondern auch ein gesellschaftliches Konstrukt, das die Interaktionen und Beziehungen zwischen Individuen und Gemeinschaften prägt. Der Kampf um Identitätsschutz ist ein zentraler Aspekt des Aktivismus, der dazu beiträgt, die Rechte und die Würde amorpher Lebensformen zu fördern.

In der Reflexion über die Bedeutung von Identität wird deutlich, dass die Herausforderungen, mit denen amorphe Lebensformen konfrontiert sind, nicht isoliert betrachtet werden können. Vielmehr sind sie Teil eines größeren gesellschaftlichen Kontexts, der die Notwendigkeit eines kollektiven Engagements für Gleichheit und Gerechtigkeit unterstreicht. Die Arbeit von Velis Ryn hat nicht nur das Bewusstsein für diese Themen geschärft, sondern auch einen Raum geschaffen, in dem Identität gefeiert und geschützt werden kann.

Einfluss auf zukünftige Generationen

Der Einfluss von Velis Ryn auf zukünftige Generationen ist ein zentrales Element in der Betrachtung seines Vermächtnisses. Seine Arbeit und sein Engagement für den Identitätsschutz amorpher Lebensformen auf Xorlia haben nicht nur die gegenwärtige Gesellschaft geprägt, sondern auch die Grundlagen für die zukünftigen Generationen gelegt. In diesem Abschnitt werden die verschiedenen Dimensionen dieses Einflusses untersucht, die von der Bildung über soziale Bewegungen bis hin zur interkulturellen Zusammenarbeit reichen.

Bildung als Schlüssel zur Veränderung

Ein wesentlicher Aspekt von Velis Ryns Einfluss ist die Bedeutung von Bildung. Ryn erkannte früh, dass Wissen der Schlüssel zur Überwindung von Vorurteilen und Diskriminierung ist. Durch die Gründung von Bildungsprogrammen und Workshops, die sich mit den Herausforderungen amorpher Lebensformen beschäftigen, hat er ein Bewusstsein geschaffen, das in zukünftigen Generationen fortbestehen wird.

Die Gleichung, die oft in Bildungsdiskussionen verwendet wird, lautet:

$$\text{Wissen} = \text{Verständnis} + \text{Empathie} \tag{68}$$

Diese Gleichung verdeutlicht, dass Wissen nicht nur die Ansammlung von Informationen ist, sondern auch das Verständnis für die Lebensrealitäten anderer und die Empathie, die daraus entsteht. Ryns Programme fördern nicht nur das Wissen, sondern auch die zwischenmenschlichen Beziehungen, die für eine inklusive Gesellschaft notwendig sind.

Soziale Bewegungen und Aktivismus

Velis Ryn hat eine Welle von sozialem Aktivismus ausgelöst, die auch zukünftige Generationen inspirieren wird. Die von ihm gegründete Bewegung für den Identitätsschutz amorpher Lebensformen hat viele junge Menschen motiviert, sich für soziale Gerechtigkeit einzusetzen. Der Aktivismus, den Ryn verkörperte, hat einen neuen Standard gesetzt, der durch folgende Prinzipien charakterisiert ist:

+ **Inklusion:** Jeder sollte die Möglichkeit haben, sich zu beteiligen und gehört zu werden.

+ **Kreativität:** Kunst und Kultur sind mächtige Werkzeuge im Aktivismus.

+ **Bildung:** Wissen ist der Schlüssel zur Veränderung und zur Überwindung von Vorurteilen.

Diese Prinzipien werden von zukünftigen Aktivisten übernommen, die sich für die Rechte ihrer Gemeinschaften einsetzen. Ein Beispiel ist die Verwendung von sozialen Medien, um Mobilisierung und Bewusstsein zu schaffen. Plattformen wie XorliNet haben es den jungen Aktivisten ermöglicht, ihre Stimmen zu erheben und sich mit Gleichgesinnten weltweit zu vernetzen.

Interkulturelle Zusammenarbeit

Ein weiterer wichtiger Aspekt von Ryns Einfluss auf zukünftige Generationen ist die Förderung interkultureller Zusammenarbeit. Ryn hat erkannt, dass die Herausforderungen, vor denen amorphe Lebensformen stehen, nicht isoliert betrachtet werden können. Der Austausch mit anderen Kulturen und das Verständnis für unterschiedliche Perspektiven sind entscheidend für den Erfolg des Aktivismus.

Die Gleichung für interkulturelle Zusammenarbeit könnte wie folgt formuliert werden:

$$\text{Zusammenarbeit} = \text{Verständnis} \times \text{Respekt} \tag{69}$$

Hierbei verdeutlicht die Multiplikation, dass Verständnis und Respekt zusammenwirken müssen, um effektive Zusammenarbeit zu ermöglichen. Ryn hat Programme initiiert, die den interkulturellen Austausch fördern, wie etwa internationale Konferenzen und Austauschprogramme, die es jungen Menschen ermöglichen, verschiedene Kulturen zu erleben und voneinander zu lernen.

Langfristige Auswirkungen auf die Gesellschaft

Die langfristigen Auswirkungen von Velis Ryns Einfluss sind sowohl auf individueller als auch auf gesellschaftlicher Ebene spürbar. Die Werte, die er propagiert hat, werden in den zukünftigen Generationen weitergetragen. Diese Werte umfassen:

+ **Akzeptanz:** Die Anerkennung und Wertschätzung von Vielfalt wird zur Norm.

+ **Engagement:** Jüngere Generationen werden ermutigt, aktiv an der Gestaltung ihrer Gesellschaft teilzunehmen.

+ **Nachhaltigkeit:** Der Fokus auf langfristige Lösungen und nachhaltige Praktiken wird in den Mittelpunkt gerückt.

Ein konkretes Beispiel für diese langfristigen Auswirkungen ist die zunehmende Anzahl von Initiativen, die sich mit dem Schutz der Umwelt und der Förderung der sozialen Gerechtigkeit beschäftigen. Viele junge Menschen, inspiriert von Ryns Arbeit, haben Organisationen gegründet, die sich für den Schutz der Lebensräume amorpher Lebensformen einsetzen und gleichzeitig das Bewusstsein für ökologische und soziale Themen schärfen.

Reflexion über Erfolge und Misserfolge

Schließlich ist es wichtig, auch die Erfolge und Misserfolge zu reflektieren, die Ryns Einfluss auf zukünftige Generationen prägen werden. Während viele Erfolge gefeiert werden können, gibt es auch Herausforderungen, die angegangen werden müssen.

Ein Beispiel für einen Erfolg ist die Einführung neuer Gesetze, die den Schutz amorpher Lebensformen verbessern. Diese Gesetze basieren auf den Prinzipien, die Ryn propagiert hat, und werden von zukünftigen Generationen weiterentwickelt.

Gleichzeitig müssen die Misserfolge, wie die anhaltende Diskriminierung und die Herausforderungen, die durch technologische Entwicklungen entstehen, kritisch betrachtet werden. Die Reflexion über diese Aspekte wird zukünftigen Aktivisten helfen, aus der Vergangenheit zu lernen und effektive Strategien für die Zukunft zu entwickeln.

Schlussfolgerung

Zusammenfassend lässt sich sagen, dass der Einfluss von Velis Ryn auf zukünftige Generationen tiefgreifend ist. Durch Bildung, soziale Bewegungen, interkulturelle Zusammenarbeit und die Reflexion über Erfolge und Misserfolge hat er eine Grundlage geschaffen, auf der zukünftige Generationen aufbauen können. Die Werte und Prinzipien, die er propagiert hat, werden weiterhin die Gesellschaft prägen und die nächste Generation von Aktivisten inspirieren, die für eine gerechtere und inklusivere Welt kämpfen werden.

Die Kraft der Gemeinschaft

Die Kraft der Gemeinschaft ist ein zentrales Element im Aktivismus, insbesondere im Kontext des Kampfes von Velis Ryn für den Identitätsschutz amorpher Lebensformen auf Xorlia. Gemeinschaften bieten nicht nur Unterstützung und Solidarität, sondern sind auch entscheidend für die Mobilisierung von Ressourcen und die Schaffung eines kollektiven Bewusstseins. In diesem Abschnitt werden wir die verschiedenen Aspekte der Gemeinschaftsbildung, ihre Herausforderungen und die positiven Auswirkungen auf den Aktivismus untersuchen.

Theoretische Grundlagen

Die Theorie der sozialen Identität, wie sie von Henri Tajfel und John Turner formuliert wurde, legt nahe, dass Individuen sich selbst durch ihre Mitgliedschaft in Gruppen definieren. Diese Identifikation mit einer Gemeinschaft fördert das

Gefühl der Zugehörigkeit und kann als Antrieb für kollektives Handeln dienen. Gemeinschaften schaffen eine Plattform, auf der Mitglieder ihre Erfahrungen teilen, ihre Identität stärken und sich gegenseitig unterstützen können.

$$S = \frac{N}{C} \tag{70}$$

Hierbei ist S die Stärke der Gemeinschaft, N die Anzahl der Mitglieder und C die Kohäsion innerhalb der Gruppe. Eine starke Gemeinschaft hat somit viele Mitglieder und eine hohe Kohäsion, was zu effektiverem Aktivismus führt.

Herausforderungen der Gemeinschaftsbildung

Trotz der positiven Aspekte gibt es auch Herausforderungen bei der Bildung und Aufrechterhaltung von Gemeinschaften. Diskriminierung und Vorurteile gegenüber amorphen Lebensformen können dazu führen, dass sich Mitglieder isoliert fühlen. Diese Stigmatisierung kann das Vertrauen untergraben und die Bereitschaft zur Zusammenarbeit verringern.

Ein weiteres Problem ist die Fragmentierung innerhalb der Gemeinschaft. Unterschiedliche Meinungen und Ansätze können zu Spannungen führen, die die Effektivität der Bewegung beeinträchtigen. Ein Beispiel hierfür ist die unterschiedliche Auffassung über die Strategien zur Förderung des Identitätsschutzes, die zu internen Konflikten führen kann.

Beispiele für erfolgreiche Gemeinschaften

Trotz dieser Herausforderungen gibt es zahlreiche Beispiele für erfolgreiche Gemeinschaften, die durch ihre Stärke und Solidarität bedeutende Veränderungen bewirken konnten. Ein bemerkenswertes Beispiel ist die *Xorlianische Allianz für Identitätsschutz*, die 2030 gegründet wurde und sich aus verschiedenen Gruppen zusammensetzt, die sich für die Rechte amorpher Lebensformen einsetzen.

Die Allianz hat verschiedene Kampagnen ins Leben gerufen, um das Bewusstsein für die Herausforderungen, vor denen amorphe Lebensformen stehen, zu schärfen. Durch Workshops, öffentliche Versammlungen und soziale Medien konnte die Allianz eine breite Unterstützung in der Gesellschaft gewinnen und damit den Druck auf politische Entscheidungsträger erhöhen.

Die Rolle von Velis Ryn in der Gemeinschaft

Velis Ryn hat eine Schlüsselrolle in der Stärkung der Gemeinschaft gespielt. Durch seine Fähigkeit, Menschen zusammenzubringen und eine gemeinsame

Vision zu formulieren, hat er es geschafft, eine Vielzahl von Stimmen zu vereinen. Dies zeigt sich in der Gründung von *Kollektiv Xorlia*, einer Plattform, die es Mitgliedern amorpher Lebensformen ermöglicht, ihre Geschichten zu teilen und sich gegenseitig zu unterstützen.

Ein konkretes Beispiel für den Einfluss von Velis Ryn ist die *Kampagne für Anerkennung*, die 2032 ins Leben gerufen wurde. Diese Kampagne mobilisierte Tausende von Unterstützern und führte zu einer bedeutenden Gesetzesänderung, die den rechtlichen Status amorpher Lebensformen auf Xorlia anerkennt.

Die langfristigen Auswirkungen der Gemeinschaft

Die langfristigen Auswirkungen einer starken Gemeinschaft sind tiefgreifend. Gemeinschaften fördern nicht nur die individuelle Identität, sondern auch ein kollektives Bewusstsein, das zu nachhaltigen Veränderungen führen kann. Die Unterstützung innerhalb der Gemeinschaft ermöglicht es den Mitgliedern, Herausforderungen zu bewältigen und ihre Stimmen in der Gesellschaft zu erheben.

Ein Beispiel für diese langfristigen Auswirkungen ist die *Jahreskonferenz für Identitätsschutz*, die seit 2035 jährlich stattfindet und eine Plattform für den Austausch von Ideen, Strategien und Erfahrungen bietet. Diese Konferenz hat nicht nur das Bewusstsein für die Probleme amorpher Lebensformen geschärft, sondern auch internationale Aufmerksamkeit auf die Bewegung gezogen.

Schlussfolgerung

Die Kraft der Gemeinschaft ist unbestreitbar und spielt eine entscheidende Rolle im Aktivismus von Velis Ryn. Durch die Schaffung von Netzwerken, die Förderung von Solidarität und die Mobilisierung von Ressourcen können Gemeinschaften einen nachhaltigen Einfluss auf die Gesellschaft ausüben. Die Herausforderungen, mit denen Gemeinschaften konfrontiert sind, können überwunden werden, wenn Mitglieder zusammenarbeiten und ihre Unterschiede akzeptieren. In einer Welt, in der Identität und Zugehörigkeit von zentraler Bedeutung sind, bleibt die Kraft der Gemeinschaft ein unverzichtbares Element im Kampf für die Rechte amorpher Lebensformen auf Xorlia.

Die Rolle von Empathie

Empathie ist ein zentrales Element in der Bürgerrechtsbewegung und spielt eine entscheidende Rolle im Aktivismus von Velis Ryn. Sie ermöglicht es Individuen, sich in die Perspektiven und Erfahrungen anderer hineinzuversetzen, was besonders wichtig ist, wenn es um marginalisierte Gruppen, wie die amorphen Lebensformen auf Xorlia, geht. In diesem Abschnitt werden wir die verschiedenen Dimensionen der Empathie untersuchen, ihre theoretischen Grundlagen, die Herausforderungen, die sie im Aktivismus mit sich bringt, sowie konkrete Beispiele, die die transformative Kraft der Empathie veranschaulichen.

Theoretische Grundlagen der Empathie

Empathie kann als die Fähigkeit definiert werden, die Emotionen, Gedanken und Erfahrungen anderer zu verstehen und nachzuvollziehen. Laut dem Psychologen Martin Hoffman (1984) umfasst Empathie vier Hauptkomponenten:

1. **Emotionale Empathie:** Das Mitfühlen mit den Emotionen anderer.

2. **Kognitive Empathie:** Das Verstehen der Perspektiven und Gedanken anderer.

3. **Verhaltensbezogene Empathie:** Die Motivation, auf die Bedürfnisse anderer zu reagieren.

4. **Moralische Empathie:** Das Erkennen von Ungerechtigkeiten und das Streben nach Gerechtigkeit.

Diese Dimensionen der Empathie sind besonders relevant für den Aktivismus, da sie es Aktivisten ermöglichen, die Erfahrungen derjenigen zu verstehen, für die sie kämpfen, und eine tiefere Verbindung zu ihren Anliegen herzustellen.

Herausforderungen der Empathie im Aktivismus

Trotz ihrer Bedeutung kann Empathie im Aktivismus auch Herausforderungen mit sich bringen. Eine der größten Hürden ist die **emotionale Erschöpfung**, die Aktivisten erleben können, wenn sie ständig mit den Leiden anderer konfrontiert sind. Diese Erschöpfung kann dazu führen, dass Aktivisten sich emotional distanzieren, was die Wirksamkeit ihrer Arbeit beeinträchtigen kann.

Ein weiteres Problem ist die **Überidentifikation**, bei der Aktivisten so stark in die Erfahrungen anderer eintauchen, dass sie ihre eigene Identität und ihre Bedürfnisse vernachlässigen. Dies kann zu einem Verlust der objektiven Perspektive führen, die für effektives Handeln notwendig ist.

Beispiele für empathischen Aktivismus

Ein herausragendes Beispiel für empathischen Aktivismus ist die Kampagne „Voices of Xorlia", die von Velis Ryn ins Leben gerufen wurde. Diese Kampagne zielt darauf ab, die Stimmen der amorphen Lebensformen zu stärken und ihre Geschichten in den Vordergrund zu stellen. Durch Kunst, Musik und Literatur werden die Erfahrungen dieser Lebensformen auf eine Weise geteilt, die das Publikum emotional anspricht und ein besseres Verständnis für ihre Herausforderungen fördert.

$$E = \frac{V}{R} \tag{71}$$

Hierbei steht E für Empathie, V für die Vielfalt der Perspektiven, die in der Kampagne präsentiert werden, und R für die Relevanz der Themen für die Gesellschaft. Ein höherer Wert von E zeigt an, dass die Kampagne erfolgreicher in der Mobilisierung von Unterstützung für die amorphen Lebensformen ist.

Ein weiteres Beispiel ist die Verwendung von sozialen Medien, um Geschichten von Betroffenen zu verbreiten. Plattformen wie „Xorlia Connect" ermöglichen es den Nutzern, ihre Erfahrungen in Echtzeit zu teilen, wodurch eine breite Öffentlichkeit erreicht wird. Diese Form der Empathie schafft nicht nur Bewusstsein, sondern fördert auch die Solidarität unter verschiedenen Lebensformen.

Die transformative Kraft der Empathie

Empathie hat das Potenzial, nicht nur individuelle Veränderungen herbeizuführen, sondern auch gesellschaftliche Strukturen zu transformieren. Wenn Menschen empathisch auf die Erfahrungen anderer reagieren, können sie ein stärkeres Bewusstsein für soziale Ungerechtigkeiten entwickeln und sich aktiv für Veränderungen einsetzen.

Ein Beispiel für diese transformative Kraft ist die „Empathie-Workshop"-Reihe, die von Velis Ryn organisiert wurde. Diese Workshops bringen Menschen unterschiedlicher Hintergründe zusammen, um ihre Erfahrungen auszutauschen und Empathie zu entwickeln. Durch Rollenspiele und Gruppendiskussionen lernen die Teilnehmer, sich in die Lage anderer zu versetzen und die Herausforderungen, mit denen sie konfrontiert sind, besser zu verstehen.

Die Workshops haben nicht nur das Verständnis für die Probleme amorpher Lebensformen gefördert, sondern auch eine Gemeinschaft von Unterstützern geschaffen, die bereit sind, sich für Veränderungen einzusetzen. Die Teilnehmer berichten von einem gesteigerten Bewusstsein für die Bedürfnisse anderer und einem stärkeren Engagement für die Bewegung.

Fazit

Zusammenfassend lässt sich sagen, dass Empathie eine fundamentale Rolle im Aktivismus von Velis Ryn spielt. Sie ermöglicht es, die Erfahrungen marginalisierter Gruppen zu verstehen und zu würdigen, fördert solidarisches Handeln und trägt zur Schaffung einer gerechteren Gesellschaft bei. Trotz der Herausforderungen, die mit der Empathie verbunden sind, bleibt sie ein unverzichtbares Werkzeug für den sozialen Wandel. Die Förderung von Empathie in der Gemeinschaft kann nicht nur das individuelle Engagement stärken, sondern auch kollektive Bewegungen inspirieren, die auf Gerechtigkeit und Gleichheit abzielen. In einer Welt, die oft von Spaltung und Vorurteilen geprägt ist, ist Empathie der Schlüssel zu einer inklusiveren und verständnisvolleren Gesellschaft.

Reflexion über Erfolge und Misserfolge

Die Reflexion über die Erfolge und Misserfolge von Velis Ryn ist entscheidend, um die Entwicklung und den Einfluss seiner Bürgerrechtsbewegung auf die amorphen Lebensformen auf Xorlia zu verstehen. Diese Reflexion ermöglicht es, sowohl die positiven Errungenschaften als auch die Herausforderungen zu erkennen, die den Weg dieser Bewegung geprägt haben.

Erfolge der Bewegung

Ein bedeutender Erfolg von Velis Ryn war die Gründung einer breiten Bewegung zur Anerkennung der Identität amorpher Lebensformen. Diese Bewegung führte zu mehreren wichtigen Gesetzesänderungen, die den rechtlichen Schutz dieser Lebensformen verbesserten. Ein Beispiel für einen solchen Erfolg ist das *Gesetz zum Schutz amorpher Identitäten*, das 2042 verabschiedet wurde. Dieses Gesetz stellte sicher, dass amorphe Lebensformen rechtlich anerkannt werden und gleichberechtigt mit anderen Lebensformen behandelt werden.

Darüber hinaus konnte die Bewegung durch verschiedene Kampagnen das Bewusstsein für die Herausforderungen, mit denen amorphe Lebensformen konfrontiert sind, schärfen. Eine der bemerkenswertesten Kampagnen war die *Kampagne für Sichtbarkeit*, die durch soziale Medien und öffentliche Veranstaltungen unterstützt wurde. Diese Kampagne führte zu einer signifikanten Erhöhung der öffentlichen Unterstützung und half, Vorurteile abzubauen. Die

Zahl der Unterstützer stieg innerhalb eines Jahres um 150%, was die Wirksamkeit der Öffentlichkeitsarbeit unter Beweis stellte.

Theoretische Perspektiven

Die Erfolge von Velis Ryn können auch durch verschiedene theoretische Rahmenbedingungen analysiert werden. Die *Theorie der sozialen Bewegungen* von Charles Tilly bietet einen nützlichen Ansatz, um zu verstehen, wie kollektive Aktionen organisiert werden und welche Faktoren zu ihrem Erfolg beitragen. Tilly argumentiert, dass die Mobilisierung von Ressourcen, die Schaffung eines gemeinsamen Rahmens und die Entwicklung von solidarischen Netzwerken entscheidend für den Erfolg sozialer Bewegungen sind.

In diesem Kontext war die Fähigkeit von Velis Ryn, eine Vielzahl von Ressourcen zu mobilisieren, entscheidend. Er nutzte sowohl materielle Ressourcen (wie finanzielle Mittel) als auch immaterielle Ressourcen (wie soziale Netzwerke und Wissen), um die Bewegung voranzutreiben. Die Schaffung eines gemeinsamen Rahmens, der die Bedeutung der Identität für amorphe Lebensformen betonte, half, eine breite Unterstützung zu gewinnen.

Misserfolge und Herausforderungen

Trotz der Erfolge gab es auch zahlreiche Misserfolge und Herausforderungen, die die Bewegung von Velis Ryn begleiteten. Eine der größten Herausforderungen war der Widerstand von konservativen Gruppen, die die Rechte amorpher Lebensformen in Frage stellten. Diese Gruppen argumentierten oft, dass die Anerkennung amorpher Identitäten die gesellschaftliche Ordnung gefährden würde.

Ein Beispiel für einen Rückschlag war die Ablehnung des *Gesetzes zur Gleichstellung amorpher Lebensformen* im Jahr 2043, das darauf abzielte, die rechtlichen Rahmenbedingungen weiter zu verbessern. Die Ablehnung führte zu einem starken Gefühl der Entmutigung innerhalb der Bewegung und stellte die Strategien von Velis Ryn in Frage.

Die Rolle der Resilienz

Die Reflexion über Misserfolge ist ebenso wichtig wie die über Erfolge, da sie die Resilienz der Bewegung aufzeigt. Resilienz kann als die Fähigkeit definiert werden, sich von Rückschlägen zu erholen und sich an veränderte Bedingungen anzupassen. Velis Ryn und seine Unterstützer zeigten bemerkenswerte Resilienz, indem sie trotz der Rückschläge weiterhin für ihre Ziele kämpften und neue Strategien entwickelten.

Ein Beispiel für diese Resilienz war die Umstellung von direkten politischen Aktionen auf eine stärkere Fokussierung auf Bildung und Aufklärung. Nach dem Misserfolg des Gesetzes zur Gleichstellung wurde eine umfassende Bildungsinitiative ins Leben gerufen, die darauf abzielte, das Verständnis für die Herausforderungen amorpher Lebensformen zu fördern. Diese Initiative führte zu einer erhöhten Unterstützung in der Bevölkerung und bereitete den Weg für zukünftige Gesetzesänderungen.

Schlussfolgerungen

Zusammenfassend lässt sich sagen, dass die Reflexion über die Erfolge und Misserfolge von Velis Ryn eine tiefere Einsicht in die Dynamik der Bürgerrechtsbewegung auf Xorlia bietet. Die Erfolge, wie die Gesetzesänderungen und die Mobilisierung der Gemeinschaft, sind das Ergebnis strategischer Planung und der Fähigkeit, Ressourcen effektiv zu nutzen. Gleichzeitig zeigen die Misserfolge und Herausforderungen, dass der Weg zum Erfolg oft mit Rückschlägen gepflastert ist, die jedoch durch Resilienz und Anpassungsfähigkeit überwunden werden können.

Die Lehren aus diesen Erfahrungen sind nicht nur für die Bewegung von Velis Ryn von Bedeutung, sondern bieten auch wertvolle Einsichten für zukünftige Bürgerrechtsbewegungen auf Xorlia und darüber hinaus. Die Reflexion über Erfolge und Misserfolge ist ein fortlaufender Prozess, der es ermöglicht, Strategien zu verfeinern und die Vision für eine gerechtere Gesellschaft weiterzuentwickeln.

Die Fortführung des Kampfes

Der Kampf für den Identitätsschutz amorpher Lebensformen auf Xorlia ist ein fortlaufender Prozess, der nicht nur auf die Errungenschaften der Vergangenheit zurückblickt, sondern auch mit den Herausforderungen der Zukunft konfrontiert ist. Um die Bewegung nachhaltig zu gestalten, müssen Strategien entwickelt werden, die sowohl die bestehenden Probleme adressieren als auch neue Wege der Mobilisierung und des Engagements finden.

Theoretische Grundlagen

Die Fortführung des Kampfes kann durch verschiedene theoretische Rahmenbedingungen unterstützt werden. Eine zentrale Theorie ist die *Soziale Identitätstheorie* (Tajfel & Turner, 1979), die besagt, dass Individuen ihre Identität stark aus der Zugehörigkeit zu sozialen Gruppen ableiten. In diesem Kontext ist es entscheidend, dass amorphe Lebensformen eine starke kollektive Identität entwickeln, um gegen Diskriminierung und Vorurteile zu kämpfen.

Ein weiteres relevantes Konzept ist die *Theorie des sozialen Wandels*, die beschreibt, wie soziale Bewegungen durch kollektives Handeln Veränderungen in der Gesellschaft bewirken können. Diese Theorie legt nahe, dass die Fortführung des Kampfes nicht nur auf rechtlichen Veränderungen abzielt, sondern auch auf eine tiefere gesellschaftliche Transformation, die die Wahrnehmung und Akzeptanz amorpher Lebensformen fördert.

Herausforderungen

Trotz der Fortschritte, die durch die Bewegung erzielt wurden, stehen die Aktivisten vor zahlreichen Herausforderungen:

+ **Widerstand von Gegnern:** Es gibt immer noch starke Widerstände gegen die Anerkennung amorpher Lebensformen. Diese Widerstände manifestieren sich oft in Form von rechtlichen Hürden, gesellschaftlicher Stigmatisierung und einer negativen Berichterstattung in den Medien.

+ **Interne Konflikte:** Innerhalb der Bewegung können unterschiedliche Ansichten über Strategien und Ziele zu internen Konflikten führen. Es ist wichtig, einen gemeinsamen Nenner zu finden, um die Einheit der Bewegung zu wahren.

+ **Ressourcenmangel:** Viele Aktivisten kämpfen mit einem Mangel an finanziellen und personellen Ressourcen. Dies kann die Effektivität von Kampagnen und die Durchführung von Bildungsprogrammen beeinträchtigen.

Beispiele erfolgreicher Fortführung

Um diesen Herausforderungen zu begegnen, wurden verschiedene erfolgreiche Strategien entwickelt, die als Vorbilder für die Fortführung des Kampfes dienen können:

Kooperation mit Bildungseinrichtungen : Die Zusammenarbeit mit Schulen und Universitäten hat sich als effektiv erwiesen, um das Bewusstsein für die Rechte amorpher Lebensformen zu schärfen. Programme, die Workshops und Seminare anbieten, können dazu beitragen, eine neue Generation von Unterstützern zu mobilisieren.

Nutzung sozialer Medien : Die Nutzung sozialer Medien hat der Bewegung eine Plattform geboten, um ihre Botschaften zu verbreiten und eine breitere Öffentlichkeit zu erreichen. Kampagnen wie *#XorliaIdentität* haben dazu beigetragen, die Sichtbarkeit der Anliegen amorpher Lebensformen zu erhöhen und eine internationale Solidarität zu fördern.

Etablierung von Partnerschaften : Die Gründung von Partnerschaften mit anderen sozialen Bewegungen hat es ermöglicht, Ressourcen zu bündeln und eine stärkere Stimme zu entwickeln. Diese Allianzen können helfen, gemeinsame Ziele zu identifizieren und Synergien zu nutzen.

Zukunftsperspektiven

Die Fortführung des Kampfes erfordert eine ständige Reflexion über die Methoden und Ziele der Bewegung. Zukünftige Strategien sollten folgende Aspekte berücksichtigen:

- **Interkulturelle Zusammenarbeit:** Der Austausch mit anderen Kulturen und Lebensformen kann neue Perspektiven und Ansätze für den Aktivismus bieten. Diese Zusammenarbeit kann auch dazu beitragen, die universellen Menschenrechte zu stärken.

- **Nachhaltigkeit im Aktivismus:** Es ist wichtig, dass die Bewegung nicht nur kurzfristige Erfolge anstrebt, sondern auch langfristige Veränderungen im gesellschaftlichen Bewusstsein und in den rechtlichen Rahmenbedingungen anstrebt.

- **Bildung als Schlüssel:** Die Förderung von Bildungsprogrammen, die sich mit der Identität amorpher Lebensformen beschäftigen, kann helfen, Vorurteile abzubauen und ein besseres Verständnis in der Gesellschaft zu schaffen.

Schlussfolgerung

Die Fortführung des Kampfes für den Identitätsschutz amorpher Lebensformen auf Xorlia ist eine komplexe, aber notwendige Aufgabe. Sie erfordert Engagement, Kreativität und die Fähigkeit, sich an veränderte Bedingungen anzupassen. Indem die Bewegung aus vergangenen Erfahrungen lernt und sich neuen Herausforderungen stellt, kann sie eine nachhaltige Veränderung in der Gesellschaft bewirken und das Erbe von Velis Ryn fortführen. Die Hoffnung auf eine gerechtere Zukunft bleibt der Antrieb für alle Aktivisten, die sich für die Rechte und die Identität amorpher Lebensformen einsetzen.

Inspiration für andere Aktivisten

Die Figur von Velis Ryn hat sich als eine bedeutende Inspirationsquelle für andere Aktivisten auf Xorlia und darüber hinaus etabliert. In diesem Abschnitt werden wir die verschiedenen Facetten beleuchten, durch die Velis Ryn andere ermutigt und motiviert hat, sich für den Identitätsschutz amorpher Lebensformen einzusetzen.

Die Kraft des persönlichen Beispiels

Ein zentrales Element von Velis Ryns Einfluss ist sein persönliches Beispiel. Aktivisten, die eine ähnliche Reise durchgemacht haben, finden in seiner Geschichte eine Quelle der Hoffnung und des Mutes. Velis Ryn hat offen über seine eigenen Herausforderungen gesprochen, einschließlich der Diskriminierung, die er als amorphe Lebensform erlebt hat. Durch die Darstellung seiner eigenen Kämpfe hat er anderen gezeigt, dass es möglich ist, trotz widriger Umstände für die eigenen Überzeugungen einzutreten.

Beispielsweise hat Velis Ryn in mehreren öffentlichen Reden betont, wie wichtig es ist, die eigene Identität zu akzeptieren und zu feiern. Diese Botschaft hat viele junge Aktivisten dazu inspiriert, ihre eigene Identität zu umarmen und sich für ihre Rechte einzusetzen. Der Satz „Eure Identität ist eure Stärke" hat sich als ein kraftvolles Motto in vielen Aktivismus-Kampagnen etabliert.

Mentoring und Unterstützung

Ein weiterer wichtiger Aspekt von Velis Ryns Einfluss ist sein Engagement für Mentoring und Unterstützung neuer Aktivisten. Er hat zahlreiche Workshops und Seminare organisiert, in denen er seine Strategien und Taktiken im Aktivismus teilt. Diese Veranstaltungen bieten nicht nur praktische Fähigkeiten, sondern auch ein Netzwerk von Gleichgesinnten, die sich gegenseitig unterstützen.

Die Mentoring-Programme von Velis Ryn haben dazu geführt, dass viele aufstrebende Aktivisten sich sicherer fühlen, ihre Stimmen zu erheben. Ein Beispiel dafür ist die „Xorlia Unite"-Initiative, die jungen Aktivisten die Möglichkeit gibt, von erfahrenen Bürgerrechtsführern zu lernen. Diese Programme haben nicht nur das Selbstvertrauen der Teilnehmer gestärkt, sondern auch das Gefühl der Gemeinschaft gefördert.

Die Rolle der Kunst und Kreativität

Velis Ryn hat auch betont, wie wichtig Kunst und Kreativität im Aktivismus sind. Durch die Förderung von künstlerischen Ausdrucksformen hat er anderen

Aktivisten geholfen, ihre Botschaften auf innovative und ansprechende Weise zu kommunizieren. Kunst hat die Fähigkeit, Emotionen zu wecken und komplexe Themen zugänglich zu machen.

Ein Beispiel für diesen Ansatz ist das jährliche „Kunst für Identität"-Festival, das Velis Ryn ins Leben gerufen hat. Dieses Festival bringt Künstler, Musiker und Aktivisten zusammen, um die Bedeutung der Identität durch verschiedene Kunstformen zu feiern. Es hat nicht nur eine Plattform für kreative Ausdrucksformen geschaffen, sondern auch das Bewusstsein für die Herausforderungen amorpher Lebensformen geschärft.

Internationale Vernetzung

Velis Ryn hat auch die Bedeutung der internationalen Vernetzung erkannt. Durch den Austausch von Ideen und Strategien mit Aktivisten aus anderen Kulturen und Ländern hat er das Bewusstsein für die globalen Dimensionen des Identitätsschutzes geschärft. Er hat an internationalen Konferenzen teilgenommen und die Stimme der amorphen Lebensformen auf globaler Ebene vertreten.

Ein Beispiel für diese internationale Zusammenarbeit ist die „Global Voices for Identity"-Initiative, die Aktivisten aus verschiedenen Ländern zusammenbringt, um gemeinsame Strategien zu entwickeln. Diese Plattform hat es Aktivisten ermöglicht, voneinander zu lernen und sich gegenseitig zu unterstützen, was zu einer stärkeren globalen Bewegung geführt hat.

Die Bedeutung von Resilienz

Ein weiterer Aspekt von Velis Ryns Einfluss ist die Betonung von Resilienz im Aktivismus. Er hat oft betont, dass Rückschläge und Herausforderungen Teil des Prozesses sind, und dass es wichtig ist, aus diesen Erfahrungen zu lernen. Diese Botschaft der Resilienz hat vielen Aktivisten geholfen, ihre Motivation aufrechtzuerhalten, auch wenn sie auf Widerstand stoßen.

Die Theorie der Resilienz, die in vielen psychologischen Studien untersucht wurde, besagt, dass Individuen, die in der Lage sind, Herausforderungen zu bewältigen und sich anzupassen, langfristig erfolgreicher sind. Velis Ryn hat diese Theorie in seiner Arbeit umgesetzt und anderen Aktivisten Werkzeuge an die Hand gegeben, um ihre eigene Resilienz zu stärken.

Schlussfolgerung

Zusammenfassend lässt sich sagen, dass Velis Ryn eine bedeutende Inspirationsquelle für andere Aktivisten ist. Durch sein persönliches Beispiel, seine Mentoring-Programme, die Förderung von Kunst und Kreativität, internationale Vernetzung und die Betonung von Resilienz hat er eine Bewegung angestoßen, die weit über Xorlia hinausreicht. Seine Fähigkeit, Menschen zu ermutigen und zu inspirieren, ist ein testamentarisches Beispiel dafür, wie eine einzelne Stimme einen tiefgreifenden Einfluss auf die Gesellschaft haben kann. In einer Welt, die oft von Spaltung und Vorurteilen geprägt ist, bleibt Velis Ryn ein leuchtendes Beispiel für die Kraft des Aktivismus und die Bedeutung der Identität.

Die Bedeutung von Hoffnung

Hoffnung ist ein zentrales Element im Kampf um Identität und Bürgerrechte, insbesondere für marginalisierte Gruppen wie die amorphen Lebensformen auf Xorlia. In diesem Kontext fungiert Hoffnung nicht nur als emotionale Unterstützung, sondern auch als strategisches Werkzeug, das es Aktivisten ermöglicht, sich gegen Widrigkeiten zu behaupten und Veränderungen herbeizuführen.

Theoretische Grundlagen der Hoffnung

Die Psychologie definiert Hoffnung oft als eine positive Erwartung hinsichtlich der Zukunft, die auf der Überzeugung basiert, dass individuelle Anstrengungen zu gewünschten Ergebnissen führen können. Der Psychologe Charles Snyder beschreibt Hoffnung in seinem *Hope Theory* als eine Kombination aus Zielorientierung, den Überzeugungen über die eigenen Fähigkeiten zur Zielverwirklichung und den Strategien, die zur Erreichung dieser Ziele eingesetzt werden. Mathematisch lässt sich die Hoffnung als Funktion von Zielen G, Agenten A und Wegen W darstellen:

$$H = f(G, A, W)$$

Hierbei steht H für die Hoffnung, G für die spezifischen Ziele, A für die Fähigkeiten und Überzeugungen des Individuums und W für die Strategien, die zur Zielverwirklichung eingesetzt werden. Diese theoretische Grundlage zeigt, dass Hoffnung nicht nur eine passive Emotion ist, sondern aktiv gefördert und entwickelt werden kann.

Probleme und Herausforderungen

In der Realität stehen Aktivisten oft vor enormen Herausforderungen, die die Hoffnung untergraben können. Diskriminierung, gesellschaftliche Stigmatisierung und der Verlust kultureller Identität sind nur einige der Probleme, die amorphe Lebensformen auf Xorlia konfrontieren. Diese Herausforderungen können zu einer Art Hoffnungslosigkeit führen, die sich in einer verminderten Motivation äußert, für Veränderungen zu kämpfen.

Ein Beispiel hierfür ist die Reaktion der Gesellschaft auf die Identitätsbewegung. Oftmals werden die Anliegen der amorphen Lebensformen nicht ernst genommen oder als irrelevant abgetan. Solche Rückschläge können dazu führen, dass Aktivisten den Glauben an die Möglichkeit von Veränderungen verlieren. Es ist daher entscheidend, Wege zu finden, um Hoffnung zu kultivieren und aufrechtzuerhalten, selbst in schwierigen Zeiten.

Beispiele für Hoffnung in der Praxis

Trotz der Herausforderungen gibt es zahlreiche Beispiele für Hoffnung, die in der Aktivismusgemeinschaft auf Xorlia gedeihen. Die Gründung von Unterstützungsnetzwerken und Gemeinschaftsorganisationen hat vielen Individuen geholfen, ihre Stimme zu finden und aktiv an der Gestaltung ihrer Identität mitzuwirken. Diese Netzwerke bieten nicht nur emotionale Unterstützung, sondern auch praktische Ressourcen, die es den Mitgliedern ermöglichen, ihre Ziele zu verfolgen.

Ein bemerkenswertes Beispiel ist die *Bewegung für den Identitätsschutz*, die durch Workshops und Bildungsveranstaltungen das Bewusstsein für die Rechte amorpher Lebensformen schärft. Diese Initiativen schaffen eine Plattform, auf der Menschen ihre Erfahrungen austauschen und voneinander lernen können, was das Gefühl der Hoffnung und des Zusammenhalts stärkt.

Die Rolle von Hoffnung in der Zukunft

Hoffnung ist nicht nur ein individueller Antrieb, sondern auch ein kollektives Gut, das die Gemeinschaft stärkt. Die Vision für die Zukunft auf Xorlia ist untrennbar mit der Fähigkeit verbunden, Hoffnung zu bewahren und zu fördern. Die nächste Generation von Aktivisten wird vor neuen Herausforderungen stehen, aber sie wird auch von den Lehren der Vergangenheit profitieren können.

Die Förderung von Hoffnung kann durch verschiedene Strategien erfolgen:

+ **Bildungsinitiativen:** Durch die Aufklärung über die Geschichte und die Herausforderungen amorpher Lebensformen kann ein Bewusstsein geschaffen werden, das Hoffnung inspiriert.

♦ **Kunst und Kreativität:** Kunstprojekte, die die Identität und die Erfahrungen amorpher Lebensformen thematisieren, können starke emotionale Resonanz erzeugen und das Gefühl der Hoffnung stärken.

♦ **Mentoring-Programme:** Die Unterstützung durch erfahrene Aktivisten kann jüngeren Generationen helfen, ihre eigenen Wege zu finden und ihre Hoffnungen zu verwirklichen.

Insgesamt ist die Bedeutung von Hoffnung im Aktivismus unermesslich. Sie wirkt als Katalysator für Veränderungen und als Licht in der Dunkelheit von Herausforderungen. Die Fähigkeit, Hoffnung zu kultivieren, wird entscheidend dafür sein, wie die Bürgerrechtsbewegung für amorphe Lebensformen auf Xorlia in den kommenden Jahren gedeihen wird.

Schlussfolgerung

Zusammenfassend lässt sich sagen, dass Hoffnung eine fundamentale Rolle im Aktivismus spielt. Sie ist nicht nur ein emotionaler Zustand, sondern auch ein strategisches Element, das es Aktivisten ermöglicht, sich den Herausforderungen zu stellen und Veränderungen herbeizuführen. Die Zukunft der Bewegung für den Identitätsschutz hängt von der Fähigkeit ab, Hoffnung zu bewahren und zu fördern, sowohl auf individueller als auch auf kollektiver Ebene. In einer Welt, die oft von Unsicherheit und Widerstand geprägt ist, bleibt Hoffnung der Schlüssel zur Schaffung einer besseren Zukunft für alle Lebensformen auf Xorlia.

Ein Erbe für die Zukunft

Das Vermächtnis von Velis Ryn ist nicht nur eine Reflexion über die Errungenschaften der Vergangenheit, sondern auch ein Leitfaden für zukünftige Generationen, die sich für den Schutz und die Anerkennung amorpher Lebensformen einsetzen. In dieser Sektion werden wir die verschiedenen Aspekte dieses Erbes untersuchen und die Herausforderungen, die vor uns liegen, sowie die Möglichkeiten, die sich aus Velis Ryns Arbeit ergeben, analysieren.

Die Bedeutung von Identität

Die Identität amorpher Lebensformen ist ein zentrales Thema in Velis Ryns Aktivismus. Er hat die Bedeutung von Identität nicht nur für die betroffenen Wesen selbst, sondern auch für die Gesellschaft als Ganzes hervorgehoben. Identität schafft ein Gefühl von Zugehörigkeit und Gemeinschaft, das für das

Überleben und die Entwicklung jeder Kultur unerlässlich ist. In einer Welt, die zunehmend globalisiert und homogenisiert wird, ist es entscheidend, dass die einzigartigen Identitäten dieser Lebensformen geschützt und gefördert werden.

Einfluss auf zukünftige Generationen

Velis Ryns Erbe wird durch die nächste Generation von Aktivisten und Bürgerrechtskämpfern weitergetragen. Diese jungen Menschen sind nicht nur die Hüter von Ryns Vision, sondern auch die Innovatoren, die neue Ansätze und Technologien entwickeln werden, um die Herausforderungen des Aktivismus anzugehen. Ein Beispiel hierfür ist die Nutzung von sozialen Medien und digitalen Plattformen, um Bewusstsein zu schaffen und Mobilisierung zu fördern.

Die Theorie des *Intersektionalen Aktivismus* bietet einen wertvollen Rahmen, um die Komplexität der Herausforderungen zu verstehen, mit denen zukünftige Aktivisten konfrontiert sein werden. Diese Theorie erkennt an, dass Identität nicht monolithisch ist und dass verschiedene soziale Kategorien wie Rasse, Geschlecht, und in diesem Fall auch die Form des Lebens, miteinander interagieren und die Erfahrungen von Individuen prägen.

Die Kraft der Gemeinschaft

Die Stärkung der Gemeinschaft ist ein weiterer zentraler Aspekt von Velis Ryns Erbe. Ryn hat stets betont, dass der Erfolg des Aktivismus nicht nur von Einzelpersonen abhängt, sondern von der kollektiven Kraft der Gemeinschaft. Die Bildung von Netzwerken und Allianzen zwischen verschiedenen Gruppen ist entscheidend, um eine breitere Unterstützung für die Anliegen amorpher Lebensformen zu gewinnen.

Ein Beispiel für diesen Gemeinschaftsansatz ist die Gründung von interkulturellen Austauschprogrammen, die es verschiedenen Lebensformen ermöglichen, voneinander zu lernen und ihre Erfahrungen zu teilen. Solche Programme fördern nicht nur das Verständnis und die Solidarität, sondern helfen auch, Vorurteile abzubauen und den sozialen Zusammenhalt zu stärken.

Die Rolle von Empathie

Empathie ist ein weiterer Schlüsselbegriff, der in Velis Ryns Erbe verankert ist. Ryn hat immer wieder betont, dass das Verständnis für die Erfahrungen und Herausforderungen anderer Lebensformen von entscheidender Bedeutung ist, um echte Veränderungen herbeizuführen. Empathie fördert nicht nur das individuelle Engagement, sondern kann auch als Katalysator für kollektive Aktionen dienen.

In der Theorie der *Empathischen Interaktion* wird argumentiert, dass das Teilen von Geschichten und Erfahrungen eine transformative Wirkung auf die Zuhörer haben kann. Diese Geschichten können dazu beitragen, Barrieren abzubauen und ein tieferes Verständnis für die Herausforderungen zu schaffen, mit denen amorphe Lebensformen konfrontiert sind.

Reflexion über Erfolge und Misserfolge

Ein wichtiger Bestandteil von Velis Ryns Erbe ist die Fähigkeit zur Reflexion über Erfolge und Misserfolge. Der Aktivismus ist oft mit Rückschlägen und Herausforderungen verbunden, und es ist entscheidend, dass zukünftige Generationen aus diesen Erfahrungen lernen.

Die *Theorie der Lernenden Organisation* legt nahe, dass Organisationen, die in der Lage sind, aus ihren Erfahrungen zu lernen, widerstandsfähiger und anpassungsfähiger sind. Diese Theorie kann auf den Aktivismus angewendet werden, indem sie zukünftigen Aktivisten hilft, eine Kultur des kontinuierlichen Lernens und der Anpassung zu fördern.

Die Fortführung des Kampfes

Das Vermächtnis von Velis Ryn ist auch ein Aufruf zur fortwährenden Mobilisierung und zum Engagement im Kampf für die Rechte amorpher Lebensformen. Die Herausforderungen, die vor uns liegen, sind vielfältig und komplex, und es ist entscheidend, dass zukünftige Aktivisten bereit sind, sich diesen Herausforderungen zu stellen.

Der *Ressourcenkreislauf* ist ein Konzept, das die Notwendigkeit betont, Ressourcen nachhaltig zu nutzen und zu regenerieren. In diesem Kontext bedeutet es, dass Aktivisten nicht nur auf kurzfristige Erfolge abzielen sollten, sondern auch auf langfristige Strategien, die das Überleben und die Anerkennung amorpher Lebensformen sichern.

Abschlussgedanken und Dankbarkeit

Abschließend lässt sich sagen, dass das Erbe von Velis Ryn eine kraftvolle Botschaft der Hoffnung und des Engagements für die Zukunft ist. Es erinnert uns daran, dass der Kampf für Identitätsschutz und soziale Gerechtigkeit nie endet und dass jeder Einzelne von uns eine Rolle in diesem fortwährenden Prozess spielt.

Die Dankbarkeit gegenüber denjenigen, die vor uns gekämpft haben, und die Verpflichtung, ihr Erbe weiterzuführen, sind essentielle Elemente, die zukünftige Generationen von Aktivisten leiten sollten. In einer Welt, die sich ständig verändert, bleibt die Botschaft von Velis Ryn zeitlos: Der Schutz der Identität amorpher Lebensformen ist nicht nur eine Frage des Überlebens, sondern auch eine Frage der Menschlichkeit.

$$Zukunft = Erbe + Engagement + Gemeinschaft \qquad (72)$$

Abschlussgedanken und Dankbarkeit

In der Betrachtung des Lebens und des Vermächtnisses von Velis Ryn wird deutlich, dass der Kampf für den Identitätsschutz amorpher Lebensformen auf Xorlia nicht nur eine lokale, sondern auch eine universelle Bedeutung hat. Velis' Engagement hat nicht nur das Bewusstsein für die Herausforderungen, mit denen diese Lebensformen konfrontiert sind, geschärft, sondern auch eine Plattform geschaffen, die anderen Planeten als Beispiel dient.

Die Herausforderungen, vor denen Velis Ryn stand, sind nicht nur theoretischer Natur, sondern betreffen das tägliche Leben vieler. Diskriminierung, rechtliche Unsicherheiten und der Verlust kultureller Identität sind Probleme, die in vielen Gesellschaften existieren, und die Strategien, die Velis entwickelte, um diese Herausforderungen zu bekämpfen, sind für alle Bürgerrechtsbewegungen von Bedeutung.

Ein zentrales Element in Velis' Ansatz war die Betonung der Bildung. Sie erkannte, dass Wissen Macht ist und dass Aufklärung der Schlüssel zur Überwindung von Vorurteilen und Diskriminierung ist. Durch Bildungskampagnen und Partnerschaften mit Schulen und Universitäten konnte sie nicht nur das Bewusstsein für die Belange amorpher Lebensformen schärfen, sondern auch eine neue Generation von Aktivisten inspirieren. Diese Generation wird als Träger des Wissens und der Werte, die Velis propagierte, fungieren.

Ein weiteres wichtiges Element in Velis' Vermächtnis ist die Rolle der Gemeinschaft. Sie betonte, dass Solidarität und Unterstützung innerhalb der Gemeinschaft unerlässlich sind, um Veränderungen herbeizuführen. Das Engagement der Gemeinschaft in Form von Veranstaltungen, Versammlungen und kreativen Ausdrucksformen hat nicht nur das Bewusstsein geschärft, sondern auch eine Kultur des Zusammenhalts gefördert.

Die Bedeutung von Empathie in Velis' Arbeit kann nicht genug hervorgehoben werden. Sie verstand, dass das Verständnis und die Akzeptanz von Unterschieden der Schlüssel zu einer harmonischen Gesellschaft sind. Ihre Fähigkeit, Brücken zu bauen und Dialoge zwischen verschiedenen Lebensformen und Kulturen zu fördern, hat dazu beigetragen, Vorurteile abzubauen und eine inklusive Gesellschaft zu schaffen.

Die Reflexion über die Erfolge und Misserfolge von Velis Ryn zeigt, dass der Weg des Aktivismus oft steinig ist. Rückschläge sind Teil des Prozesses, und die Fähigkeit, aus diesen Erfahrungen zu lernen und weiterzumachen, ist entscheidend. Velis' Resilienz und ihre Bereitschaft, trotz der Widrigkeiten zu kämpfen, sind inspirierende Beispiele für zukünftige Generationen von Aktivisten.

Die Dankbarkeit, die Velis Ryn von ihrer Gemeinschaft und von Aktivisten weltweit erfahren hat, spiegelt sich in den zahlreichen Auszeichnungen und Anerkennungen wider, die sie erhalten hat. Diese Anerkennung ist jedoch nicht nur eine Bestätigung ihrer Arbeit, sondern auch ein Ansporn für andere, sich ebenfalls für die Rechte und die Identität amorpher Lebensformen einzusetzen.

In der Schlussfolgerung ist es wichtig, die Vision für die Zukunft zu betonen, die Velis Ryn hinterlässt. Ihre Arbeit hat nicht nur das Leben vieler verändert, sondern auch eine Bewegung ins Leben gerufen, die über Xorlia hinausgeht. Die Prinzipien von Identität, Respekt und Empathie, die sie verkörperte, werden weiterhin als Leitfaden für zukünftige Generationen dienen, die sich für eine gerechtere und inklusivere Gesellschaft einsetzen.

Abschließend möchten wir Velis Ryn für ihren unermüdlichen Einsatz und ihre Hingabe danken. Ihr Vermächtnis wird in den Herzen und Köpfen derjenigen weiterleben, die sich für den Schutz und die Förderung der Identität amorpher Lebensformen einsetzen. Möge ihr Beispiel uns alle inspirieren, uns für das einzusetzen, was richtig ist, und die Stimme derjenigen zu sein, die oft nicht gehört werden.

$$\text{Vermächtnis} = \text{Wissen} + \text{Empathie} + \text{Gemeinschaft} + \text{Solidarität} \qquad (73)$$

Diese Gleichung fasst die Essenz von Velis Ryns Lebenswerk zusammen und erinnert uns daran, dass der Kampf für Gerechtigkeit und Identität niemals endet. Jeder von uns hat die Macht, Veränderungen zu bewirken und das Vermächtnis von Velis Ryn fortzuführen. Lassen Sie uns gemeinsam für eine bessere Zukunft kämpfen, in der alle Lebensformen die Anerkennung und den Respekt erhalten, den sie verdienen.

Index

Milton Keynes UK
Ingram Content Group UK Ltd.
UKHW020313021124
450424UK00013B/1217